Claus Helmut Drese · Im Palast der Gefühle

Claus Helmut Drese

IM PALAST DER GEFÜHLE

Erfahrungen und Enthüllungen eines Wiener Operndirektors

Mit 32 Abbildungen auf Tafeln

Piper
München Zürich

Abbildungen (zwischen den Seiten 224 und 225):
© Österreichischer Bundestheaterverband
(Fotos: Axel Zeininger, Wien)

ISBN 3-492-03695-3

Gesetzt aus der Garamond-Antiqua
Gesamtherstellung: Jos. C. Huber KG, Dießen
Printed in Germany

Für meine Frau Helga

Inhalt

Prolog

Liebe Leserinnen und Leser!

Das Buch handelt von der Oper; von den Paradiesvögeln des Gesanges, den Matadoren des Orchesters und den Phantasten der Regie. Natürlich auch vom hochverehrten Publikum, das sich im »Palast der Gefühle« an der Kunst berauscht und sich zur Schau stellt. Die Politiker, die den Geldhahn auf- und zudrehen, werden auch darin erwähnt – sie sind austauschbar. Wer Kritisches über die wichtigsten Werke des Repertoires erfahren will, wird ebenfalls auf seine Kosten kommen. Das Buch spielt in Wien, einer Stadt, die selber zur Oper geworden ist, wo jeder heimlich die Rolle des Operndirektors für sich in Anspruch nimmt. Das mag wohl auch anderswo der Fall sein. Wien ist der Spiegel, in dem sich alle Opernnarren erkennen können, gleichgültig, ob sie in Mailand, Paris, Berlin, Zürich, München oder Köln wohnen.

Erlauben Sie mir zu erzählen, wie das Buch zustande gekommen ist. Als ich 1984 das Angebot erhielt, Direktor der Wiener Staatsoper zu werden, wußte ich natürlich, daß es ein Schleudersitz ist, den man mir anbot. Und ich erfuhr, daß die durchschnittliche Berufserwartung eines Wiener Staatsoperndirektors statistisch nur vier Jahre und zwei Monate beträgt. Wohlmeinende Freunde warnten mich vor den natürlichen Feinden des Wiener Operndirektors: vor den Meinungsmachern unter den Kritikern, vor den Fanatikern auf dem Stehplatz, vor den allmächtigen Betriebsräten, vor den ahnungslosen Politikern und den potentiellen Nachfolgern, die sich schon bald bemerkbar machen würden. Das machte mich eher neugierig. Ich hatte die heimliche Hoffnung, daß ich auf Grund meiner langjährigen Berufserfahrung auch das Wiener Opernspiel bestehen würde. Und ich begann Tagebuch zu schreiben. Allabendlich notierte ich die großen und kleinen Geschehnisse der Opernszene, die Ereignisse der Wiener Kultur und Politik.

Es kam, wie es kommen mußte: Ich saß in der Falle wie die meisten Direktoren vor mir, von Gustav Mahler bis Richard Strauss, von Herbert von Karajan bis Lorin Maazel. Natürlich habe ich irgendwelche Fehler gemacht, aber das ist unerheblich, weil in Wien die Begriffe von Richtig oder Falsch nicht gelten. Die Regeln, nach denen in Wien ein Operndirektor abgeschossen wird, sind völlig irrational.

Durch diese Ereignisse haben die Tagebücher einen neuen dokumentarischen Wert erhalten. Man kann den Mechanismus der Wiener Intrigenkunst studieren. Natürlich war es notwendig, aus der Fülle des Materials das auszuwählen und aufzubereiten, was auch Nichtaugenzeugen an den Wiener Geschichten interessieren kann. Es ging darum, einen bunten Flickenteppich von Reflexionen, wie ihn die Zeit von 1984 bis 1991 gewoben hat, auszubreiten. Die pointillistische Beschreibung der Vorgänge innerhalb und außerhalb der Oper hat dabei den Charakter einer Art »Wortoper« mit Ouvertüre und fünf Akten angenommen. Sich die Musik dazu in der Phantasie auszuwählen, muß ich dem geneigten Leser selbst überlassen. Es fehlt nicht an geeigneten Hinweisen ...

Es handelt sich also bei diesem Buch nicht um die üblichen »Memoiren« eines Theatermenschen, sondern um einen gezielten Bericht aus einer Beinahe-Gegenwart für eine nahe Zukunft – geschrieben zur Warnung für künftige Operndirektoren und zum Amusement für alle Voyeurs, die so gerne einen Blick hinter die Kulissen tun. Daß dabei allerlei Berufserfahrung aus 32 Jahren Direktionstätigkeit in drei deutschsprachigen Ländern eingeflossen ist, brauche ich wohl nicht zu entschuldigen.

Ich will Sie, liebe Leserinnen und Leser, nicht länger mit Vorbemerkungen aufhalten. Das Opernspiel kann beginnen:

Ort der Handlung: Wien und überall auf der Welt, wo Oper noch etwas gilt.

Zeit der Handlung: 9. März 1984 bis 1. Juli 1991.

Personen der Handlung: siehe Register ...

Das Orchester ist eingestimmt, die Akteurs sind bereit, Vorhang auf ... »Im Palast der Gefühle«.

Ouvertüre · Der Fingerzeig

»Die größte Achtung, die ein Autor für sein Publikum haben kann, ist, daß er niemals bringt, was man erwartet, sondern was er selbst auf der jedesmaligen Stufe eigener und fremder Bildung für recht und nützlich hält.«

JOHANN WOLFGANG VON GOETHE

9. März 1984 Der Zeigefinger

Schauplatz: Auditorium maximum der Universität Zürich. Angekündigt ein Vortrag des Bundeskanzlers Fred Sinowatz über Österreichs Neutralität. Unterrichtsminister Helmut Zilk erscheint, hält Ausschau, entdeckt mich und bahnt sich mit ausgestrecktem Zeigefinger den Weg durch die wartenden Zuhörer.

»Ich muß Sie unbedingt sprechen.« Er zieht mich beiseite und legt seinen Arm um meine Schulter. »Wir brauchen Sie. Maazel ist nicht mehr länger tragbar. Seine Tage sind gezählt. Wenn Sie Direktor der Wiener Staatsoper werden wollen, sind Sie es.«

So einfach ist das in Wien. Da kommt ein Minister, spricht große Worte, das Schicksal schlägt zu.

Ich erbitte Bedenkzeit. »Aber höchstens eine Woche. Die Entscheidung drängt.«

Keine Bewerbung, kein Ausschuß, keine persönliche Vorstellung. Der Minister weiß alles, er verfügt. Wie in alten Zeiten. Seine Majestät dirigiert die Kultur.

Der Bundeskanzler betritt den Saal. Keine Aura des Staatsmannes, ein Dorfschullehrer aus dem Burgenland vor seiner Klasse. Seine Sprache hat einen fremden Klang. Österreich ist Zentraleuropa, äußerster Vorposten des Westens in kommunistisch beherrschter Umwelt. Österreich ist ein Brückenkopf der Freiheit. Neutralität ist die Voraussetzung der Vermittlung zwischen Ost und West. Der Eiserne Vorhang muß durchlässig werden: Das ist die tägliche Aufgabe österreichischer Politik. Es klingt, als wüßte er, wovon er spricht. Visionen sind gewiß nicht seine Sache.

16. März 1984 Der Generalsekretär

Der Unterrichtsminister schickt Generalsekretär Robert Jungbluth, um den Vertrag auszuhandeln. Ein selbstsicherer Mann, man spürt, er ist gewohnt zu kommandieren. Ein k. und k. Reiteroberst ohne Pferde. Säbelbeine, schütteres Haar, tennisbraun, schlagende Gesten.

Er hat Übung darin, Direktorenverträge zu machen, kennt die kritischen Punkte, die Steuertricks, die eleganten Formulierungen. Mit ihm könne man reden, meint er, er habe keine eigenen Ambitionen mehr, ich sei sein letzter Direktor. Er wolle sich vom Verband zurückziehen, die japanische Nationaloper aufbauen. Er kennt die

Theaterwelt, als Handlungsreisender auf Tourneen ist er herumgekommen, hat überall seine Verbindungen. Die Staatstheater seien Österreichs bester Exportartikel. Er verfügt über die Macht eines mittelgroßen Industrieunternehmens mit mehr als 3000 Angestellten und einer Bilanzsumme von fast zwei Milliarden Schilling. Alles hat er selbst aufgebaut, ohne ihn geht nichts an der Wiener Theaterbörse. Die Gewerkschaften kuschen vor ihm, er läßt sich nichts vormachen. Aber er hat auch ein soziales Herz, wenn es um Titel und Versorgungen geht. Ich solle ihm nur ruhig vertrauen, in Wien sei alles anders, das werde ich schon bald erleben. Aber es gebe kein schöneres Haus als die Staatsoper. Hundertmal im Jahr sei sie Weltspitze, hundertmal sehr gut, selbst die schlechten Vorstellungen seien besser als anderswo. Der Vertrag sei perfekt, drei Tage Entscheidungsfrist. Genüßlich kaut er an seiner Havanna, bläst Ringe in die Luft. Der Minister will am Montag seine Pressekonferenz abhalten. Reine Routine...

17. März 1984 Selbstgespräch

Wien ist eine Falle. Sie werden dich umbringen.

Nein, Wien ist eine Herausforderung. Die Hauptstadt der Musik, auch heute noch.

Alle sind an Wien gescheitert. Niemand kann es den Wienern recht machen.

Die Fehler der Vorgänger mache ich bestimmt nicht.

Du bist ein westlicher Mensch, du paßt nicht auf den Balkan.

Aber ich habe Lust auf das Abenteuer.

Was suchst du in der Staatsoper? Dieses verstaubte Repertoire, diese Kammersänger und Musikprofessoren. Sie wollen nichts Neues.

Aber das Haus braucht die Reformen. Musiktheater, neue Inszenierungen, neue Dirigenten und Darsteller.

Sie wollen nur Stimmen. Alles andere interessiert sie nicht.

Es gibt auch das andere, das junge Wien, die Festwochen, die Intellektuellen.

Darauf kannst du dich nicht verlassen. Wien bleibt Wien.

Nein, Wien ist anders, als man denkt. Eine wirkliche Metropole, eine der schönsten Städte Europas.

Aber nur für Touristen. Man kann nicht in Wien leben.

Ich habe schon immer das alte Kakanien geliebt. Zentraleuropa wird sich öffnen, Wien wird wieder Mittelpunkt einer Kulturregion. Denk an die ersten Jahrzehnte dieses Jahrhunderts, diese geistige Kultur, dieses Savoir vivre. Denk an den Wiener Charme.

Alles ist Gift, alles voller Intrigen. Hinter deinem Rücken werden sie dich verraten, um einer Pointe willen.

Ich mache mir keine Illusionen. Ich werde alles genau studieren, aufschreiben. Ich werde mich gut vorbereiten, Mahler nachlesen, Bahr, Friedell, Schnitzler, Kraus, Weigel zur täglichen Lektüre machen. Ich will ein platonischer Wiener werden.

Und wirst die Wiener verfluchen.

Die Wiener Staatsoper ist ein Traum für jeden Opernmenschen.

Mach dich auf Sigmund Freud gefaßt.

Dies ist die große Chance meines Lebens.

Und dein Ende als Operndirektor.

Und wenn schon. Einmal in Wien gewesen sein.

18. März 1984 Zusage

20 Uhr, Wien zugesagt.

Anruf von Jean-Pierre Ponnelle, der gerade in Wien arbeitet. Das künstlerische Arbeitsklima in der Staatsoper ist gut. Allerdings viele Minimalisten. Der Betriebsrat muß dem Probenplan zustimmen.

Jean-Pierre gratuliert zu dem Wien-Entschluß. »Du hast dir die Staatsoper verdient. Aber nimm dich in acht vor den Haifischen.«

19. März 1984 Der Coup des Ministers

Das Gewitter der Medien bricht aus, ein Interview jagt das andere. Der Minister hat seinen Coup gelandet. Er wollte vollendete Tatsachen. In der Wiener Kulturpolitik darf kein Vakuum entstehen, sonst regieren alle mit und lancieren Gerüchte. An heimlichen Kandidaten für die Staatsoper fehlt es nie.

Der Ton der Interviews ist neu. Gefährliche Fangfragen, bösartige Unterstellungen. Jeder Satz hat einen Angelhaken, in jedem Kompliment steckt eine Bosheit. Gift sickert ein, man muß sich immunisieren.

29. März 1984 Der Palast der Gefühle

Wie eine Riesenschildkröte liegt sie da, alle Viere von sich gestreckt, mit grünspanbedecktem Panzer, die alte Hofoper am Ring. Die unteren Galerien sind zu kurz geraten, als ob sie eingesunken wären in schlammigem Grund. Schamlos haben sie Palladio kopiert, die unglückseligen Architekten Siccardsburg und van der Nüll. Sie sind die ersten Opfer der Wiener Schmähsucht geworden. Dabei haben sich die Wiener längst mit der ausgeliehenen Renaissance angefreundet. Oper liebt das historische Kostüm, und die Wiener träumen von klingender Vergangenheit. Die Oper am Ring ist der Stolz der Stadt, aber nicht nur zum Vorzeigen. Man lebt in diesem Haus, bewacht es nächtelang beim Warten auf Karten, weiß immer, wer was singt oder probiert. Jeder Wiener, der etwas auf sich hält, hat seine Musiktaufe auf dem Stehplatz erhalten. Eingepfercht in eine finstere Höhle, angeklammert an Stangen, um in der schlechten Luft nicht ohnmächtig zu werden, inhaliert man den Klang der Stimmen, läßt sich berauschen in kollektivem Glück. Einen Palast der Gefühle könnte man das in Ehren und Skandalen ergraute Gemäuer nennen. Und Gefühle sind bekanntlich unkalkulierbar.

In diesem Palast soll ich regieren, mit großen Worten, großen Gesten – als Condottiere der Kunst? Als Nachfolger berühmter Dirigenten, anekdotenumschwirrter Musikbeherrscher wie Gustav Mahler, Clemens Krauss, Richard Strauss, Karl Böhm, Herbert von Karajan? Das heroische Zeitalter hat auch in der Oper dem demokratischen Management Platz gemacht. Aber der Sessel – oder soll man von Thron reden? – ist wahrscheinlich der gleiche geblieben. Etwas wie Weihrauch scheint in der Luft zu liegen. Ob die Fenster wirklich zu öffnen sind?

30. März 1984 Im Allerheiligsten

Antrittsbesuch im Allerheiligsten, bei Direktor Lorin Maazel. Lichtröhren in sanften Farben mystifizieren den Raum. Sonst technisches Equipment.

Er bemüht sich sehr um Objektivität. Wer hat es schon leicht mit seinem Nachfolger? Zu viele Enttäuschungen dämpfen das Gespräch.

Verschanzt hinter seinem Riesenschreibtisch gibt er lustlos Einblick in die Planungen. Seine Daten reichen bis 1986/87. Für den Herbst 86 ist der neue »Ring« geplant. In etwa zwei Wochen wird er mir alle Daten und Besetzungen schriftlich mitteilen.

Dann bricht es aus ihm heraus: »Hüten Sie sich vor den Politikern, vor der Presse. Vertrauen Sie niemandem. Die Stadt ist tödlich. Nach wie vor grassiert der Antisemitismus, sehen Sie sich diese Karikatur an, das ist ›Stürmer‹-Stil. Man muß die Zähne zeigen, nur mit dem Rechtsanwalt kann man mit diesen Leuten verkehren. Sie wollen nicht einsehen, daß nur das Blocksystem Qualität garantiert: gleiche Besetzungen, ausreichende Proben. Das Repertoire ist total veraltet. Ich habe nichts als Schlamperei vorgefunden. Jetzt gibt es vier Fernschreiber, im Sekretariat sind wir ständig mit der Welt verbunden, um die besten Sänger nach Wien zu holen. Aber sie wollen immer wieder die gleichen Namen. Auf dem Stehplatz herrschen Claquen, sie werfen Flugblätter, buhen die Sänger aus, die ihnen kein Geld geben. Die Presse ist absolut bösartig, es geht ihr nur um Skandale, kein intellektuelles Niveau. Sie haben mir übelgenommen, daß ich in der Scala dirigiere oder in Paris. Dabei weiß ich immer genau, was hier vorgeht, telephoniere stundenlang. Was ich mache, ist falsch. Lesen Sie in Wien keine Zeitungen, und lassen Sie sich nicht mit Politikern ein. Der Unterrichtsminister ist der schlimmste...«

Dietlinde Turban erscheint, die schöne Euridice des Monteverdi-Films. Maazel vergißt seinen Ärger.

Ich möchte nicht länger stören, einen Blick in die Vorstellung werfen: »Rigoletto« mit Aliberti, Bonisolli, Boyagian...

»Das brauchen Sie nicht«, er zeigt auf seinen Großprojektor, der es ihm erlaube, dabei zu sein, ohne den Schreibtisch zu verlassen. Er schaltet ein, die Bildscheibe bleibt dunkel, er stürzt ins Vorzimmer und schimpft auf seine Sekretärin ein. Während sie gemeinsam versuchen, den Projektor einzustellen, verfüge ich mich in die Proszeniumsloge.

31. März 1984 Der Musikdirektor

Die Staatsoper braucht einen ersten Dirigenten. Es kommt nur einer in Frage: Claudio Abbado. Die Gelegenheit ist günstig, Abbado ist Scala-müde. Er hat gerade mit »Simone Boccanegra« auch in Wien einen großen Erfolg gehabt. Er ist gesprächsbereit. Wir treffen uns im Sacher. Er ist so einfach, uneitel und sachlich, wie ich ihn mir immer vorgestellt habe. Es gibt gemeinsame Anknüpfungspunkte: das Zürcher Monteverdi-Gastspiel an der Scala auf seine persönliche Einladung hin, die großen und bewunderten Mailänder Premieren »Don Carlo«, »Macbeth«, »Lohengrin«, die ich von Zürich aus besucht habe, und nicht zuletzt der gemeinsame Freund Jean-Pierre Ponnelle.

Abbado spricht von den Dingen, die ihn faszinieren: Die Arbeit mit der musikalischen Jugend; dafür verzichtet er auf namhafte Angebote erster Orchester. Er kämpft für die Neue Musik in Italien, zusammen mit seinem Freund Luigi Nono. Experimente außerhalb der Häuser sind ihm wichtig. An Wien interessiert ihn die Öffnung der Grenzen nach Osten, er hat viele Kontakte.

Genau das ist es, was Wien braucht: einen Dirigenten, der nicht nur ans Pult geht, um sein Repertoire abzuziehen. Abbado kennt Wien sehr genau, er hat hier bei Swarowsky studiert, er liebt die Philharmoniker, Schubert ist sein Lieblingskomponist. Gustav Mahler steht im Mittelpunkt seines symphonischen Programms.

Kein Zweifel, Abbado ist der Richtige. Wir werden uns künstlerisch gut verstehen. Er formuliert, ohne es zu wissen, mein Konzept. Wir sind uns bereits einig, bevor wir zu verhandeln beginnen.

Welcher Titel? Wieviel Anwesenheit? Welche Kompetenzen? Andere sollen es juristisch ausformulieren, wir werden die Paragraphen nicht brauchen, weil wir uns vertrauen und das gleiche wollen. Aber Abbado will sich auch politisch absichern, er sucht einen besonderen Regierungsauftrag für seine Ambitionen außerhalb der Oper. Ob die Bürokraten zu soviel Innovation bereit sind?

Kaum werden die Ambitionen mit Abbado bekannt, kommen die Warnungen und Einsprüche. »Es ist falsch, einen Musikdirektor zu engagieren. Er vertreibt die anderen Dirigenten von Rang. Die Staatsoper ist ein Prestigeunternehmen, da darf es keine Exklusivität geben.«... Aus Salzburg meldet sich die Stimme des Maestros: Auf Abbado sei kein Verlaß... Ist er eifersüchtig auf seinen Nachfolger? Für andere gilt Abbado als Kommunist, als Jakobiner. »Der paßt nicht nach Wien«. Der ganze Intrigenstadl ist geöffnet.

»Wenn ihr Erfolg habt, dann war er der Grund, wenn ihr Mißerfolg habt, dann bist immer nur du schuld.«

Auch Hofrat Egon Seefehlner ist ein entschiedener Gegner Abbados. »Es gibt nur einen Direktor, er muß immer das letzte Wort haben.« Schizophrenie wird prophezeit.

Es bleibt dabei: Ich will Claudio Abbado als Musikdirektor.

2. April 1984 Die zehn Gebote des Operndirektors

Pressekonferenz im Presseclub Concordia in Wien. Nur kein Programm verraten, belanglos bleiben, aber keine Biographie herunterbeten. Der erste Auftritt kann alles verderben.

Also ein Feuilleton, Naschhaftes zum Aperitif: »Die zehn Gebote des Operndirektors«. Der ideale Operndirektor hat folgende zehn Gebote zu erfüllen:

1. Er muß immer anwesend sein; möglichst im Theater essen und schlafen, um bei allfälligen Turbulenzen gleich das Steuer in die Hand nehmen zu können – andererseits muß er viel reisen, sich im In- und Ausland informieren, neue Künstler entdecken und Kontakte pflegen.

2. Er muß ein aktiver Künstler sein, Ideen haben, seine Phantasie walten lassen. Kreativität ist gefragt – andererseits muß er etwas von Administration verstehen, Verträge machen können; kurz ein Manager sein, der modern und rationell arbeitet.

3. Er muß über einen ausgeprägten Sinn für das Publikum verfü-

gen, sich an vollen Häusern und vollen Kassen freuen, Sponsoren und Mäzene ausfindig machen – andererseits muß er den Mut haben, sich unbeliebt zu machen, wenn es um neue Werke, neue Interpreten geht, an die er glaubt.

4. Er muß das Ensemble pflegen, den Nachwuchs fördern, das Repertoire richtig besetzen – andererseits muß er große Stars so oft wie möglich einsetzen, denn er weiß, daß sie Magneten für das Publikum sind.

5. Er muß freundlichen Umgang mit der Kritik pflegen, Ratschläge beachten, gute Rezensionen propagandistisch auswerten – andererseits muß er selber sein schärfster Kritiker sein, er muß sich immunisieren gegen Lob und sich eine Hornhaut wachsen lassen, an der die giftigsten Pfeile abprallen.

6. Er muß in der Öffentlichkeit repräsentieren, seine gesellschaftlichen Verpflichtungen wahrnehmen, Orden tragen und Bälle eröffnen – andererseits muß er die Vaterfigur des Thaters sein, jovial und zugänglich für jedermann, nicht hinter Vorzimmern verschanzt, sondern stets um das beste Betriebsklima bemüht.

7. Sein Wort sei JA – JA, NEIN – NEIN. Er muß sich engagieren, politisch Stellung nehmen, an den moralischen Imperativ glauben – andererseits muß er Diplomat sein, mit vielen Worten nichts sagen können, ein Meister des Vielleicht. Als Pragmatiker ist er sich der Relativität aller Erscheinungen bewußt.

8. Bei allen Aktivitäten muß er wissen, daß Sparen oberstes Gebot ist, denn er verwaltet ja Steuergelder – andererseits soll er ein Verschwender sein, denn Kunst ist – nach Brecht – der Überfluß, für den wir leben.

9. In allen kritischen Situationen muß er stets das Richtige tun; die Vorschriften beachten und trotzdem zaubern – andererseits muß er viele kleine Brötchen backen.

10. Vor allem muß er das Glück haben, daß das Theater nicht abbrennt, der Tenor nicht durchbrennt, er selbst sich nicht die Finger verbrennt an den vielen heißen Eisen, die er täglich anzupacken hat – kurzum: Er braucht »fortune« – dann wird er die Nerven behalten und in den unvermeidlichen Katastrophen seinen Mann stehen.

Das Feuilleton kommt an, man ist für Ironie empfänglich. Abbado soll auch etwas sagen. Er schweigt. Seine Sprache sei die Musik.

Fragen: Wann dirigiere endlich wieder einmal Riccardo Muti? Und wie sei das Verhältnis zu meinen Nachfolgern?

6. April 1984 Maazel kapituliert

Telephonische Nachricht. Maazel kapituliert. Er geht schon Ende der Spielzeit. Heftige Vorwürfe gegen den Unterrichtsminister. Die Ernennung von Abbado zum Musikdirektor hat ihn tief getroffen. Er fühlt sich verraten. Hofrat Seefehlner wird zum Interimsdirektor bestellt. Die Amtszeit Seefehlner II beginnt.

7. April 1984 Die Moral von der Geschicht

Halt. Nicht zur Tagesordnung übergehen. Die Geschichte ist lehrreich. Ein berühmter Dirigent wird hochgelobt zum bestmöglichen Direktor der Staatsoper. Er ist Amerikaner, er ist Jude, er darf alles neu anfangen, die Organisation umkrempeln, neue Mitarbeiter engagieren. Beifall von allen Seiten. Dann passieren Fehler, die Fortune läßt zu wünschen übrig, die Opernseele bläht sich auf, ein Kesseltreiben beginnt. Und plötzlich ist er nicht länger tragbar: Dieselben Leute, die ihn geholt haben, wollen nichts mehr von ihm wissen. Warum? Wien ist offensichtlich im Umgang mit seinen Künstlern leichtsinnig. Leichten Sinnes genießt man eine Berufung, leichten Sinnes freut man sich an einem Skandal, leichten Sinnes schaut man dem Ende einer Affäre zu. Alles ist Spiel. Faites vos jeux!

Die Pechsträhne des einen wird zur Glückssträhne für den anderen. Der bist jetzt du. Wie schnell wiederholen sich die Geschichten in dieser Wienerstadt. Aber seine Fehler können dir nicht passieren. Er war als Direktor ein Dilettant, ein Anfänger. Du hast deinen Beruf gelernt. Aber wann machst du deinen ersten Fehler? Oder hast du ihn schon gemacht?

10. April 1984 Patina

Nein, niemanden kündigen. Man muß neue Zusammenarbeit üben, die Aufgaben neu verteilen. Sich kennenlernen. Andere pflegen ihr Team mitzubringen und großspurig den Beginn einer neuen Ära zu verkündigen. Nein, sich einfügen, Vertrauen schenken, Vertrauen erwarten.

Die verschlissenen, schäbig gewordenen Tapeten, die von der

Heizung vergilbten Vorhänge, die altmodischen Lüster: das alles sollte man erneuern. Aber Patina erweckt Respekt.

Soviel Eitelkeit ist in diesen Räumen zur Schau getragen worden, soviel Absagenot hat Hysterie ausgelöst. Stars kamen und wurden gehätschelt, Ensemblemitglieder zur Selbstverleugnung genötigt. Die Mitarbeiter wissen um den täglichen Ärger, die unvollkommenen Proben, die listigen Entschuldigungen. Das hat alles seine gewohnte Übung, man durchschaut die Komplimente, man spürt die Wertschätzung am Tonfall. Der eine steckt den andern mit seinen Vorurteilen an. Dieses Netz der Erfahrungen ist zu studieren, dann erst beginnt abwägendes Erneuern.

Mögen die Neuen, die sich aufdrängen, so lange warten. Drinnensein, Mitmischen ist die Ambition der meisten, es gibt ja so viele in Wien, die sich alles zutrauen, die alles besser wissen. Betriebsamkeit ist kein Argument. Schein vom Sein zu filtern ist die Kunst.

30. April 1984 Der Hofrat

Hofrat Seefehlner, der neue Interimsdirektor, kann kaum noch gehen. Sein Schwergewicht ist Zeichen seiner kulinarischen Meisterschaft. In den Restaurants seiner Wahl begrüßt er die Kellner wie Freunde, läßt sich vom Küchenchef persönlich beraten. Also Tafelspitz, aber mit Fettrand, dann Früchteparfait mit Schokoladepulver überstreut.

Die Reaktivierung bereitet ihm Genugtuung. Er hatte Maazel zu seinem Nachfolger vorgeschlagen, dafür aber nur Undank geerntet. Jetzt fühlt er sich rehabilitiert, auch als Wiener. Wiener Ohr für Sänger, Wiener Geschmack für Bilder, Wiener Psychologie, das kann man nicht lernen, das ist angeboren. »Maazel dachte, mit ihm fange die Wiener Staatsoper an. Sie hört auch nicht mit ihm auf. Das Institut ist gescheiter als seine Direktoren. Man muß hören lernen, was es will.«

Der Hofrat hat ganz gewiß diesen Wiener Opernsinn. Seine Freunde berichten, er habe imer nur gejammert und sich bemitleiden lassen ... Er wisse ja, wie schlecht die Oper sei ... aber daran seien die Zeiten schuld ... Wenn es jemand besser machen könne, trete er gerne zurück ... Und wurde zweimal Direktor. Das Falscheste in Wien sei es, die Aufführungen zu loben, damit mache man sich alle Besserwisser zum Feind.

Der Hofrat ist fest entschlossen, die Planungen von Maazel zu annullieren. »Auszahlen...« ist seine Parole. »Man muß die Verträge der Sänger und Regisseure auszahlen. Für die falschen Projekte meines Vorgängers kann ich nicht haften.« Es fehlen ihm die Dirigenten. Er will Karajan bitten, Kleiber überreden, Sinopoli neu aufbauen. Er wird sich den Stuhl von Richard Strauss und Karl Böhm zurückholen. Vielleicht fällt ihm dann das Richtige ein.

1. Mai 1984 »Aida«-Premiere

»Aida«-Premiere in der Staatsoper. Pavarotti singt den Radames, das Ereignis. Maazel wird mit starkem Beifall empfangen, nach der Pause ertönen Buhs, am Schluß steigern sie sich zum Konzert. Rüde Manieren auf dem Stehplatz. Was will man mit diesen Protesten artikulieren? Keine künstlerisch ausgeglichene Besetzung, zu wenig *italienità*, unbefriedigende Inszenierung? Für alles ist der dirigierende Direktor verantwortlich. Die Fans üben sich als Scharfrichter des Vorurteils. Einzig Pavarotti darf jubeln.

Jede »Aida«-Inszenierung bleibt unbefriedigend. Entweder kunsthandwerkliche Ägyptologie mit Show-Effekten oder politisch-soziologische Analyse, wie bei Neuenfels in Frankfurt. Die Wiener Inszenierung von Nicolas Joël in den Bühnenbildern von Carlo Tommasi zitiert das Museum des 19. Jahrhunderts. Architektur-Imitationen in Styropor, farbenprächtige Kostüme. Beim Triumph-Akt bietet sich ein Durchblick auf ferne Wüstengebirge, davor der unvermeidliche Aufmarsch der Feldzeichen und Siegestrophäen. Der Nil-Akt gerät unfreiwillig komisch, ein ungestaltes Schiff kreuzt die Bühne, Radames und Aida stehen im Wasser. Zum Ende wird ein Plastikblock mit Felsenhöhle auf die Bühne geschoben.

Maria Chiara und Luciano Pavarotti ersticken in Schönheit.

Die Wiener haben alles prächtiger erwartet – wie in Verona.

Rolf Liebermann strebt auf die Bühne, um Maazel zu trösten. Wir begegnen uns an der Bühnentüre. Er wirft mir einen verächtlichen Blick zu: »Jetzt weiß ich, warum ich Wien abgelehnt habe. Viel Vergnügen, Herr Doktor.«

15. Mai 1984 Gustav Mahler als Beispiel

»Ich bin für Wien nichts ›Neues‹ mehr. So will ich denn zu einem Zeitpunkt scheiden, wo ich erwarten darf, daß die Wiener das, was ich geleistet, noch in späteren Tagen zu schätzen wissen.« So schrieb Gustav Mahler nach zehnjähriger Amtszeit. Man kann das, was er geleistet hat, die Begründung des modernen Musiktheaters nennen. Seine Arbeit in Wien war beispielgebend und wurde in ganz Europa beachtet. Jeder, der heute die Wiener Staatsoper zu leiten hat, tut gut daran, die Arbeit von Gustav Mahler zu studieren. Er hat angekämpft gegen die »Schlamperei« genannte Tradition und Routine des Repertoirebetriebes. »Für die Epoche des alten Opernschlendrians war es eine leichte Sache, einige hundert Aufführungen im Jahre zusammenzubringen, weil sie alle auf dem gleichen künstlerischen, richtiger gesprochen unkünstlerischen Niveau standen. Ein moderner Operndirektor, und wäre er ein Genie wie Wagner, vermag jedoch unmöglich eine solche Riesenzahl zu bewältigen, wenn er unseren heutigen Begriffen von künstlerischer Vollendung gerecht werden will.« Mahler hat das Ensemble erneuert, die Aufführungen, die er leitete, ganz nach seinen Prinzipien besetzt. Dadurch entstanden die »Musteraufführungen« wie »Don Giovanni«, »Tristan und Isolde«, »Euryanthe«, »Das Rheingold«, »Die Walküre«.

Gustav Mahler legte größten Wert auf die szenischen Vorgänge. Im Jahre 1903 verband er sich mit Alfred Roller, einem der führenden Künstler der »Sezession«. In Zusammenarbeit mit ihm entstand ein völlig neuer Aufführungsstil, in Bildern, die nicht die gewohnten romantisch-realistischen Kulissen verwendeten, sondern die Tendenzen der neuen Kunstbewegung auf die Bühne übertrugen. Die Wiener Hofoper war bildnerisch und musikalisch das fortschrittlichste Operntheater ihrer Zeit.

Natürlich hatte Mahler enorme Schwierigkeiten, seinen Spielplan durchzusetzen. Ein Teil der Wiener Presse bekämpfte ihn, zum Teil mit politischen und antisemitischen Argumenten. Aber auch das Obersthofamt war für ihn ein ständiges Ärgernis. Die Hofbeamten, die von der Kunst keine Ahnung, dafür aber desto höhere gesellschaftliche Ordnungsprinzipien hatten, mischten sich in alle Bereiche seiner Amtsführung. Ob dies neue Engagements, Beurlaubungen oder die »Präliminare« waren, die die Ausgaben festlegten; Mahler war stets beschäftigt, ihre Anfragen und Einsprüche persönlich zu beantworten. In den letzten Jahren wurden ihm beträchtliche Budgetüberschreitungen vorgeworfen. Diese finanzielle Querulanz führte schließlich zu seinem Rückzug. Da man ihm künstlerisch nichts vorwerfen konnte, belegte man immer wieder mit Zahlen seine »Mißwirtschaft«.

Aus der Direktionszeit Gustav Mahlers wird deutlich, von welcher Seite einem Wiener Operndirektor die größten Schwierigkeiten erwachsen können. Es ist bewundernswert, welche Energien er aufgewendet hat, in diesem ständigen Kleinkrieg zu bestehen, ohne dabei künstlerische Konzessionen zu machen.

Gustav Mahler – oder die Selbstgenügsamkeit des Repertoiretheaters? Das ist die Frage der Zukunft.

15. Juni 1984 Besuch bei Karajan

Besuch bei Herbert von Karajan im Studio der Wienfilm. Der Maestro im grauen Trainingsanzug sitzt mit seinen Technikern hinter einem Paravent und starrt auf den Monitor. Mühsam erhebt er sich und kommt, sich von Stuhl zu Stuhl abstützend nach vorn. Wir sitzen uns gegenüber. In seinen grauen Raubvogelaugen sammelt sich von Zeit zu Zeit eine Träne.

Erinnerungen an Aachen. Diese Stadt war sein Katapult. Ich erinnere ihn an die Aufführung der »Meistersinger« auf dem Katschhof. »Da war ich mit dabei.« Er lächelt, legt seine Hand auf die meine. Er denkt zurück an seinen damaligen Intendanten, wie der im Kulturausschuß die Nazis abgefertigt hat: »Jetzt rede ich, nachher können Sie Ihre Meinung sagen.« Solch autoritäre Gesten gefallen ihm. In der Kunst könne immer nur einer entscheiden...

Er reflektiert über seine Gesundheit: »Oben wie 45 – unten wie 100. Aber es gibt noch fünf mögliche Operationen.« Er glaubt an die Ärzte.

Meist schaut er an mir vorbei, dann streift mich sein Blick, musternd, vorsichtig, kalkulierend. »Was können wir zusammen machen? – Ich muß Sie warnen: Ich lasse mich nicht engagieren. Wenn ich nach Wien zurück will, dann komme ich. In Wien wissen es immer gleich alle. Deshalb habe ich in meinem Dienstauto damals eine Trennwand einbauen lassen, auf eigene Kosten. Ich warte heute noch auf die Rückerstattung.« Trotzdem läßt ihn der Gedanke an die Staatsoper nicht los. »Niemand darf wissen, ob Sie im Hause sind. Ich bin immer durch den Haupteingang hereingekommen, dann hat mich niemand gesehen. Plötzlich war ich auf der Probe...«

Trotz aller Vorteile sei es besser, sein eigener Herr zu sein. Die Osterfestspiele seien seine Erfindung und juristisches Eigentum, er könne in Salzburg alles allein entscheiden, weil er auch alles selbst bezahle.

Vielleicht könne man das Programm der Osterfestspiele in Wien wiederholen – zur besseren Amortisation. »Meistersinger« vielleicht, später »Don Giovanni«. Aber es gehe ihm jetzt primär um sein Testament. 36 Videokassetten hat er bereits in der neuen, japanischen Bildtechnik aufgezeichnet, 60 sind sein Ziel. Frühestens im Jahre 2000 wird man in Europa diese Filme original sehen können.

»Können Sie nicht auch Aufführungen der Staatsoper aufzeichnen?«

»Ich bin den Berlinern verpflichtet, aber vielleicht wollen sie mich bald nicht mehr. Ich bin ihnen zu schwierig.«

Er freut sich, einen Aachener Verehrer wiedergesehen zu haben. Er steht auf, ohne Stock kehrt er zum Monitor zurück, zeigt mir seine neuesten Filmaufnahmen. »Das ist wichtiger als Theater«, meint er stolz, »das bleibt.«

18. August 1984 Ein neuer Ballettdirektor?

John Neumeier choreographiert vor der barocken Domfassade in Salzburg Bachs Matthäus-Passion. Es gelingt ihm, der spirituellen christlichen Botschaft den Körper zurückzugeben. Die Bildfeindlichkeit der Reformation wird von den Tänzern in einfachen Symbolen widerrufen. Unvergeßliche Visionen: die Abendmahlszene mit dem querliegenden Körper, leibhaft Fleisch und Blut demonstrierend, der Kreuzestod mit dem Sterben der Hände und Füße. Keinen Moment schiebt sich das Devotionale vor das Verstehen. Der Tanz wird transparent, das Geschehen der Passion wird in der Tanzkunst neu imaginiert. Der Tänzer hat sich damit einen tabuisierten Ausdrucksraum neu erschlossen.

John Neumeier hat die integrale Kraft und Phantasie, alle tradierten Stilmittel zu verschmelzen und ein Ensemble zu höchstem Ausdruck zu motivieren. Eine solche Persönlichkeit braucht das Wiener Ballett. Er könnte die Vormacht des Gesanges brechen und dem Tanz ein neues Publikum erschließen. Vorarbeit ist geleistet.

Man müßte das Ballett in Wien von Grund auf reformieren, die Kompanie aufspalten in ein reines Tanzensemble und eine Operntruppe. Diesem verjüngten und international verstärkten Ensemble wäre ein zweites Haus zur Verfügung zu stellen, wo es autonom arbeiten und zu den Aufführungen in der Staatsoper noch mindestens 50–60 Ballettabende zusätzlich geben kann. Wobei es natürlich auch als ein »Wiener Ballett« mit eigenem Charakter auf Tournee gehen kann.

Dazu ist ein neuer Kollektivvertrag vonnöten, mit besseren Arbeitsbedingungen und besserer Bezahlung für die Tänzer. Man müßte sofort mit den Verhandlungen beginnen, in Wien dauern diese Erneuerungsprozesse Jahre. Die Gewerkschaft wird Widerstand leisten. »Oh rühret nicht an den Schlaf der Welt.«

19. August 1984 »Der Oberspielleiter«

Selbstgesuchte Trüffel, in Butter gebraten; dann ein köstliches Gulasch – Tante Jolesch hätte ihre Freude daran gehabt. Auf den Regen warten, weil er viel schöner als die Sonne ist, von der sich alle abhängig machen. Vor dem Kamin sitzen und sich dominieren lassen von der großen Bahnhofsuhr, die in diesem Landhaus völlig deplaciert scheint. Man sollte die Zeit nicht vertreiben, sondern ihr zuhören, Katzen beobachten, Hunde bereden...

Wer ist Siegmunds Mutter? Wann und warum wurde die Esche gefällt? Otto Schenk sinniert über die Hintersinnigkeiten des »Rings«, den er demnächst an der Metropolitan Opera inszenieren soll. Und in Wien? Nein, niemals. Hier hat man die Naivität verloren gegenüber schwimmenden Rheintöchtern und Walkürenbrünnen. Alles muß sein menschliches Maß haben, man soll sich einfühlen können in mythische Wesen, als seien sie unsere Nachbarn. Diese Regisseureitelkeiten. Es ist viel leichter, die Handlung auf den Kopf zu stellen, als sie glaubhaft nachzuerzählen.

Otto Schenk schimpft auf die neue deutsche Regiemode, auf die Presse, die nur noch akzeptiert, was sie nicht versteht. Das Übel beginnt auch Wien zu infizieren. Regisseure, die nichts anderes wollen, als das Stück zu inszenieren, werden ausgebuht. Und daran weidet sich dann das Feuilleton. Er habe es selbst erfahren müssen; deshalb gehe er bei einer Premiere niemals mehr vor den Vorhang.

Seit zwanzig Jahren inszeniert er an der Wiener Staatsoper das ganze Repertoire – von den »Meistersingern« bis zu »Tannhäuser«, von »La Traviata« bis zum »Rosenkavalier«, von »Elisir d'amore« bis zur »Fledermaus«. Seine Inszenierungen halten sich im Repertoire. Aber das, was er früher einmal gemacht hat, interessiert ihn nicht mehr. Darüber wachen seine Assistenten. Otto Schenk ist in Wien zu einer Institution geworden. Man muß sich entscheiden, ob man sich auch weiter von seiner Regie kulinarisch verwöhnen lassen will.

Seine Zunge liebt das Scharfgewürzte. Wer hätte nicht sein Fett abbekommen? Er hat in der Polgar-Weigel-Schule die Wiener studiert und weiß sie trefflich zu imitieren. Soll man seine Meinungen beherzigen oder sie nur als Sachen zum Lachen goutieren? Wer viel Nestroy spielt, wird selbst zum Lumpazi... »Ist denn das a Sünd, wenn der Mensch a Akteur ist?«

31. August 1984 Connections

Die Operettensonne von Mörbisch hat ihn gebräunt, den Generalsekretär. Er ißt nichts wegen der Tenniskondition. Das Tennisspiel scheint in Wien gesellschaftlich sehr wichtig zu sein. Dort hört man den neuesten Klatsch, dort gewinnt man *connections*.

Es herrscht große Aufregung, eine Regierungsumbildung steht bevor. Wer geht? Wer kommt? Wird der Unterrichtsminister Bürgermeister der Stadt Wien? Wer könnte sein Nachfolger als Unterrichtsminister werden? Wird der die Bundestheater umkrempeln? Der Generalsekretär beruhigt mich; er bleibe, auf seinem Tisch liege ein neuer Acht-Jahresvertrag, er werde für Kontinuität sorgen...

Am Telephon sucht er die neuesten Personalgerüchte zu erfahren. »Ach so«, »na ja«, »auch gut«, »aber geh«, »wirklich?«, »na denn«, »fesch«, »also doch«, »na dös is charmant«... Höfliche Floskeln, Stenogramme des Unsinns, in Seidenpapier verpacktes Nichts. Wann wird er die Krallen zeigen?

1. September 1984 Partner Abbado

Vertragsverhandlung mit Claudio Abbado in Luzern. Der Entwurf wird grundsätzlich akzeptiert. Keine Geld- und Zeitprobleme – nur eine zusätzliche Bedingung: Er wünscht für die Zeit seiner Anwesenheit an der Staatsoper künstlerische Priorität bei Besetzungen und

Dirigaten. Er will vorbeugen: In Wien seien oft »Übermächte« im Spiel. Als Musikdirektor gehe es ihm vor allem um seine Produktionen, seine Dirigate. Im übrigen lege er Wert auf die besten Dirigenten für das Haus: Carlos Kleiber, Seiji Ozawa, Zubin Mehta, Nikolaus Harnoncourt, Colin Davis, Daniel Barenboim...

Die Wunschregisseure sind Giorgio Strehler, Patrice Chéreau, Luc Bondy, Peter Stein, Rudolf Noelte und vor allem Jean-Pierre Ponnelle.

Abends Karajan-Konzert. Ich werde Eliette vorgestellt. Sie betont, wie sie Abbado bewundere. Luzern sei eine Kleinstadt, man habe hier keinen Sinn für Mode, keinen guten Coiffeur. Gestern habe sie zum Konzert große Robe getragen, die Leute hätten sie angestarrt. Deshalb komme sie heute in Jeans.

Das Konzert wird zum Triumph der Wiener Philharmoniker. Brahms' Erste Symphonie sprengt den viel zu kleinen Konzertsaal. Die Festspielstadt Luzern sollte wirklich über einen Saal verfügen, der ihrem künstlerischen Ruf entspricht. Seit Jahren diskutiert man Pläne, sucht Gelder. Die Schweiz ist kein Land großer künstlerischer Entwürfe, besonders die Kultur hat es schwer, sich gegen Spar- und Biedersinn durchzusetzen. In Österreich hat künstlerische Arbeit einen höheren Stellenwert, die Republik ist stolz auf ihre Kultur, das einzige, was von einstiger Größe noch geblieben ist. Aber weiß man dort wirkliche Qualität zu schätzen? Geht es nicht viel mehr um Namen?

Nach dem Konzert gemeinsames Essen. Barenboim am Nebentisch läßt Claudio Ravioli kosten. Er soll in Wien »Tristan« dirigieren. Seiji Ozawa kommt herein, große Umarmung. »Wann dirigierst du bei uns in Wien?« Antwort: »Wann kommst du zu mir nach Boston?« »In Boston ist keine Oper.« Man will die Terminkalender studieren.

5. September 1984 Charisma

Abbado-Konzert in Luzern: Beethovens Vierte Symphonie. Apollinisches Musizieren, kein Pathos, keine Rhetorik – geistige Spannung. Und fließende Bewegung. Die heiter-leuchtende Atmosphäre des Werkes breitet sich aus, nicht der Unterton des Trotzdem. Ein eleganter, lucider Beethoven. Dann die letzte Symphonie von Franz Schubert. Auch hier blühendes Melos, verschwenderische Klangnatur. Abbado liebt Schubert, aber er verliert sich nicht. Er sucht die großen Bögen und füllt sie mit der Intensität der Streicher. Kein sentimentaler Schubert, sondern in zügigen Tempi kraftvoll gezeigte Form. Abbados Handschrift ist unverkennbar. Von innen heraus entfacht er das Feuer, es werden keine neuen Ideen oder Effekte aufgepfropft. Die Wiener Philharmoniker lieben diesen Dirigenten, bei dem sie sich entfalten können, aber sicher geführt sind. Das Geheimnis seiner Wirkung ist das Auswendig-Dirigieren, es steigert seine Präsenz, seine Suggestion und innere Freiheit. Sein Charisma bleibt jung.

7. September 1984 Wiener Wechsel

Der Unterrichtsminister wird wirklich Wiener Bürgermeister. Der neue Unterrichtsminister Herbert Moritz kommt aus Salzburg. Er soll dort sehr auf die Finanzen sehen...

23. September 1984 Repertoire

Der Wiener »Rosenkavalier« in hübscher, kleiner Inszenierung, ein wenig abgenutzt, aber alle können ihre Partien. Durchschnittliche Besetzung, bis auf die sehr bekannte Marschallin, die das Ungefähr ihrer Töne zelebriert. Der Baron Ochs hat offenbar zu wenig geschlafen, sein Humor wirkt recht griesgrämig. Und »Schultern wie ein Henderl« hat die Sophie auch nicht. Das ist also die wienerischste Komödie in Wiener Konfektion. Man verläßt sich auf die Routine und das Orchester, das allen Bühnenalltag vergolden soll.

»Un rè in ascolto«: Luciano Berio sucht seine Identität als Komponist, als Librettist, als Theaterdirektor, als Prospero. Lauter Verhinderungen machen die Show. Jeder singt, spielt, tanzt am anderen vorbei. Die Schwierigkeit, heute eine Oper zu schreiben, wird intellektuell brillant garniert. Kopfartistik, bei der der Regisseur machen kann, was er will. Um sich zu behaupten, macht er zuviel. Stücke, an die man nicht glaubt, werden zur Phantasiefalle.

»Lucia di Lammermoor« mit Edita Gruberova, ein Optimum an vokaler Brillanz. Sie beherrscht ihre Koloraturtechnik wie keine andere und vergißt nicht ihre szenische Trance. Daneben ein sizilianischer Tenorlöwe, exzessiver Meister des Rubato. Die Kehlkopfakrobatik der Gruberova stimuliert das Publikum zu brünstigem Gekreische, die Musik geht unter in den Exaltationen der Fans. Lucia hat es geschafft, ihre Zuhörer zu neurotisieren. Emotionen in der Retorte.

»Don Giovanni« – Zeffirelli-Zauber von 1972, Jalousien flirren malerisch, Chiaroscuro permanent. Die Regie ist der Improvisation zum Opfer gefallen, jeder sucht sich selbst in Szene zu setzen, so gut er kann. Zufallsbesetzung, jeder singt einen anderen Stil. Berühmte Namen täuschen über falsche Noten und verlorenen Glanz hinweg. Das Publikum will es nicht so genau wissen. Man freut sich an der Musik, einzelne trauern dem Mozart-Ensemble nach.

24. September 1984 Wiener Raisoneur

Spaziergang durch den Stadtpark. Johann Strauß fiedelt vor sich hin, Franz Schubert fühlt sich sichtlich unwohl auf seinem Thron. Die Septembersonne verklärt die Spaziergänger mit biedermeierlichem Licht. Meisen lassen sich auf der Hand füttern. Auf den Parkbänken träumen »Sandler« weinselig vor sich hin. Enten haben Ausgang. Vor den Hotels stauen sich die Touristen, um ihr Sightseeing absolvieren zu können. Wird diese Idylle künftig meine Welt?

In einem Beisl Treffen mit Erich Leinsdorf, er hat viele schmerzliche Erinnerungen an Wien, aber er kommt trotzdem gerne zurück. Der Wiener Orchesterklang hat es ihm angetan. Er verlangt viele Proben, mit den gleichen Musikern. Er kenne das Wechselsystem und lasse sich nicht mit Substituten abspeisen. Ein Stück wie »Karl V.« von Ernst Krenek könne man nicht improvisieren.

Leute am Nebentisch erkennen uns. Sie trinken uns zu auf das Wohl von Herbert von Karajan. Offensichtlich waren sie in seinem Konzert und wollen den Maestro wieder am Pult der Oper sehen. Er ist immer noch die größte Musikautorität für die Wiener. Und wie haben sie ihn behandelt?

Erich Leinsdorf hat den galligen Witz und die scharfe Zunge eines Wiener Raisoneurs, kann stundenlang Pointen servieren. Aber er ist zugleich ein Musiker, der die Erfahrung und das Wissen der Emigrantengeneration aus Amerika nach Wien zurückbringt. Man muß ihm die Brücke bauen und Unrecht wiedergutmachen.

28. September 1984 Frisch, Handke, Nono

Im Flugzeug nach Venedig entdecke ich plötzlich Max Frisch. Ich setze mich zu ihm. Er ist zu einer Geburtstagsfeier ins Hotel Cipriani eingeladen. Wir sprechen über frühere Begegnungen, gemeinsame Produktionen. »Das deutsche Theater interessiert mich nicht mehr. Die Regisseure wollen ihre eigenen Stücke inszenieren, dann sollen sie sich auch ihre Stücke selbst schreiben oder stehlen wie Bertolt Brecht. Ich will nicht, daß sie auf ›Andorra‹ die deutsche Türkenproblematik projizieren. Dafür habe ich das Stück nicht geschrieben.« Aber die Zeit der eigenmächtigen Regisseure sei bald vorbei, Peter Stein habe seine früheren Arbeiten widerrufen, andere würden ihm folgen.

Mit der Oper könne er nichts anfangen. »Ich will, daß man meine Texte versteht. Musik ist eine andere Sache.« Alle Komponisten, die sich an seine Stücke wagen, werde er zum Teufel jagen. Und selber ein Libretto schreiben, in dem die Musik eine eigene Funktion hat? Dazu falle ihm nichts ein.

Am Flugplatz in Venedig treffen wir Peter Handke. Er gehört auch zum Kreis der erlauchten Eingeladenen. Wir nehmen gemeinsam ein Bootstaxi. Ich kann mir nicht verkneifen, an Richard Wagner und Thomas Mann zu erinnern: ein standesgemäßer Einzug der Dichter. Handke reagiert ärgerlich, er habe längere Zeit in Venedig gelebt, er liebe die Stadt der einfachen Leute und nicht den Pompe funèbre. Venedig bedeute für ihn die Kunst des Überlebens. Nein, keine Tristanmystik.

»Heißt das, daß Sie, wie Max Frisch, mit Oper nichts anfangen können?« So grundsätzlich will er sich nicht festlegen. Mit dem richtigen Partner könne er vielleicht nach einem Stoff suchen, aber das sei kein Versprechen...

An Burano und Murano vorbei nähern wir uns der Stadt, die Friedhofsinsel gibt Handke Stoff zum Erzählen, venezianische Geschichten ohne große Namen. Max Frisch erinnert an Strawinski, ich will unbedingt das Grab von Claudio Monteverdi besuchen. Ich lade die beiden Poeten zur Aufführung von Luigi Nonos »Prometeo« ein, sie werden nicht kommen.

Abschied vor dem Hotel Cipriani. Ich werde Peter Handke mit Wolfgang Rihm zusammenbringen, vielleicht finden sie gemeinsam ihre Musik.

In einer ausgeräumten Kirche hat man eine Arche errichtet, aus wundervollem, hellem Holz ein quadrophonisches Gehäuse, das wie ein Schiff im spirituellen Raum schwebt. »Verso Prometeo« ist eine Text- und Musikexpedition ins Niemandsland. Archaische Innerlichkeit und technische Innovation suchen sich zu vereinen, elektronische Apparate und mehrere Instrumentalgruppen exerzieren eine Ordnung, die man ohne eingehendes Studium nicht verstehen kann. Nono nimmt hier eine Grenzposition ein, er verwirklicht kompromißlos seine Klangvorstellungen, ohne an Rezeption und Kosten zu denken. Eine Expedition, an der sich nur wenige beteiligen können. Abbado organisiert dieses venezianische Abenteuer mit Geduld, Sachkenntnis und Neugier. Er glaubt, den Weg zu kennen.

5. Oktober 1984 Der Opernchor

»Der Wiener Opernchor ist einer der besten der Welt«: Der neue Chordirektor bestätigt die gute Arbeitsmoral, leider fehle die Zeit, um genügend zu proben. Der Kollektivvertrag und die vielen Bühnenbräuche, die bereits rechtswirksam seien, verhindern die nötige Pflege des Repertoires. Man müsse bedenken, daß der Wiener Opernchor annähernd vierzig Werke auswendig zu singen habe. Die einzelnen seien sehr ehrgeizig und bemüht, das Kollektiv werde jedoch vom Betriebsrat beherrscht und von dem gefährlichen Nebenregiment des »Friedhofsansagers«. Jeden Mittag um Punkt eins sei ein großer Teil der Herren verschwunden, sie hätten Friedhofsdienst. In Wien liebt man die »schöne Leich«, es wird bei den Beerdigungen gesungen, im Quartett oder Doppelquartett; tröstliche Weisen, Balsam für wunde Seelen. Die Musik ist im Preis der Bestattungen, die städtisch monopolisiert sind, inbegriffen. Für den Chor eine einträgliche Pfründe, manche Chorsänger sollen ihre Gage verdoppelt haben. Daß alles seine schöne Ordnung habe, dafür sorge der »Ansager«, offensichtlich ein einträglicher Posten, eine graue Eminenz, wer wolle es sich schon mit diesem Geldbriefträger verscherzen.

Der Betriebsrat des künstlerischen Personals, der aus dem Chor kommt, bestätigt diese Doppelengagements und Doppelmoral; er sei dagegen machtlos. Das Friedhofsunwesen könne nur durch die Stadtverwaltung abgestellt werden. Doch dort sei alles verfilzt. Man müsse etwas unternehmen, aber noch jede Direktion habe sich gescheut, sich die Finger zu verbrennen. Im übrigen sei der Chor unterbezahlt. Das Friedhofssingen gehöre gewissermaßen zur Gage.

18. Oktober 1984 Ernst Krenek

Die Zahl der Opernuraufführungen, die in neuerer Zeit in Wien zu verzeichnen sind, ist nicht gerade ruhmreich. Wenn man von Werken des 19. Jahrhunderts wie »Euryanthe«, »Martha« oder »Die Königin von Saba« absieht, bleibt eigentlich nur »Die Frau ohne Schatten« als künstlerisches Ereignis übrig. Man hat es vorgezogen, anderen Bühnen das Risiko der Uraufführung zu überlassen, um dann das Erprobte nachzuspielen. Eigentlich ist das Verhältnis zur Neuen Musik eine Chronique scandaleuse.

Da gibt es Auftragskompositionen, die zurückgezogen wurden wie die Schreker-Oper »Der ferne Klang« oder Kreneks »Karl V.«, teils aus ästhetischen, teils aus politischen Gründen. In anderen Fällen hat die Zensur den Spielplan beeinflußt. Und die Titel, die jetzt die Liste zieren, verdanken eher dem Zufall oder guten Beziehungen ihre Wiener Präsenz. Man hinkt hinter der Entwicklung her und sucht nicht einmal nach Entschuldigungen. Ab und zu regt sich verspätet das schlechte Gewissen.

Eine Wiedergutmachung dieser Art ist die Aufführung von »Karl V.«, ein Zeichen guten Willens, leider nicht mehr. Es fehlt der szenische Wurf, das heutige Konzept, um dieses in den politischen Wehen des Jahres 1933 entstandene Werk zu rehabilitieren.

Zwölftontechnik zur Bewältigung von Dialogen und Reflexionen macht es dem Publikum schwer. Nur wenige Sänger verstehen es so gut wie Günther Reich, den Text verständlich zu artikulieren. Die meisten suchen in dem Klanggewebe des Orchesters ihre Stimme zur Geltung zu bringen, und verhindern damit das Sinnverständnis des Stücks. Philosophie auf der Opernbühne bedarf besonderer Hilfe durch sinngebende Bilder oder Kommentare.

In diesem Geschichtsdrama wird die Selbstanalyse des Kaisers zur Parabel für das, was Krenek in seiner Zeit erlebt hat. Textlich und musikalisch reflektiert er die Zeitenwende, sucht das geistige Prinzip in den Geschehnissen. »Alles ist nur eins, tausendfach verwandelt«, mit diesen Einsichten im Sinne von Spinoza und Leibniz kann er persönlich seine Rechtfertigung finden, aber der Zeitlauf ist unterbrochen, der einzelne wird geschichtlich zur tragischen Figur.

Ernst Krenek ist immer wieder dadurch gestraft worden, daß seine Werke nicht aufgeführt wurden. Er hat die Schrecken der Zeiten überlebt, allerdings nicht ohne Bitternis. Sein anklagender Mut und seine Hellsicht sind bewundernswert. Über seine Wiener Erfahrungen hat er folgendes gesagt:

»In Wien war die Versuchung groß, nach amerikanischer Façon die Füße auf den Tisch zu legen und zu sagen: Ihr habt mich vor dreizehn Jahren ins Exil getrieben, jetzt werden wir von Wiedergutmachung reden. Aber wenn die Wiener einen begrüßten mit dem Ausruf ›Das is aber scheen, daß Sie wieder da sind. No, was sagen Sie dazu, wie wir uns mit diesem Hitler angschmiert haben?‹, da war man schon entwaffnet, da waren sie wieder, da waren sie noch: gemütlich, brutal, herzensgut, gemein, aufrichtig, verlogen, liebenswürdig, tückisch und selbstmitleidend.«

Mit mehr als achtzig Jahren darf man das sagen, obwohl es einigen sauer aufstößt. Es wird die Reibung an Krenek fördern, doch das hat er immer gewollt.

20. Oktober 1984 Theater-Alltag

Gute Weine gewinnen durch Lagerung an Wert – Operninszenierungen verfallen, mögen sich fleißige Assistenten auch noch so bemühen, Geist und Form des Originals zu erhalten. Der Opernstil wandelt sich ständig. Und Patina ist auf der Bühne kein Qualitätsbegriff.

Beispiel »Arabella«. Eine Inszenierung aus dem Jahre 1952 wird viermal »wiederaufgenommen«, von »Spielleitern« nach dem Regiebuch rekonstruiert. In mehr als 80 Aufführungen mit ständig wechselnden Besetzungen verliert sich jede szenische Kontur. Ist das das »repräsentative Repertoiretheater«, das der Direktor gemäß seinem Vertrag zu pflegen hat? Bleibt die Musik.

Horst Stein schwelgt im Orchesterrausch. Wie man hört, hat er auf eine Orchesterprobe verzichtet: »Dann spielen sie besser.«

»Der fliegende Holländer«, eine Inszenierung ohne Charakter und Effekt. Die Solisten machen, was sie wollen, der Chor bemüht sich um Wind und Wetter. Das Orchester unter Heinrich Hollreiser zeigt wenig Windstärke. Am Ende Buhs für die Senta. Hat sie zu unsauber gesungen oder zu wenig Stimme?

»Tosca«, die Uraltinszenierung von Margarethe Wallmann, vom Anfang der Karajan-Ära. In Wien glaubt man, die »Tosca« aller Zeiten im Repertoire zu haben. Man verzichtet gerne auf jede Aktualisierung. Hauptsache sind doch die drei Sänger, die sich um die Gunst des Publikums streiten. Der lüsterne Erpresser, die berauschende Diva und der siegessichere, aber todgeweihte Tenor – das ist eine Konstellation, die noch von keiner veristischen Oper übertroffen wurde. Dazu der Weihrauch von Sant' Andrea della Valle und die Morgendämmerung über der Engelsburg. Wenn nur die Flinten der Soldaten funktionieren...

25. Oktober 1984 Frischzellen-Therapie

Die Wiener Staatsoper ist einer jener Monsterbetriebe der Tradition, die sich erschöpfen in der Bewältigung ihres täglichen Pensums. Sie sind erstarrt in Regeln und Verträgen, in verkrusteten Strukturen und überalterten Gewohnheiten. Wie geldfressende Dinosaurierechsen kriechen sie durch die Zeit, ihrem sicheren Aussterben entgegen. Gewiß, die Wiener Opernechse wird als eine der letzten verröcheln.

Was kann man tun, um diesen drohenden Exitus abzuwenden? Der Opernorganismus braucht ein paar Vitaminschübe, um den Kunstkreislauf zu beleben. Das beste Mittel gegen Arteriosklerose sollen Frischzellen sein, also die Kunst erneuernde Experimente, mehr Produktivität und alternative Herausforderungen.

Die Zahl der Opernproduktionen ist seit Jahren in Wien auf drei bis vier Premieren eingefroren, dazu eineinhalb Ballettpremieren, je nach technischem Anspruch. Ein Theater aber lebt mit seinen Premieren, sie bestimmen seinen Atemrhythmus. Der Pulsschlag des Betriebes erhöht sich, je näher eine Premiere kommt, das ganze Klima wird zunehmend nervöser, hektischer. Krisen sind die besten Symptome für künstlerische Spannung. Und nur wenn sich alle bis an die Grenze ihrer Kapazität um ein gemeinsames Ziel bemühen, kann sich ein Erfolg einstellen. Also müßte es die Aufgabe der Direktion sein, das Tempo anzuziehen, die Reserven zu mobilisieren. Mindestens zwei Premieren mehr den Gewohnheiten abtrotzen. Selbst auf die Gefahr hin, daß nicht jeder Repertoire-Abend Galaformat hat.

Vor allem braucht das Haus mehr Jugend, auf der Bühne und im Zuschauerraum. Die Wiener Staatsoper verfügt seit mehr als zehn Jahren über ein Opernstudio, etwa fünfzehn junge Sänger werden für die Praxis ausgebildet. Sie wachsen organisch in das Ensemble hinein und kennen das Repertoire. Freilich ist diese pädagogische Arbeit sinnlos, wenn die Studiomitglieder nicht auch eine oder zwei eigene Einstudierungen erarbeiten können. In Wien sind Studioaufführungen seit langem eingeschlafen. Das Haus hat keinen Raum für solche

Aufführungen, der Betrieb keine Zeit für die Proben. Also Resignation?

Forderung 1 zur Verjüngung des Ensembles: mehr und bessere Arbeit im Studio.

Forderung 2: regelmäßige Studioaufführungen mit der Literatur, die ein junges Publikum interessiert.

Forderung 3: das gleiche gilt für das Ballett.

Die Mittel müssen durch Mehreinnahmen erwirtschaftet werden oder von Sponsoren kommen.

Dieses kulturpolitisch brisante Programm ist sofort mit den politisch Verantwortlichen zu besprechen. Nicht mit Lippenbekenntnissen sich zufriedengeben, alles Neue braucht Überzeugungskraft und Spontaneität. Der Minister muß diese Idee als seine eigene durchsetzen.

Arbeitsprogramm: Die junge Staatsoper.

31. Oktober 1984 Die Meistersinger von Zürich

»Die Meistersinger von Nürnberg«, es gibt kein Festspiel, das geeigneter für eine Theatereröffnung in Zürich wäre. Nein, keine gedankenlose Feierkonvention, Richard Wagners späte Komödie enthält vielfache Beziehungen zur Limmatstadt, kaum jemand weiß es. Um so überraschender wird es sein, wenn die Zürcher Zünfte zur Festwiese ziehen wie zum »Sechseläuten«, dem alten Volksbrauch, mit dem man den Winter verbrennt und den Frühling feiert. In ihren typischen Kostümen, mit ihren alten Wappen. Wagner selbst hat in seiner Zürcher Zeit am Zunftleben teilgenommen, seine Freunde waren Zunftmitglieder, er hat sogar eine Polka »Zum Sechselüten« komponiert. Hier hat er also die Anschauung für seinen Aufmarsch auf der Festwiese gewonnen. Und wir folgen bei festlichem Anlaß seinen Zürcher Phantasien.

Freilich mehr noch als das Zürcher Zunftwesen macht die »Meistersinger« hier aktuell. Auch der berühmte »Wacht auf«-Chor mit der folgenden Ansprache des Hans Sachs: »Euch macht ihr's leicht, mir macht ihr's schwer« – auch das ist Zürcher Erbgut. Gemeint ist der berühmte Fackelzug nach den Maikonzerten 1853, bei dem Tausende von Zürchern singend vom Münsterhof zum Zeltweg, seiner Wohnung, zogen, um ihm ein Ständchen zu bringen. Das hat den Meister tief beeindruckt, niemals ist ihm später Ähnliches widerfahren. Das

Biedermännische paßt in diese Stadt, der »welsche Dunst und welsche Tand« freilich tönt gar nicht helvetisch.

Und wenn man schon einmal Zürcher Spuren in dieser Oper verfolgt, kann einem natürlich auch der »Wahn«-Monolog nicht entgehen. Waren die Zürcher Jugendkrawalle um das Opernhaus, mit Prügelei und Tränengas, nicht auch pseudopolitischer Wahn, »Schmerzgekreisch, wenn er sich wühlt ins eigne Fleisch, wähnt Lust sich zu erzeugen«. Auch das ist zu inszenieren, mögen die orthodoxen Wagnerianer solche Aktualisierungen auch schmähen. Die Prügelszene spielt an der Limmat, man wird es erkennen.

So muß sich die Stadt mit ihrer Oper identifizieren, so soll sie den teuren Umbau akzeptieren. Mit den »Meistersingern von – Zürich«.

5. Dezember 1984 Briefwechsel

Minister 2 schreibt folgenden Brief:

»Mit Freude habe ich in Wien gehört, daß Claudio Abbado den ›Boris‹ und ›Wozzeck‹ einstudieren will. Ich freue mich über diese Bereicherung des Repertoires außerordentlich, würde aber dafür plädieren, daß man sich bei dieser Neueinstudierung der vorhandenen ausgezeichneten Szenerie bedienen möge. Eine Neuinszenierung mit einem völlig neuen Bühnenbild würde hier zweifellos auf Kritik stoßen.«

Antwortbrief:

»Sehr geehrter Herr Minister. Die Bühnenkunst richtet sich nicht nach den Gewohnheiten der Hausfrau, die, bevor sie etwas wegwirft, noch einmal überlegt, ob sie den Gegenstand vielleicht noch verwenden kann. Sie richtet sich nach der Phantasie und Konzeption der Künstler, die von anderen Argumenten bestimmt werden als vom Gebrauchswert früherer Dekorationen. Beim ›Boris‹ geht es darum, die Bearbeitung von Rimski-Korsakow aufzugeben und statt dessen endlich auch in Wien die Originalfassung von Mussorgski zu spielen. Beim ›Wozzeck‹ handelt es sich darum, die Inszenierung aus dem Jahre 1955 durch eine unserem Zeitgefühl entsprechende zu ersetzen. Sie werden verstehen, daß ein Dirigent wie Claudio Abbado auf die Zusammenarbeit mit Regisseuren wie Tarkowski oder Chéreau größten Wert legt.

Im übrigen ist die Freiheit des Spielplans und der Besetzungen eines der wenigen uneingeschränkten Rechte des Direktors. Wenn Sie

Ihren eigenen Spielplan machen wollen, brauchen Sie inskünftig keinen Direktor mehr. Ich überlasse Ihnen gerne meine Position.

Mit vorzüglicher Hochachtung«

Der Brief wurde nicht abgeschickt. Gespräch beantragt.

7. Dezember 1984 Wien-Cocktail

Der neue Wiener Bürgermeister auf Sympathiewerbung in Zürich. Sein Gesicht bleibt unbewegt, während er rhetorische Kapriolen schlägt. Mit nasaler Stimme lobt er Wien zum kulturellen Mekka hoch. Er redet fettgedruckt mit vielen Unterstreichungen und imponiert damit seinen Schweizer Gastgebern, die in ihrem Understatement verharren. Sein Wien-Cocktail ist gefällig gemixt mit Anekdoten, Zitaten und Komplimenten an die neutrale Schweiz, das Verfassungsvorbild der zweiten österreichischen Republik.

Der Antisemitismus, in Wien zu Hause, sei Veranlassung für den Zionismus und damit das heutige Israel gewesen. Der Wiener Mustersozialismus sei die Garantie für Fortschritt, Demokratie und sozialen Frieden mit Hilfe des Kammersystems, das Streiks verhüte und wirtschaftliche Gewinne gerecht verteile. Wien sei die einzige Stadt, die die Russen freiwillig aufgegeben haben, weil die Herren Leopold Figl und Kurt Raab trinkfester gewesen seien und weil das Lied von der Reblaus auch in Moskau seine Wirkung nicht versagt habe. Die Wiener könnten stolz sein auf ihre diplomatische Begabung, das hätten sie in Jahrhunderten gelernt, als eine kulturträchtige Mischung von Ost und West. Wien, Schnittpunkt der Donau- und der Bernsteinstraße, Bollwerk gegen Magyaren und Türken, Drehscheibe des Handels und Schmelztiegel der Völker, gestern, heute und morgen. Daher seine große Musikkultur, seine Literatur und Kunst.

In einem Antiquariat Hermann Bahrs von der Zensur beschnittene Schrift über Wien gefunden (1906). Dort heißt es: »Ihr seid Asien. Unbegreiflich, wie man so gerne sagt, ist Österreich gar nicht: man hat es nur als eine Art Asien zu begreifen... das ist das Asiatische in Österreich: das Nomadisch-Zerstreute, Schweifende, Fahrige unserer vielen unkultivierten Ostvölker... Von dieser Seite kommt das unstete und unruhige Blut, das ewige Anfangen und Fallenlassen, die ewige Treulosigkeit an allen Vorsätzen und Entschlüssen... Voilà l'Autriche. Das ist Österreich. Weshalb es auch ein Unrecht ist, Wien an europäischen Forderungen zu messen.«

13. Dezember 1984 Kunstreviere

Die Wiener Staatsoper braucht eine zweite Spielstätte für experimentelles Theater. Das Theater an der Wien ist durch das Musical zweckentfremdet, der Redoutensaal dient großen internationalen Kongressen.

Besuch beim kleinen Nachbarn, der Wiener Kammeroper, vielleicht kann man sich hier gelegentlich einquartieren? Der Direktor, der sein Kellerimperium seit dreißig Jahren tapfer verteidigt und sich als dritte Oper Wiens versteht, wittert Gefahr. Er fürchtet die Umarmung durch den großen Bruder. Die Türen schnappen hörbar ein.

Das Schloßtheater Schönbrunn, ein Juwel des 18. Jahrhunderts, dient der Musikhochschule als Übungsraum, jedenfalls solange keine eigene Bühne zur Verfügung steht. Aber wird es immer gebraucht, auch in den Semesterferien? Man wacht argwöhnisch über das Recht der Exklusivität. Der Rektor verbittet sich künftig jede Belästigung.

Das Jesuitentheater im alten Universitätsviertel bedarf dringend der Renovierung. Das herrliche Deckenfresko blättert ab und zeigt die Wasserspuren eines undichten Daches. Ein großartiger Saal für Raumtheater, die Bühne ist zu klein und hat keinerlei technische Ausstattung. Der Intendant des im Sommer spielenden Barocktheaters protestiert gegen jede Idee, den Saal anderweitig zu bespielen. Dies sei seine Domäne...

Die Kunstreviere sind in Wien fest verteilt, und jeder kämpft um sein Quartier wie der Schakal um sein Aas. Die budgetären Habenichtse fürchten den Zugriff des Staates. Keine Spur von kollegialem Interesse.

Also bleiben nur neue, unerschlossene Räume. Das aber bedingt größere Investitionen. Wer engagiert sich in Wien für etwas Unbekanntes, für die Hirngespinste des neuen Direktors? Hat die Stadt nicht genug Theater?

18. Januar 1985 Nervenkrise um Kleiber

Carlos Kleiber dirigiert »La Bohème«. Nach langer Zeit steht er wieder einmal am Pult der Staatsoper. Und zwingt alle in seinen Bann. Mit der ihm eigenen Spannung zwischen Nonchalance und Explosivität schafft er höchste Sensibilität im Orchester. Die Streicher sind von ihren Lehnen ein paar Zentimeter vorgerückt.

In der Pause Nervenkrise hinter der Bühne. Man weiß nicht, ob Kleiber weiterdirigiert oder nicht. Er hat ein Mikrofon entdeckt, und man hat vergessen, ihm zu sagen, daß das Radio mitschneidet. Der Hofrat hat sich in seinem Zimmer verschanzt. Was wird passieren, wenn die Vorstellung abgebrochen werden muß? Nicht auszudenken. Vermittler hetzen durch die Gänge. Nur schade, daß man nicht weiß, welche Weiblichkeit Kleiber gerade regiert.

Nach der Pause keine Mikrofone mehr, der Matador betritt wieder die Arena. Ovationen. Hochspannung im Haus: Das ist das, wovon die Freaks seit Jahren träumen. Er ist launenhaft, unnahbar, neurotisch, aber vielleicht gerade deshalb ein Dirigiergenie.

Der Generalsekretär behauptet, heute sei der Tag, an dem Karajan seinen Spitzenplatz in der musikalischen Rangordnung an Kleiber abgegeben habe. Wie bei den Boxern.

19. Januar 1985 Sultan Pavarotti

Luciano Pavarotti hält Hof. In seinem Appartement residiert er wie ein Sultan, seine Leibesfülle überdeckt mit einem Plaid, gehüllt in blumige Seide, von zwei hübschen jungen Sekretärinnen umsorgt. Er ist äußerst gnädig, der Erfolg als Rodolfo hat ihm gutgetan, ein Abend, mit dem er zufrieden war, was nicht so oft vorkommt. Er ist sein schärfster Kritiker, sein inneres Ohr horcht die Konsistenz seiner Stimmbänder ab. Er hat gespürt, die Wiener mögen ihn, und – das ist ein wichtiges Symptom – sie vergleichen ständig mit Carreras und Domingo. Er hat sich – mit ausgestreckten Armen – dem Applaus geopfert; er brauchte nicht mit flehender Gebärde um Nachsicht zu bitten.

Luciano Pavarotti ist ein kluger Mann, er weiß genau um seine Anfälligkeit und kennt seine Grenzen. Er weiß auch genau, was er singen sollte und was nicht. Und mit wem. Und jeder seiner Auftritte muß genau inszeniert sein. Die Proben müssen seinen Zeiten entsprechen, die Dirigenten bestimmt er selbst oder läßt seine Frau mitbestimmen, besonders welche Partner in der Besetzung erwünscht oder unerwünscht sind. Er ist stolz darauf, daß eigentlich er es war, der Kleiber nach Wien zurückgebracht hat. Er will sich in seinem Beruf nicht ärgern. Er hat es nicht nötig.

Wir verständigen uns: Die erste Premiere einer neuen Direktion, das ist ein Anlaß, den er sich nicht entgehen lassen will, besonders nicht, wenn Abbado dirigiert. Er zückt seinen großen Kalender und blättert in den Jahren. Den Riccardo in »Ballo« singe er gerne. Und Ponnelle als Regisseur sei ihm sehr willkommen, er habe ihm als Schauspieler bei der »Rigoletto«-Verfilmung gerade sehr geholfen.

Der Sultan beliebt zu scherzen, zu arrangieren...

26. Januar 1985 Bei Karl-Ernst Herrmann

Mit Nikolaus Harnoncourt in Berlin. Er soll Karl-Ernst Herrmann kennenlernen, den Regisseur der Brüsseler Mozartaufführungen, den berühmten Bühnenbildner der Berliner Schaubühne. Wir sehen Tschechows »Drei Schwestern«, eine Jahrhundertaufführung.

Man wird zum Eindringling in die geschlossene Seelenwelt der Familie Prosorow. Die Zeit ist das Thema, die Jahreszeiten, das Tageslicht, Dämmerung, Nacht, jede Stunde, Minute. Es findet die völlige Durchdringung der Zeit mit dem Klang statt. Dabei höchste Darstellungskunst des natürlichen Lebens. Natur, die man schmeckt, riecht – technisch perfekt gemacht. Das Auge heißt Karl-Ernst Herrmann.

Durch den typischen kahlen Berliner Hinterhof, über ein verwahrlostes Treppenhaus erreichen wir sein Atelier. Hohe, weiße Räume, fast ohne Mobiliar. Ein paar einfache Stühle, ein defekter Liegestuhl, er hat dekorativen Wert, der Zeichentisch. Viele Schallplatten. Herrmann braucht Musik, zeichnet mit Musik. Tasten, Anschauen, Berührungsangst auf beiden Seiten. Nikolaus Harnoncourt, der Ohrenmensch, Karl-Ernst Herrmann, ganz der Augenwirkung ausgeliefert. Herrmann erzählt von den Erfahrungen mit seinem Brüsseler Probenlaboratorium, er braucht viel Zeit, Sänger müssen zu Menschen werden. Es muß alles stimmen im Bühnenraum, wie bei Tschechow.

»Idomeneo« – ein schweres Stück, was macht man mit dem Chor, mit dem Ballett, mit dem Orakel? Wieviel Striche sind bei den Rezitativen erlaubt? Möglichst wenige, meint Harnoncourt, der auf die »Idomeneo«-Erfahrungen mit Ponnelle verweist. Er kennt jede Note und kennt auch die Entstehung und die Hintergründe des Stücks.

Wann spielt das Stück? In mythologischer Zeit, in der Mozartzeit, etwa heute? Man muß die Menschen bei Mozart verstehen. Mozart, das ist für Herrmann ein Phänomen wie ein seltener Schmetterling, von dem man träumt – fern von unserer Zeit. Er erlaubt nur behutsame Annäherungen, jede Berührung kann ihn zerstören. Karl-Ernst Herrmann sieht schon das Meer, den Sturm, den Schiffbruch des Idomeneo. Für Nikolaus Harnoncourt ist die Musik der Schlüssel zum Verständnis des Werkes. Er könne nur arbeiten mit Leuten, die Musik lieben...

3. Februar 1985 Politische Scheinwelt

Was ist das für ein Land? Da fährt der junge Verteidigungsminister zum Flugplatz, um einen ehemaligen Obersturmbannführer, der vorzeitig begnadigt wurde, offiziell zu empfangen. Gleichzeitig tagt in Wien der Weltjudenrat und gerät verständlicherweise in Empörung. Der Kanzler muß hingehen, buckeln, sich rechtfertigen, damit das österreichische Ansehen keinen Schaden leidet. Und er muß den Minister, der sich notgedrungen entschuldigt, vor dem Rücktritt bewahren, sonst platzt seine kleine Koalition. Man hat die Vergangenheit gründlich verdrängt, denn Österreich ist ja das erste arme Opfer des Faschismus. Als ob sich 1938 auf dem Heldenplatz nicht Hunderttausende heiser gebrüllt hätten vor Begeisterung über die Heimkehr ins Deutsche Reich.

Man laviert, wie im Falle der Hainburg-Besetzung. Erst starke Worte, Drohgebärden, Polizeieinsatz – dann war alles nur Bluff. Die Besetzer der Au behalten recht, niemand will es gewesen sein.

Politik als Farce, Gesinnungen wie Orden zum An- und Ablegen bei passender Gelegenheit. Dazu diese verbalen Räusche. Man stranguliert sich mit Worten und hat immer alles vorher- und noch dazu bessergewußt.

5. Februar 1985 Lennie

Leonard Bernstein in Wien. Die Philharmoniker sind der Magnet, der ihn immer wieder anzieht. Er behandelt sie wie seine Freunde.

Für Lennie, wie die musikalische Welt ihn nennt, ist es nicht genug, Musik zu machen. Er sieht sich im Weltzusammenhang, er hat eine Art kosmisches Bewußtsein. Er läßt keine Gelegenheit verstreichen, an unsere moralische Verantwortung zu erinnern, nicht nur um die Lehren der Vergangenheit wach zu erhalten, sondern mehr noch aus Sorge um die Zukunft. Deshalb sind die Jungen für ihn interessanter als die Gleichaltrigen, die die geteilte und hoffnungslose Welt zu verantworten haben. Lennie verkündet Hoffnung, »Hoffnung im Windschatten meiner Verzweiflung«. Alles, was er tut, soll Symbol sein für ein besseres, geistigeres Dasein.

In seinem Kopf ist eine Oper über den Holocaust und die Folgen. Sie soll in Jerusalem und New York gleichzeitig uraufgeführt werden. Die Feier des vierzigjährigen Bestehens des Staates Israel ist der Anlaß. Wien müßte der dritte Ort der Uraufführung sein, gerade hier – an repräsentativer Stätte – hat eine solche Oper einen Sinn.

Aber können diese Bemühungen künstlerisch bestehen? Moralisches Engagement allein genügt nicht. Bernsteins letzte Kompositionen in ihrem Versuch, mit anspruchsvollen Mitteln Breitenwirkung zu erzielen, sind auf berechtigte Kritik gestoßen. Gibt es eine Möglichkeit, dramaturgisch mitzuarbeiten, europäische Kriterien in die amerikanische Vereinfachung einzubringen? Vorläufig wird von außen nach innen geplant, umgekehrt wäre es besser.

8. Februar 1985 Regieprofi Kupfer

Harry Kupfer, durch und durch Theatermensch, fleißiger Schaffer, Probentiger, kleinbürgerlich wirkender Sachse mit souveränem Handwerkskönnen und Phantasieüberdruck. Die Gefahr, sich in Egotrips zu verrennen, ist ihm fremd. Er objektiviert seine Arbeit mit wissenschaftlichen Kriterien, Felsenstein-Schule, Brecht-Erfahrung.

Er wirkt korrekt, höflich und betont kollegial. Dem Intendanten gegenüber vielleicht eine Spur zu devot. Ein Arbeitsfanatiker, der genau weiß, wieviel er in wieviel Stunden schafft. Er arbeitet im Assistentenverbund mit dramaturgischer Rückversicherung. Er sucht neue Partner für Bühnenbild und Kostüme, sehnt sich nach einer neuen Ästhetik der Bühne. Er ist einer der einfachen Schwierigen, weil man weiß, was er will und braucht. Man muß sich an die Abmachungen halten, dann kann nichts passieren, die Premiere wird pünktlich herauskommen.

Harry Kupfer, das wäre ein Regisseur für Stücke mit real-sozialem Hintergrund, etwa »Chowanschtschina« oder »Die Soldaten« – nicht für kulinarische Sängeroper. Er repräsentiert das Musiktheater, das nicht im Repertoire verschwinden darf, sondern in Premierenkonditionen erhalten werden muß. Nur so hat es seine Wirkung. Für dieses Musiktheater muß das Wiener System geändert werden: Serien mit gleichbleibender Besetzung, langfristig über mehrere Jahre vorausgeplant. Maazel nannte das wenig freundlich »Blocksystem« und weckte ungute Assoziationen. »Serie« ist besser als »Block«.

17. April 1985 Gute Ratschläge

Der Hofrat ist der kundigste Mentor; er weiß, wie man mit der Bürokratie, mit der Presse und mit dem Betriebsrat umgeht. Er stellt folgende Prognose: Ernennung, große Schlagzeilen, Pressewirbel, viele Indiskretionen bringen vorzeitig alle Pläne in die Zeitung. Die Vorbereitungszeit ist die glücklichste, mit der ersten Vorstellung beginnt der Abstieg. Ein Jahr gibt es Schonfrist, dann wird man den Wienern langweilig, heimlich beginnt die Suche nach neuen Kandidaten. Die Presse löst eine Krise aus, an der man völlig unschuldig sein kann. Die öffentliche Meinung dürstet nach Reformen – das Spiel beginnt von vorne.

Die Wiener Bürokratie befinde sich in einem Dauerschlaf, der nur durch Skandale gestört werden könne. Wenn man darauf warte, daß die Dinge ihren normalen Lauf nehmen, könne man Jahre warten. Bei Verträgen müsse jeder Beamte durch eine Randnotiz oder eine Einsprache seine eigene Kompetenz beweisen. Er habe sich vom Minister persönlich den Vertrag ausschreiben lassen. In wenigen Stunden sei alles vorüber gewesen. Der Finanzminister sei nicht einmal gefragt worden. Als dann viel später die Beschwerde des Finanzministers kam, sei alles schon perfekt gewesen, und der Minister war nicht mehr im Amt.

Was das Budget angehe, solle ich mir keine Sorgen machen. Hauptsache Erfolg, gute Frequenz, gute Einnahmen. Man müsse immer die Einnahmen so niedrig wie möglich budgetieren, dann habe man Reserven für Mehrausgaben. Die Wiener Staatsoper brauche die besten Sänger der Welt, koste es, was es wolle. Für Überschreitungen gebe es immer nachträgliche Begründungen. Die Leute im Finanzministerium seien der Oper sehr wohlgesonnen, man müsse ihnen nur gelegentlich seine Aufwartung machen.

17. Mai 1985 Ponnelle inszeniert

Jean-Pierre Ponnelle inszeniert – wie vorher in San Francisco – auch in Wien »Cavalleria rusticana« und »Pagliacci«. Er hat eine seltsame Schwäche für diese veristischen Reißer und sucht sie menschlich zu vertiefen. Die prachtvollen Partien, erstklassig besetzt, ermöglichen großes Theater.

Die weiße Kulisse eines sizilianischen Bergdorfes bietet einen wirkungsvollen Kontrast zu den schwarzen Sonntagstrachten der Kirchgänger. Alfio, der Fuhrmann, tritt auf, wie man sich im Bilderbuch einen Mafioso vorstellt, knallt mit der Peitsche – und alle kuschen vor ihm. Die erschütterndste Gestalt ist der Turiddu des Luis Lima, bei ihm ist Singen natürlicher Körperausdruck.

Das Spiel der »Pagliacci« ist in der gleichen Landschaft angesiedelt. Von weitem sieht man ihr altes Auto herankommen, bei jeder Kurve eine Nummer größer, bis endlich ein veritabler Oldtimer auf die Bühne rollt, fauchend und spuckend. Alles weitere spielt auf diesem multifunktionalen Automobil. Placido Domingo ist der Canio, der mit seiner Clownstragödie alle zu Tränen rührt. Aus Commedia dell' arte wird Ernst, die Eifersucht sprengt das Spiel. Die Schwierigkeit liegt darin, das Theater auf dem Theater glaubwürdig darzustellen und nicht Spielklischees anheimzufallen. Auch die Naivität des gespielten Publikums hat ihre Tücken.

Jean-Pierre Ponnelle ist guten Mutes. Sein privates Vaterglück macht ihn nachsichtig gegenüber den Mißgeschicken und der Schlamperei des Theaters. Er knurrt in sich hinein, statt zu explodieren. Trotzdem kann er sich kritische Bemerkungen über die Wiener Oper nicht verkneifen. Das Mißverhältnis zwischen Anspruch und Realität sei ärgerlich. Wien sei eben nicht der Nabel der Welt, auch nicht in der Oper. Die Politik verzettele sich in hinterwäldlerische Bagatellen, die Wiener Geschäfte seien provinzlerisch im Vergleich mit Paris oder Mailand. Er habe hier auf die Dauer nichts verloren.

Den »Ballo in maschera« zur Eröffnung will er gerne prüfen, ein schweres Stück. Es komme sehr auf die Besetzung an. Beim Namen Pavarotti runzelt er die Stirn.

19. Mai 1985 Mitten im Whisky

Lennie dirigiert ein Wagnerkonzert, das enthebt ihn der Verpflichtung, »Wagner zu können«. Er dirigiert das Siegfried-Idyll im Zeichen von Bitburg, er will durch Musik Versöhnung stiften. Der dritte »Siegfried«-Akt ist für ihn wie eine Symphonie à la Mahler. Für das Publikum bleibt der Showeffekt seines exzentrischen Dirigierens. Ein Glück, daß die Philharmoniker die Partitur kennen.

Lennie privat, am Nachmittag, mitten im Whisky: ein kleiner weißhaariger, agiler Fast-Siebziger in Jeans, barfuß. Ein großporiges Gesicht mit weichen, lieben Augen, vibrierend vor Musik. Sein Freund Stephen Wadsworth, Autor, Regisseur, Manager, Lehrer, amerikanisches Allroundtalent erzählt sein neues Stück: die Geschichte des Holocaust in drei Akten, je sieben kurze Szenen, dargestellt an etwa zehn verschiedenen Charakteren. Wien 1938, Einmarsch der Nazis, Ghetto Warschau, Widerstandsgruppe bei Lyon, belagertes Leningrad... alle Szenen in verschiedenen Sprachen, genaues Zeitidiom, kurze Texte. Im zweiten Teil die Zeit nach 1945: Russe und schwarzer US-Soldat an der Elbe, Nürnberger Prozeß, McCarthy-Hetze in den USA, Kuba vor Fidel Castro, Israel bei der Vertreibung der Palästinenser. Am Ende Szene in einer russischen Psychiatrie, ein jüdischer Intellektueller, für geisteskrank gehalten, weiß nicht, ob er lebt oder schon tot ist. Der Mensch als Opfer der Zeit. Wie lange noch soll er die Greuel der Geschichte erdulden?

Was ist hier die Aufgabe der Musik? Ansätze von Musical, Songs, textverständlich. Wenn Lennie singt, blitzt Kreativität auf. Es geht um die Condition humaine in einer Zeit, die aus den Fugen ist. Der »Weltgeist« müßte diese Texte schreiben...

22. Mai 1985 Bedingungen

Rendezvous mit Rudolf Noelte, pünktlich 11 Uhr unter den Arkaden der Mailänder Scala. Noelte hat seine Hausaufgaben gemacht. Es geht um »Don Carlo«. Freundlicher Empfang bei Claudio Abbado. Noelte stellt Bedingungen: 1. »Don Carlo« in französischer Sprache, 2. Originalfassung mit dem Fontainebleau-Vorspiel, 3. Kaiser Karl V. tritt am Ende nicht auf. Dann die Besetzung; sie ist für Noelte das wichtigste. Er sucht die Identität der Figuren, in Alter und Physiognomie; die stimmlichen Voraussetzungen interessieren ihn nur am Rande.

Noelte zieht eine Kritik aus der »Welt« hervor, in der einige der vorgesehenen Sänger schlecht wegkommen. Glaubt er an Kritiken? Er, der sonst über die Voreingenommenheit der Kritiker schimpft, nimmt ihre Meinungen offensichtlich als Wahrheiten. Wir laden ihn ein, sich selber zu informieren.

Noelte wettet mit Abbado, daß es noch keine französische Fassung des »Don Carlo« auf Schallplatten gebe, Abbado gewinnt natürlich, da er selbst diese Aufnahme eingespielt hat. Schlechtes Omen.

23. Mai 1985 Barocktheater in Wien

Nikolaus Harnoncourt feiert seinen Triumph im Theater an der Wien. Wer kann sich heute in der Interpretation der Barockmusik mit ihm vergleichen? Vital in jedem Takt, sprühend vor Temperament, Witz, Phantasie. Die Freude am Musizieren dominiert über Gelehrsamkeit. Dabei ist jede Note genau überprüft, jede Phrasierung, jedes Detail der Instrumentierung.

Nach Monteverdi, Purcell und Rameau jetzt Georg Friedrich Händel, den hierzulande weit unterschätzten Opernkomponisten. Seine Werke sind szenisch nuanciert, melodisch brillant. Sie bieten unendlich viele Assoziationen, die sich auf der heutigen Bühne mit spielerischen Einfällen verwirklichen lassen. Die Londoner »Xerxes«-Inszenierung von Nicholas Hytner ist ein Paradebeispiel für modern-unterhaltsame Händel-Interpretation. Diese Mischung von Hydepark, British Museum und Buckingham Palace macht den charmanten Nonsense der Handlung mit Ironie und Understatement zum reinen Vergnügen. Die Historie Händels war nie Bildungstheater, sondern Anlaß zu psychologisch-hintersinnigen und aktuellen Kommentaren, musikalisch unerschöpflich.

Der »Julius Caesar« in Wien hat nicht diese Tradition, ist mehr auf modernes Schaufensterdekor mit raffinierten Lichteffekten hin inszeniert. Man hält sich an die Sänger und das Orchester, ohne den szenischen Witz des Stückes auszuschöpfen.

Barocktheater in Wien hatte es immer schwer, das 19. Jahrhundert hat die barocken Ursprünge verschüttet. Höchste Zeit, das Theater an der Wien für die Oper zu reaktivieren, es gibt keinen besseren Rahmen für klassische und vorklassische Werke. Aber Wien glaubt nicht an die Wiedergeburt der barocken Oper, an Monteverdi, Cavalli, Vivaldi, Rameau, Telemann, Hasse, Haydn...

2. Juni 1985 »Wozzeck«-Regie

Patrice Chéreau hat »Wozzeck« abgesagt. Das Stück legt ihn zu sehr fest, seine Phantasie will frei sein. In Paris Premiere »Wozzeck« in der Inszenierung von Ruth Berghaus. Sie realisiert ihre aktuelle »Wozzeck«-Vision. Das Stück wird in eine Betonarchitektur projiziert. Die Stadt als kollektives Gefängnis, Spiegel des Seelenzustandes, jeder sieht im anderen sich selbst, das Menschsein ist ein Abgrund, Leere. Wozzeck wird von den auseinanderklaffenden Wänden auseinandergerissen, unter seinen Kleidern kommen Wickelverbände zum Vorschein. Menschen sind in Nischen, Löchern und Trümmern eingeklemmt, am Ende bricht die Betonstadt zusammen, Erdbeben, Atomkrieg? »Wozzeck« wird zum Vehikel für Untergangsvisionen. Die Typen des Stücks wie Doktor und Hauptmann sind graue Neutren, Marie wird zur Kellerexistenz: Lemuren in der Betonwüste. Natur kommt nicht vor. Durch die starke Bildwirkung wird die hellsichtige Poesie Büchners verdrängt. Schade.

Nach vielen Anläufen Begegnung mit Adolf Dresen. Stanislawski-Schule, Deutsches Theater Berlin, Brecht-Nähe machen ihn sensibel für die Sprache Büchners. Er ist gewohnt, genau zu hören, genau zu sehen, um das Milieu der hessischen Militärzustände zu erfassen. Also ein historisch-soziologischer Zugang, der das Phantastische und die Naturimpressionen nicht verdeckt. Das Stück braucht Moor, roten Himmel und Mond genauso wie Kasernengeruch und Kellerwohnung. Schwierige Aufgabe für einen Bühnenbildner: 15 Bilder mit kürzesten Zwischenspielen. Wir gewinnen Vertrauen.

11. Juni 1985 Besuch an der Via Appia

Franco Zeffirelli wohnt nahe der Via Appia in Rom. Der Taxifahrer muß mehrmals fragen, bis wir endlich die alte Villa finden, von hohen Mauern eingeschlossen. Hundegebell. Ein alter Diener öffnet, führt mich in den Park. Feudale Atmosphäre, ein wenig patiniert. Die Kletterrosen haben gerade zu blühen begonnen, die Rabatten sind überwuchert, es scheint, man läßt der Natur ihre Freiheit.

Franco Zeffirelli – so perfekt seine Bühne sein muß, privat liebt er bürgerliche Ordnung und Pflege nicht. Ungezwungen soll unser Gespräch sein, kameradschaftlich. Er hat in Wien große Erfolge gehabt mit »La Bohème«, »Don Giovanni« und »Carmen«, aber er denkt trotzdem nicht allzu gerne an die Staatsoper. Er haßt das Repertoiretheater, das seine Phantasie zu sehr beschränke. Man müsse immer Rücksicht nehmen auf die Stücke vorher und nachher und wenn man den Rücken kehre, werde alles verändert, »vereinfacht«, wie man sage. Dann lieber die reine Stagione, wie in Italien, trotz all der Improvisationen. Man ärgere sich schwarz über die Schlamperei und Unzuverlässigkeit – bei der Premiere sei jedoch meist alles in Ordnung und bleibe so bis zum Ende der Aufführungsserie.

»Otello« wolle er jetzt auf der Bühne nicht mehr machen – nach dem Film. Er habe alle Möglichkeiten, herrliche Architektur, wunderbare Partner – diese Atmosphäre könne er nie mehr erreichen. Warum sich abquälen mit der Bühnentechnik, mit den Umbauten? Er habe zwar Maazel den »Otello« für Wien versprochen, aber er würde lieber eine andere Oper in Wien inszenieren... »Tristan« zum Beispiel.

Wir sprechen über die Schwierigkeiten der Besetzung, über die Partnerschaft mit Zubin Mehta, die Probleme bieten könne, vor allem über die Konzeption. Ich erzähle ihm von meinen drei »Tristan«-Inszenierungen in Wiesbaden, Köln und Zürich, von dem Versuch der Synästhesie von Klang und Bild, zusammen mit Josef Svoboda... von dem »kleinen«, realistischen »Tristan« in drei Innenräumen... Er träumt von Meer, Wald, Burg, alles müsse konkret und vollständig sein, er liebe nicht den Stil der Andeutungen und Abstraktionen. Er male seine Bilder.

Ob man wenigstens den »Otello« von der Mailänder Scala nach Wien übertragen könne? Er hält das technisch für ausgeschlossen, das erste Bild passe nicht auf die Wiener Bühne, das müsse er ganz neu machen. Dann lieber eine Koproduktion mit einer anderen italienischen Bühne, Florenz zum Beispiel, sie wollen auch einen neuen »Otello« von ihm. Man müsse sich die Kosten teilen, Anfertigung der Dekorationen in Italien, dann könne er die Arbeit besser überwachen, er kenne die richtigen Ateliers. Er werde fragen... Alles nur, um mich nicht zu enttäuschen.

Die Dämmerung ist hereingebrochen, der Himmel spielt in allen Farben. Ich solle erst einmal einen Sonnenuntergang in seinem Haus in Positano sehen... ich sei herzlich eingeladen.

12. Juni 1985 Multitalent Sinopoli

Giuseppe Sinopoli ist Chef der Accademia di Santa Cecilia und wohnt ebenfalls in Rom, nicht in einem Park, sondern in einer Bibliothek. Ohne Bücher kann er nicht existieren, der Mediziner, Philosoph, Komponist und Dirigent. Gespräche mit ihm tanzen durch alle Disziplinen, er spekuliert auf Inszenierungen – bald wird er gewiß auch selber Regie führen –, auf ideale Besetzungen. »Trovatore« mit Domingo und Margaret Price... Inszenierung Fellini, oder Schrekers »Ferner Klang« mit Hildegard Behrens und Domingo... Musik ist für ihn zum Lebensraum geworden, Musik sei wahre Philanthropie. Lieber nur zehnmal im Jahr dirigieren, dann aber aus voller Seele.

Er erzählt von einem berühmten Chirurgen während seiner Studienzeit, der kannte seine Patienten nur nach der Zimmernummer. Das sei für ihn selbst ein Grund gewesen, den Lehrer zu wechseln.

Sein Bayreuth-Debut wirft seinen Schatten voraus: »Tannhäuser«. Wer ist dieser Tannhäuser? Wagner selbst auf der Suche nach seiner Mutter, er leide an der Paranoia zwischen Venus und Elisabeth, also zwischen der Hure und der Heiligen, die in Wirklichkeit die gleiche Frau sein sollte. Aber Elisabeth darf keine Heilige sein, sie wird von der Kirche nur benützt, und Venus ist nicht Hure, sondern die große Mutter, Demeter.

Giuseppe Sinopoli kennt Wien, weiß genau, was Wien braucht und was man nicht machen sollte. Wien ist die Stadt seiner Haßliebe. Wien sei ein stinkender Humus, aber fruchtbar für Kultur. Niemand sagt dem andern die Wahrheit, man ist freundlich zueinander, aber hinter dem Rücken macht man den anderen schlecht, um vor sich selber zu bestehen.

Er kennt auch das Wiener Orchester. Wenn zum Beispiel im Orchester ein Flötist falsch spiele, könne man mit mahnenden Blicken nichts erreichen. In der Pause ein vertrauliches Gespräch mit dem Konzertmeister; er fragt ihn, ob er die »Nebengeräusche« gehört habe? Vielleicht sei der Kollege krank? Nach der Pause keine falschen Töne mehr. Wenn das Orchester mit Substituten durchsetzt ist, sagt er am nächsten Morgen dem Inspektor, er sei sehr unglücklich, fühle sich schlecht, das Wetter, der Wind... Man versteht ihn sofort.

Sein Stück in Wien sei »Forza del destino«, das große Schwarz-Weiß-Spektakel, die Maschine der Macht. Mit Ronconi-Damiani, sonst lieber nicht.

20. Juni 1985 Interpretitis

Wer ist der Schikaneder von heute? Wer ist mit den Traditionen des Wiener Volkstheaters vertraut und hat außerdem Sinn für die kryptische Seite des Stückes, wer durchschaut die freimaurerische Parabel und hat außerdem den Kindersinn des Märchens? »Die Zauberflöte« ist ein Bilderbuch und deshalb eine vorzügliche Aufgabe für Maler. Warum nicht nach Chagall und Slevogt heutige Maler fragen wie Hundertwasser, Brauer, Hutter, die Wiener phantastischen Realisten? Aber Otto Schenk wehrt sich, er will nicht Arrangeur vor Prospekten sein. Er will eine einfache Geschichte einfach erzählen, nur ja keine Interpretitis. Doch wie kann man »Die Zauberflöte« inszenieren ohne eine Konzeption? Wo spielt das Stück? Wann spielt das Stück? Nur ja keine »Aida« für Kinder. Schenk entwickelt eine Idiosynkrasie gegen einen Wiener Papageno, dabei gibt es kaum eine wienerischere Figur als diesen schwatzhaften und feigen Lebenskünstler Papageno, der sich mit seinen Vögeln direkt vom Naschmarkt auf die Bühne verirrt hat.

Diese »Zauberflöte« wird eine schwere Geburt werden, sie ist mit zu vielen Vorbildern belastet. Wer erinnert sich nicht an die Späße und Extempores von Erich Kunz? Nikolaus Harnoncourt will eine dramatische und glaubhafte »Zauberflöte« dirigieren, auf der Bühne soll das Einfach-Menschliche dominieren. Die Kritiker werden schimpfen, vielleicht hat das Publikum seine Freude.

21. August 1985 Die Phantasie-Oper

Habe Wolfgang Rihm zu Peter Handke nach Salzburg eingeladen. Ziel: die Auftragsoper für Wien. Wolfgang Rihm, kulinarisch-lustiges kompositorisches Wunderkind, supergescheit und leichtzüngig, genießt die Salzburger Gegenwart und die Wiener Perspektiven. Handke wohnt in einem alten Turm auf dem Mönchsberg, von hohen Mauern umschlossen, inmitten eines Parks mit uralten Bäumen. Poeteneinsamkeit über den Touristenströmen, die die Altstadt unpassierbar machen. Handke erzählt von seiner Reise in die Türkei, nach Halikarnassos, auf den Spuren des »Prometheus«, den er gerade neu übersetzt. Die Grundwörter werden in ihrer archaischen Substanz freigelegt und dadurch offenes Gefäß für subjektive Zutaten. Rihm spricht sofort an auf diese Wortästhetik. Er sucht Texte, die ihm

Freiheit geben für seine Klangphantasie. Zwischen Text und Musik besteht für ihn keine vorbestimmte Ordnung. Jeder Text kann mit jeder Musik koordiniert werden. Die Freiheit ist das kompositorische Problem. Rihm läßt nichts gelten als seine eigene Phantasie. Ähnlich Handke: Er setzt sich ab gegen jede Ideologie und vertraut nur seinen eigenen Sinneseindrücken. Zwei entschiedene Individualisten, Handke schickt Wörter, Rihm antwortet mit Klängen. Vielleicht eine neue Form von Synästhetik. Es werden noch szenische Partner gesucht, Regisseur und Bühnenbildner, sie sollen in den kreativen Prozeß einbezogen werden. Also eine neue abstrakte Oper?

Schwierig kann Handkes Verhältnis zur Musik werden. Er ist im Klosterinternat aufgewachsen, die Beatles waren sein Emanzipationserlebnis. Rihm dagegen hat sich dieser Industriemusik, diesem Massenphänomen fluchtartig entzogen und seine Komposition daraufhin freigemacht von Verwertbarkeit. Schwierig, hier Brücken zu bauen. Aber Handke liebt Webern, diese extremen Abbrüche, diese fragmentarischen Glückszustände. Bei Mahler muß er laut lachen, das ist ihm zu sinnfällig vordergründig. Rihm verteidigt Mahler, dem er sein symphonisches Handwerkszeug verdankt. Können sich diese Spannungen fruchtbar entladen?

Rihm, der Extravertierte, das Weltkind, dessen Wissen nicht nur für die Tradition, sondern auch heuristisch für alle neuen Ent- und Verwicklungen offen ist – Handke, schüchtern, scheu, ironisch abwehrend, in sich hineinhorchend, in kunstvoller Naivität sich abgrenzend gegen Moden, Ideologeme. Vielleicht ist seine Ichhaftigkeit nur eine Maske, dahinter spielerisches Vergnügen an der Welt.

Eine Handlung wird nicht fixiert; vielleicht eine Collage von Jahreszeiten, Tageszeiten, Generationen, philosophischen Reflexionen und Naturbeobachtungen... also Texten, die Musik evozieren. Eine Mischung von Gesang, Tanz, Pantomime. Alles ist offen. Beide sind auf Empfang eingestellt.

Es ist Nacht geworden. Ein Vogelkonzert in den Bäumen. Wenn man noch einmal wie Beethoven empfinden könnte oder wie Eichendorff, Mörike...

22. August 1985 Vexierbilder

Nach dieser Bewußtseinsanalyse die eitel-oberflächliche Spiegelfechterei des alten Richard Strauss: »Capriccio«. Wie er sich von der

Kunst der Oper verabschiedet mit einem Fragezeichen. Selbstzitierende Eulenspiegelei, aufgestellte Vexierbilder großer Meister, sanfte Beschwörungsgesten gegen den Ungeist der Kriegsjahre, Flucht ins eigene Gehäuse... das ist die innere Emigration des Komponisten, der materielle Vorteile nie verschmäht, aber indigniert der braunen Dramaturgie den Rücken gekehrt hat.

In den Weltgewittern pflegt sich Richard Strauss in Selbstbescheidung auf kleinere Besetzungen zurückzuziehen und den verlorenen Gefühlen nachzutrauern. Aber diese Kammerspiele können auch historische Bilderstürme auslösen. Attrappen werden hin und hergeschoben, die Zeiten gelten nur als Vorwand für die Zwiebelschichten der Seele. Johannes Schaaf inszeniert gebildete Kommentare in kostbaren Kostümen.

Prima la musica – poi le parole... wie hat sich diese Diskussion gewandelt. »Oper« – ein Phantom von gestern? Der offene dreidimensionale Rahmen der Bühne bleibt Herausforderung der Phantasie.

28. September 1985 Belcanto-Jubel

Die Freunde des Belcanto jubeln. Endlich hat man in Wien wieder Mut zu Donizetti. Es gäbe ja soviel zu entdecken, etwa 70 Opern hat der Maestro aus Bergamo in seinem kurzen Leben den Bühnen und ihren Primadonnen zum Fraß vorgeworfen. Und höchstens fünf bis sechs davon tauchen gelegentlich im Repertoire auf. Es gibt nicht einmal eine italienische Gesamtausgabe. Man wird auf die nächsten Bicentenarien warten müssen und dann so überschüttet werden mit Donizetti, daß man Quizsendungen im Fernsehen machen muß, um herauszufinden, ob »Torquato Tasso« besser ist als »Maria di Rohan«, und ob es sich wirklich lohnt, »Fausta« wiederzuentdecken... falls man noch die Sängerinnen hat, die diese Koloraturen zwitschern können.

Man nehme Edita Gruberova und Agnes Baltsa, denke ein wenig an Schillers »Maria Stuart«, und der Opernerfolg ist »Maria Stuarda« sicher. Die effektvolle Belcanto-Partitur, ein billiges Bühnenbild von vorgestern, ein handwerklich sicherer Regisseur und ein gutwilliges Orchester – mehr braucht es nicht. Wozu auch reflektieren? Die Opernwelt Donizettis ist heile, besonnte Vergangenheit, das, was die Melomanen aller Länder vereint.

Daß man auch mit den Augen hören kann und vielleicht auch noch etwas dabei denken sollte, das ist im Preis der Wiener Eintrittskarte nicht enthalten. Und je höher der Preis, desto weniger wird das Gehirn gefordert. Doch wozu Spaßverderber sein? Agnes Baltsa ist eine Königin aus dem Bilderbuch, und Edita Gruberovas Gang zum Schafott wirkt herzzerreißend.

10. Oktober 1985 Die Unterschrift

Ein Gerücht geht um. Eine andere Stadt sei sehr an Verhandlungen interessiert; da es in Wien noch keinen Vertrag gebe, bestehe eine Chance... Hopplahopp, jetzt muß sofort unterschrieben werden. Aber Minister 2 ist nicht in Wien. Also wird die Szene der Unterschrift an seinem Schreibtisch gestellt, ein Photograph muß her, bitte recht freundlich. Der Ministersessel wird ausgespart. Und ein Bild fürs Familienalbum: der Generalsekretär mit seinem Schützling. Aber das Bild darf nicht in die Presse. Es könnte sonst nach Übermacht des Generalsekretärs aussehen, und der Minister würde eifersüchtig. Alles Kulissentheater, vorgetäuschte Repräsentation. Ein Gerücht, und schnell werden Fakten geschaffen. Die Bürokratie ist plötzlich nicht mehr wichtig.

12. Oktober 1985 Die Verbliebenen

Zeit der Absagen. Jean-Pierre Ponnelle will nicht mit der Besetzung Pavarotti, Price »Ballo in maschera« inszenieren, trotz aller Freundschaft. Er will reale Menschen auf der Bühne haben, nicht nur Stimmbänder.

John Neumeier zieht es vor, in Hamburg zu bleiben, auch eine Kombination mit einem Vizedirektor kommt nicht zustande. Die Verhältnisse sind stärker als die Utopien.

Sprechstunde für Kammersänger. Die Staatsoper ist eine Pensionopolis. Hochgeehrte Größen von einst belasten das Budget und träumen von neuen großen Aufgaben. Eingehüllt in eine Wolke von Maiglöckchenduft versucht Frau Kammersängerin den Direktor zu encharmieren. Ein Leben ohne die Staatsoper habe für sie keinen Sinn mehr, sie brauche die Atmosphäre, irgendeine Aufgabe – und zerdrückt verstohlen eine Träne mit ihrem Spitzentüchlein.

Eine andere Kammersängerin schiebt die Schuld für ihre Beschäftigungslosigkeit auf die Kollegen, die besser zu intrigieren verstehen, und auf die Direktoren, die immer den Neuen den Vorzug geben. Dabei sei sie doch noch so verwendbar als »Charakter-Soubrette«.

Und die dritte Kammersängerin kann sich gar nicht vorstellen, anderswo zu leben als in Wien. Sie kommt gleich mit ihrem Manne, beide jugendlich geliftet. Sie will unbedingt vorsingen, Elsa, Sieglinde, überhaupt das schwere Fach, sie hat eine dramatische Höhe wie keine der jüngeren Kolleginnen.

Alle haben auf dem Gang auf der berühmten Marterbank gemeinsam gewartet und offensichtlich ihre Argumente aufeinander abgestimmt. Und jede hat ein Tonband zur Hand, um das Autoplädoyer zu dokumentieren.

7. November 1985 Der Regie-Professor

Ihm geht der Ruf voraus, einer der wenigen wirklich ernsthaften italienischen Regisseure zu sein, also einer, der literarisch und kulturgeschichtlich die Hintergründe und Zusammenhänge der Opernkunst studiert und sich nicht mit schnellen, eleganten Lösungen zufrieden gibt. Er inszeniert nicht öfter als zweimal im Jahr und bereitet sich auf seine Aufgaben vor wie ein Professor auf sein Kolleg. Gemeint ist Gianfranco de Bosio.

Und wenn er »Ballo in maschera« inszenieren soll, so kann er nur versuchen, die ursprünglichen Intentionen Verdis zu realisieren, die eindeutig auf Eugène Scribes »Gustave III. ou le Bal Masqué« zurückgehen. Daß die neapolitanische Zensur keinen Königsmord auf der Bühne tolerieren konnte, besonders angesichts des Attentats auf Napoleon III., das mußte Verdi schließlich einsehen und sich mit der Verlegung der Handlung in das Amerika um 1700 einverstanden erklären. Aus dem berühmten schwedischen Poetenkönig wurde Riccardo, Gouverneur von Boston. Der Gewinn an Atmosphäre, den Verdi in einem Brief an den Librettisten konzedierte, betrifft wohl hauptsächlich die Metamorphose der Zigeunerin Ulrica, die ihre Wahrsagekünste jetzt als Mulattin ausübt. Aber die Amerikanisierung des Librettos bringt sicher mehr Verlust als Vorteil. Wenn Verdi auch die erotische Ambivalenz des Königs nicht gebrauchen konnte, die spielerische und liebenswürdige Décadence dieses Träumers auf dem Throne, umgaukelt von dem Pagen Oscar, das höfische Spiel, die Repräsentation mit Ballett und Theater auf dem Theater: auf das alles wollte er nicht verzichten. Und schließlich findet die Ermordung im Theater statt, das ganze Leben am Hofe hat das Parfum der Schminke, der Verkleidung, der Maskierung. Also der angenommenen, falschen Identität.

Wenn es gelingen würde, dieses Vexierspiel der Täuschungen deutlich zu machen, könnte es mehr sein als ein Fest des Belcanto. Also muß man zurückgreifen auf die Mittel des Theaters im 18. Jahrhundert, auf gemalte Prospekte und Kulissen. Aber nicht im Sinne der Kopie des historischen Sujets, sondern mit den Stilmitteln der Collage. Auch die Kostüme müssen den Charakter des Zitats erkennen lassen.

Im cisalpinen Theater gilt die Verwendung kunsthistorischer Finessen als démodé, man pflegt die Aktualität höher einzuschätzen als die historische Dimension. Und verzichtet damit auf Sinnlichkeit, formale Qualität, ästhetische Tradition. Das transalpine Theater hat solche Bilderstürme nicht mitgemacht und spielt das Variieren des theatralischen Fundus lustvoll durch. Die Kritiker des Nordens rümpfen die Nase, wenn die südlichen Szenographen ihre Kunstgeschichte zitieren, und umgekehrt hat es der Kritiker des Südens schwer, mit der entrümpelten oder abstrakten Bühne und den musikfernen Inszenierungen nördlicher Breiten zurechtzukommen. Man sollte versuchen, Brücken der Verständigung zu bauen.

Also so angesehene Künstler wie Emanuele Luzzati und Santuzza Calì einladen, ihre sensiblen Phantasiespiele in Wien zu zeigen. Die historischen Facetten von 1792, dem Todesjahr des schwedischen Königs Gustav III., von 1833, dem Erscheinungsjahr des Scribeschen Stückes, und von 1859, dem Jahr der Komposition der Oper, können eine raffinierte Maskierung abgeben, noch dazu, wenn man sich das Stockholm der Oper eigentlich in Venedig vorstellen sollte.

28. November 1985 Zweite Pressekonferenz

Zweite Pressekonferenz in Wien, Ankündigung des genauen Programms für die nächsten fünf Jahre.

Sieben Programmschienen:

1. Opern des 18. Jahrhunderts: »Iphigénie en Aulide«, »Orfeo ed Euridice« – »Lucio Silla«, »Idomeneo«, »Die Entführung aus dem

Serail«, »Le nozze di Figaro«, »Don Giovanni«, »Così fan tutte«, »La clemenza di Tito«, »Die Zauberflöte«.

2. Werke des deutschen Repertoires: »Tristan und Isolde«, »Der Ring des Nibelungen«, »Elektra«, »Wozzeck«, »Der ferne Klang«.

3. Werke des italienischen Repertoires: »L'italiana in Algeri«, »Il viaggio a Reims«, »Nabucco«, »I vespri siciliani«, »La forza del destino«, »Un ballo in maschera«, »Don Carlo«, »Otello«, »La fanciulla del West«.

4. Werke des französischen Repertoires: »Les Contes d'Hoffmann«, »Werther«, »Samson et Dalila«, »Pelléas et Mélisande«.

5. Werke des slawischen Repertoires: »Rusalka«, »Eugen Onegin«, »Chowschantschina«, »Boris Godunow«.

6. Werke zeitgenössischer Komponisten: »Die schwarze Maske«, »Der Rattenfänger«, »Dantons Tod«, »Die Soldaten«, eine Auftragskomposition von Wolfgang Rihm.

7. Ballett: »Ein Sommernachtstraum«, Ballette von Gluck und Igor Strawinski, »Coppelia«, Bartók-Programm. (Erster ständiger Gastchoreograph: John Neumeier, Ballettdirektor Gerhard Brunner).

Beigegeben Premierenkalender mit den wichtigsten Besetzungen. Ergebnis von eineinhalb Jahren Planungsarbeit.

Wer inszeniert den »Ring«? Wo bleiben Kleiber und Muti? Was tun Sie für die Jugend? Das sind die heißen Fragen – vor allem: »Haben Sie keine Angst, daß man Sie in Wien bald abschießen wird?« Antwort: »Mit Angst kann man kein gutes Theater machen.«

Claudio Abbado schweigt, er läßt seine Interessen von anderen vertreten und wiederholt: Seine Sprache sei die Musik.

29. November 1985 Leere Schubladen

Freundliche Anhörung bei Minister 2, kaum Anzeichen von konkretem Interesse. Sein Kulturverständnis geht in eine andere Richtung, Schulreformen, politische Erziehungsarbeit. Und vor allem Sparen. Die elitäre Hochkultur sollte das Geld geben für politisch effizientere Aufgaben.

Kein Interesse an wichtigen Gastspielen in Prag, Budapest, Warschau, kein Interesse an Studioarbeit, es sei denn, es entstehen keine zusätzlichen Ausgaben, kein Interesse an weiteren Spielstätten, zum Beispiel am Theater an der Wien, kein Interesse an einer Zusammenarbeit mit den Salzburger Festspielen, wenn es mehr kostet. Kein

Interesse an großen Ballettplänen, wenn sie mit zusätzlichen Investitionen verbunden sind.

Der Minister kennt sich aus in Zahlen, Parolen. Er ist ein Budgetvollstrecker; dabei freut er sich an Musik und Theater. Ein angenehmer, umgänglicher Mensch, der gern ja sagen würde – um dann die Schubladen seines Budgets zu öffnen – und siehe, die sind leer.

30. November 1985 Die Wahrheit der Götter

Am Anfang war der Klang. Am Ende wird Klang sein. Das Universum tönt. Und die Oper ist unsere heutige, zivilisierte und domestizierte Form dieser Urmusik. Oper entstand aus der Absicht der Philosophen und Literaten der florentinischen Camerata, die antike Tragödie wiederzuerwecken. Sie waren auf dem richtigen Wege, denn die Texte von Aischylos, Sophokles und Euripides wurden gesungen. Das Ungeheuerliche dieser Schicksalsvorgänge war nur in rhapsodisch-melodischem Gesang zu ertragen.

»Denn das Schöne ist nichts als des Schrecklichen Anfang, den wir noch gerade ertragen...« heißt es in der Ersten Duineser Elegie Rilkes. Das, was wir heute als Oper erleben, ist die Spätform mythischer Anfänge, nicht ohne tieferen Grund kommt das Musiktheater nicht los von den Urstoffen der Antike. Unsere Oper ist verbürgerlicht, der Virtuosität und der ästhetischen Mode anheimgefallen, aber hinter der Maske und in den Kulissen lauert die Wahrheit der Götter... Das Geheimnis der Musik läßt sich nicht rationalisieren – trotz aller wissenschaftlichen Bemühungen. Musik gehört zum Urstoff des Seins. Wir wissen heute, wie sehr wir Musik brauchen – mehr als in den Zeiten, die dem Fortschrittsglauben verfallen waren. Deshalb ist unsere Welt voll von Musik; das erfährt die junge Generation in ihren Rockkonzerten auf ihre Weise ebenso wie der gestreßte Manager, der Meditation sucht. Das Ohr hat uns die ersten Sinneseindrücke vermittelt, das Ohr sucht den Klang des Raumes, die geistige Dimension der menschlichen Existenz.

Oper im Alltag befindet sich immer im Kampf um ihre brillante Oberfläche, um die Wirkung des Augenblicks und um ihre Anerkennung durch das Publikum. Dahinter jedoch hat auch die Oper ihre Botschaft. Sie ist in unserer Zivilisationsordnung kryptisch geworden, aber darum nicht verloren. Orpheus rührt immer noch die Seelen, und Odysseus ist immer noch auf dem Wege zu Penelope...

6. Dezember 1985 Luc Bondy

Berlin, kleine italienische Trattoria neben der Schaubühne. Ich frage Luc Bondy, ob er in Wien »Don Giovanni« inszenieren wolle. Er springt auf, umarmt mich: Dafür gebe er alles auf, das sei der Traum seines Lebens, bricht es aus ihm heraus. Der sonst so scheue, introvertierte, zögernde Bondy bekennt sich: Mozarts tiefstes Werk, die ganze Philosophie des Eros, sinnlichstes Theater wolle er inszenieren ... aber er brauche eine Besetzung, die unverbraucht sei, keine Stars, er wolle sich umsehen ...

In der Schaubühne »Triumph der Liebe« von Marivaux. Jetzt verstehe ich Bondy richtig, der Geist Mozarts beherrscht die Szene. Sprache wird musikalisch zelebriert, Naturlaute sind in den Text verwoben. Es würde nicht verwundern, wenn die Schauspieler plötzlich zu singen begännen. Ein psychologisches Versteckspiel findet statt in den Hecken eines Parks, fast wie im letzten Akt des »Figaro«. Morbide Eleganz, Lust an Verkleidung und Verführung, Kunst, zwischen den Zeilen zu hören.

Fortsetzung des Gesprächs mit Luc Bondy, er braucht Komplimente zur Selbstbestätigung. Nervös flattern seine Augen umher, er scheint seine Umgebung filmen zu wollen.

Nein, er habe keine Angst vor Wien, im Gegenteil, er liebe diese Gesellschaft der Zwischentöne, das Flair des Untergangs. Auch der Wiener Antisemitismus könne ihn nicht schrecken. In Hamburg habe ihm der Chor anonyme Drohbriefe geschrieben, in Wien sei das alles noch viel hinterhältiger. Er sei gewohnt, damit zu leben.

4. Januar 1986 Pechvogel Kleiber

Endlich ist es gelungen, Carlos Kleiber zu einem Gespräch zu bewegen. Er hockt schon eine Viertelstunde vor dem Termin in einem Sessel des Hotels »Vier Jahreszeiten« und scheint darauf zu warten, daß ich zu spät komme. Seine Zeit ist limitiert. Er spielt die Rolle des Beleidigten, weil man ihn vor Veröffentlichung des Spielplans nicht zuerst gefragt hat. Nun sind seine Stücke bereits an andere vergeben. Er ist sich seiner Außerordentlichkeit bewußt, weil er ja nur wenige Stücke »kann« und nur sehr selten dirigiert. Entschuldigungen werden nicht angenommen. So geht es ihm immer, lamentiert er weiter: Die anderen wissen sich zu verkaufen, planen fünf Jahre im voraus –

er hat immer das Nachsehen. Die Opernhäuser haben ihn abgeschrieben, er sei zu unbequem, zu anspruchsvoll in seinen Besetzungen. »Otello«, »Wozzeck« und »Elektra« könne er dirigieren, aber die habe sich sein Freund Claudio reserviert – also bleibe nichts für ihn zu tun. Die angebotenen Werke schiebt er weit von sich: »Die Frau ohne Schatten« mit diesem schrecklichen Vogelgekreisch, »Falstaff« mit den vielen kleinen Noten, die Musik könne sich ja gar nicht richtig entfalten – und wehe, wenn ein einziger im Ensemble fehle. Bei »Hoffmanns Erzählungen« fällt ihm die Ablehnung nicht so leicht; aber es komme für ihn nur die traditionelle Version in Frage, bei der der Antonia-Akt am Schluß steht. Diese Bearbeitungen kann er nicht ausstehen, damit wollen sich die Verleger, die an neuen Opern nichts verdienen, gesundstoßen. Der »Ring« komme für ihn nicht in Betracht, das sei in Wien nur etwas für Selbstmordkandidaten. Und Mozart? Er habe noch nie Mozart dirigiert, in Wien wolle er es ganz bestimmt nicht lernen.

Er sei ein Pechvogel, dem alles schief gehe, was er anpacke. Und Sänger für seine Stücke gebe es ja auch nicht, weder eine Marschallin noch eine Elektra... Und die Regisseure? Der Zeffirelli mache immer nur schöne Bilder, die Sänger seien ihm gleichgültig – und der Schenk, da kratzen sich alle nur am Kopf oder am Hintern, mehr fällt ihm nicht ein. Ja, mit Ponnelle oder mit Götz Friedrich, mit denen würde er es mal versuchen. Aber die wollen ihn ja nicht, weil er zu schwierig sei. Nein, das Theater interessiere ihn überhaupt nicht mehr, lieber wie die englischen Lords tage- und wochenlang im Club sitzen und dann ab und zu einen Leserbrief an die »Times« schreiben. Er dirigiere nur noch, wenn er Geld brauche. Nicht wie dieser Mehta, der alles könne zu jeder Zeit und besonders gut im Fernsehen reden könne... »Why don't you like Wagner, he has such beautiful melodies...« Mit den Wiener Philharmonikern stehe er auch nicht zum besten, sie hätten gespielt wie die Hunde, da sei er weggelaufen – aber niemand sei gekommen, ihn aufzuhalten. Die Philharmoniker hätten ihm eine Japantournee angeboten, aber er habe nur eine Europatournee machen wollen. Abbado, Mehta und Barenboim seien eben viel besser als er, sie könnten sich aussuchen, was sie machen, er sei eben überflüssig.

Kleiber steigert sich in seine Emotionen hinein, er genießt die Rolle des Beleidigten. Doch dann wird er plötzlich liebenswürdig, fragt nach Zürich, der Stadt, in der er mehrere Jahre Operettenkapellmeister war: ein fürchterlich provinzielles Orchester. Immer seien Musiker aus der Tonhalle zu den Vorstellungen eingeteilt worden, die das Stück noch nie gespielt hätten. Lehár hätte wie Schönberg geklungen. Aber in Zürich sei das Grab seines Vaters; ob es wohl auch gepflegt werde? Ich verspreche ihm, danach zu sehen.

Der Abschied war hoffnungsvoll und milde. Er werde sich meine Angebote durch den Kopf gehen lassen. Wenn er Geld brauche, werde er sich melden. Wegen der Besetzungen sollten wir uns Postkarten schreiben, das sei besser als telephonieren. Beste Grüße an Claudio ...

11. Januar 1986 »Die tote Stadt«

Korngolds Oper »Die tote Stadt« gehört nach Wien. Noch gibt es die Ohrenzeugen der Maria Jeritza, die 1921 die Doppelrolle der Marietta zum erstenmal gesungen, gestaltet und durchlebt hat. In Wien wird die »Tonfilmmusik« des Wunderknaben Korngold durch die Philharmoniker veredelt. Die aus Berlin übernommene Aufführung kommt hier erst zu ihrer wahren Premiere.

Die tote Stadt der Träume, das ist Wiener Phantasieland. Schnitzler, Hofmannsthal, Freud finden sich wieder in diesem Libretto, das Vater und Sohn Korngold unter einem Pseudonym selbst montiert hatten. Götz Friedrich mißtraut diesen Traumverwandlungen; seine Inszenierung hält sich ans Reale der flämischen Bilder. Dabei ist ihm der zweite Akt mit der Kulisse der Stadt Brügge, dem hereinflutenden Wasser und der Commedia-dell'arte-Vision sehr eindrucksvoll gelungen. Eine Barcarole von venezianischem Reiz und melodischem Schmelz. Pierrots Arie bringt die einzige Erinnerungsmelodie in diesem Klangrausch, einen Hauch von Operette. Aber gute Sänger wissen immer wieder auf diesem harmonischen Teppich zu schweben. Faszinierend Karan Armstrong und James King.

Korngolds Musik ist ein Wiener Nachklang von Debussys »Pelléas et Mélisande« oder Dukas' »Ariane et Barbe-bleu«, Opern, die sich damals gegen Wagner zu behaupten wußten. Die ganze Zeit ist neu zu überprüfen, sowohl Schreker wie Zemlinsky oder Wellesz. Mythischer Symbolismus schimmert durch den Realismus unserer Tage wieder durch. Was in den zwanziger Jahren so großen Erfolg hatte, darf heute nicht vergessen werden. Wir müssen lernen, den Bruch der Hitlerzeit wirklich zu bewältigen.

3. Februar 1986 Museumstheater

Der Aufstand der Bürger Palermos gegen den französischen Gouverneur Siziliens am Ostermontag 1282, bekannt unter dem Namen »Sizilianische Vesper«, war für Giuseppe Verdi ein patriotisches Signal. Seine für Paris geschriebene Oper »Les Vêpres siciliennes« gab dem italienischen Risorgimento theatralisches Feuer. Sie war von höchster politischer Aktualität, »O tu Palermo« des Procida geht heute noch jedem Italiener unter die Haut.

Nicht so bei Luca Ronconi. Für ihn ist das alles Museum. Er versetzt die Handlung in einen künstlichen botanischen Garten mit Palmen, Orangen- und Ölbäumen, mit üppigen Blumen, großen Vasen und wandernden Felsen. Historische Kostüme im Geiste der Meininger und viel Postkartenkitsch für eine Handlung, die trotz einiger Naivitäten zweifellos viele dramatische Möglichkeiten birgt. Aber Ronconi denunziert das Historische durch Überhistorie, die Folklore durch Kitsch, ohne die Volksszenen zu inszenieren. Er versteckt sein Desinteresse hinter historisierenden Prospekten und wallenden Samtvorhängen. Alles soll malerisch wirken wie auf Fresken des 19. Jahrhunderts.

Das ist italienisches Konzeptionstheater. Der Dialektiker Ronconi distanziert sich von dem patriotischen Stoff und seinen Assoziationen, indem er ins Museum flieht und ironisch lächelnd um die Ecke schaut. Die Emotionen überläßt er der Musik Verdis. Jede Illustration in Gesten und Bewegungen wird untersagt. Die Sänger singen an der Rampe.

In der Erinnerung tauchen die großartigen Aufführungen von Hamburg und Paris, Köln oder Genf auf. Man sollte »Vespri siciliani« neu entdecken, nicht musealisieren.

20. Februar 1986 Kammersängerei

Luciano Pavarotti wird Kammersänger. Eine höfliche Rede des Hofrats, vertrauliches Getue und schließlich ein Stück Papier, eingelegt in rote Pappe, die wie Leder aussehen soll. Ein Glas schlechten Sekts, zähe Brötchen, üppig garniert. Das alles findet im Teesalon statt, einem der wenigen original erhaltenen Räume der alten Hofoper, schönster Makartstil. Die Belüftung des Raumes ist ebenfalls historisch, Ära statt Aircondition.

Was soll diese Farce? Werden dadurch Sänger billiger, oder fühlen sie sich als Wiener Kammersänger verpflichtet, öfter in Wien aufzutreten? Alles Spiegelfechterei, Titelsucht und damit Scheinfreuden der Sängereitelkeit.

An die Titel werde ich mich gewöhnen müssen, an die Herren Hofräte, Professoren, Regierungsräte, Ingenieure, Magister. Sie wollen sich täglich geehrt vorkommen, ihr Selbstbewußtsein braucht diese künstlichen Flitter. Je kleiner das Land, desto bedeutender die Titel. Soll ich mich austriazieren und das Spiel mitspielen? Oder bei demokratischer Bescheidenheit bleiben? Vorerst beschließe ich, nur die Namen zu nennen, ausgenommen die Personen, von denen ich etwas will. So lange, bis die List durchschaut wird. Karussell fahren auf dem öffentlichen Jahrmarkt, solange man nicht selber schwindlig wird.

25. Februar 1986 Die Neugierigen und die Altgierigen

Im Publikum kann man zwei Gruppen unterscheiden: die Neugierigen und die Altgierigen. Die Neugierigen lassen sich zum Theaterbesuch inspirieren durch ein neues Stück, eine neue Inszenierung, neue Sänger, neue Dirigenten und sonstige Ereignisse im Theaterleben; die Altgierigen dagegen wollen immer nur Bekanntes, schon Gehörtes oder Altbewährtes wiedererleben, um ihre Bildung zu bestätigen oder auch nur, um ihr Theaterabonnement nicht verfallen zu lassen. Sie sind selig, wenn sie Melodien erkennen oder mitsingen können und sich an berühmte Sänger oder Schauspieler, die sie in diesen Rollen in ihrer Jugend erlebt haben, wiedererinnern.

Der Theaterdirektor, der es bekanntlich allen recht machen soll, pflegt sich gewöhnlich an der Majorität und damit an der Kasse zu orientieren. Deshalb beherrschen die Klassiker oder in der Oper die 30 Standardwerke von »Tosca« und »La Bohème«, von der »Zauberflöte« bis zum »Rosenkavalier« den Spielplan. Man kann sie nicht oft genug geben, sie finden immer volle Häuser. Da gibt es allerdings ein Wort des Theaterdirektors Johann Wolfgang von Goethe, das Verwirrung stiftet: »Die größte Achtung, die ein Autor für sein Publikum haben kann, ist, daß er niemals bringt, was man erwartet, sondern was er selbst auf der jedesmaligen Stufe eigener und fremder Bildung für recht und nützlich hält.« Was Goethe hier dem Autor anrät, sollte wohl auch der Theaterdirektor beherzigen, nämlich sich nicht an der

Majorität zu orientieren, sondern an den eigenen Ideen und an den Perspektiven der Zeit.

Da sind dann nicht die Altgierigen für ihn maßgebend, sondern die Neugierigen, die bereit sind, ihm in Neuland zu folgen. Im allgemeinen findet ein mutiger und unkonventioneller Theaterdirektor bei diesen Bemühungen die Unterstützung der Presse. Kritiker schreiben lieber über etwas, was sie noch nicht kennen, als über die hundertste »Tosca«. Nicht so in Wien. Zu meinem größten Erstaunen muß ich feststellen, daß alles Neue und Unbekannte in dieser Stadt auf Mißtrauen, wenn nicht gar auf Ablehnung stößt. Das war übrigens schon immer so und hat schon Mozart, Beethoven, Schubert, Bruckner zur Verzweiflung gebracht.

Es gibt nur eine Maxime in diesem Dilemma: beherzt und unbehelligt seinen eigenen Weg zu gehen, die Widersacher möglichst gar nicht wahrzunehmen und sich nicht ablenken zu lassen von all den Unkenrufen und Besserwissereien. Und sich unter der Minderheit der Neugierigen seine Freunde zu suchen. Es wird gewiß nicht einfach sein, gegen den Strom der Altgierigen anzuschwimmen. Aber mit Mut, Ironie und Diplomatie sollte es nach einiger Zeit doch gelingen, den Toleranzquotienten in dieser Stadt zu verbessern. Alles Gelingen der Theaterdirektoren kann nur nach der Art der Echternacher Springprozession zustande kommen: drei Schritte vor, zwei zurück. Die Wand ist immer stärker als der Kopf, der durch sie hindurch will.

Wer es jedoch lieber mit der Majorität hält, der sollte sich erst einmal vergewissern, wie Majorität zustande kommt. Auch das weiß Goethe: »Nichts ist widerwärtiger als die Majorität; denn sie besteht aus wenigen kräftigen Vorgängern, aus Schelmen, die sich akkomodieren, aus Schwachen, die sich assimilieren, und der Masse, die nachtrollt, ohne nur im mindesten zu wissen, was sie will.«

28. Februar 1986 »Wozzeck« im Schnee

Diskussion über »Wozzeck« – im Schnee, in der Winterlandschaft des Engadin. Wo Nietzsche über die Religion der Kunst, über das Dionysische, den neuen Menschen philosophiert hat, irrlichternd, fast wie im Höhenrausch. Dieses Engadin ist sprituelle Landschaft, Lichtraum der Dichter, Musiker, Maler. Alles wird einfacher hier und klarer, man führt ehrliche Gespräche.

Adolf Dresen ist zum erstenmal hier, für den DDR-Menschen mit

Gastierurlaub im Westen ein überwältigendes Erlebnis. Aber fleißig, wie er ist, absolviert er zunächst seine Schulaufgaben: Recherchen über Wozzeck, den historischen Täter, den Büchnerschen Menschen Woyzeck mit seinen Visionen und die Musikfigur in der Form von Alban Berg. Seine Analysen zeigen die Schule des dialektischen Materialismus. Dresen erzählt, wie er im gleichen Gymnasium wie Nietzsche, in Schulpforta, Marxismus gelernt habe, aber auch Musik und Theater. Man hat ihn von der Schule verwiesen, weil er heimlich in der Schulkirche die Orgel gespielt hat, mit vollen Registern, so daß sogar die Glocken angefangen haben zu tönen. Er hat Germanistik studiert, ist dann aber zum Theater entlaufen. Dort war er marxistisch so unbotsam, daß seine Aufführungen mehrfach verboten wurden. Jetzt lebt er zwischen Ost und West, einer der wenigen, denen die Regierung der DDR den Aufenthalt im Westen erlaubt hat. Er will auch zurückkehren, wenn ihm freies Arbeiten ermöglicht wird. Er wahrt Distanz nach beiden Seiten, ein geistiger Grenzgänger zwischen den beiden deutschen Welten, und dabei keineswegs unglücklich. Er gebraucht das Vokabular des Ostens und verwirklicht sich in westlichem Liberalismus. Der westdeutsche Kunstbetrieb mit seinen Moden, der Auflösung der Formen, der Sinnentleerung der Sprache, das alles macht ihn zu einem neuen Konservativen – oder besser zu einem echten Revolutionär, weil Revolution Rückwendung zum Ursprung heißt. So liest er Büchner mit dem Sinn für das Gegenbild dieser gejagten Kreatur Wozzeck, für den Welt- und Menschenzustand, die verlorene Natur, den blutenden Mond. Er sinniert über die Botschaft von Alban Berg.

Respekt vor der dramaturgischen Ausbildung der DDR-Regisseure, sie haben gelernt zu denken, nicht nur das Neueste zu erfinden. Und sie haben sich geübt, ihre Meinung zu verschlüsseln. Jetzt im Westen haben sie statt Druck unbegrenzte Kunstfreiheit, sie werden ästhetisch konservativ. Oder finden neue Chiffren wie Ruth Berghaus. Oder erfinden neue Bildwelten künstlicher Einfachheit wie Achim Freyer. Auf alle Fälle sind sie die stärksten Anreger der westdeutschen Theaterszene.

Auf dem Corvatsch verliert sich das Gespräch. Die Welt wird leicht und einfach. Nur noch Staunen. Die Gipfel- und Gletscherewigkeit distanziert unsere kleinen Kunstprobleme. Wir sind glücklich miteinander.

12. März 1986 Fallensteller

Der Präsidentenwahlkampf in Österreich treibt giftige Blüten. Die Sozialisten können keinen bürgerlichen Kandidaten hinnehmen, der Chancen hat, gewählt zu werden. Deshalb sind »Schmutzfinken« am Werk, durch Enthüllungen die Wählbarkeit in Frage zu stellen. Ob Waldheim eine braune Frühvergangenheit hatte – oder nur sein Pferd: das soll die Wähler irritieren.

Gewiß war Waldheim kein »Kriegsverbrecher«, in seinem Alter hat er als Student und Leutnant der deutschen Wehrmacht keine Verantwortung haben können. Die Frage ist, wie er mit diesen »Jugendsünden« fertig wird. Leugnen und Verdrängen oder ein offenes Wort? Man wird ihn nach seinem jetzigen Verhalten einschätzen müssen, nicht nach der Vergangenheit. Und dieses Verhalten wiederum hat seine Auswirkungen auf die österreichischen Wähler. Also darf er nur das sagen, was seine Wählbarkeit nicht gefährdet. Die Wahl wird zum Test für österreichische Vergangenheitsbewältigung.

So unfair die Methoden dieses Wahlkampfes sein mögen, der Wahlkampf um Waldheim wird zum Katalysator eines ganzen Volkes. Ob die sozialistischen Wahlmanager wirklich gewußt haben, was sie hier anstellen, oder nur der eingeborenen Lust am Skandal zum Opfer gefallen sind? »Im Österreich von heute«, heißt es in der »Süddeutschen Zeitung«, »wittert jeder hinter dem Verhalten des anderen unlautere, undurchsichtige Motive. Die Flut von Skandalen hat zweifellos dazu beigetragen ... Anscheinend stecken überall Gauner drin.« Der verbale Zynismus, die Lust am Gift, am Unterstellen und Hintertreiben, das scheint in Wien uralte Tradition zu haben. Jetzt werden einige in den Fallen, die sie selbst gestellt haben, hängen bleiben.

6. April 1986 Ein Visionist

Ein eleganter, guterzogener, amerikanischer Globetrotter, glattes Gesicht, diszipliniert, nicht eine Spur von Arroganz: Robert Wilson, das amerikanische Multitalent, Designer, Regisseur, Autor – oder besser Visionist. Er hat in Berlin, Hamburg, Stuttgart seine eigenwilligen, ästhetischen Bildshows gezeigt und die Besucher fasziniert. Ein Antiideologe, der in das deutsche Regietheater eingefallen ist und neue kinetische Vorgänge zelebriert, statt Inhalte zu interpretieren.

Im amerikanischen Business-Theater hat er kaum Aufführungsschancen, in Europa stehen ihm Subventionen zur Verfügung.

Schon bald hat Wilson den Zeichenstift in der Hand und skizziert seine Visionen. Gemeint ist »Parsifal«: ein See, die Bühne erfüllt von Unterlicht, eine wandernde Lichtscheibe, ein Turm unter Wasser, schwebende Blumenmädchen, darüber eine riesige Tulpe. Er zeichnet mit wenigen, sicheren Strichen, verreibt den Bleistiftstrich zur Fläche. Sofort verbindet sich mit seinen Zeichnungen die technische Realisation. Er arbeitet im Team, experimentiert vorher, um seine szenischen Formen zu präzisieren.

Frage: Warum See? Er schaut mich naiv an. Wasser als Unbewußtes? Er lächelt. Das interessiert ihn nicht. Deutung seiner Vorstellungen ist nicht seine Sache. Am Anfang war das Bild. Er gestaltet Räume aus Licht und personellen Konfigurationen in stilisierten Bewegungen. Hinzu kommen bestimmte Materialeffekte. Seine Analyse entwirft geometrische Muster, die dramaturgisch entwickelt werden, er spielt mit Zahlenrelationen, sucht magische Verschlüsselung durch neu erfundene Kontrastfiguren...

Wilson ist sehr kontaktfreudig, freut sich, seine Ideen beschreiben zu können. Traut er sich den »Ring« zu? Seine Gedanken verlieren sich, er bricht plötzlich auf. Ist Wien ein Beziehungsfeld für ihn?

17. Mai 1986 Die österreichische Identität

Die ganze politische Welt ist aufgerufen, das Vorleben des österreichischen, ehemaligen Generalsekretärs der Vereinten Nationen zu recherchieren, die Presse betreibt politische Spurensicherung und überbietet sich in Hysterie. Der Kriegsverbrecher, den sie suchen, heißt nicht Waldheim.

Wie reagiert in dieser Kampagne der Angeklagte? Er erinnert sich nicht mehr, nach und nach gibt er unter dem Druck der Fakten zu, in der fraglichen Zeit hier und dort gewesen zu sein, aber er hat nichts gehört, nichts gesehen von Deportationen, Erschießungen; der Krieg scheint an ihm spurlos vorbeigegangen zu sein. Kein Wort des Bedauerns, der Wiedergutmachung, der österreichischen Solidarität. Kein Mensch, ein juristisches Wesen, das sich unter Anklage juristisch verhält und keinen Anschein der Belastung zugibt. Ob er ein schlechtes oder ein gutes Gewissen hat, niemand wird es erfahren. Er ist wählbar – und nur darauf kommt es an.

Ist er ein typischer Österreicher mit seiner Verdrängung, Vernebelung, Verleugnung der deutschen Vergangenheit? Österreich war ja Hitlers erstes »Opfer«, und fast niemand wurde wegen seiner Hitlervergangenheit verfolgt oder bestraft. Man durfte vergessen und so tun, als sei nichts geschehen. Es war nicht die österreichische Uniform, in der man Front- oder KZ-Dienst tat, sondern die aufgezwungene deutsche.

Friedrich Heer schreibt in seinem Buch »Die österreichische Identität«: »Die Tragödie Österreich besteht aus den Tragödien von Menschen, die mit ihren sehr persönlichen Vergangenheiten nicht fertig wurden, auch heute noch nicht, wenn man sie etwas ankratzt oder auch nur antippt, nicht fertig geworden sind und deshalb nicht darüber sprechen wollen. Und schon gar nicht wollen, daß ihre Kinder... in der Schule davon erfahren. Weil Waldheim ein Teil dieser österreichischen Identität ist, wird er gewählt werden, er wird Märtyrer seines Österreichertums werden, und alle, die das andere Österreich repräsentieren, die Intellektuellen, Künstler, die Verfolgten und Opfer des Nazisystems, gehen auf die Barrikaden. Das Gespenst der Bürgerkriegsmentalität der dreißiger Jahre geht um.«

18. Mai 1986 Connaisseurs

Claudio Abbado dirigiert Beethovens Neunte Symphonie, inspiriert, spontan, mit federnder Eleganz und umarmender Geste. Keine deutsche Pathetik, keine intellektuellen Angelhaken. In romanischer Leichtigkeit strömt das Werk dahin, ausgeprägte Musizierfreude der Wiener Philharmoniker, großer Einsatz des Staatsopernchores. Alles eitel Freude? Natürlich viel Beifall, aber die Wiener Connaisseurs vergleichen mit Karajan, mit Furtwängler, sie vermissen den überwältigenden Augenblick, mäkeln an den Solisten herum, von Stimmen verstehen sie ja etwas. Und halten sich auf am Flanellanzug des Konzertmeisters. Sie jubeln, mit scheelem Blick und verzogenen Mundwinkeln.

Abbado wird seine Feinde haben, die Presse wird sich auf ihn einschießen, je länger er da ist. Der Wiener will immer das, was er nicht hat, und das, was er hat, ist ihm nicht gut genug. Man lebt in Erinnerungen oder Utopien. Je lauter die Fans jubeln, desto mehr profiliert sich, wer es besser weiß.

10. Juni 1986 Demokratie auf dem Prüfstand

Kurt Waldheim ist im zweiten Wahlgang mit Mehrheit gewählt. Eine Protestwahl für viele: nur nicht Rot. Und gegen die Stimmen des Auslands – nun erst recht. Antisemitismus schwingt mit. Scharfe Reaktionen aus den USA und aus Israel, der gesamte Osten bleibt indifferent. Ein Zeichen, daß die Haltung zu Waldheim auch aus seiner Zeit bei den Vereinten Nationen beeinflußt ist. Der Bundeskanzler tritt zurück – aus politischem Verantwortungsgefühl? Die roten Wahlstrategen haben sich gründlich verrechnet. Die Schlammschlacht hat Österreich gespalten.

Und Wien wird sich auf Boykott einstellen müssen. Wer wird bei Waldheim paradieren und sich den Zorn des Weltjudentums zuziehen? Waldheim kann seinem Lande nur schaden. Aber wenn er zurücktritt, desavouiert er seine Wähler und bekundet Schuld. Ein echtes Dilemma. Die Demokratie in Österreich auf dem Prüfstand.

18. Juni 1986 Schlüsselübergabe

»Wer die Kultur dieses Landes nicht sieht, ist blind. Und wer nichts dafür tut, ist noch dazu dumm.« Der neue Bundeskanzler Franz Vranitzky liefert diesen Werbespruch. Hoffentlich folgen diesen großen Worten auch entsprechende Taten.

Mit Tränen in den Augen verabschiedet sich Hofrat Seefehlner und übergibt mir den Schlüssel des Hauses. Alle sind gerührt. Ein echtes Beispiel von Harmonie und Tradition.

Und vorher gibt er mir noch ein paar gute Ratschläge. Nicht zuviel reden. Sich nicht der Presse anbiedern. Die Kunst des Ignorierens lernen.

Obwohl heute nur eines der großen Opernhäuser der Welt, erträumt man von der Wiener Staatsoper die entscheidende Ausnahme. Alles in diesem Haus muß die geschichtliche Dimension haben – oder den Anschein erwecken. Der Direktor braucht Charisma, hier als eine Mischung von Musikgenie, Beamtenfleiß und gesellschaftlicher Ambition verstanden. Vor allem, man muß über ihn reden, ihn attackieren können. Der Direktor hat seine Auftritte, seine Worte sollen Schlagzeilen abgeben, seine Gesten Folgen haben. Nichts dem Zufall überlassen...

1. Juli 1986 Zürcher Bilanz

Abschied von Zürich, nach elf Jahren spannender und glückhafter Theaterarbeit. Viel Lob und Anerkennung. Nikolaus Harnoncourt dirigiert das Abschiedskonzert, Mozarts »Schauspieldirektor« wird auf mich projiziert. Aber in Zürich war nicht nur der findige Impresario gefordert, auch nicht nur der Dramaturg, der Regisseur, der Direktor, sondern der »Fechter auf der politischen Bühne«, wie es der Präsident des Verwaltungsrates genannt hat. Bei dem Kampf um den Opernhausumbau und bei der Volksabstimmung, die zu den hinlänglich bekannten Jugendkrawallen führte, hatte es der Direktor mit dem Schweizer »Souverän« zu tun, dem Zürcher Stimmbürger. Es will etwas heißen, als Nichtschweizer von den bekannt nüchternen und skeptischen Zürchern akzeptiert worden zu sein.

Abschied von Zürich, das heißt, die künstlerischen Ereignisse noch einmal Revue passieren lassen... Die Monteverdi-Aufführungen mit ihrem unverwechselbaren Klang, ihrer Ponnelle-Ästhetik und ihrem erlesenen Sängerensemble – ganz Europa hat sie bei den Gastspielreisen bewundert... Die frühen Mozartopern »Lucio Silla« und »Mitridate«, durch Ponnelles Regie zu neuem Leben erweckt, aber auch die exemplarische Neuinterpretation von »Idomeneo«, Mozarts musikalisch reichstem, aber immer noch verkanntem Werk... Überhaupt das 18. Jahrhundert, die aristokratische Frühgeschichte der Oper in der so urbürgerlichen Zürcher Gesellschaft, es ist, als ob man höfischen Glanz nachholen wollte... Und dann das 20. Jahrhundert, in elf Jahren systematisch aufgearbeitet... Alban Berg »Wozzeck« und »Lulu«, von Götz Friedrich mustergültig realisiert... Paul Hindemith »Cardillac« und »Mathis der Maler«, Werke, die mit der Zürcher Operngeschichte eng verbunden sind... Brecht / Weill »Aufstieg und Fall der Stadt Mahagonny«, wie eine Moritat auf die Zürcher Geldmacher... Janáček »Aus einem Totenhaus«, eine der hintergründigsten Parabeln unseres KZ- und Gulag-Jahrhunderts... Carl Orff »Antigonae«, von Ferdinand Leitner und August Everding modellhaft interpretiert... Die Uraufführungen von Rudolf Kelterborn, »Ein Engel kommt nach Babylon« – Friedrich Dürrenmatt hatte seine Freude daran – und »Der Kirschgarten«, eine atmosphärische Inszenierung von Nikolaus Lehnhoff... Wolfgang Rihm »Jakob Lenz«, als Raumtheater präsentiert...

Auch aus dem 19. Jahrhundert konnten Perlen gefunden oder wiederentdeckt werden... »Der Jakobiner« von Antonín Dvořák...

oder »Hans Heiling« von Heinrich Marschner... oder »Le comte Ory« von Gioacchino Rossini... oder »Norma« und »La Sonnambula« von Vincenzo Bellini... oder »Fedora« von Umberto Giordano... oder »Don Quichote« von Jules Massenet... Darüber wurden die Standardwerke von Verdi und Wagner, Puccini und Richard Strauss keineswegs vernachlässigt. Aber ein Opernspielplan ist eben als ein dynamischer Vorgang zu verstehen, ein ständiges Erobern und Verlieren, eine kreative Arbeit im Garten der Geistesgeschichte.

Das Zürcher Stadttheater ist immer eine Hochburg der Operette gewesen, besonders in den zwanziger Jahren geradezu eine Dependance Wiener Schlagerseligkeit. Diese Zeiten sind vorbei, unwiederbringlich. Aber musikalisches Unterhaltungstheater lebt weiter im Musical. Es gelang, eigene Adaptationen großer Broadway-Hits in neuen Choreographien zu produzieren und damit das breite Publikum anzusprechen. Unvergeßliche Erfolge waren »My Fair Lady«, »Anatevka«, »Cabaret«, »West Side Story«; sie gaben dem Haus die Popularität, mit der man Abstimmungen gewinnen kann. Ganz besonders die amerikanische Volksoper »Porgy and Bess«, durch die Simon Estes zum Liebling der Zürcher wurde.

Auch das Ballett muß erwähnt werden. Nach dem Fehlstart des »Schweizer Balletts« unter Schweizer Direktion wurde George Balanchine der dominante Choreograph, von Patricia Neary stilsicher repräsentiert. Seine neoklassische Ästhetik gab der Kompanie technische Brillanz. Nach dem Tode von Balanchine schienen neue choreographische Impulse notwendig. Uwe Scholz übernahm die Kompanie und führte sich mit einer phantasievollen »Schöpfung« ein.

Vielleicht war ich für dieses überschaubare Haus so etwas wie ein letzter Prinzipal, immer präsent und künstlerisch haftbar. Ein Prinzipal, der nicht nur seinen Sängern, sondern auch den Orchestermusikern und den Technikern wie in einer großen Familie menschlich verbunden war, geachtet und beliebt; ein Prinzipal, der das Haus nicht vom Schreibtisch aus dirigierte, sondern als Regisseur die Chancen und Engpässe des Betriebes aus eigener Erfahrung kannte. Dreizehnmal in elf Jahren habe ich inszeniert. In besonders schöner Erinnerung bleiben: »Falstaff«, »Norma« (mit Margaret Price und Agnes Baltsa), »Tristan und Isolde« (mit Hildegard Behrens und René Kollo), »Romeo und Julia auf dem Dorfe« von Frederick Delius und die »Meistersinger von Nürnberg« (zur Eröffnung des erneuerten Hauses).

Die wohl anregendste Epoche in Zürich war die Zeit während des

Umbaus. Wann wird einem Direktor einmal die Chance geboten, eine ganze Stadt zu theatralisieren, in Kirchen und Stadien, in Konzert- und Kongreßsälen, in Kinos und Vororttheatern zu spielen und natürlich auch im Freien, solange es das Wetter zuläßt? Die Oper geht zum Publikum in die Quartiere, sucht sich neue Freunde. Ein offenes Volkstheater, künstlerisch ohne jeden Kompromiß, modern in der Bühnenform, ohne Rampe und Distanz, greifbares Theater, hautnah und direkt in seiner Wirkung. Im Hallenstadion für fast 8000 Menschen »Aida«, »Boris Godunow«, »Nabucco«... welch ein Vergnügen, diese Sportarena mit ihrer bekannten Radrennbahn mit Show und Klang zu füllen und dazu aus der ganzen Schweiz das Publikum zu organisieren. Verona kann auch in Zürich sein. Oder die turbulente »Beggar's Opera« im Vororttheater als Parodie auf den hehren Operntempel. Oder die »Engelberger Talhochzeit«, ein bemerkenswerter Schweizer Opernbeitrag der Mozartzeit. Und im Kongreßhaus, dessen schmale Bühne wir verabscheuten, als Raumtheater mitten im Saale »Saul« von Händel, »Antigonae« von Orff oder »Johanna auf dem Scheiterhaufen« von Arthur Honegger. Im Großmünster, dank eines gar nicht puritanischen Pfarrers, die Kirchenopern von Benjamin Britten, in voller Szene – und im Frauenmüster konzertant die »Marienvesper« von Monteverdi unter Nikolaus Harnoncourt, Aufführungen von einmaliger Authentizität des Klanges, ergreifend schön. Hinzu kamen zahlreiche konzertante Opernaufführungen in der Tonhalle.

Zürichs Publikum hat das alles begeistert mitgespielt. Ein Publikum, das viel besser ist als sein Ruf, ein mehrsprachiges Publikum, das bei den italienischen Pointen im »Barbier« oder »Figaro« lacht, das sehr empfindlich reagiert auf schlechtes Französisch – etwa in »Carmen« – und aufgeschlossen reagiert auf Neues. Nirgendwo sonst hätten die Monteverdi-Aufführungen ein so gutes Publikum finden können. Man geht in Zürich nicht in die Oper, weil man Abonnement hat, sondern weil das Stück interessiert oder eine neue Besetzung präsentiert wird. Und man ist treu.

Schwer, diesen Platz zu verlassen, wo trotz der ständigen Finanzdebatte letztlich alles möglich ist, wo man Sponsoren findet für besondere Projekte und wo Kunst und Kalkül eine eigenartige, doch nicht entmutigende Ehe eingegangen sind. Man wird zum Rechnen erzogen und braucht viel Überredungskunst. Aber auf dem Zürcher »Holzboden Kultur« läßt sich auch tanzen. Die Stadt ist durch keine Gegenreformation sinnlich verwöhnt oder verdorben worden, eine

Prise Weihrauch aus dem italienischen Belcanto und der Rappresentazione des Barocktheaters tut zwinglianischen Gemütern gut, ohne daß deshalb das Credo in Gefahr ist.

Zürich ist zu einer Opernstadt geworden, sein Opernensemble ist aufgestiegen aus der Mittelklasse in die internationale Spitzenklasse. Die besten Sänger der Welt machen gerne in Zürich Station, um neue Partien auszuprobieren oder auch aus sonstigen, ökonomisch verständlichen Gründen. Die Schweizer Opernfans haben gelernt, daß sie nicht nach Mailand oder Wien zu reisen brauchen, um interessante Aufführungen zu erleben. Obwohl das Haus nach wie vor unter seiner trockenen Akustik leidet und ständig zweihundert Plätze zu wenig hat. Das ist der Preis für die nostalgische Entscheidung, auf einen Neubau zu verzichten.

Adieu, Zürcher Opernhaus, geliebte Gipskommode des Fin de siècle. Deine Karyatiden tragen schwer an den überfüllten Logen, die pausbäckigen Putten schweben gefährlich über dem Abgrund. Und auf dem Deckenfresko zeigt Wagner gerade dem schönen Chevalier Mozart seine Zukunftsmusik. Über dem Portal die Lyra des Orpheus, in der Erinnerung erklingt Monteverdi...

»Zu neuen Ufern lockt ein neuer Tag«

Erster Akt · Der Auftritt

»Hat der Spielplan ein bestimmtes Gepräge, ist er in seinem Aufbau absichtsvoll, in bestimmten, erkennbaren Bahnen laufend, das Höhere ständig suchend, dabei dem Ortsgeist gemäß, zugleich aber weit ausgreifend, im Neuen wählerisch, im Alten neubelebend, so ist an einer solchen Bühne etwas erreicht.«

HUGO VON HOFMANNSTHAL

24. August 1986 Annäherung an Wien

Eine Stunde Flugzeit ist es von Zürich nach Wien. Eine Übersiedlung jedoch bedarf behutsamer Annäherung. Die Reise West – Ost liegt nicht im Trend, westliche Länder haben ökonomisch mehr zu bieten. Aber es geht ja nicht um Kapital und Zins, sondern um Musikkultur, die immer noch Wiens Attraktion ist. Deshalb wird die Einwanderung gewagt, mit beklommenen Gefühlen. Vorsichtiger formuliert: als Gastarbeiter auf Zeit.

Also eine beschauliche Reise nach Wien auf künstlerischer Fährte, um Land und Leute mit neuem Blick zu sehen. Aus Habsburgs Ursprungsland zum Stephansdom und zur Kapuzinergruft, wo die Habsburger als Erzherzöge, Könige und Kaiser ihre letzte Ruhestätte fanden. Fahrt durch die Operettenlandschaft des Salzkammergutes zum Hallstättersee, durch die lieblich-altdeutsche Tauernlandschaft mit steilen Felskuppen und weiten Auen, durchs Ennstal und Steyrtal über die Donau, vom Mühlviertel zum Waldviertel, um in der Wachau romantische Weinfreuden zu genießen.

Auf dem Wege die drei großen spätgotischen Schnitzaltäre: der Pacheraltar in St. Wolfgang, der Hallstätter Altar von Lienhart Astl und schließlich als Höhepunkt der Kefermarkter Altar, den Adalbert Stifter gerettet hat, mit dem Krakauer Marienaltar von Veit Stoß die bedeutendsten Altarkunstwerke des Mittelalters im Südosten. Welch sinnliche Fülle, humane Würde und innige Frömmigkeit strahlen diese Meisterwerke aus. Religiöse Theaterszenerie dramatisch akzentuiert. Welcher Reichtum der Kostüme und Waffen, der Baldachine und Gesprenge. Eine überwältigende Charakterisierungs- und Ausstattungskunst, die den Geist eines Zeitalters offenbart.

Und dann Eintauchen in den jesuitisch-gegenreformatorischen Ausstattungszauber des österreichischen Barock. Das Benediktinerstift von Kremsmünster mit seiner barockisierten Stiftskirche, den großflächigen Fresken, dem figuralen Stuck und seiner festlichen Raumstimmung. Das Augustiner Chorherrenstift von St. Florian, diesmal Originalbarock italienischer Provenienz, die Stiftskirche, ihre berühmte Orgel, der Marmorsaal, die Bibliothek, geistliche Repräsentanz weltlicher Macht. Und schließlich die weiträumige Anlage des Benediktinerstiftes Melk mit Kirche und Bibliothek, auf steilem Felsen über der Donau. Alles Monumente jener tragisch-grandiosen Epoche habsburgisch-katholischer Machtentfaltung zwischen 1680 und 1750, die bis heute österreichische Wesensart auf dem

Lande geprägt hat. Drei Kaiser: Leopold I., Joseph I. und Karl VI. sind die Gründer von Habsburgs Vormacht in Europa. Und alles zur höheren Ehre Gottes. Auch heute noch geistert die Vorstellung, Österreich sei der Nabel der Welt, in manchen Köpfen. Das kulturelle Erbe führt ebenso zu Größenwahn wie zu Minderwertigkeitskomplexen. Heute nur ein Kleinstaat in europäischer Randlage, wird Österreich überfordert von seiner Kulturlast.

Eine Kultur, die ausstrahlte nach Böhmen, Polen, Ungarn und Lebensstil und Geist dieser Länder bestimmte bis hin zur Katastrophe 1918, als die Donaumonarchie zur Republik Deutschösterreich schrumpfte. Heute sind die Grenzen scharf gezogen, mit Stacheldraht und Wachtposten, die jeden zufälligen Grenzübertritt mit scharfen Schüssen beantworten. Eine Wanderung auf dem Grenzpfad zwischen der ČSSR und Österreich im Waldviertel belehrt jeden harmlosen Beerenpflücker über den politischen Geist auf der anderen Seite. Vor zwei Generationen zog man gemeinsam ins Feld und starb für den guten Kaiser in Wien.

Auf dem Kahlenberg liegt einem die Stadt zu Füßen, das Häusermeer, das sich in die Ebene verliert bis fast zum Horizont, wo eine Hügelkette daran erinnert, daß hier die Slowakei beginnt. Auf dem anderen Donauufer liegt dort Bratislawa; früher mit der Straßenbahn erreichbar: die ungarische Krönungsstadt Preßburg. Nirgendwo auf der Welt gibt es eine Hauptstadt, die von der Geschichte so an den Rand des Landes verschoben ist wie Wien. Kaum vierzig Kilometer von der Stadtgrenze entfernt beginnt das sowjetische Imperium. Ein idealer Platz für Spione und andere ideologische Grenzgänger. Verständlich, daß Bruno Kreisky hier ein UNO-Center errichten ließ. Zweimal wurde die Stadt von Türkenheeren eingeschlossen, sie verteidigte die europäische Kultur gegen asiatische Bedrohung.

Ich suche in dieser Häuserflut mit hoch aufragenden Heizwerken, Flaktürmen und Krankenhauskuben das historische Zentrum. Mühsam erkennt man Stephansdom, Karlskirche und Hofburg, daneben muß die Oper liegen, man meint die grünspanüberzogenen Dachhauben wahrzunehmen. Wie sehr dieser singuläre Kunsttempel im Stadtbild untergeht. Dort hinten irgendwo zwischen Hofburg und Karlskirche soll sich ab morgen mein tägliches Leben abspielen, den Einwohnern dieser Stadt zur Freude, dem Lande zur Ehre, gehorsam den Traditionen, die Wiener Kultur geprägt haben. Ich werde sie suchen, die großen Geister der Musik, an ihren historischen Plätzen und in den Köpfen der Bewohner dieser Stadt.

1. September 1986 Kein Museum

Nein, die Oper ist kein Museum. Auch wenn viele historische Opernhäuser fast genau so aussehen. Wer die Wiener Staatsoper betritt, könnte meinen, das Kunsthistorische Museum zu besuchen. Repräsentative Freitreppen mit Skulpturenschmuck, allegorischen Reliefs, reichen Deckenfresken, kostbarer Ornamentik wie in einem der großen Paläste der bildenden Kunst. Moritz von Schwind hat die wichtigsten Szenen der Oper in Lunetten gemalt, so wie er das imaginäre Theater seiner Epoche sah. Der Zuschauerraum wirkt ebenfalls wie ein musealer Raum; wie eine stilisierte Imitation eines barocken Logentheaters, der Gesellschaftsstruktur früherer Jahrhunderte entsprechend. Historisierende Selbstdarstellung einer Epoche, die Operntheater der barocken Entstehungszeit dieser Kunstform zuordnete. Also Wiener Hofoper frei nach Palladio. Doch all das ist nur der kostbare Rahmen um den Schauplatz, der nicht der Ausstellung von Kunstobjekten dient, sondern dem Menschen gehört, der nicht ausgestellt wird, sondern sich selber darstellt.

Nein, mit Museum hat die Bühne wirklich nichts zu tun. Es gibt keine statischen Exponate, die man in immer neuer Zusammenstellung und Beleuchtung zu einer thematischen Ausstellung arrangiert. Die Bühne ist ein dynamischer Raum, in dem Menschen sprechen, singen, tanzen nach bestimmten textlichen, musikalischen, choreographischen Vorlagen und Anweisungen, in einem sich verändernden Bildraum, in genau festgelegter Zeitfolge. Es geht um die Ausdruckskraft, die Verhaltensweise in bestimmten Situationen, die Ästhetik von Bewegungsabläufen.

Und vor allem gemeint ist die humane Botschaft, das Mehrwissen der Kunst. Das literarische Thema, die musikalische Gestalt und die bildhafte Vision sind die Voraussetzungen, aus denen der darstellende Mensch die Aktion entstehen läßt. Der Augenblick muß zum Ereignis werden.

Im Spannungsfeld dieses Bühnenraumes entsteht das Kunstwerk Oper immer wieder neu. Mal besser, mal weniger gut, aber immer einmalig, auch wenn noch so viele Wiederholungen angesetzt sind. Das Gelingen hängt von vielen Faktoren ab; von Konzentration und Nerven, von psychischen und physischen Schwankungen, von Überzeugungskraft und Temperament, vor allem von Begabung und Ausbildung. Das versierte Publikum kennt die Konstellationen, unter denen das Besondere gelingt. Jede Aufführung hat ihr Risiko, kann zur Sternstunde werden oder nur eine von vielen bleiben. Künstlerische Perfektion ist eine relative Größe; sie schwankt je nach den Erwartungen und Konditionen. Jede Zeit hat ihr eigenes Urteilsvermögen und ihre modischen Vorlieben. Was vor zwanzig Jahren großartig erschien, kann heute nur mehr ein Lächeln hervorrufen. Die Zeit verändert unser Sensorium von Tag zu Tag, von Jahr zu Jahr. Das gilt für den Darsteller auf der Bühne wie für den Zuschauer. Dieser Fluß der Zeit hält Bühnenkunst am Leben, macht sie immer wieder spannend und neu. Auch in der bildenden Kunst gibt es Geschmackswechsel und ständige Neuentdeckungen; aber diese Vorgänge verändern die Objekte nicht. Bühnenkunst lebt nur durch Veränderung.

Die Stoffe der Szene, die Klänge der Musik und die Formen der Bilder mögen noch so authentisch und historisch sein, sie behaupten sich nur durch Vergegenwärtigung. Das, was uns heute an ihnen bewegt, kann zum Leben erweckt werden. Das Historische als solches hat auf der Bühne keinen Bestand. Man sollte es wissen, sich damit auseinandersetzen – um es zu transformieren und neu erlebbar zu machen. Die Entscheidung über das, was auf der Bühne geschieht, liegt immer beim heutigen darstellenden und interpretierenden Künstler, nicht bei historischen oder musealen Instanzen. Das Publikum wird den ständig sich verändernden Auswahlprozeß mitmachen oder sich verweigern. Und kann dabei sein Verhalten in kürzester Zeit ändern. Meist sind es Minderheiten, die die Rezeption bestimmen.

Museum ist die Oper dann, wenn sie Texte, Partituren, Dokumente sammelt, sie ordnet, wissenschaftlich zugänglich macht oder ausstellt. Dies geschieht jedoch normalerweise nicht auf der Bühne. Wer die Bühne zum »Opernmuseum« machen will, gefällt sich in der Pose des Historikers; sei es aus Mißtrauen gegen den verändernden Strom der Interpretation, sei es aus sentimentaler Abhängigkeit von Erinnerungen. Es ist das eine oft kleingläubige und engstirnige Orthodoxie der Worte, Noten und Gesten. Vor allem hat sie wenig Vertrauen in die Beständigkeit und Vielschichtigkeit der Werke, die sie konservieren statt erschließen will. Nur Offenheit und Toleranz dient künstlerischen Prozessen; keinesfalls irgendeine normative Ästhetik, wie sie ideologisch von rechts oder links immer wieder praktiziert wurde. Auch die Kunst lebt im Risiko der Freiheit. Sie braucht keine Reservate des Guten, Wahren, Schönen. Um des kreativen Wertes der Freiheit willen muß man auch Irrtümer, Umwege und Mißbräuche in Kauf nehmen. Lieber das Spiel künstlerischer Launen mitspielen als Gebrauchsanweisungen historisierender Tendenzen zu befolgen.

Wer an die Zukunft der Oper glaubt, erwartet ihre immer neue Metamorphose. Sie ist gerade im Begriff, sich wieder zu verjüngen. Sie hat eine große Vergangenheit vor sich.

7. September 1986 Eröffnungswoche

Die Eröffnungswoche einer neuen Direktion ohne Trommelwirbel und Paukenschlag. Alles geht weiter wie bisher, die gleichen Stücke, die gleichen Sänger, die gleichen Dirigenten. Repertoire... »Andrea Chénier«, »Ariadne auf Naxos«, »Cavalleria rusticana« und »Pagliacci«, »Der Rosenkavalier«, »La Traviata«. Das Publikum ist zufrieden, volle Kassen, großer Applaus. Aber es bleiben viele Wünsche offen, vor allem szenisch. Noch so viele Proben machen aus einer alten, abgespielten Inszenierung keine Premiere. Musiktheater besteht eben nicht nur aus großen Sängernamen, Improvisation und Intuition am Abend. Es muß ein Konzept sichtbar werden, sowohl auf der Szene wie im Orchestergraben.

Aber wie soll das funktionieren, wenn die Wiener Philharmoniker bis zum Vorabend in Salzburg spielen, um dann ohne Probe wieder ihre Dienste als Orchester der Wiener Staatsoper aufzunehmen. Zwar bilden sie sicher das beste Opernorchester der Welt, aber auch weltbeste Musiker haben Stimmungen, Ermüdungen und Motivationsdefizite. Der Fehler liegt in der Konstruktion. Die Staatsoper hat ihr Vorstellungssoll von täglichen Aufführungen zwischen 1. September und 30. Juni. Quantität dominiert über Qualität. »Schließtage« sind ein Debakel und verursachen finanzielle Verluste, die von den Aufsichtsbehörden sofort beanstandet werden. Also akzeptiert man Mediokrität als Folge des tradierten Repertoires. Auch wenn Orchester und Sängernamen garantieren, daß die Aufführungen nicht unter das gewohnte Niveau absinken – ist das heute genug?

8. September 1986 Staatsoper – Aktuell

Seit mehr als dreißig Jahren haben Theater und Opernbühnen in aller Welt das Bedürfnis, sich ihrem Publikum auch mit Druckerzeugnissen verständlich zu machen. Die Ursachen sind leicht erkennbar: Inszenierungen werden immer vielschichtiger, komplexer; sie erschließen sich nicht bei unvorbereitetem Besuch, erzeugen Missverständnisse und Allergien. Um vor- und nachzubereiten, sind Kommentare vonnöten. Auch will das Publikum im Zeitalter weltumspannender Information wissen, »who is who«. Außerdem gehören Klatsch und Anekdotisches zum Theatergeschäft seit eh und je. Also geben wir eine monatliche Publikation heraus, die den Wissensstand des Publikums um Theaterdinge verbessern soll.

Kritiker meinen:

Die Wiener Staatsoper hat so etwas in den 117 Jahren ihres Bestehens nicht gekannt und also auch nicht gebraucht. Weshalb jetzt damit anfangen? Das Publikum interessiert sich doch nur für die Sänger auf der Bühne. Wenn es in die Oper geht, will es nicht lesen. Außerdem macht man den Feuilletons in den Zeitungen Konkurrenz, sie werden entsprechend verärgert reagieren...

Trotzdem erscheint die Zeitung unter dem Titel »Wiener Staatsoper AKTUELL« und findet ihre Leser. Die Direktion hat ihr Sprachrohr und wirbt um den »idealen Opernbesucher«, der nicht nur den Text der Oper in der Originalsprache versteht, sondern sich auch in musikalischen Formen und Begriffen auskennt, der die Aufführungspraxis der letzten Jahrzehnte überschaut und genau weiß, wer in jeder Partie der beste Sänger ist. Oper ist nun einmal die einfachste Abendunterhaltung und zugleich die komplizierteste und anspruchsvollste Kunstform seit fast vierhundert Jahren.

12. September 1986 »Die schwarze Maske«

Die eigentliche Eröffnung der neuen Direktion ist die Wiener Premiere der Penderecki-Oper »Die schwarze Maske«, gemeinsame Produktion mit den Salzburger Festspielen. Ein bedeutsames Werk, eine neuartige Inszenierung, ein Publikumserfolg. Ein Signal für den weiteren Weg: Jedes Jahr mindestens ein wesentliches Werk der zeitgenössischen Musikliteratur. Es sollen folgen Opern von Rihm, Cerha, Bernd Alois Zimmermann, Krenek, Ligeti...

Penderecki hat in dem Einakter des späten Gerhart Hauptmann heutige Zeitstimmung gefunden. Hinter vordergründig-friedlicher, toleranter Konversation lauert der schwarze Tod, sei damit die Bedrohung durch Atomkrieg, die ökologische Zeitbombe oder irgendeine neue Pest gemeint. Die religiösen, politischen und gesellschaftlichen Konflikte der Vergangenheit schwelen unter der Oberfläche von Wohlstand und Liberalität weiter. Unser europäischer Totentanz der jüngsten Geschichte ist hier gemeint. Benigna, die reiche Bürgermeistersfrau, wie aus einem Bild von Tintoretto, ist die Erbin des Kapitals aus Sklavenhandel, Kolonialismus, Industrie, sie wird das Opfer sozialer Schuld. Alle anderen, Fürstabt und Graf, Pastor, Jansenist und Hugenotte, Bürgermeister und Stadtrat, sie werden ihr folgen – im Schlesien des Jahres 1662 und heute. Ein neues Jedermannspiel, das unter die Haut geht.

Das ist das Besondere der Aufführung: die gläserne Transparenz des Bühnenbildes von Hans Schavernoch. Die Fassade eines Schlosses, hinter der sich eine andere Wirklichkeit verbirgt. Harry Kupfer inszeniert die Betriebsamkeit des Festes ebenso wie den makabren Hintersinn mit der ihm eigenen Perfektion. Schade, daß die Wortverständlichkeit in diesem Gewirr der Vorgänge nicht immer erhalten bleibt.

Pendereckis musikalisches Vokabular entspricht der Fabel. Er mischt Zitate mit Clustertechnik, weiß das Rezitativische der musikalischen Konversation zu durchdringen mit ariosen Partikeln. Der frühe Penderecki der Lukaspassion, von »Threnos« und »Magnificat« wird wieder hörbar.

Die Aufführung hat künstlerische Folgen: Harry Kupfer wird der Regisseur der »Soldaten« und der »Elektra«, Hans Schavernoch wird die Bühnenbilder zu »Iphigénie en Aulide« entwerfen...

15. Oktober 1986 Opernreformen?

Ein Abend mit Bundeskanzler Vranitzky und seinen jungen Referenten in kleinem Kreise. Er will offensichtlich die neuen Direktoren persönlich kennenlernen und sein kulturpolitisches Programm formulieren. Deshalb stellt er die einfachen Fragen, die jeder Politiker stellen muß: Wie kann man es rechtfertigen, so viel Geld für die Bundestheater auszugeben, wenn viele Menschen mit einem Durchschnittseinkommen von 12 000 Schilling leben müssen? Wie kann man den Wählern die teuren Bundestheater plausibel machen? Jeder pflegt auf die Subventionen zu schimpfen, will aber nicht auf die Oper verzichten. Bleibt das Geld in der Bürokratie hängen? Gibt es elementare Neuerungen, oder werden »Reformen« nur zu Alibiübungen?

Die Struktur der Bundestheater ist veraltet, man sollte den Verband auflösen. Die Staatsoper braucht eine Betriebsführung nach wirtschaftlichen Prinzipien. Also Gründung einer G.m.b.H. oder einer Aktiengesellschaft wie in Zürich oder Hamburg; mit Verwaltungs- oder Aufsichtsrat und dem allein verantwortlichen Direktor. (Dem natürlich ein guter kaufmännischer Direktor zuzuordnen ist.) Dem Verwaltungsrat sollten nicht nur staatliche Ministerien, sondern auch die Länder Wien und Niederösterreich angehören sowie Sponsoren der Wirtschaft und prominente Persönlichkeiten aus dem Kulturleben. Aus dem Budget sind die Pensionslasten auszuklammern, ähnlich wie es bei Bahn oder Post geplant ist. Ein reines Betriebsbudget muß mit festen Zuschüssen in mittelfristiger Planung rechnen können, ergänzt um die jährlichen Teuerungsraten. Voraussetzung einer solchen Reform ist natürlich die Aushandlung neuer Kollektivverträge unter Verzicht auf alle sogenannten Gewohnheitsrechte. Der Betrieb muß effizienter werden, er sollte personell abspecken und frei werden von der Nebendirektion des Betriebsrates. Nirgendwo sind die Rechte des Betriebsrates so weitreichend wie in Wien. Zur wirtschaftlichen Betriebsführung gehört auch das Bemühen um private Sponsoren für einzelne Produktionen, wie dies vor allem in England üblich ist. Auch eine generelle Sponsorship ist denkbar, wenn sie mit entsprechenden Steuervorteilen verbunden ist. Die Eintrittspreise sind den Aufführungen anzupassen gemäß Investition und Nachfrage. Kulturelles Management sollte mit wirtschaftlichem Management verbunden sein.

Der Bundeskanzler hört aufmerksam zu, er kennt keine Tabus, es scheint, daß er als Banker für privatwirtschaftliche Ideen aufgeschlossen ist. Private Sponsorship zu nutzen scheint ihm sinnvoll, vorausgesetzt, daß die steuerlichen Voraussetzungen geklärt werden können. Ob er es sich als Sozialist jedoch leisten kann, sich mit den Gewerkschaften, dem Staat im Staate, anzulegen, bleibt fraglich. Außerdem scheint er im Burgtheater wohl ganz andere Theorien gehört zu haben.

Die Grundfrage freilich bleibt unbeantwortet. Man wird auf die Musikkultur als Lebenswert verweisen, besonders in Österreich ein traditionell überzeugendes Argument. Und dann gibt es da noch die sogenannte »Umwegrentabilität«, nach der die öffentliche Subvention ein Mehrfaches an privaten Ausgaben zur Folge hat. Die Staatsoper als Wirtschaftsfaktor.

Es bleibt abzuwarten, welche Folgen das Gespräch hat.

19. Oktober 1986 »Un ballo in maschera«

Endlich die heißerwartete Belcanto-Premiere, die erste Premiere von Claudio Abbado in der neuen Direktion, ein Abend mit Luciano Pavarotti, Margaret Price und Piero Cappuccilli: Verdis »Un ballo in maschera«.

Und zwar zum erstenmal in Wien in der ursprünglichen schwedischen Fassung: Luciano Pavarotti als König Gustav III. (allerdings ohne Rokokoperücke) und Piero Cappuccilli als Graf René Ankarström, Anführer der Adelsfronde, die den Monarchen während eines Maskenballes im Theater ermordet. Aus der Mulattin Ulrica wurde die historische Wahrsagerin Mamsell Ulrica Arfvidsson, die der König, obwohl Freimaurer, bei ihren Séancen zuweilen zu besuchen pflegte. Das Jahrhundert der Aufklärung hatte auch eine Neigung zum Okkultismus.

Die unter Überspannung leidende Premiere bringt insgesamt nicht den erwarteten Gesamterfolg, Margaret Price erklärt sich für indisponiert, man zittert um ihre hohen Töne, der Page Oscar distoniert, auch die Ulrica findet nicht zu ihrer besten Form. Um so brillanter die beiden männlichen Gegenspieler und das Orchester unter Abbado. Trotzdem will die Produktion den Wiener Premierenfans nicht so recht gefallen. Und niemand weiß genau warum. Entweder sind Bild und Regie zu konventionell oder genau umgekehrt: zu manieristisch-stilisiert – der Regisseur hat sich genau an die überlieferte »disposizione scenica« gehalten und die Figuren entsprechend choreographiert... hätte er modernes psychologisches Regietheater versucht, er wäre bei den Sängern und beim Publikum noch weniger angekommen. Die Bühnenbilder spielen auf raffinierte Art mit dem Prinzip der Collage gemalter Objekte, in Wien verwechselt man diesen Stil mit dem altbekannten Pawlatschentheater. Die Ambitionen des Malers und Bildhauers Emanuele Luzzati werden völlig verkannt. Und die Kostüme der Santuzza Calì in ihrem manierierten Stil werden als »überladen« belächelt. Als sich die Gestalter der Inszenierung dem Publikum präsentieren, werden sie mit dem »Pour le Mérite« eines Buhsturmes ausgezeichnet. An solche Demonstrationen geschmäcklerischen Vorurteils muß man sich in Wien gewöhnen. Die ästhetischen Normen des 19. Jahrhunderts scheinen unverwüstlich.

24. Oktober 1986 Ein Juwel im Repertoire

»Simone Boccanegra« wieder auf dem Spielplan, jene Mailänder Wunderinszenierung von Giorgio Strehler. Über Paris ist sie auch nach Wien gelangt und wird hier sehr gepflegt. Ein Werk für die Anspruchsvollen unter den Verdi-Freunden. In Wien ist es – dank der Übersetzung von Franz Werfel – 1930 wiederentdeckt worden und doch heute nur zu spielen, wenn eine exzellente Besetzung vorhanden ist und Claudio Abbado dirigiert. Mit Renato Bruson und Ruggero Raimondi stehen Sänger auf der Bühne, die ihre Partien in feinsten seelischen Nuancen vorleben, ganz wie Strehler es gewollt hat. Keine Oper der grellen Effekte, ein Spiel im Halblicht der Erinnerung. Die Fackel ist zum Symbol des Lebens geworden, vieles bleibt bewußt im Dunkeln wie auf alten Bildern. Und das Segel, in das sich Simone im Sterben klammert, meint die metaphysische Dimension. »Simone Boccanegra« ist die am tiefsten verinnerlichte Musik Verdis, ein Zug von Melancholie liegt über diesem Stück der Mißverständnisse und des Verrats. »Il lacerato spirito« könnte das Leitmotiv sein.

Eine solche Aufführung ist ein Juwel im Repertoire. Sie kann nur in Serien mit gleicher Besetzung gespielt werden, sonst verliert sie ihren besonderen Atem.

28. Oktober 1986 Das Portrait des Dirigenten

Vorstellung eines Photobuches über Dirigenten.

Dirigentenphotos sind sehr imaginativ. Der künstlerische Mensch in seinen Affekten, Intro- und Extraversionen fürs Publikum. Der Dirigent ist zur Kultfigur geworden, Sachwalter der Partituren und mediale Kraft, er genießt höchste gesellschaftliche Wertschätzung.

Die Musik braucht heute den Vermittler, Erklärer, Animator. Das bürgerliche Konzertritual will es so. Die Orchester sind angewiesen auf den Interpreten, der alles genau und besser weiß oder das jedenfalls suggerieren kann. Interpreten gelten mehr als Komponisten. Denn jeder glaubt, Musik anders zu hören, immer neue Facetten werden entdeckt. Der freie Wettbewerb ist ausgerufen. Multiplikation braucht Diversifikation. Man darf sich unterscheiden und will das auch sichtbar machen.

Es gibt wirkungsvolle Dirigenten, die schlechte Interpreten sind; und tiefsinnige Interpreten, die am Pult wenig Suggestion haben. Es gibt spirituelle Dirigenten, die sich mit sparsamsten Gesten begnügen; und »Vollblutmusiker«, die ihr sanguinisches Temperament ausleben. Es gibt die großen Magier, die jede Note neu erfinden; und es gibt die Routiniers mit ihrem enormen Repertoire, ihnen kann nichts mehr passieren... Sie alle haben ihre eigene Physiognomie, ihren mimischen Ausdruck, ihre spezifische Gestik.

Die Photographie entlarvt, je nachdem, ob sie schöne oder wahre Bilder machen will. Gesten, die vor dem Spiegel einstudiert sind, oder pragmatische Zeichen, die nur der Verständigung dienen. Auswendig dirigieren ist Mode, hat größere Wirkung. Aber die, die in der Partitur mitlesen, können didaktisch genauer sein. Es gibt die hervorragenden Einstudierer, die am Abend nur mehr zeigen, was sie erarbeitet haben; oder die Genialen, die sich bei Proben langweilen und im Konzert elektrisieren. Für jeden Typus bieten sich genug Beispiele an.

Und ganz gewiß spielt die Eitelkeit eine große Rolle. Nicht zufällig ist der Frack, das Hahnenkleid des Mannes, die Berufskleidung des Maestro. Photos entlarven: Haare und Hände sind das, was das Publikum sieht, einen Abend lang. Kostbare Haare, kosmetisch betreut, die ihre Wellen nicht verlieren, so sehr auch das Temperament rasen mag. Und Hände, mit oder ohne Stab, die feurige Linien in die Luft zeichnen, schweben und schwingen, stechen und gleiten.

Wen wundert's, daß Dirigentsein einer der begehrtesten Berufe ist: die Lust, vor anderen *ich selbst* zu sein, erhöht und ausgesetzt, Musik zu verkörpern. Und einer der schwersten Berufe. Bestehen vor dem kritischen Urteil von hundert verwöhnten, eingebildeten und aufsässigen Musikern, die alle gerne dort oben stünden. Verglichen, eingeordnet oder verworfen von Kritikern, denen nur selten etwas gefallen darf, wenn sie nicht ihre Karriere gefährden wollen. Und schließlich Idol des Publikums werden zu müssen, um zu reüssieren. Gipfel und Abgrund stets vor Augen.

Was wäre, wenn Publikum und Musiker sich eines Tages emanzipieren würden? Der Vormacher auf dem Pult überdrüssig würden? Um Musik wieder zu hören wie vor hundert Jahren, als es die Dompteure in der großen Manege der Klänge noch nicht gab. Als die Musiker noch wußten, wie sie zu spielen hatten. Ohne all diese Scharlatanerie und Reklame, ohne faustische Verzückungen und ohne mephistophelische Versuchungen. Ohne Geniekult und ohne Geschmacksdiktate. Ohne die bedeutenden Photos der bedeutenden Augenblicke.

Würde die Musik dann ehrlicher? Oder würde sie aufhören?

10. November 1986 Kampf um ein Studiotheater

Nachdem die Suche nach einer zweiten Spielstätte bereits hoffnungslos schien, ergibt sich plötzlich eine Chance im Künstlerhaus-Theater. Das Avantgardetheater dort hat sich nicht halten können, man ist bereit, dieses perfekt eingerichtete Studiotheater an die Bundestheater zu vermieten. Man feilscht um die Miete und rechnet. Bei 150 Plätzen und niedrigen Preisen sind keine nennenswerten Einnahmen zu erzielen. Die Betriebsräte fordern hohe Entschädigungen, weil ein Studiotheater nicht im Kollektivvertrag vorgesehen sei. Nicht einmal die Mitglieder des Opernstudios der Staatsoper, deren Ausbildung die Aufführungen dienen sollen, sind verpflichtet, dort aufzutreten. Man verlangt Wegegeld – dabei ist das Künstlerhaus nur 200 Meter von der Staatsoper entfernt – oder einen Inkonvenienzzuschlag. Durch Geldforderungen in unverschämter Höhe sucht man die neue Mehrarbeit zu verhindern.

Der Generalsekretär zuckt die Achseln. Das Budget sei erschöpft, es gebe keine heimlichen Reserven. Der Beginn zweier neuer Direktionen sei unverhältnismäßig teuer gewesen. Außerdem habe man all die Verträge auszahlen müssen, die in den beiden letzten Jahren nicht erfüllt wurden, das teure Erbe der Affäre Maazel. Und ob das nächste Budget besser werde, sei sehr fraglich. Der Minister beabsichtige, das Einnahmesoll der Oper heraufzusetzen. Damit sei das Studiotheater gestorben. Man müsse ihn dringend umstimmen, sonst beginne das große Sparen...

Trotzdem das Studiotheater durchsetzen! Das Bühnenorchester wartet auf sinnvolle Beschäftigung, die Technik hat noch genug Kapazität, diese kleinen Randproduktionen zu bewältigen. Es ist eine Frage des guten Willens. Die kulturpolitische Notwendigkeit der vorgesehenen Aufführungen steht außer Zweifel: »Weiße Rose« von Udo Zimmermann und »Nachtausgabe« von Peter Ronnefeld, beides österreichische Erstaufführungen von hoher Aktualität. Außerdem die dringend nötige Erweiterung des Ballettrepertoires. Die Mitglieder des Opernstudios brauchen szenische Erfahrung, was ihnen im Spielplan sonst nur ungenügend geboten werden kann. Es gibt noch viele weitere Gründe, für ein Studiotheater zu kämpfen... mehr Jugendarbeit, mehr Experiment, mehr zeitgenössische Musik. Die Staatsoper muß sich verjüngen.

Der Generalsekretär hört das alles zum hundertsten Male, er möchte gerne helfen... aber vom Minister sei keine finanzielle Unterstützung zu erwarten... Und außerdem stünden Wahlen vor der Tür...

11. November 1986 Gastspiel aus Prag

Das Gastspiel der tschechischen Nationaloper Prag ist nach zahlreichen Querelen nun doch zustande gekommen. Das Programm allerdings zeigt die ganze Einfallslosigkeit und Verlegenheit der tschechischen Kulturpolitik. Man präsentiert die »Nationaloper« »Prodana nevesta« (»Die verkaufte Braut«) und ihr tragisches Gegenstück »Dalibor« von Bedrich Smetana. Das Libretto der »Verkauften Braut« stammt von Karel Sabina, einem Spitzel der österreichischen Polizei, der heute nur noch als K. S. fungieren darf; und das deutsche Musikdrama »Dalibor« von Josef Wenzig mußte erst ins Tschechische übersetzt werden, um Smetana zu seinem »Fidelio«-Pendant zu inspirieren. Diese Verflochtenheit der deutschen und der böhmischen Musik- und Literaturgeschichte wird heute leider ebenso verdrängt wie die Tatsache, daß böhmisches Musikantentum an der Entstehung der deutschen und österreichischen Musikkultur im 18. Jahrhundert maßgeblich beteiligt war.

Langweiliger und klischeehafter hätte die Aufführung aus Prag nicht sein können. Nicht ein kritischer oder psychologischer Ansatz in der Inszenierung, kein Relikt jener berühmten Bühnenästhetik der sechziger Jahre, die dem Narodni Divadlo aus Prag zu internationalem Ruhm verholfen hatte. Einfallsloses Mittelmaß.

Josef Svoboda schämt sich der angebotenen Produktionen. Es gäbe ganz andere Aufführungen von Janáček oder Martinu, die man hätte zeigen können. Aber darüber gibt es keine Diskussion, irgendwer bestimmt, primitiv und erzkonservativ. Die Aufführungen seien ein Symbol der allgemeinen Lustlosigkeit und Resignation. Jeder intellektuelle Impuls sei gefährlich.

Er habe in seiner Laterna magica ein Stück gespielt, das die doppelte Moral darstellt, mit größtem Erfolg. Kein Wort darüber in der Presse. Jeder denkt nur an seine Privatinteressen, die Arbeit für den Staat wird auf ein Minimum beschränkt, allgemeine Apathie.

18. November 1986 »Freischütz«-Probleme

Die Neueinstudierung der Otto-Schenk-Inszenierung des »Freischütz« zeigt erneut, wie sehr das Mißbehagen an dieser deutschesten Oper in den letzten Jahren gewachsen ist. Liegt es an der, wie Goethe es nannte, »Dichtung des Kindischen«? Liegt es an dem Mißtrauen gegenüber der Idylle des Waldes, dem »deutschen Wald im Sonnenglanz, von Hornklängen und Jagdlust belebt«, wie Hans Pfitzner meinte? Oder ist es die naive Psychologie von Gut und Böse, von Gottvertrauen und Verworfenheit in einer biedermeierlichen Welt? Die Wolfsschlucht mit ihrer Schauerromantik vermag uns nur noch ein mildes Lächeln zu entlocken. Und das bei all den musikalischen Schätzen?

Was ist hier zu tun? Keine Frage, dieser »Freischütz« muß unserem Repertoire erhalten bleiben, nicht als das »Nationalheiligtum«, das Richard Wagner, wenn auch nicht ohne Einwände, darin erblickte – sondern als eine deutsche Oper unserer Widersprüche und Gefährdungen. Das Werk spielt nicht ohne Grund nach dem Dreißigjährigen Krieg und wurde komponiert unmittelbar nach den Napoleonischen Kriegen; das Bewußtsein der Verführbarkeit des Menschen liegt auch der deutschen Romantik zugrunde. Und sind nicht Max und Kaspar wie zwei Seelen in einer Brust? Es gibt zahlreiche Ansätze, die historische Patina aufzurauhen.

Achim Freyer hat in Stuttgart die Verfremdung der Hinterglasmalerei gewählt und damit die Eremitengläubigkeit als Vorwand benutzt, die Geschichte in eine verkürzte Perspektive zu bringen. Rudolf Noeltes »Freischütz«-Inszenierung in Bremen zeigte die bei ihm bekannte geschlossene Ästhetik, die Figuren sollen aufeinander bezogen lebensecht und natürlich wirken. Nur ja keine Überzeichnungen. Die kleinen Verrichtungen und Zufälligkeiten ergaben die Atmosphäre. Da nichts ans Publikum adressiert sein darf, war ihm der Chor im Wege, er wurde teilweise auf die Hinterbühne verbannt und elektronisch verstärkt. Der Kunstgriff des Gemäldes schaffte die Distanz zum normalen Theater mit seinen Sängergesten und Als-ob-Bühnenbildern.

Ansonsten die bekannten Exerzierfelder der Regie, von Walter Felsenstein bis Harry Kupfer, von Götz Friedrich bis Ruth Berghaus; sie alle versuchen den direkten, den theatralischen Weg; nicht ohne die Proteste des Publikums, das aus seinen romantischen Träumen vertrieben wird.

Wie lange die dialektische Methode auf den Bühnen Bestand hat, bleibt fraglich. Der Reizwert solcher Bilderstürme ist meist von kurzer Dauer. Es gibt die Anregungen der surrealistisch-phantastischen Malerei, es gibt eine neue Lichtkunst und gewiß auch den Weg des »armen Theaters«, das ausschließlich auf die Ausdruckskraft des Darstellers baut. Am Ende wird man den zerstörten Wald vielleicht wieder aufforsten...

Werden damit die »Freischütz«-Probleme gelöst?

23. November 1986 Dirigentenprofile

Christoph von Dohnányi wartet auf die Premieren, die man ihm versprochen hatte, als man ihn zugunsten von Lorin Maazel ausbootete. Sichtlich verbittert erzählt er von der Affäre... eigentlich sei es bereits eine vertragliche Abmachung gewesen, mit allen Details über Daten und Spielpläne... dann plötzlich habe er nichts mehr gehört, in der Zeitung den anderen Namen gelesen. So sei das in Wien... plötzlich hinterrücks alles anders, ein Glücksspiel. Auf die Ersatzpremieren werde er noch lange warten. Er begnüge sich mit den Konzerten der Philharmoniker, mit ihnen verstehe er sich bestens.

Colin Davis ist ein Gentleman und dazu wohltuend unverkrampft. Er ist glücklich, zum erstenmal an der Staatsoper dirigieren zu können. Das Orchester sei eine reine Freude, wenn es wolle... Er liebt französische Musik, er weiß zu flirten, zu genießen. Wo man ihn nicht mag, dort will er nicht arbeiten. Es komme immer auf gegenseitige Sympathien an, auf die Schwingungen und Strömungen hinter den Worten, in Wien rede man viel, aber das Eigentliche bleibe ungesagt. Er liebt Mozart, den spielerischen, virtuosen Mozart; überhaupt heitere Werke, die nicht schwitzen vor Bedeutung. Trotzdem würde er auch gerne in Wien einmal die »Meistersinger« dirigieren, sehr transparent und leicht. Oder »Falstaff«, parlando, scherzando. In Covent Garden habe er zuviel gearbeitet, zu viele Direktionsprobleme lösen müssen. Er liebe die Freiheit, die Familie, das Leben. Die Welt sei voller Katastrophen, Musik solle helfen, sie zu überstehen.

24. November 1986 Wahlfolgen

Die Wahlen zeigen, wie sehr die Österreicher anfällig sind für Demagogie. Der Volkstribun aus Kärnten hat der Volkspartei die Wähler abspenstig gemacht mit seinen faschistoiden Phrasen. Das hört man immer noch gerne in diesem Land: aufräumen, ausmisten, Schluß mit dem Parteiengezänk, endlich Taten statt Worte... Die Verlierer werden miteinander eine Koalition bilden, die sich die große nennt, in Wirklichkeit aber von Profilneurose gekennzeichnet sein wird, eine Koalition des Mißtrauens und der Wadlbeißereien. Man wird sich die Posten zuschieben und die Schaltstellen doppelt besetzen.

Der Generalsekretär tobt: Nicht für die Festwochen, nicht für die Stadt Wien und ihren Bürgermeister, nicht für die neue Kulturdame im Rathaus habe der Operndirektor zu spielen, sondern für sein eigenes Haus. Mozart gehöre nicht ins Theater an der Wien, sondern in die Staatsoper am Ring. Man könne sich solche Extravaganzen nicht mehr leisten...

Und überhaupt, er trete zurück. Am 31. August 1988 sei sein Vertrag beendet, er höre auf, wandere aus, er ertrage dieses Land nicht länger. – Hat die Wahl seine Pläne zunichte gemacht? Stehen personelle Veränderungen bevor?

30. November 1986 »Werther«

»Werther« in das Haus zurückzubringen, in dem das Werk 1892 uraufgeführt worden ist, war die Ambition. Zugleich in der Erkenntnis, daß hier eine Musik wiederzuentdecken ist, die lange Zeit geschmacklich tabuisiert war. »Werther« von Jules Massenet, dieses Meisterwerk des »théâtre lyrique«, hat etwas Narkotisches, ein ganz spezielles französisches Parfum des Sentiments. Wenn das Altsaxophon die Tränen der unglücklich liebenden Charlotte in ihrer Briefszene begleitet, geht wohl jedem Opernfreund ein wohliger Schauer über die Haut. Und daß diese so bürgerliche Charlotte, eine heimliche Verwandte der Carmen und Dalila, auch für einen Mezzosopran geschrieben wurde, macht die Sache noch verführerischer. Zudem hat Massenet den Werther mit zwei herrlichen Tenorarien ausgestattet, die zum Repertoire jedes lyrischen Tenors vom Range eines Nicolai Gedda oder Alfredo Kraus, eines Placido Domingo oder José Carreras gehören. Gründe genug, »Werther« in Wien wiederzuentdecken.

Die Premiere mit Agnes Baltsa und José Carreras ist eine jener seltenen Sternstunden der Oper, an die man lange zurückdenken wird. Insbesondere, weil das Orchester unter Colin Davis zeigen kann, wie sehr es die französischen Valeurs beherrscht. Die hohe lyrische und harmonische Qualität dieser Partitur zeigt sich darin, wie sie alle Stimmungen und Gefühle dieser Prosodie hörbar macht. Massenet wird zu Recht als Meister der weiblichen Psyche bezeichnet. Gerade das Nichterfüllte dieser Liebe findet in der Musik seinen faszinierenden Ausdruck.

Die Szene ist die gleiche wie in Florenz (1978) und Paris (1980) – also eine Wiederholung des großen internationalen Erfolges, den der Bühnenbildner und Regisseur Pierluigi Samaritani dort verzeichnen konnte. Keine Regieexperimente wie bei Kurt Horres in München und auf anderen deutschen Bühnen, die »Werther« neu interpretiert haben. Es gilt, das von Wagnergeist und deutscher Philologie verdrängte Werk neu zu präsentieren. Dabei muß man einiges Rankenwerk, opernhafte Zutat der Librettisten, übersehen, die beiden Raisoneure und Bacchus-Anhänger zum Beispiel oder die Klopstock-Schwärmer im ersten Akt. Die Kernszenen sind dicht und wahr in ihrem Gefühlsausdruck. Beachtenswert, daß Goethes »Werther«, Dokument der deutschen »Sturm und Drang«-Literatur, das 19. Jahrhundert so frisch überstanden hat. Ist es die Existenzphilosophie dieser Außenseitergestalt, die Konsequenz eines Seins zum Tode, die heute genauso erfahren wird? Der Unbürgerliche vor der geschlossenen Gesellschaft? Goethes »Werther« lebt auch in unserem Jahrhundert weiter, die Oper von Massenet leiht dem Stoff den herb-süßen Klangmantel des Fin de siècle, den wir wieder genießen können, fern aller Beckmesserei.

4. Dezember 1986 Reise nach Israel

Waldheim-Österreich leidet zunehmend unter Isolation. Nicht einmal der obligate Staatsbesuch in Bern war möglich, man vertröstete das neue Staatsoberhaupt auf günstigere Zeiten. Was ist zu tun, um den Bann zu brechen? Jüdische Freunde raten zu einer kulturellen Demonstration in Israel. Also ein offizielles Gastspiel der Wiener Staatsoper? Die Idee findet in den österreichischen Ministerien Unterstützung, aber niemand will so recht an den Erfolg glauben.

Also eine Testreise nach Tel Aviv. Das ist keine normale Dienstreise oder ein touristischer Besuch im Heiligen Land. Jedesmal, wenn ich israelischen Boden betrete, überfällt mich deutsche Beklommenheit. Erinnerungen tauchen auf an jüdische Klassenkameraden und Freunde während der Hitlerzeit, an ihre Emigration, an die »Reichskristallnacht«, als plötzlich auf Kommando die Synagogen brannten. An die Verschickung der letzten verbliebenen jüdischen Bekannten nach Theresienstadt, als »Umsiedlung« verharmlost. Oder an den Besuch von Auschwitz nach dem Kriege, an einem nebligen Novembertage, von Ferne pfiffen die Lokomotiven, als kündigten sie neue Transporte an. All das Grauen so zu sehen, als sei es gerade gestern geschehen, als könne man die Schreie der sterbenden Frauen und Kinder noch vernehmen...

Niemand aus meiner Generation darf diesen mit deutscher Gründlichkeit und ideologischer Verblendung organisierten Massenmord ignorieren oder verdrängen – kein Deutscher (und auch kein Österreicher!).

In Tel Aviv spürt man die Frontnähe; vor wenigen Wochen haben palästinensische Kommandos versucht, hier am Strand neben den großen Hotels an Land zu gehen, um Terroranschläge zu verüben. Das Morden ist nicht zu Ende, es hat andere Uniformen angenommen. Die Opfer von einst sind wehrhaft geworden und üben sich nun selbst als Besatzungsmacht mit Abschreckungsterror. Wann wird die Rachejustiz der Toleranz auf beiden Seiten weichen? Christliche Nächstenliebe wagt hier niemand zu fordern.

Eine schwierige Mission: Überall offene Türen, aber niemand wagt eine Entscheidung. Die österreichische Bedingung ist eine offizielle Einladung, sei es von einem Festival oder einem halbstaatlichen Komitee; aber jeder hier bezieht sich auf die Weisung von oben, ohne ein Zeichen der Regierung keine Initiative. Nur auf kommerzieller Ebene gibt es Möglichkeiten. Ein Ballettgastspiel scheint finanzierbar, organisiert von einer privaten Agentur.

Oper hat es schwer in Israel. Im Mann-Auditorium werden gelegentlich Opern konzertant oder semiszenisch aufgeführt, in Jerusalem gibt es ein neues Theater, aber es ist für die Oper wenig geeignet. Man will ein neues Operntheater bauen, aber wie soll es finanziert werden? Israel hat andere Sorgen als die Musikkultur. Außerdem sterben die alten Opernliebhaber aus, die neuen Zuwanderer machen Israel immer orientalischer. Es bleibt nur das Freilichttheater von Caesarea, eine römische Arena, schon öfters für Operngastspiele benutzt.

»Fidelio« oder »Nabucco« oder auch eine »Zauberflöte« kämen in Frage, an Richard Strauss oder Wagner ist nicht zu denken. Wie lange noch? Wann werden sich die Kunstwerke gegenüber den Ressentiments durchsetzen? Wer so etwas in Caesarea äußert, spürt die ungeheure Macht der Erinnerung, die zur Staatsideologie Israels geworden ist.

In einem Café in Tel Aviv wird deutsch gesprochen. An einem Nebentisch sitzt eine Gruppe älterer Damen, die sich dort wohl regelmäßig trifft. Man redet von Wien und Frankfurt, von Kuchen und Mehlspeisen, von der Teuerung und den Reisen, die man sich nicht leisten kann. Eigentlich sollten sie jetzt in einem Café in Wien oder Frankfurt sitzen, wo sie doch hingehören.

Tel Aviv ist und bleibt so etwas wie eine Kolonialstadt, es haftet ihr etwas Provisorisches an. Alle Einwanderer haben versucht, etwas von ihrer Herkunft hinüberzuretten, aber die Elemente sind zu divergierend, sie haben kein neues Gesicht ergeben. Am Ende dominiert der Orient. Man richtet sich nach den Forderungen des Tages und sucht seinen Profit daraus zu schlagen. Aber man hat auch gelernt, hellhörig die Zeichen zu deuten. Die kollektive Haltung kennt nur Schwarz-Weiß, die individuelle ist offen für Versöhnung und Freundschaft. Man muß in Israel bei den einzelnen beginnen, um das Klima zu verändern. Trotzdem gibt es Wunden, die niemals heilen werden.

Die Mission hat einen halben Erfolg. Das Ballettgastspiel wird finanziert. Auf die offizielle Einladung aus Israel wird man lange warten...

18. Dezember 1986 Mailänder »Nabucco«

Riccardo Muti ist von ausgesuchter Liebenswürdigkeit, er weiß um seinen Charme. Gerne würde er in Wien dirigieren, aber der Terminkalender gibt ihm für die nächsten vier Jahre keine Chance. Sein »Rigoletto« sei nicht der Erfolg geworden, den er sich versprochen habe, man liebe in Wien nicht das Original, klebe an Konventionen. Er sei enttäuscht, wie wenig von seiner Arbeit nach kurzer Zeit übriggeblieben sei... Meine Idee eines Austauschs der Mailänder Scala mit der Wiener Staatsoper gefalle ihm sehr, mit »Nabucco« käme er gerne, auch mit Donizetti und natürlich einem Konzert, Verdis »Requiem« zum Beispiel... man müsse das Gespräch fortsetzen und Geld flüssig machen...

Der Glanz dieser »Nabucco«-Aufführung besteht aus Muti, dem Orchester und dem Chor. Die Sänger versuchen, sich vor den gigantischen Bildern des Mauro Carosi zu behaupten. Regie findet nicht statt, geschweige Dramaturgie. Das Stück wird zum Museum erklärt und freigegeben für ornamentale Ausstattungskünste, möglichst exotisch, möglichst protzig. Eine ärgerliche Augenwischerei. Eineinhalb Stunden Pausen. Auf der Bühne werden Materialschlachten gekämpft.

Riccardo Muti läßt die Sinn- und Gedankenlosigkeit auf der Bühne ungerührt, vielleicht gefallen ihm diese bombastischen Dekorationen sogar? Er ist ganz in seine Musik vertieft. Und es gelingt ihm, diese triviale Orchesterbegleitung farbig und spannend zu musizieren. Er führt die Sänger, die alle Probleme haben, bravourös. Musikalisch wiederholt sich beinahe das Wunder von 1842: der Chor »Va pensiero, sull'ali dorate« geht unter die Haut. Patriotismus freilich ist durch Melomanie oder Pietät ersetzt.

Warum gibt es »Nabucco« nicht in Wien? Das Stück ist viel besser als sein Ruf; ein psychologisches Charakterbild, politisch vielschichtig, sogar aktuell. Mit guter Sängerbesetzung ganz sicher ein Kassenerfolg ersten Ranges. Abbado sollte es dirigieren.

21. Dezember 1986 »Sommernachtstraum«-Ballett

Shakespeares »Sommernachtstraum« bietet sich als Ballett an, besonders seit es die Musik von Felix Mendelssohn Bartholdy gibt. Aber es war nie der ganze »Sommernachtstraum«, der sich mit dieser Musik darstellen ließ, weder die Rüpelkomik noch die erotischen Verwechslungsspiele. George Balanchine ergänzte mit anderer Mendelssohn-Musik, und Heinz Spoerli ließ die Rüpelszenen von Schauspielern darstellen.

Erst John Neumeiers 1977 in Hamburg zuerst aufgeführtes Ballett findet den tänzerischen Zugang zu den verschiedenen Dimensionen des Werkes. Sein »Sommernachtstraum« ist ein choreographisches Fest, volkstümlich einfach und psychologisch raffiniert zugleich. Durch die drei musikalischen Schichten (Mendelssohn, Ligeti, Drehorgelmusik) werden soziologische und tiefenpsychologische Unterscheidungen möglich. Theseus und Hippolyta sind gleichzeitig Oberon und Titania, die Hochzeit wird ins nächtliche Traumreich projiziert. Der Zeremonienmeister ist zugleich der kleine Teufel

Puck. Ein nächtlicher Spuk des Unbewußten tobt sich aus: sexuelle Umkehrungen, Tierverwandlungen, Albernheit, sinnloses Phantasietreiben im Mondlicht zwischen Weidenbäumen. Dagegen die Handwerker mit ihrer Slapstick-Komik, trivial und grotesk. Tänzerisch eine Erfüllung, weil in den verschiedensten stilistischen Vermischungen hintergründig und humorvoll Menschen dargestellt werden. Die Analyse von Jan Kott ist sinnlich warnehmbar, Assoziationen an die phantastischen Bilder von Johann Heinrich Füssli klingen an. Der Charme und Witz von John Neumeier spricht aus jeder Figur. Außerdem hat er die Stärken und Schwächen der Wiener Ballettkompanie genau erkannt; er setzt jeden in der für ihn vorteilhaftesten Weise ein.

23. Dezember 1986 Rückschläge

Daniel Barenboim und Patrice Chéreau sagen die Produktion von »Tristan und Isolde« ab. Begründung: Bayreuth hat ihnen das gleiche Werk zur Inszenierung angeboten, und Bayreuth gebührt nach dem »Jahrhundert-Ring« der Vortritt... das muß man doch verstehen? Nach der Absage von Karl-Ernst Herrmann für »Idomeneo« nun der nächste Tiefschlag. Und was wird aus Zeffirellis »Otello«? Der Meister drückt sich um das letzte Wort herum, die Hoffnung auf ein Ja wird jeden Tag kleiner. Wer kommt nun für den »Tristan« in Frage? Robert Wilson oder Rudolf Noelte oder Giorgio Strehler...? Oder Ingmar Bergman?

24. Dezember 1986 Kein Nachruf

Die Weihnachtsüberraschung ist perfekt. Der Generalsekretär des Bundestheaterverbandes tritt zurück. Er will mit Otto Schenk im Theater in der Josefstadt zusammenarbeiten. Der Selfmademan mit seiner Hysterie und seiner Eitelkeit war doch stets ein loyaler Partner gewesen, jedenfalls schien es so. Eine Managernatur mit Befehlsgewalt und Potenzallüren, cholerischen Stimmungen und einem weichen Herzen – so wird man ihn in Erinnerung behalten. Nie war man vor seinen sofortigen Verfügungen sicher, aber oft kam es vor, daß er sie aus einer sozialen Anwandlung heraus gleich wieder rückgängig machte. Er wußte den starken Mann zu spielen, zu bluffen – doch meist durchschaute er seine Posen und war bereit, darüber zu lachen. Sein Theaterwissen bestand aus Anekdoten, Skandalen und Erfahrungen im Umgang mit den Großen – Karajan etwa oder Bernstein oder Böhm. Und aus Weltreisen mit Irren, den Theatermachern nämlich, deren Launen er ausgeliefert war (und die er auch zu kurieren wußte). Das klingt wie ein Nachruf... doch er bleibt mir ja noch ein volles Jahr erhalten. Und man weiß nicht, was kommt.

29. Dezember 1986 Ein Amerikaner in Wien

Ein Amerikaner in Wien. Der geheimnisumwitterte Mr. R. Wilford taucht auf, schaut sich um, stellt Fragen. Er ist der Chief der Columbia Artists und beherrscht den amerikanischen Musikmarkt. Aber damit nicht genug: Er gilt als Königsmacher bei den Dirigenten. Levine und Ozawa, Muti und Abbado, C. Davis und Haitink... sie sind alle seine Klienten, er gibt Empfehlungen und bestimmt die Preise. Und keiner der Stars wagt es, ohne ihn einen Job anzunehmen. Wo er auftaucht, geht es um viel Geld. Er umschwirrt Karajan; Salzburg und Berlin sind die Themen. Von Kunst hat er, wie er selbst gerne zugibt, wenig Ahnung; es geht um die Gesetze des Marktes, um Termine und Prestige. Muti hat keine Zeit für Wien, Ozawa steht nicht zur Verfügung für »Ballett«. Programme müssen Geld bringen durch TV und CD, für Experimente ist keine Zeit. Der große Boß fragt, warum die Staatsoper so viele verschiedene Opern spiele, das Publikum wolle doch immer dasselbe. Und warum so viele Aufführungen? So viele Sänger gebe es ja gar nicht. Ein Businessman in Wien – oder wie man mit Opernmanagement viel Geld verdienen kann. Oder geht es nur um die Macht?

1. Januar 1987 Neujahrskonzert

Das Neujahrskonzert der Wiener Philharmoniker dirigiert zum erstenmal Herbert von Karajan. Ein großes Fest: Willkomm und Abschied. Nach langer Krankheit erscheint der Maestro wieder am Pult: wachsbleich, sehr gealtert, das Gehen wird immer mühsamer. Dann geschieht ein Wunder: Mit kleinsten Gesten entfacht er Laune, Temperament und Wiener Seligkeit. Die Philharmoniker sind mit ihm verschmolzen, aus gleichem Geiste wird gemeinsam musiziert.

Sie alle wissen, wie Johann Strauß gespielt werden muß, mit allem Schnickschnack, allen Vorhalten, Ritardandi, verzögerten Crescendi, mit humorvollen Pointen und virtuosen Akzenten; mit Herz und Schmerz, mit List und Lust. Weanerischer gehts nimmer. Zum Weinen schön.

7. Januar 1987 Besuch bei Ligeti

Besuch bei György Ligeti. In einem einfachen Vorstadthaus hat er sich niedergelassen, Durchgangsstation, wie er betont, meist sei er in Hamburg oder unterwegs. Immer wieder diese Einladungen zu Vorträgen und Konzerten, er komme nicht mehr zur Arbeit. Bücher an allen Wänden, ein Flügel, puritanische Atmosphäre. Mit Wien hat man seine Probleme, meint er, zuviel Betriebsamkeit, zuviel Geschwätz, und überhaupt, diese Wiener...

Seine Frau ist Psychoanalytikerin, sie leistet uns Gesellschaft, hockt am Boden, bis der nächste Patient gemeldet wird. Betonte Höflichkeit, liebenswürdige Sachlichkeit. Ein Atomphysiker oder Mathematiker von hohen wissenschaftlichen Weihen könnte nicht distanzierter und kritischer über die Entstehung der eigenen Werke sprechen. Keine der bisherigen Aufführungen seiner letzten Oper »Le Grand Macabre« hat ihn ganz befriedigt. Wo die Musik gut war, blieb die Szene problematisch. Seine Phantasie tendiert ins Grandiose. Topor, der bekannte Maler und Karikaturist, hat in Bologna sein Werk am besten ausgestattet, die Aufführung in Hamburg war eine Katastrophe, trotz guter Sänger. Die Londoner Aufführung war musikalisch die beste, die Pariser die schlechteste. Er lege Wert darauf, daß sein Werk auch in Wien gespielt werde. Als Regisseure wünsche er sich Achim Freyer oder Patrice Chéreau. Für Wien würde er eine neue Fassung schreiben, kürzen, uminstrumentieren... Der »Grand Macabre« habe einen Humor, den die Wiener kennen, in der Nähe zu Helmut Qualtinger... Der Tod als Spielvorgang, in all seinen Verkleidungen.

An seine nächste Oper sei nicht vor fünf Jahren zu denken, wenn er überhaupt je damit fertig werde: Shakespeares »Sturm«. Er zeigt mir ein Paar Kompositionsskizzen, minuziös mit feiner Feder eng beschriebene Notenblätter, sie haben einen künstlerischen Reiz wie Graphiken. Sein Komponieren braucht höchste Akribie und deshalb unendlich viel Zeit. In allem, was er sagt, liegt äußerste Ernsthaftigkeit und Konsequenz. Lieber gar nicht als halb, diesen Satz wiederholt er mehrfach. Man spürt, wie sein Hirn weiterarbeitet an diesen feinmaschigen Klangnetzen, während er redet. Daher auch diese Berührungsangst. Er weiß nicht, was er noch schaffen wird, wie lange er diesem geistigen Überdruck noch standhält. Er hält sich ans Vorhandene. Und wertet frühere Arbeiten, wie »Aventures« und »Nouvelles Aventures« als Fingerübungen ab. Im übrigen habe niemand bisher den Mut gehabt, sein eigenes Szenario umzusetzen. Die Theaterleute seien nur in ihre eigenen Einfälle verliebt, sie mißtrauten den Komponisten, wenn diese selber Theater spielen wollten. Vielleicht sei seine Phantasie die des Traumes, aber auch Träume seien Theater...

10. Januar 1987 Sozialer Kompromiß

Der Präsident der österreichischen Wirtschaftskammer kritisiert die österreichische Wirtschaft, liebenswürdig und scharfzüngig. Typisch die Generationenfolge: Vater bedeutender Unternehmer, Sohn Student der Kunstgeschichte, Enkel verwirtschaftet das Vermögen und macht bankrott. Es sei eine Gentlemanwirtschaft mit Beamtenmentalität entstanden. Alle wollen am Wohlstand teilnehmen, niemand jedoch ist zu einem unternehmerischen Risiko bereit. Erleben ist eine Form der Erinnerung, Handeln und Gestalten überläßt man gerne anderen. Man schwebt irgendwie zwischen Agonien und Episoden und merkt nicht, daß die Zeit gegen diese Wirtschaftsform arbeitet. Die Suche nach dem sozialen Kompromiß wird zur Flucht vor zukunftweisenden Entscheidungen. Ist dieses Österreich zur Konkurrenz fähig? Man möchte sich gerne der Europäischen Gemeinschaft integrieren, weil man zum Isolationismus nicht Kraft und Mut genug hat.

Daß Erleben eine Form von Erinnern ist, kann man auch an dem Wiener Opernpublikum studieren. Und seine Meinung übernimmt man allzugerne von anderen. So sehr Demokratie von der Fähigkeit zum Kompromiß abhängt, das österreichische Kompromißlertum verwässert die Meinungsbildung. Alles ist einem recht, wenn es nur nicht zu sozialen Einbußen führt. Deshalb haben die Kammern und die Gewerkschaften eine so wichtige Bedeutung: Der einzelne sucht sich rückzuversichern und abzupolstern gegen die Unwägbarkeiten des Geschicks. Das Kollektiv fördert Verantwortungsscheu und

Mittelmaß. Wenn ein Sänger zum Beispiel einmal länger probiert, als im Kollektivvertrag vorgesehen ist, geschieht es nur unter der Zusicherung, daß nur ja der Betriebsrat nichts davon erfährt. Dem Betriebsrat zu mißfallen ist gefährlicher, als sich mit der Direktion anzulegen. Direktionen kommen und gehen, der Betriebsrat herrscht permanent.

11. Januar 1987 »Die Jahreszeiten«

Sibirische Kälte, Schneestürme, die Stadt liegt unter einer dicken Schneedecke, die parkenden Autos haben ihre Formen verloren, überall schaufelnde Kolonnen von Notstandsarbeitern, Männern und Frauen. Trotzdem geht der Kulturbetrieb weiter, man läßt sich vom Winter nicht einschüchtern.

Eine Summa vitae, ein Jahrhundertwerk, dieses letzte Oratorium Joseph Haydns »Die Jahreszeiten«. Noch 18. Jahrhundert mit Spuren von Schäferidyllik und Händelpathos und zugleich deutlich hinweisend auf Carl Maria von Webers Waldhornromantik und Richard Wagners »Holländer«-Stimmung. Die Naivität des Textbuches des Mozart- und Beethovenfreundes Gottfried van Swieten ermöglicht erst die Ausdrucksfülle Haydns. Szenen, Episoden, Augenblicke voller Witz und Tiefe. Ein Sonnenaufgang, die Sommerschwüle, das Gewitter, die Erntetänze, die Schnee-Einöde (die heiter zu Spielen in der Spinnstube, nicht zu Todesgedanken einlädt), die Ballade des »Mädchens, das auf Ehre hält«, und am Ende der Doppelchor mit der Todesmahnung und dem »großen Morgen«. »Zauberflöten«-Aufklärung und Tugendpreis gehen bei Haydn gläubig auf im Gebet »Uns leite deine Hand, o Gott«. Wahrlich ein großer Bogen: die Synthese irdischer Sinnlichkeit und ehrlichen Lebensabschieds.

Nikolaus Harnoncourt läßt das alles erblühen, dynamisch frei, poetisch und naiv. Er hat die Unmittelbarkeit dieser Musik gegenüber wiedergewonnen und läßt sie uns neu erleben. Das ist seine große Kunst, die Werke, die er interpretiert, im Augenblick neu zu schaffen, frei von Vorbildern und Konventionen.

13. Januar 1987 »Otello« in London

Das »Otello«-Debakel wächst sich zur Katastrophe aus. Zeffirelli hat nach vielfachem Mahnen nun endgültig abgesagt, fünf Monate vor der

Premiere. Die Werkstätten warten auf die Entwürfe ... und noch kein Regisseur, geschweige ein Bühnenbildner mit fertigen Zeichnungen. Die alte Karajan-Inszenierung ist nicht mehr vorhanden. Vielleicht hilft eine Koproduktion. Covent Garden in London hat »Otello«-Premiere.

Das Ereignis dieser Aufführung heißt Carlos Kleiber. Er gestaltet die Musik so durchsichtig, charakteristisch und spannend, daß kein Zwischenapplaus aufkommt. Das ist gesungenes Schauspiel, zumal mit Placido Domingo und Katia Ricciarelli, man versteht jedes Wort. Kleibers Dirigieren artikuliert die schwerblütigste Leichtigkeit und die gründlichste Oberflächlichkeit, die möglich scheint. Mühelos spontan und zugleich von romanischer Bellezza.

Die Szene selbst ist allzu sophisticated. Nicht das mediterrane Kolonialland Zypern wird dargestellt, sondern ein Venedig von Tintoretto und Veronese; eine Säulengalerie mit hineingestellten Kanonen, Fahnen, Möbeln, alles möglichst malerisch vernebelt. Ein großer Erfolg alles in allem, aber der Applaus ist bereits nach fünf Minuten verrauscht. In Wien würde das Publikum fünfzig Minuten schreien und klatschen. Englisches Understatement.

Verabredung mit Peter Wood, einem erfahrenen Shakespeare-Regisseur. Er ist bereit zu helfen. Erste Ideen: Elisabethanisches Theater, eine Imitation des Globe-Theatre, Geburt und Demontage eines Helden, koloniale Einfachheit, armes Theater ... Trotzdem wird alles sehr aufwendig und kompliziert. Peter Wood muß Verdi studieren, der Realismus der Musik ist kein Als-ob-Theater, der Sturm des Anfangs muß sinnlich wahrnehmbar sein. Man kommt um Illusionen nicht herum.

Peter Wood ist ein sympathischer Theaterkamerad, ein englischer Schauspieler mit Freude am Gestikulieren, an witzigen Formulierungen und politischen Pointen, ein jovialer Whiskytrinker und Kulissenphilosoph. Er sucht die katholische Unmittelbarkeit und haßt die »sorry«-Mentalität der Puritaner. Mit ihm gibt's viel (oder gar nichts) zu lachen. Er hat sich irgendwo zwischen Shakespeare und Brecht angesiedelt und macht Theater, das beim Publikum ankommt.

Täte er das nicht, wäre er schon längst arbeitslos. Das englische Theatersystem kennt nicht die hohen Subventionen der deutschen (und österreichischen) Stadt- und Staatstheater. Es ist weitgehend von den Einnahmen aus den Vorstellungen abhängig. Die Politik von British Arts Council wird vom Thatcherismus diktiert. Was sich nicht selbst finanziert, ist nicht lebensfähig. Was der Staat nicht gibt, müssen private Sponsoren beitragen. Und sie finanzieren nur, was ihrem Image zuträglich ist. Experimente bleiben meist auf der Strecke. Es verwundert, daß es trotzdem in London soviel gutes Theater gibt.

15. Januar 1987 Minister 3

Endlich ist die neue Koalitionsregierung zustande gekommen. Für das Unterrichtsministerium wurde eine Frau nominiert, Hilde Hawlicek, strammes Mitglied der sozialistischen Partei und Lehrerin aus Floridsdorf. Das Ressort scheint das fünfte Rad am Wagen zu sein, niemand hat sich über Kultur Gedanken gemacht, jedenfalls ist davon nicht die Rede. Schlechte Aussichten.

16. Januar 1987 »Falstaff«

Die Neueinstudierung des »Falstaff« hat nicht das erhoffte Ergebnis gebracht. Wenn die Inszenierung mit einem provinziell konzeptionslosen Bühnenbild nicht die Voraussetzungen schafft, können die besten Sänger den Abend nicht retten. Eine Oper wie »Falstaff«, diese italienische Antithese zum »Parsifal«, gehört in jedes ambitionierte Repertoire. Das humorvoll-resignative Testament Verdis kann nicht oft genug vollstreckt werden in unserer Welt der Fronten und Ideologien. »Tutto nel mondo è burla«, die Schlußfuge, in die alle Narren und Genarrten einbezogen sind, müßte am Anfang und Ende jeder Theaterspielzeit zelebriert werden, um all die Eitelkeiten und Intrigen vor und hinter der Bühne ad absurdum zu führen.

»Falstaff« ist die Oper der Verkleidungen, alle verstellen sich voreinander, bis auf das junge Liebespaar Nanetta – Fenton, sie haben genug mit sich selbst zu tun. Falstaff, der letzte Ritter, ein Gegenstück des Don Quichote, wirft sich in barocke Pracht, um mit roter Rose zum Stelldichein zu erscheinen; Ford, der eifersüchtige Bourgeois, verkleidet sich als reisender Signor Fontana, um den vermeintlichen Gegenspieler auszuhorchen; die Damen geben sich in feinster Wäsche zum besten, um den geilen Liebhaber im Wäschekorb in die Themse kippen zu können. Und schließlich verkleiden sie sich wieder zum mitternächtlichen Schabernack als Elfen und allerlei Waldesgetier. Es soll sich zeigen, wer der wirklich Gehörnte ist: der, der die Hörner trägt, oder die, die sie anderen aufsetzen wollen. Und sie bereuen alle...

Daß Verdi sich bei dieser seiner poetischsten und philosophischsten Komödie mit wenigen kleinen Arien begnügt – Falstaffs »Quand' ero paggio« und Nanettas Elfenlied – und sonst seine Einfälle in Rezitativen und Ensembles verströmt, nehmen ihm die Belcanto-Freunde immer noch übel, vor allem, wenn sie den italienischen Sprachwitz Boitos nicht verstehen. Ein Beispiel wiederum, daß künstlerischer Wert nicht an der Kasse gemessen werden kann. »Falstaff« wird zuletzt lachen.

Erinnerungen werden wach an die eigene »Falstaff«-Inszenierung in Zürich, die soviel Spaß gemacht hat, an die köstliche Ponnelle-Inszenierung in Glyndebourne, an die alte, berühmte Wiener Inszenierung von Visconti. Und an die vielen anderen, sorgfältig gearbeiteten Interpretationen des Werks. Präzision ist das Geheimnis des »Falstaff«-Erfolges, das Werk verträgt keine Schlamperei, kein Repertoire-Irgendwie, keine Improvisation.

Trotz aller Voreingenommenheit bei »Falstaff« sei gerne vermerkt, daß mit Giuseppe Taddei ein echter Buffone am Werk war, einer, der sein Wiener Publikum kennt und weiß, daß man szenisch überdeutlich sein muß, um Nichtsprachkundigen den Inhalt zu erklären, einer der Unverwüstlichen, die mit ihrer Stimme nicht haushalten müssen.

26. Januar 1987 Budapester Erinnerungen

Wiedersehen mit Budapest, mit der schön restaurierten Nationaloper, die nur wenige Jahre nach der Wiener Hofoper entstanden ist. Ich erinnere mich an die vielen Besuche in diesem Hause, an Bartók-, Kodály-, Szokolay-Aufführungen, an großartiges Ballett... an ungarische Künstler, die in meinem Leben eine Rolle gespielt haben, allen voran Istvan Kertesz. Er war einer der Großen der ungarischen Dirigentengarde neben Solti, Ferencsik, Fricsay und viel zu früh Opfer eines tragischen Unfalls. Er, der politische Emigrant, hat es ermöglicht, daß die Kölner Oper als erste westliche Bühne 1972 in Budapest gastieren konnte – mit mehreren ungarischen Sängern, die damals in ihre Heimat zurückkehren durften; und er selbst war nicht mehr dabei. Das ungarische kommunistische System konnte zeitweise erstaunlich liberal sein. Die Aufführungen von »Tristan und

Isolde«, »La clemenza di Tito« und »Cardillac« wurden umjubelt und waren deutliche kulturpolitische Signale.

In der Oper – nach der »Bluthochzeit« und dem politisch so aktuellen »Hamlet« – wieder eine Uraufführung von Sandor Szokolay; »Ecco homo«, nach dem Roman »Griechische Passion« von Kazantzakis. Ein Fehlgriff. Wie konnte er das gleichnamige Werk von Martinu, 1958 in Zürich uraufgeführt, ignorieren? Martinu hat für diesen großartigen Theaterstoff eine eigene Klangsprache gefunden, Szokolay verliert sich im Rezitativischen, sucht seine Höhepunkte im Zitieren griechischer Diatonik und folkloristischer Gesänge. Sein christliches Engagement ehrt ihn gewiß, er sucht die ideologische Auseinandersetzung – aber er tönt ins Leere.

Budapest – Wien: Die beiden in ihrer Geschichte so eng verbundenen Opernhäuser sollten sich einander annähern, Informationen austauschen, gemeinsame Programme entwickeln. Die Budapester Oper wird eingeladen, in Wien zu gastieren, es wird erwartet, daß es zu einem Gegenbesuch kommen wird. Freilich ist das alles eine Frage der offiziellen Politik und der Finanzen. Doch sollten sich beide Seiten bemühen, den zuweilen immer noch Eisernen Vorhang ein wenig weiter zu öffnen.

27. Januar 1987 »Weiße Rose«

»Staatsoper im Künstlerhaus« ist der offizielle Titel des ersten Studiotheaters, das nach schwierigen Vorbereitungen nun endlich eröffnet wird. Der Raum ist ideal für die Gattung Kammeroper, die in den letzten Jahrzehnten eine wahre Flut von Stücken hervorgebracht hat. Ein Zeichen, wie sehr die Intimität literarischer und musikalischer Vorgänge unserer Zeit entspricht.

Die Eröffnung mit der österreichischen Erstaufführung der Kammeroper »Weiße Rose« von Udo Zimmermann erweist sich als seltener Glücksfall: das richtige Stück, im richtigen Rahmen, glaubwürdig interpretiert. Die Musik dient dem Stoff, verstärkt den Text, hat keinen avantgardistischen Ehrgeiz.

Wenn man heute in Österreich herumfragt, was die »Weiße Rose« bedeute und wer mit diesem Zeichen gemeint sei, stößt man weitgehend auf Unkenntnis. Die Themen des Widerstandes gegen Hitler sind zwar großenteils aufgearbeitet, finden aber nur wenig Interesse. Um so wichtiger ist diese Aufführung, die die letzte Nacht der

Geschwister Hans und Sophie Scholl vor ihrer Hinrichtung am 22. Februar 1943 darstellt. Aus authentischen Texten entsteht ein innerer Dialog der beiden Münchener Studenten, sie reflektieren ihre Tat, Flugblätter geschrieben und verteilt zu haben mit dem Aufruf zum Widerstand gegen Hitler. Der Untergang der Sechsten Armee vor Stalingrad war für sie ein Fanal, das den Wahnsinn der Führung offenbarte. Sie starben mit dem Ausruf »Es lebe die Freiheit«. Eine Bucheintragung von Hans Scholl lautet: »Reißt uns das Herz aus dem Leibe – und ihr werdet euch tödlich daran verbrennen.«

Die letzte Nacht dieser 22- und 25jährigen Studenten läßt ihr Leben noch einmal vorüberziehen, sie geben sich Rechenschaft, vertrauen sich ihren Gefühlen an und bleiben dabei immer ehrlich sich selbst gegenüber. Kein falsches Heldenpathos, einfaches, ethisch fundiertes Menschsein. Beispiel geben, das ist die Quintessenz der »Weißen Rose«. Udo Zimmermann zitiert eine Äußerung der Geschwister Scholl, die auch heute moralische Stringenz hat: »Nicht abseits stehn, weil es abseits kein Glück gibt. Weil es ohne Wahrheit kein Glück gibt.« Eine solche Botschaft sollte in Österreich in großen Lettern verkündet werden.

Die beiden jungen österreichischen Sänger Gabriele Fontana und Wolfgang Holzmair identifizieren sich mit den Figuren des Stückes so persönlich, daß die Grenzen des Theaters aufgehoben scheinen. Niemand, der nicht zutiefst ergriffen ist. Die Aufführung müßte allen Schülern Wiens zugänglich gemacht werden.

1. Februar 1987 Wiener Psyche

Otto Schenk scheint ein »Schwieriger« zu sein. Zuerst wollte er die »Zauberflöte« in ganz neuem Dekor, in neuem Stil inszenieren: Er müsse sich anpassen an die ästhetischen Entwicklungen, sich verjüngen. Deshalb hat er einen jungen, recht modernen Bühnenbildner gewählt. Als dieser ihm jedoch erste Entwürfe in freien Räumen mit abstrakten Zeichen zeigt, wird er rückfällig. Es muß wieder das alte Pawlatschentheater her, genau nach Schikaneder. Aber Otto Schenk hat vor sich selbst und den Konsequenzen Angst und will lieber die Inszenierung abgeben. Nur ja kein Wort von »Konzeption«. Er hat sich selbst in die tote Ecke hineinmanövriert und ist noch stolz darauf – doch gleichzeitig will er nicht resignieren. Wie geht's weiter? Planung ins Offene oder Erfüllung traditioneller Vorstellungen?

»Reden's mit meiner Frau, die kennt mich besser«, ist seine Ausflucht. Und da entpuppt sich das »Zauberflöten«-Dilemma als Ziererei. »So ist er doch immer. Das ist ganz normal. Man muß ihn immer zwingen, etwas zu tun«, ist ihre Antwort. Also Lebensunlust, Unfähigkeit, sich zu entscheiden, Angst vor Versagen, Bequemlichkeit... Abgründe der Wiener Psyche tun sich auf, ein bisserl Nestroy, ein bisserl Hofmannsthals »Schwieriger«... die Rollen werden zur zweiten Natur.

Am Ende siegt dann doch die konservative Tendenz, der zu moderne Bühnenbildner gibt auf, man versteht sich nicht. Ein Wunder wird gesucht, ein Maler, aber kein allzu profilierter, kein Hundertwasser oder Fuchs, sondern ein Praktiker des Theaters, ein Mann mit viel Phantasie und Farben, aber aufgeschlossen für Wiener Tradition, kein bereits in Wien bekannter Bühnenbildner, ein neues Profil, ein Mann, mit dem man reden kann, kein Genie oder einer, der sich dafür hält, einer, der keine Schwierigkeiten macht und doch kein bloßer Handwerker... einer, der... aber doch nicht...

3. Februar 1987 Das neue Budget

Große Budgetsitzung im Bundestheaterverband. Der Generalsekretär gibt die neuen Richtlinien bekannt: Die Budgetansätze werden gegenüber dem letzten Jahr nicht erhöht, auch nicht um die Teuerung. Die Einnahmetangente wird um 91 000 Schilling pro Vorstellung, also um rund 15 Prozent erhöht, das heißt, daß weniger Mehreinnahmen zur Deckung von Mehrausgaben zur Verfügung stehen.

Eine Katastrophe. Die Finanzkrise ist programmiert. Niemand hat es für nötig gehalten, vor solch einschneidenden Maßnahmen den Direktor zu konsultieren.

Ich protestiere. Ich weise auf die Unmöglichkeit hin, diese Richtlinien einzuhalten. Verträge mit Sängern, Regisseuren, Dirigenten werden zwei bis drei Jahre im voraus abgeschlossen. Der Spielplan für die nächsten Jahre ist seit langem bekannt, mit genauen Daten und Besetzungen. Niemand hat dazu irgendwelche Einschränkungen gemacht oder Vorbehalte angemeldet. Die Planungen sind vertraglich fixiert und nicht rückgängig zu machen.

»Das war sehr leichtsinnig von Ihnen, Herr Direktor«, meint der Generalsekretär. »Aber Sie haben die meisten der Verträge doch mit unterschrieben?« Und seine Antwort: »Im Vertrauen auf Ihre vertraglich vereinbarte Zusicherung, die Budgetansätze einzuhalten.«

Die Konsequenzen? »Dann müssen Sie eben den Spielplan ändern und zwei bis drei Produktionen im Herbst streichen.« – »Das muten Sie dem neuen Direktor in seinem zweiten Vertragsjahr zu?« – »Sie machen sowieso zu viele Premieren, der Betrieb ist überlastet, die Werkstätten müssen die Arbeit an auswärtige Firmen vergeben.« – »Sind daran nicht auch die anderen Bundestheater schuld? Die Staatsoper macht nicht mehr Premieren als in den letzten Jahren.«

Der Generalsekretär bleibt kalt, er kennt das finanzielle Katz- und Maus-Spiel seit vielen Jahren. Das ist die Macht der Verwaltung: Sie versteift sich auf das Gesetz des Haushaltsplans. Mit dieser Argumentation ist sie unangreifbar. Wer durchschaut schon das Spiel der Konten und finanziellen Transaktionen, wenn Überschreitungen vorkommen. Letztlich kann die Verwaltung jeden Direktor desavouieren, wenn sie will. Alle Vorgänger haben dran glauben müssen oder nur mit List überlebt.

Was soll nun geschehen? »Alles absagen, was zusätzliche Kosten verursacht: das Studiotheater, Koproduktionen, Gastspiele. Man muß die Bremsen anziehen, daß sie kreischen. Die Öffentlichkeit muß es hören... Und mindestens zwei Premieren in der nächsten Spielzeit opfern...«

»Aber sie sind doch längst angekündigt.«

»Das ist Ihre Entscheidung, Herr Direktor. Ich muß Sie ersuchen, die neuen Budgetrichtlinien einzuhalten«, meint lakonisch der Generalsekretär. Man merkt, daß er innerlich bereits mit seiner Tätigkeit abgeschlossen hat. Er hat nur seine Pflicht erfüllt.

Ist es wirklich ernst mit diesen Forderungen? Oder nur ein emotionales Gepoker um Zahlen, viel Wind und Speichel?

»Ich werde keine Premieren absagen, das ist künstlerisch unzumutbar und finanziell sinnlos. Ich werde mich um Sponsoren bemühen.«

»Viel Glück«, meint der Generalsekretär zynisch. Ende der Sitzung.

7. Februar 1987 Nerven

Kaum jemals zuvor habe ich so gebrüllt. Die Nerven sind überspannt: Da kommt ein Buchhalter aus dem Bundestheaterverband und verkündet, daß ab 8. Februar keine weiteren Zahlungen mehr erfolgen können, der Kredit auf dem Konto der Solisten sei erschöpft. Dann müsse die Oper eben zusperren ... Ich habe ihn eigenhändig aus dem Zimmer befördert. Beschwerde beim Generalsekretär ... Beschwerde beim Minister ... Die Vorgänge haben offensichtlich Methode ... Finanzterror ...

Die Presse ist natürlich bereits informiert.

8. Februar 1987 Die Auftragsoper

Eine Postkarte von Peter Handke aus Salzburg. Seine Musik sei die Stille. Er wolle sich nicht vom Wort ablenken lassen ... Also muß sich Wolfgang Rihm nach einem anderen Text umsehen.

Ich mache ihm den Vorschlag, sich einmal mit Hermann Brochs »Romandichtung« »Der Tod des Vergil« näher zu beschäftigen. Mir scheint, hier sind Themen angesprochen, die Wolfgang Rihm seit langem interessieren: das Verhältnis von Literatur und Wirklichkeit, die offene Form von Reflexion, Vision und Impression, die Archetypen des Unbewußten. Die vier Elemente, die die Kapitel des Romans kennzeichnen, könnten auch den musikalischen Ablauf bestimmen. Es gibt eine Reihe von symbolischen Gestalten, die den inneren Monolog theatralisieren, die lemurenhaften Betrunkenen, die Freunde, die Geliebte Plotia, der Knabe Lysanias ... Das Werk endet »jenseits der Sprache«, also da, wo Musik beginnt ...

Wolfgang Rihm will sich noch nicht festlegen, aber er nimmt den Auftrag ernst und weiß, daß er ein Thema wählen sollte, das einen Wiener Horizont hat. Er schreibt:

»Der Gedanke, in eine spezifische Dramaturgie hineinzuarbeiten, also: aus der spezifischen Situation, die zu einer Dramaturgie-Ausprägung geführt hat, die Kriterien zu erspüren, deren Kräftespannung eine spezifische Dramaturgie erst hervorgebracht hat – dieser Gedanke ist mir sehr nah und meinem künstlerischen Verhalten nicht fremd.

Da ich auch als Künstler die leicht eskapistische Neigung habe, nichts zweimal zu machen, ist jeder neue Ansatz, der sich daraus ergibt, für ein Haus, eine Dramaturgie, eine Stadt, einen geschichtlichen Kontext etwas zu erfinden, eine lustvolle Herausforderung für meine Kräfte und Schwächen.«

Udo Zimmermann hat viele Ideen für eine Auftragsoper. Ernst Barlachs »Sündflut« ist ihm verleidet, er habe sich der Gottsuche entfremdet. Seine neue Idee ist die »Hochzeit« von Elias Canetti.

Ich schreibe sofort an Elias Canetti, und hier ist seine Antwort:

Er freut sich über die Anfrage, ... »aber dem steht entgegen, daß mir der Gedanke einer Vertonung der ›Hochzeit‹ auf das Tiefste widersteht. Das kam schon – vor mehr als 50 Jahren – in einem Gespräch mit Alban Berg zum Ausdruck, nach einer meiner ersten Vorlesungen des Stücks. Ich war damals, als ich merkte, daß er die Möglichkeit einer Vertonung – natürlich noch ganz spielerisch – erwog, so entsetzt, daß ich Mühe hatte, es nicht merken zu lassen; und er hat sich dann noch einigemale belustigt auf meinen ›Schrecken‹ bezogen.

Ich bin später noch zwei- oder dreimal danach gefragt worden, nicht von Menschen, die ich so sehr bewunderte und liebte wie Alban Berg, aber immerhin von sehr respektablen Komponisten: meine Abneigung hat sich im Lauf der Jahre verstärkt. Mit jeder Vorlesung des Stückes, in der Form, die es durch seine akustischen Masken hat, hat sich mein Wille bekräftigt, daß es nur in dieser und keiner anderen Form bestehen dürfe.

Ich sage das so ausführlich, denn ich möchte nicht, daß Sie denken, es handle sich hier um eine jener fragwürdigen Eigensinnigkeiten des Alters, ganz im Gegenteil: es stand zu jeder Periode meines Lebens fest, daß ich nie meine Einwilligung zu einer Vertonung der ›Hochzeit‹ geben würde. ... Ihnen selbst wünsche ich, daß Ihnen – mutatis mutandis – mit der Wiener Oper dasselbe gelingt wie in Zürich ...«

17. Februar 1987 Antrittsbesuch

Besuch bei Minister 3. Die Dame, rundlich und bieder, hört meine Klagen geduldig an, schreibt Zahlen mit und will die Angelegenheit durchleuchten. Den Zusammenhang von Einnahmetangente und Mehrausgaben scheint sie nicht zu verstehen, sie ist an kameralistische Haushaltsbegriffe gewöhnt; die Staatsoper ist ein Staatsbetrieb und hat nach den Normen der Verwaltung zu arbeiten. Sehr genau erkundigt sie sich nach den Honoraren der Spitzensänger, kopfschüttelnd kommentiert sie die Summen. Dabei beträgt ihr Budgetanteil nicht einmal 1 Prozent. Ob das nicht auch billiger zu machen sei, fragt sie; sie werde bald mit dem Betriebsrat zusammenkommen, um dessen Einsparungsvorschläge zu hören. Sie wirbt für die neue Sparpolitik der Regierung, man müsse ein weiteres Wachsen der Staatsverschuldung verhindern. Im übrigen dürfe die Staatsoper nicht ins Zwielicht geraten. Von privater Sponsorship halte sie persönlich nicht viel, aber man könne es ja einmal versuchen...

Aus allem ist herauszuhören, daß sie von Musik nicht viel versteht, daß sie auch wenig Interesse hat, sich für neue Ideen zu engagieren. Hauptsache: Sparen. Von ihr ist wenig Hilfe zu erwarten.

19. Februar 1987 »Idomeneo«

»Idomeneo« macht den Anfang des neuen Mozart-Zyklus. Nach der Absage von Karl-Ernst Herrmann hat Johannes Schaaf die Inszenierung übernommen. »Idomeneo« ist kein leichtes Stück, die Form der Opera seria nach französischem Muster bereitet heutiger Interpretation große Probleme. Und doch ist das Werk vielleicht Mozarts musikalisch reichste Oper, mit großen Chören, mit Ballett und mit einer Handlung, die verschlüsselt autobiographisch zu verstehen ist: Mozarts Ablösung vom Vater. Mozart hat mit »Idomeneo« den Beweis geliefert, daß er alle theatralischen Mittel beherrscht und Charaktere musikalisch zu gestalten weiß.

Jean-Pierre Ponnelle ist in seinen Kölner, Züricher und Salzburger Inszenierungen von einem Einheitsbühnenbild im Sinne einer antiken Arena ausgegangen, die von einer gewaltigen Göttermaske überragt wird. Neptun ist der wahre Herr des Geschehens, auf ihn beziehen sich alle Gebete der Priester, und die unsichtbare »Voce« darf als sein Gnadenspruch gedeutet werden. Johannes Schaaf gibt einer mehr realistischen Szene den Vorzug und hat den verständlichen Ehrgeiz, die elementaren Ereignisse des Stückes wirklich zu zeigen; also den Sturm, der den schiffbrüchigen Idomeneo an Land schleudert, und das Ungeheuer, das die Insel Kreta bedroht. Die Pest, die ihre Opfer fordert, wird ebenso anschaulich gezeigt wie die blutige Zeremonie der Menschenopfer. Mit großem Feingefühl läßt er den Gott Neptun präsent werden, zuerst im eindrucksvollen Seesturm, dann in der Verehrung der Gallionsfigur des gekenterten Schiffes durch das Volk. Im zweiten Akt wird der Altar des Gottes geschändet. Wie ein Vulkan wächst das überdimensionale Seeungeheuer aus dem Boden. Die Opfer der vom Gott verhängten Seuche werden, mit Kalk desinfiziert, in Felsspalten geworfen. Kreuzesopfer sollen das Unheil abwenden... Johannes Schaaf mit seinem Bühnenbildner David Fielding und seinem Kostümbildner Tobias Hoheisel haben viel Phantasie aufgewendet, die mythische Handlung für heutige Zuschauer konkret aufzubereiten. Die Sänger sind psychologisch motiviert. Man achtet genau darauf, aus welcher Haltung die Handlung kommentiert wird, der Zuschauerraum wird einbezogen, Elektra, die Außenseiterin, beobachtet die Handlung aus einer Loge, der berühmte Trauerchor erklingt aus dem Zuschauerraum, was seine Wirkung noch steigert.

Jede »Idomeneo«-Inszenierung hat ein Grundproblem: das Schlußballett. Die musikalische Form verlangt dieses Ballett, man darf es sich nicht so einfach machen, mit der Elektra-Arie und dem kurzen »Scenda Amor, scenda Imeneo«-Chor zu schließen, das Werk braucht ein Finale. Jean-Pierre Ponnelle hat das Ballett gehaßt und am Schluß den Chor an die Rampe kommen lassen, um der Musik nur zuzuhören. Johannes Schaaf ist es gelungen, eine dem Stück entsprechende Ballettchoreographie zu finden. Das neue Königspaar Idamante-Ilia wird eingekleidet, flieht in die private Liebesidylle und muß doch endlich den Thron besteigen. Das Ballett hat einen Sinn.

Diese bis in kleinste Details ausgefeilte Handlung wird von Nikolaus Harnoncourt orchestral gesteigert. Man hört einen neuen elementaren, menschlich anrührenden Mozart. Nichts ist Klischee, nichts bleibt unbelichtet und ungeformt. Ein dramatisches Musizieren, das jeden in Bann schlägt. Was in Zürich bereits vorgezeichnet war, hier – mit dem Orchester der Staatsoper – gewinnt »Idomeneo« seine musikalische Gestalt.

23. Februar 1987 Nach der Premiere

Die »Idomeneo«-Premiere wird zum Triumph für Nikolaus Harnoncourt. Die Intensität seines Musizierens hat sich auf das Publikum übertragen. Man hat seit langem auf sein erstes Auftreten in der Staatsoper gewartet. Auch Peter Schreier, der Idomeneo, findet großen Beifall; er ist von der Stimme und der Gestalt eine Idealbesetzung für diese Partie. Marie McLaughlin (Ilia) und Delores Ziegler (Idamante) empfehlen sich überzeugend für ein neues Wiener Mozart-Ensemble.

Das Regieteam wird durch ein massives Buhkonzert ausgezeichnet. Die Wiener Opernfreunde werden sich an neue ästhetische Bühnenformen gewöhnen müssen. Es wird ihnen genau so gehen wie dem Bayreuther Publikum: Zuerst buht man, nach spätestens zwei Jahren ist man stolz darauf, dabeigewesen zu sein. »Idomeneo« ist nun einmal kein harmloses Stück; der Mythos, daß der Vater seinen eigenen Sohn opfern muß, hat seine biblische Parallele in der Erzählung von Abraham und Isaak. Die Welt numinoser Erfahrungen verbindet sich mit dem Postulat der Feindesliebe, wie sie von Idamante vorgelebt wird. Diese Handlungszusammenhänge sind für ein schnellfertiges und gewohnheitsträges Premierenpublikum wenig interessant, man pflegt Oper geistig nicht ernst zu nehmen.

Die Wiener kleinformatigen Zeitungen haben längst Stellung bezogen wie eh und je: pro und contra Harnoncourt, pro und contra Regie. Niemand, der sich auch nur in Ansätzen bemühen würde, seine Meinung zu begründen. Der einzelne Kritiker versucht sich durch extreme Formulierungen in Szene zu setzen und dadurch zu profilieren. Viele der Zeitungsprodukte sind einer Stadt von dieser Tradition und Bedeutung unwürdig.

26. Februar 1987 Opernball

Das alte Bild: Die Anarchisten, »autonomi«, die Ultralinken treten zum Kampf an, wenn das Establishment repräsentiert. Und meist ist es die Oper, die die Konfrontation auslöst. Ein großes Polizeiaufgebot, Absperrungen, Kontrollen, die Polizisten in Kampfanzügen mit Visierhelmen und Schutzschilden, bewaffnet mit Schlagstöcken und Gummigeschoßpistolen, Wasserwerfer fahren auf; und dagegen Feuerwerkskörper, Tomaten, Eier, gelegentlich auch Pflastersteine und ähnliche Wurfgeschosse... Verletzte, Verhaftungen und die dazugehörigen Reportagen in Radio und Fernsehen. Ein Kampfszenario, dessen eigentlicher Anlaß vergleichsweise unbedeutend ist. Die Absicht: parasitäre Publizität.

Anlässe: in Wien die Teilnahme von Franz Josef Strauß am Opernball, in Zürich 1980 die Abstimmung über die Renovierung des Opernhauses, in Köln 1968 die Vietnam-Demonstrationen, in Mailand die festliche Scala-Eröffnung jeweils zu San Ambrogio am 7. Dezember. Klassenkampf ist angesagt: das neue internationale »Proletariat« mit seinen revolutionären Parolen gegen die Repräsentation eines Staates, der nach Meinung der Demonstranten die Interessen der Reichen vertritt und sich selbst in Luxus und Gala feiert, während Arbeitslosigkeit herrscht, viele hungern, besonders in der Dritten Welt. Ist das moralische Engagement ernst zu nehmen, oder sind die Krawalle pubertäre Selbstbefriedigung?

Während also draußen die Muskeln spielen, zieht drinnen der Bundespräsident ein, betritt die Mittelloge, in der früher der Kaiser repräsentiert hat; alles erhebt sich, die österreichische Bundeshymne erklingt. Der Zuschauerraum ist aufs festlichste mit Blumen geschmückt; Parkett und Bühne gehen ineinander über, und auf der Bühne nochmals ein Logenrund wie eine dekorative Spiegelung des Saales. Ein prachtvoller Anblick, der selbst den verwöhntesten Ballbesucher verzückt. Gibt es in Europa etwas Vergleichbares? Das Publikum hat sich theatralisiert, die Damen werden zu Primadonnen, die Herren demonstrieren ordengeschmückt Rang und Verdienst. Und dann kommt der Augenblick, auf den alle von Jahr zu Jahr warten, der Einzug der Debütanten. Wellen von schwarz-weißen Paaren schweben im Rhythmus der Polonaise herein, spielen ihre langgeübten Bewegungsfolgen durch, alle Unsicherheit anmutigerregt kaschierend. Der Applaus ist ihnen sicher. Der allgemeine Tanz beginnt, und auch die von den oberen Galerien, die sich die exklusiv teuren Eintrittspreise ersparen wollten, dürfen sich aufs Parkett begeben. In allen Räumen der Oper wird gefestet, Chor- und Ballettsäle, Probenräume sind dekorativ in Discos oder Beisl, in Heurigenlokale oder Champagnerbars verwandelt.

Das alles spielt sich mit bewundernswerter Routine ab. Die Bühnenarbeiter im Frack sorgen für Aufsicht und Sicherheit. Das ganze Personal ist beteiligt und verdient an diesem außervertraglichen Einsatz. Punkt fünf Uhr in der Früh ist Schluß des Vergnügens, am Abend findet planmäßig die nächste Vorstellung statt.

Draußen: einige Verhaftungen, einige Verwundete. Man hat »Klassenkampf« gefeiert.

5. März 1987 Die Schloßherrin

An einem schönen Vorfrühlingstag im Februar 1974 beschloß sie, von einem auf den anderen Tag aufzuhören, in die private Anonymität zu verschwinden. Seitdem wohnt Lisa della Casa, die gefeierte Sopranistin, auf ihrem Schloß am Bodensee. Die Pflege ihrer kranken Tochter war ihr wichtiger, als die Theatersuppe auszulöffeln bis zum letzten Bodensatz. In ihren vierzehn historischen Sälen spinnt sie sich in ihre Erinnerungen ein und spielt zugleich mit berndeutscher Nüchternheit die praktische Hausfrau. Die schönste Arabella, die glaubwürdigste Sophie, die adligste Marschallin mit ihrem unbeschreiblichen Flair, ihrer herbsüßen Stimme beherrscht als Schloßherrin die Gemäuer, in denen einst Jan Hus gefangengehalten wurde, bevor man ihn in Konstanz verbrannte.

Sie träumt noch von Furtwängler, Bruno Walter, Knappertsbusch und Karl Böhm; über Karajan könnte sie ein Buch schreiben. Auch über die Wiener Operndirektoren, ihre Intrigen, über die Besetzungsrankünе mancher ihrer Kolleginnen und über das ganze Quiproquo des Theaters. Daß die Zeit der großen Bühnenpersönlichkeiten vergangen sei, begründe die Wiener Opernneurose. Normalität sei den Wienern gleich Langeweile, jeder Tag müsse das Wunder erneuern.

Sie freut sich sehr über die Ehrenmitgliedschaft der Wiener Staatsoper und legt die Urkunde sofort zu den anderen Dokumenten in die eisenbeschlagene Truhe. Für die Nachwelt... Ihre Tochter ruft und verlangt nach einem Medikament. »Sie vergißt immer wieder, was ich ihr sage«, meint Lisa della Casa beim Abschied.

9. März 1987 Wiener »Ring«-Erfahrungen

Wer sich bei der Interpretation von Richard Wagners »Ring des Nibelungen« auf Kompromisse einläßt, muß Lehrgeld zahlen. So erging es in Wien Hofrat Seefehlner, als er das Konzept von Harry Kupfer ablehnte und statt dessen Filippo Sanjust beauftragte, einen »normalen« Ring zu inszenieren. Hellhörig geworden buhten die Modernen das traditionelle Resultat aus, die altbackenen Wagnerianer hatten zwar größtenteils ihre Freude, konnten sich aber gegen den Sturm der Kritik nicht durchsetzen. Ein kulturpolitisch lehrreiches Beispiel. Der Geist der Innovation ist letztlich immer stärker als die Macht des Beharrenden – auch in Wien.

Hinzu kam in Wien der Direktionswechsel, bei dem – wie so oft – die Tendenzwende höher gewertet wurde als die Kontinuität. Der »Ring« von Sanjust wurde abgebrochen, ein neuer »Ring« ist überfällig.

Dies kann nur ein »Ring« sein, der die internationale »Ring«-Deutung seit 1951, dem Neubeginn Wieland Wagners in Bayreuth, reflektiert und nicht auf frühere Modelle zurückgreift. Also gilt es, ein inszenatorisches Team von künstlerischem Rang zu finden, das bereit ist, sich dieser Herausforderung zu stellen und mindestens zwei Jahre Arbeitszeit in dieses Projekt zu investieren. Namen wie Ingmar Bergman, Peter Brook, Giorgio Strehler werden diskutiert und sondiert, realistischere Möglichkeiten wie Dieter Dorn, Jürgen Flimm, Nikolaus Lehnhoff, Rudolf Noelte oder Peter Stein sind in nächster Zeit konkret zu testen. Auch die Möglichkeit einer Koproduktion wird in Anbetracht der enormen Kosten überdacht.

Jedenfalls muß dieser neue Wiener »Ring« im Laufe eines Jahres produziert werden, eine Ausdehnung über mehrere Jahre birgt die Gefahr eines erneuten Scheiterns. Auch soll man sich genau an die Werkfolge der Tetralogie halten und nicht, wie bei Karajan 1957 oder beim ersten Wiener »Ring« 1877, mit der »Walküre« beginnen, weil dieses Werk mehr Publikumssympathien findet...

Eine Neuinszenierung von Wagners »Ring« gilt bisher als die Aufgabe einer Generation. Der Abstand der verschiedenen »Ringe« in Wien beträgt 21 bis 28 Jahre. Erster »Ring« unter Hans Richter: 5. März 1877 bis 14. Februar 1879 – zweiter »Ring« unter Gustav Mahler und Alfred Roller begonnen, von Felix von Weingartner mit Alfred Roller zu Ende geführt: 23. Januar 1905 bis 21. November 1910 – dritter »Ring« begonnen von Wilhelm Furtwängler, fortgesetzt von Clemens Krauss, Regie Lothar Wallerstein, Bühnenbild nochmals Alfred Roller: 17. Oktober 1928 bis 11. Oktober 1931 – vierter »Ring« Herbert von Karajan mit Emil Preetorius: 2. April 1957 bis 12. Juni 1960. Diese Generationenfolge wird künftig nicht mehr möglich sein. Es ist kaum anzunehmen, daß sich ein heutiges »Ring«-Konzept fast dreißig Jahre im Repertoire behaupten kann.

Unsere gesamte kulturelle Rezeption steht im Zeichen der Akzeleration. Das Informationssystem der Medien sorgt für schnelle, weltweite Text- und Bildübermittlung, die Verkehrsbedingungen führen zu einer größeren Mobilität der kulturellen Konsumenten. Jeder, der heute vor der Aufgabe steht, ein Bühnenwerk zu realisieren, nimmt, bewußt oder unbewußt, die Rezeptionsgeschichte dieses Werkes zur Kenntnis. Da das Neue in jeder schöpferischen Arbeit über die Absicht der Wiederholung dominiert und die Öffentlichkeit sorgsam über den Verdacht eines Plagiates wacht, loten Interpreten immer neue Möglichkeiten aus. Der Begriff der Authentizität ist relativ. Der Begriff »Werktreue« wird durch eine »bessere Treue« (Adorno) ersetzt, die den Spannungswert eines Werkes aus der Entstehungszeit in die jeweilige Gegenwart übertragen will. Der ursprüngliche geistige Einfall gleicht einem Stein, der, in stehendes Gewässer geworfen, Wellenringe erzeugt. Mit zunehmender zeitlicher Distanz erkennen wir nur mehr die Wellen, die unsere Zeit erreichen, und suchen sie mit neuen technischen Möglichkeiten zu intensivieren.

Ein Werk wie Richard Wagners »Ring« ist in sich selbst nicht schlüssig und bietet sich zu vielfacher Deutung an. Jeder kann in diesem mythologischen Poem, in dieser mit einhundert »Leitmotiven« verschlüsselten musikalischen Kosmologie die Tendenzen ablesen, die sein Zeitgehör empfindet und die ihm ideologisch entsprechen. Man kann diesen gigantischen Entwurf Wagners, die Welträtsel zu verstehen, ebenso aus dem Geiste Feuerbachs wie aus dem Geiste Schopenhauers interpretieren. Man kann den Mythos des 19. Jahrhunderts, den George Bernard Shaw in dem Werk erkannt hat, in den Vordergrund stellen, also die Kritik an Kapitalismus und Industriegesellschaft betonen; man kann sich auch im Sinne der Tiefenpsychologie von C. G. Jung dem Werke nähern... es ist vieldeutig wie jede große Kunst. Und gerade in dieser Vieldeutigkeit liegt der Aufführungsreiz für die Bühne. Jede Produktion enthüllt neue Facetten und Aspekte.

Immer ist bei einer Neuinszenierung der genaue Standort des Interpreten zu prüfen. Und mehr noch der Ausdrucksstil und die Phantasie des Bühnenbildners. Denn der »Ring« ist vor allem ein ästhetisch-technisches Problem der Bühne. Es müssen nicht nur psychologische Situationen glaubhaft dargestellt werden, es geht im »Ring« um Kosmologie, um Natur, um Wasser, Himmel, Feuer, um Zustände von Weltenbeginn und Weltenende. Wie werden diese höchst schwierigen Verwandlungen mit den Mitteln des heutigen Theaters bewältigt? An der Bühnengeschichte des »Rings« läßt sich die Entwicklung des Bühnenraumes und des Bühnenbildes darstellen, von den Meiningern über Adolphe Appia bis zu Alfred Roller, Emil Preetorius, von Wieland Wagner bis zu Erich Wonder.

Der komplette fünfte »Ring« der Wiener Staatsoper ist die zentrale Denk- und Planungsaufgabe der nächsten Jahre. 1990–1991 soll die Spielzeit des »Rings« werden.

15. März 1987 Das Zürcher »Ring«-Konzept

Meiner eigenen Inszenierung von Richard Wagners »Ring des Nibelungen« im Opernhaus Zürich, zusammen mit dem italienischen Maler Ul de Rico, liegt folgendes Konzept zugrunde:

Genesis und Apokalypse

Das zentrale Thema dieser Kosmologie ist die Zeit. Die Zeit, die in Erscheinung tritt als Erda. Sie sagt den Satz, der als Motto gelten kann: »Alles, was ist, endet. Ein düsterer Tag dämmert den Göttern.« Die Vergänglichkeit des Seienden ist die Prophezeiung der Erda. Sie warnt vor den Folgen der Macht, die Wotan auszuüben sich anschickt. Sie warnt ihn davor, auf Liebe zu verzichten, Leben zu opfern, die Zukunft der Erde aufs Spiel zu setzen. Wotan folgt ihrem Rat, verzichtet auf die Macht über die Welt. Er muß den Ring, Herrschaftssymbol, aufgeben und zieht sich nach Walhall zurück. Die Götter wandern aus.

Wenn Erda schläft, wachen die Nornen. Ihre Szene in der »Götterdämmerung« liefert den Schlüssel zum Verständnis des ganzen Werkes. Die Nornen repräsentieren Vergangenheit, Gegenwart und Zukunft. Das Seil, das sie spannen, reißt ab. Das Ende steht bevor. Walhall geht in Flammen auf.

Die Geschichte des »Rings des Nibelungen« wird in drei Generationen dargestellt. Richard Wagner bedient sich der Methode eines dramaturgischen Zeitraffers, um die Entwicklung der menschlichen Kultur darzustellen. Die Generationen entsprechen kulturgeschichtlichen Epochen. Aus dem »Ring« ist eine Geschichtsphilosophie herauszulesen, die den Wandel der Zeiten versinnbildlicht.

»Das Rheingold«, das ist zunächst einmal die Welt der Götter, der Riesen und der Nibelungen: also Weltenanfang, mythische Vorzeit. Was Götter sind, wie sie aussehen, wie sie wirken – das ist ethnologisches Forschungsfeld. Wagner selbst hat in »Oper und Drama« formuliert: »Gott und Götter sind die ersten Schöpfungen menschlicher Vorstellungskraft. In ihnen stellt sich der Mensch das Wesen der natürlichen Erscheinungen als von einer Ursache hergeleitet dar. Als diese Ursache begreift er aber unwillkürlich nichts anderes als sein eigenes menschliches Wesen.« Mit diesem Schlüsselsatz gibt Wagner zu verstehen, daß Götter sich verhalten, als ob sie Menschen wären. Sie sind Wesen unserer Vorstellungskraft.

Die Handlung von »Rheingold« spielt nicht im Kontor eines frühkapitalistischen Industrieunternehmens, sondern in vorgeschichtlicher Mythologie. Aber niemandem ist es verwehrt, in der glacialen Atmosphäre, in den paläontologischen Visionen des Werks sich selbst zu erkennen.

»Die Walküre« – das zweite Werk der Tetralogie spielt in der Frühgeschichte der Menschheit. Der Menschheitsfrühling ist bestimmt von der Inzestliebe der Götterkinder Siegmund und Sieglinde. Aber ihr Paradies ist nur von kurzer Dauer. Der Todesengel erscheint Siegmund; er muß sterben um des Gesetzes willen. Wotan hat sich den neuen Gesetzestafeln unterwerfen müssen: Du sollst nicht lieben dein eigen Blut – Du sollst nicht brechen die Ehe – Du sollst nicht brechen deinen Eid – Du sollst Zeugnis ablegen von Wahrheit und Recht – Du sollst Gehorsam zeigen gegenüber deinen Eltern. Fricka, Hüterin des Matriarchats, ist es, die diesen »Dekalog« verkündet. Das Göttergesetz weicht dem Sittengesetz, Moral tritt an die Stelle der ursprünglichen Freiheit. Wotans Wille ist zum zweitenmal gebrochen. Er zieht sich endgültig aus der Weltherrschaft zurück. Aber ein Held ist ihm geboren, Frucht der verbotenen Liebe zwischen Siegmund und Sieglinde. Auf ihn setzt er alle Hoffnungen, die Welt vor den Mächten des Bösen zu schützen. Und der Todesengel Brünnhilde – die Walküre – empfängt die Liebesbotschaft für den Helden, der Sieg und Frieden bringen soll.

»Siegfried« – der freie Mensch ist geschaffen. Die Neuzeit beginnt. Reifezeit des Sommers, spätes Mittelalter: Entstehungszeit der Nibelungensage, Abenteuerphantasie des Heldenzeitalters. Der Mensch steht im Mittelpunkt, er schmiedet die Wunderwaffe neu, erschlägt damit seinen Ziehvater, tötet den Drachen, entdeckt, erlöst und liebt Brünnhilde. Märchenmotive mischen sich mit alten Heraklesmythen. Die Götter haben sich aus der Welt zurückgezogen. Es gibt nur noch den »Wanderer«, den Archetypus des »Alten«, der das Göttliche in der Welt durch Weisheit ersetzt, sich in Rätselversen zu erkennen gibt. Siegfried löst seine unbewußten Bindungen an die göttliche Herkunft. Der neue Mensch zerschlägt den Speer Wotans. Er ist frei von Furcht, aber auch frei von Verantwortung, frei von Maß und Recht: Der vaterlose Held, durch Drachenblut in die Vogelsprache eingeweiht, weiß nicht, wer er ist, auch Brünnhilde vermag ihn nicht zu binden.

»Götterdämmerung« – ist das Werk der Jetztzeit, Vollendung des Menschenzeitalters. Die Natur ist ausgebeutet, zerstört. Eine moribunde Gesellschaft hat ihren Sinn, ihre Werte, ihre Götter verloren. Alle Energie dient der Machterhaltung, dem Prestige und der Repräsentation. Jedes Mittel ist recht, den Schein von Rechtmäßigkeit aufrechtzuerhalten. Drogen, Halluzinationen, Maskerade ersetzen die natürliche Identität. Siegfried, der Freie, ohne Sinn und Gewissen, läßt sich mißbrauchen als sexueller Stellvertreter. Der Ring wechselt den Besitzer. Hagen schlägt Siegfried hinterrücks tot: Rache Alberichs im Kampf um die Macht. Götter sind als Standbilder Kunstobjekte; Erinnerungen an alte Kultur, vergessene Riten. Es ist die Welt des Zynismus, die alle Figuren korrumpiert. Außer Brünnhilde: Sie erkennt die Wahrheit und stirbt für sie. Walhall geht in Flammen auf. Loge triumphiert. Die perfekte Zerstörung findet statt – oder nicht?

Der Schluß ist offen. Ist der »Ring« eine Parabel für ein neues Menschengeschlecht? Anfang eines neuen Schöpfungszyklus? Oder ein Bild der wirklichen Apokalypse? Was bedeutet das Symbol des Ringes? Meint Richard Wagner wie in der antiken Tragödie: Erkenntnis durch Erfahrung und dadurch Katharsis? Die Anfangssituation von »Rheingold« ist wiederhergestellt. Die Rheintöchter bewachen das Gold. Alberich setzt an zu neuer Eroberung. Wie wird der Kampf ohne Götter ausgehen?

23. März 1987 Der rettende Sponsor

Die Sache mit der Sponsorship erweist sich als schwieriger als angenommen. Wien ist nicht Zürich oder London. Die Finanzkapazität der Firmen ist um ein Vielfaches kleiner. Und Geld zu geben für die reiche Staatsoper scheint den meisten absurd. Außerdem gibt es keine verbindliche Regelung der Steuervorteile. Man traut den Beteuerungen des Finanzministeriums nicht.

Und der Generalsekretär ist ein erklärter Gegner solcher Finanzierungen. Er besteht auf der Kürzung des Spielplans um zwei bis drei Inszenierungen.

Es kommt also auf einen Eisbrecher an. Gesucht wird eine internationale Firma, die den Prestigevorteil der Wiener Staatsoper erkennt und selbstverständlich in Österreich wirtschaftliche Interessen vertritt. Die Firma Jacobs-Suchard hat in Österreich einen großen Anteil am Kaffee- und Schokolademarkt. Man glaubt den steuerlichen Zusicherungen des Finanzministeriums und ist bereit, die Produktion des kaffeebraunen »Otello« zu bezahlen.

Der Coup weckt die Neider, man spekuliert über die damit verbundenen Werbetricks. Soll die Staatsoper mit Plakaten verunstaltet werden? Soll es demnächst eine neue Kaffeemarke »Otello« geben? Soll das Publikum der Premiere mit Schokolade statt mit Musik beglückt werden? Die Presse überschlägt sich in Mutmaßungen, der lebensmüde Direktor, der sich dem Kommerz verschreibt, steht am Pranger. Aber die Premiere ist gerettet.

25. März 1987 Keine Reform im Ballett

Der neue Kollektivvertrag für das Ballett wird nicht zustande kommen. Die Mehrheit der gewerkschaftlichen Delegation klebt an gewohnten Honoraren und Privilegien. Man ist nicht bereit, einer sinnvollen Änderung der Arbeitszeit zuzustimmen. Beispiele anderer Ballettkompanien in Europa haben keine Wirkung. Wien ist eben anders. Und als ein Kompromiß für die Staatsoper schon beinahe erreicht ist, streikt die Volksoper. Es ist unsinnig, beide Theater mit unterschiedlichem Repertoire und unterschiedlichem Niveau in das gleiche System zu pressen. Bei einer richtigen Reform müßte man zuerst alle entlassen und nach neuem Vertrag diejenigen wiederengagieren, die sich als begabt und künstlerisch ehrgeizig erweisen. So wie es zu Beginn der Ära Liebermann in Paris geschehen ist. Aber dazu gehörte eine starke und reformwillige Regierung.

26. März 1987 Insolvenz

Die Staatsoper ist insolvent. Rechnungen für Flüge der Solisten, Honorare der Statisten, Dienstleistungen können nicht bezahlt werden. Die Kasse weist nur Tranchen von einem Zwölftel des provisorischen Budgets an. In Wirklichkeit werden nur zehn Monate gespielt, es müßten Zehntel zur Anweisung gelangen. Große Aufregung beim Personal, der Betriebsrat macht die Direktion verantwortlich. Doch das Ganze ist ein reines Administrationsproblem. Ein Notschrei an die Ministerin. Sie kann das System auch nicht ändern. Der Staat läßt seine Schuldner warten, solange das Parlament den neuen Haushaltsplan nicht verabschiedet hat. Wer Geld will, muß klagen.

11. April 1987 »Rusalka«

Zum erstenmal Antonín Dvořáks »Rusalka« an der Staatsoper, gesungen in tschechischer Sprache. Inszenierung und Dekoration wurden von München übernommen, aber in Wien findet die eigentliche Premiere statt in einer Besetzung, die schlechthin unübertrefflich ist. Václav Neumann dirigiert; wer hat ein tieferes Verständnis für dieses spätromantische Melos seiner Heimat? Auf der Bühne Stimmen tschechischer Provenienz, die seit langem auf den Opernbühnen ihres

Landes kaum mehr zu hören sind: Gabriel Beňačková-Čáp und Peter Dvorsky. Als Wassermann Jewgeni Nesterenko. Zum erstenmal Komplimente in der Presse: Dieses Werk hat sich Operndirektor Gustav Mahler entgehen lassen...

»Rusalka« ist in der Tat ein Juwel unter all den Märchenopern, die durch das Repertoire des 19. Jahrhunderts geistern. Nicht nur wegen des Liedes an den Mond, das eine Naturstimmung melodisch nachempfindet. Es ist überhaupt das Verhältnis Mensch-Natur, für das wir heute neu sensibilisiert sind.

Dvořáks Librettist Jaroslav Kvapil hat stoffliche Anleihen bei E.T.A. Hoffmann, Hans Christian Andersen und Gerhart Hauptmann gemacht und ist gewiß kein genialer Poet, aber, wie so oft, bringt die letzte Synthese des Stoffes vielfältige Psychologie. Es ist eine feine Beobachtung, daß das Naturwesen Rusalka im Moment der gesellschaftlichen Einbindung ins Menschsein die Stimme verliert. Ebenso wie der Prinz der reinen Bindung an die Elfe nicht gewachsen ist und an der Spaltung seines Bewußtseins zugrunde gehen muß. Der Naturverlust wird beiden zum Verhängnis. Menetekel und Romanze in einem.

Otto Schenk hat seiner Märchenphantasie spielerischen Lauf gelassen, Günther Schneider-Siemssen perfektioniert die Natur auf der Bühne mit bewährten malerischen Mitteln. Man kann sich das alles auch anders, vielleicht origineller vorstellen, nicht historisierend, sondern mit heutigen Mitteln und mit mehr Tiefsicht – den Wienern hat es gefallen.

13. April 1987 »Parsifal«-Emotionen

Rechts Daniel Barenboim, links Zubin Mehta: Zaungäste und »Werkspione« bei »Altmeister« Horst Stein, der »Parsifal« mit den Philharmonikern nach zwei Jahren ohne Probe erklingen läßt, so wie es andere Orchester nach zwei Wochen Proben nicht erreichen. Eine kollektive Leistung aus Können, Erfahrung und Inspiration. Horst Stein hat den Atem für »Parsifal« und weiß Solisten und Chor sicher zu führen, und mehr noch: Er gibt dem epischen Werk Spannung und dramatische Akzente.

Der Regisseur August Everding hat es sich zu einfach gemacht. Er reduziert die theologische Substanz auf den katholischen Meßkult; dabei könnte dieses Gralssymbol ganz andere, gnostische Ursprünge erschließen. Auch der Weg des Parsifal zu seinem »Erlösung dem Erlöser« führt keineswegs zu einer Restituierung des Kreuzes, sondern zu einer Erneuerung der Glaubensgemeinde aus anderen, vielleicht buddhistischen Quellen. Wenn man schon Richard Wagners synkretistische Religionsvisionen ernst nehmen soll, muß man den kritischen Ansatz dieser »ästhetischen Religion« einer Inszenierung zugrunde legen. In Wagners Schrift »Religion und Kunst« heißt es: »Nur ihre endliche volle Trennung von der Kirche vermochte der Tonkunst das edelste Erbe des christlichen Gedankens in seiner außerweltlichen, neugestaltenden Reinheit zu erhalten.« Das »Bühnenweihfestspiel« Richard Wagners ist ein Zwitter aus ästhetischem Religionsersatz und den Moralvorstellungen des 19. Jahrhunderts; weder ein gläubiger noch ein kritischer Geist wird heute bei »Parsifal« Läuterung verspüren. Es geht ausschließlich um das musikalische Kunstwerk Richard Wagners.

In Wien geht es um Sänger wie Waltraud Meier, Peter Hofmann, Bernd Weikl, Theo Adam und Gottfried Hornik. Wenn einer von ihnen Mängel der Gesangstechnik aufweist, werden die Stimmfetischisten böse, es kommt zur Rauferei zwischen Fans und Buhschreiern. »Parsifal« weckt Emotionen.

2. Mai 1987 Watchlist

Waldheim steht auf der »watchlist«, er ist als Privatperson in Amerika unerwünscht. Ein Affront für alle, die ihn gewählt haben. Gilt das Verdikt der österreichischen Nation? Alle bemühen sich, die Wirkung herunterzuspielen, aber ein großer Rest Peinlichkeit bleibt. Die Regierung jongliert zwischen Solidarität und dem Versuch, die Isolation zu verhindern.

Was ist der Grund dafür, daß die Amerikaner deutsche Staatsoberhäupter und hohe Politiker, die ebenfalls in der deutschen Armee Offiziere und Parteigenossen waren, akzeptieren, den österreichischen Oberleutnant dagegen denunzieren und desavouieren? Weiß man mehr über ihn? Oder hat seine Tätigkeit als Generalsekretär der Vereinten Nationen Verstimmung hinterlassen? Ein persönliches Bekenntnis oder ein Wort des Bedauerns würde sofort die Atmosphäre entgiften. Aber Waldheim schweigt. Er beginnt sich wohl als Märtyrer zu fühlen, als Opfer der Herren Bronfman und Singer. Und schürt damit neuen, alten Antisemitismus.

Die Situation ist gründlich verfahren. Zurücktreten ist unmöglich; es bleibt nur, die Zeit ohne allzuviel Aufsehen zu überstehen. Man wird sich üben in Doppelzüngigkeit und Heuchelei. Die Regierung ist nicht zu beneiden.

3. Mai 1987 Musik überwindet Grenzen

Claudio Abbado verzeichnet einen großen kulturpolitischen Erfolg. Das neugegründete Gustav-Mahler-Jugendorchester stellt sich zum erstenmal der Öffentlichkeit. 136 junge Musiker aus Österreich, Ungarn, aus der Tschechoslowakei und aus Jugoslawien musizieren miteinander Werke von Bartók und Mahler. Jugendlicher Enthusiasmus verbindet sich mit persönlichem musikalischem Ehrgeiz. Musik überwindet die Grenzen. Sie alle profitieren von erstklassigen Lehrern und Abbados Autorität. Hervorragende solistische Fähigkeiten klingen durch. Eine neue Institution ist entstanden, mitteleuropäischer Geist wird hörbar. Es hätte keinen besseren Zeitpunkt für dieses Experiment geben können, es paßt genau zur Perestroika Gorbatschows.

7. Mai 1987 Kleiber antwortet

Die Korrespondenz mit Carlos Kleiber ist ein ebenso charmantes, witziges wie hoffnungsloses Unterfangen. Seit unserem Gespräch reize ich ihn mit immer neuen Ideen, konkreten Angeboten und Diskussionen. Er will in Japan beim bevorstehenden Gastspiel »Die Fledermaus« dirigieren. Ich versuche ihn zu überzeugen, daß der »Rosenkavalier« der Staatsoper besser anstünde. Er läßt sich auf die silberne Rose ein, findet jedoch keinen Kavalier. Die meisten der in Frage kommenden Sänger stehen auf seiner »watchlist« und werden entsprechend kommentiert. Vielleicht sollte man nur noch Konzerte machen in Zukunft. »Nicht einmal Peterchens Mondfahrt kann man noch besetzen«, meint er.

Um Pläne mit »Hoffmanns Erzählungen« steht es auch nicht besser, er möchte sich »entkonjunktivieren« aus den verschiedensten, wenig überzeugenden Gründen. Er ist wirklich ein Genie im Absagen.

Dann zeigt er Interesse an einem Dirigat von »Tristan und Isolde«.

Aber wer soll inszenieren? Er flüchtet sich in die Utopie und macht den Vorschlag Peter Stein. Man sollte es trotzdem versuchen. Kleiber ist stolz auf seine Idee und hält sich schon deshalb für einen unternehmungsfreudigen Optimisten. Aber wer soll singen? Sind die Sänger, die er nicht kennt, wirklich so »gräßlich«, wie er meint?

Dann wenigstens »Bohème« mit Mirella Freni und Luciano Pavarotti, beide sind seine Freunde seit langer Zeit. Er hat keine Termine oder besser keine Motivation. Auch nicht zu einem Lotte-Lehmann-Gedächtniskonzert...

Er zitiert das Fräulein Sophie von Faninal: »Vergeß Er mich«, und bleibt in Sympathie der verehrte Carlos Kleiber.

10. Mai 1987 »Otello«-Premiere

Die Centenarfeier der Uraufführung von Verdis Musikdrama »Otello« ist, allen Schwierigkeiten zum Trotz, nun doch noch gelungen. Zubin Mehta eröffnet mit einem Blitz- und Donnerschlag, der an naturalistischer Wucht fast den Rahmen des Operntheaters sprengt. Placido Domingo, der über Stürme und die Flotte der Muselmanen siegreiche Held, schmettert sein »Esultate« von hoher Empore in den Saal. Das Duett mit Desdemona (Anna Tomowa-Sintow) verkündet in melodischem Überschwang den Liebestod, der, ins Tragische gewendet, das Charakterdrama beendet. Renato Bruson, der fast beamtenhaft-trockene Taktiker des Neides, travestiert in seinem Credo katholischen Erlösungsglauben und setzt das Böse in Szene; ein *fazzoletto* ist das Unheilsrequisit. Das Lied von der Weide und das Ave Maria geben der armen Kreatur, die unter einem bösen Stern geboren wurde, die letzte Ruhe. Und Otello, der Sieger, fällt dem Chaos seiner Seele zum Opfer; er endet mit durchschnittener Kehle neben der erdrosselten Geliebten, deren Hand ihm kein Verzeihen mehr geben kann.

George Bernard Shaw hat das Werk mehr für ein »Drama gehalten, das Shakespeare im Stil der italienischen Oper schrieb«. Es ist nicht der Verdi der großen Arien, sondern Verdi, der Psychologe und Dramatiker, der den Texten Arrigo Boitos höchste Wahrhaftigkeit abverlangte. Überhaupt ist das Libretto eine glänzende Konzentration Shakespeares für das musikalische Theater. Das Schauspiel hat nach der Genietat von Boito-Verdi sehr an szenischem Reiz verloren. Boito gelang es, das Werk Shakespeares auf ein Drittel zu kürzen, seine eigenen opernhaften Zutaten beschränken sich auf wenige, allerdings thematisch wesentliche Texte wie die beiden Duette und das Credo des Jago, das mephistophelisch gefärbt ist. Verdis »Otello« ist Material für einen Schauspielregisseur, der sich in der Oper extravertiert. Er ist sehr auf die Persönlichkeiten der Sängerdarsteller angewiesen. Der Ausdruck des Charakters liegt in der musikalischen Phrasierung; und hierzu kann ein Dirigent viel beitragen.

Zubin Mehta hat den dramatischen Impetus ebenso wie den Nerv für die charakterisierenden Farben. Merkwürdigerweise werfen ihm manche Wiener seine theatralische Präsenz vor, vielleicht ist er hier um die Nuancen zu italienisch, um die er bei Wagner zu wenig deutsch war. Ungreifbare Vorurteile nehmen seinem Dirigat die Aura des Außerordentlichen.

Und Peter Wood bleibt englisch-konventionell. Sein Bühnenbild (entworfen von Stephen Lewis) bietet eine hervorragende akustische Holzkulisse. Aus dem ursprünglichen Globe-Theatre ist ein koloniales Zypern geworden, eine Drehburg, die simultan alle Szenen des Stückes hergibt. Die Kostüme freilich sind nicht kolonial-einfach, sondern elisabethanisch prunkvoll. Die Szene hat nicht die theatralische Spannung, die man von einem Shakespeare-player erwartet, vielleicht hat er sich von der Musik einschüchtern lassen. Als Gentleman weiß er jedoch mit Stars umzugehen – oder sie zu umgehen.

Placido Domingo ist in Hochform. Immer wieder kann er diesem Otello neue Nuancen abgewinnen, etwa seine epileptische Affektation oder auch seinen Eifersuchtsfuror, der den Tod geradezu als Erlöser erscheinen läßt. Das Phänomen Domingo ist einzigartig. Ein Mensch, der für drei Tage nach Mexiko fliegt, um seinen kranken achtzigjährigen Vater zu besuchen, der im Regen – vor einer »Otello«-Vorstellung – auf dem Rathausplatz »Wien, Wien, nur du allein ...« singt und nach einer Vorstellung mit Polizeieskorte unter Blaulicht ins Kongreßzentrum rast, um dort pünktlich in einer TV-Show aufzutreten: Dieses Tempo, dieser Streß gehören zu Placido Domingo. Placido hier, Placido da ... und doch ist er ein seriöser Künstler, den nicht nur das Geld lockt, der ebenso großzügig sich für karitative Zwecke einsetzt. Seine Offenheit, Freundlichkeit und Zuverlässigkeit sind mit ein Grund für die Sympathie, die er in der Öffentlichkeit genießt.

Der Sponsor kommt voll auf seine Kosten. Selbst der Bundeskanzler macht gute Miene zum finanziellen Spiel.

21. Mai 1987 Die Schubert-Oper

Claudio Abbado hat den Plan, »Fierrabras«, die vergessene heroische Oper von Franz Schubert, wiederzuentdecken. Die Anregung stammt wohl von Maurizio Pollini, dem brillanten Schubertspieler. Ein Projekt, das den Wiener Festwochen in Zusammenwirken mit der Staatsoper sehr wohl ansteht, handelt es doch um die szenische Erstaufführung eines Werkes, das für das ehemalige Kärntnertortheater komponiert wurde. Aber wer soll dieses unmögliche Libretto auf der Bühne realisieren? Ein prominenter Regisseur nach dem anderen winkt ab. Einzig Ruth Berghaus, deren »Orpheus«-Ballett großen Erfolg hat, ist spontan zu dem Abenteuer bereit. Sie hat beim ersten Gespräch bereits genaue Kenntnis des Werkes; die Ursache: In einer Ostberliner Zeitschrift hat der Dramaturg Friedrich Dieckmann vor kurzem unter dem Titel »Fidelios Erben« für das Werk geworben. Jetzt steht ihre szenische Konzeption zur Debatte.

Ruth Berghaus erscheint mit ihrem Bühnenbildner Hans-Dieter Schaal und ihrem dramaturgischen Stab, alle genau vorbereitet. Man hat die Schubertzeit sorgfältig aufgearbeitet. Der Librettist des Werkes ist Josef Kupelwieser, der Bruder von Schuberts Malerfreund. Soziologische Analyse: Nach den Enttäuschungen des Freiheitskrieges, während der Repression der Metternichzeit schart man sich in Freundeskreisen zusammen, schwärmt von der Natur, der Liebe und der Vergangenheit. Die Nazarener malen in Rom Biedermeierszenarien und Ritteraufzüge des Mittelalters. Sie begeistern sich für Calderón, Spanien und die Reconquista ... Die Schwierigkeiten des Librettos lichten sich, wenn man nicht versucht, eine rational-logische Dramaturgie zu betreiben. Situationen werden gezeigt in freien Assoziationen und Environments. Türme, Mauern; hübsche Bilder mit weichen biedermeierlichen Kostümen, locker arrangiert, erlebt aus den Emotionen der Zeit. Das könnte der richtige Weg sein, Schuberts theatralisches Chef-d'oeuvre zu retten. Die DDR-Professorin bekommt leuchtende Augen, sie hat spielerischen Humor – und Abbado im inszenatorischen Griff.

22. Mai 1987 Planen oder Probieren?

Fast jeden Mittag stürmt der Regisseur ins Büro und beschwert sich über das technische Debakel. Alban Bergs »Wozzeck« ist technisch eines der schwierigsten Stücke – wegen der schnellen Umbauten zwischen den 15 Szenen. Er verlangt Organisationsbesprechungen am »grünen Tisch«; die Technik dagegen verlangt Zeit zur praktischen Erprobung. Die Lage spitzt sich zu. Man muß die Kontrahenten zusammenbringen, gegenseitige Beschuldigungen helfen nicht weiter.

Adolf Dresen ist ein »Preuße«, er verlangt Perfektion, Präzision, Planung. Der technische Direktor und seine Mitarbeiter wollen die Sache pragmatisch angehen, vereinfachen, reduzieren. Ein neues »Austerlitz« bahnt sich an. Der technische Direktor läßt durchblikken, daß er die alte Inszenierung besser gefunden hat, sie war soviel einfacher. Aber er wird sich bemühen... Der »Preuße« reagiert allergisch auf jedes »vielleicht...«, »wir hoffen...«, »wir wollen es versuchen...« Er verlangt Gewißheit, sonst reist er ab. Also bezahlte Überstunden, Spielplanänderung und ein zusätzlicher Schließtag.

Über allem schwebend der Dirigent, der beteuert, daß man durchspielen müsse, Unterbrechungen kämen nicht in Frage. Die Musik diktiere die szenische Lösung. Die Spannungen zerstören die Probenatmosphäre.

27. Mai 1987 Inside-Ereignisse

Ein schwarzer Tag. Da gibt es einen möglichen Sponsor, er will für die Eröffnungsinszenierung der nächsten Spielzeit zwei Millionen Schilling zahlen. Eine Bedingung, er beansprucht dreihundert Plätze in der Generalprobe für seine Kunden. Auf den ersten Blick kein Problem...

Doch dann stellt sich heraus, daß der Betriebsrat einen Anspruch auf alle Karten für Generalproben hat – für die Angehörigen der Mitwirkenden. Die Bitte um eine Ausnahme wird abgelehnt. Nochmaliges Gespräch in kleinem Kreise.

Zwei Millionen Schilling stehen auf dem Spiel. Ein dringender Appell... die Produktion ist aufs äußerste gefährdet. Nein, nein. Keine Ausnahme. Drohung mit der Presse, mit dem Minister... Achselzuckend verläßt der Betriebsrat das Zimmer... Schreikrampf...

Abends die Antwort im »Kurier«: »Mangelnde Autorität und Kompetenz«. Die Direktion sei überfordert...

Die Inside-Ereignisse sind Futter für das Feuilleton der Presse. Das hat in Wien Tradition. Während das Publikum jubelt wie selten zuvor, die Besetzungen optimal sind, stilisiert man ein paar technische Krisensitzungen und Stimmausbrüche zur Direktionskrise hoch. Der Sog des Negativen ist stärker als alle Vernunft. Unruhestiftung als journalistische Geltungssucht.

Das Haus ist porös, nichts bleibt geheim. Jeder ist möglicher Zuträger, die Lust am Geschwätz gebiert immer neue Gerüchte. Rezepte der Abwehr dagegen gibt es nicht, außer Ignoranz und Ironie. Trotz allem, mein Image bekommt Risse.

Ein neutraler Analytiker sollte einmal die Methoden des Wiener Journalismus objektivieren. Es sind zu prüfen: Aggression und ihre Wirkung beim Leser, Meinung statt offener Berichterstattung, Negation als Erfolgsmethode, Bevorzugung des Anekdotischen gegenüber dem Wesentlichen, Spekulation auf Neid und Schadenfreude, Personalpolitik statt sachlicher Bilanzierung.

Natürlich sind dies Kennzeichen jeder Boulevardpresse, in Wien freilich gibt es kaum eine Alternative. Eine »seriöse« Zeitung hat sich nie lange behaupten können. Liegt es am Leser?

1. Juni 1987 Mit den Augen hören

Opernkunst ist eine Darbietung, die in gleicher Weise dem ästhetischen Vergnügen der Ohren wie der Augen gewidmet ist. Das Auge kommt zu kurz bei konzertanten Aufführungen, aber auch dann, wenn Oper nichts anderes ist als ein Konzert im Kostüm. Das ist der Fall bei manchen Repertoireaufführungen, deren szenisches Konzept im Laufe der Jahre verlorengegangen ist.

Aber auch das Ohr kann zu kurz kommen, wenn Musiktheater stattfindet, ohne daß die Komposition musikalisch befriedigend interpretiert wird. Mit dem Auge hören ist dann eine Ersatzbefriedigung, wenn Regie und Ausstattung dominieren. Bei vielen aufsehenerregenden Inszenierungen unserer Zeit scheint die szenische Realisierung eines Stückes wichtiger als die musikalische. Die Kritiken widmen ihr weit mehr Raum als dem Sänger und dem Dirigenten. Unsere Zeit ist optisch verwöhnt. Das moderne Theater mit seinen interessanten Raumlösungen, Aktualisierungen und subjektiven Regieaspekten verdrängt die Standardinszenierungen früherer Jahre.

In Wien mag das mancher Opernliebhaber, der schönen Erinnerungen nachtrauert, bedauern. Aber Oper ist nun einmal kein historisches Ausstellungsobjekt, sondern lebendige Kunst ihrer Zeit.

Als Gustav Mahler den Sezessionskünstler Alfred Roller heranzog, die alten Inszenierungen durch neue zu ersetzen, gab es stürmische Proteste. Inzwischen sind die Rollerschen Entwürfe wertvolle Exponate der Museen. Neue theatralische Ideen haben sie vom Theater verdrängt. Das gilt beispielsweise ebenso für Caspar Neher, dessen »Wozzeck« jetzt archiviert und musealisiert wird. Ebenso wird es dereinst heutigen Szenographen ergehen. Oper lebt mit dem Risiko der Erneuerung.

3. Juni 1987 Verlegenes Lächeln

Der Besuch bei Minister 3 verläuft wie das Hornberger Schießen. Als Hüter der Schwelle fungiert der Generalsekretär, er hat bereits für Vorinformation gesorgt. Er reißt wie immer das Gespräch an sich, schimpft auf die »Permanenzkarten« des Betriebsrates bei Generalproben, die uns jetzt teuer zu stehen kommen. Aber er schimpft auch auf gewisse Leute, die herumrennen, um Sponsoren zu suchen, gewisse Wichtigtuer zwischen Kunst und Kommerz. Mit einem Rundschlag bedient er auch seine Todfeinde, die »Opernfreunde«, die nur ins Geschäft kommen wollen um ihrer Privilegien willen.

Und dann der Streit ums Sparen. Abbado sei an allem schuld. Er probiere zuviel, auch an Samstagnachmittagen und sonntags, das koste viel Geld. Auch die vielen Orchesterproben für »Wozzeck« seien ein Verhängnis. Man müsse ihm auf die Finger sehen. Und überhaupt die viel zu vielen Neuinszenierungen... warum ein neuer »Wozzeck«, er sei schon immer dagegen gewesen. Das Geld reiche nicht aus, im November müsse die Staatsoper zusperren...

Ich verweise ihn auf die letzten Jahre: der gleiche Durchschnitt der Operninszenierungen und Ballettpremieren. Die Pläne seien seit langem bekannt, niemand im Hause oder im Verband habe gewarnt. Die Finanzierungs- und Planungsmethode der Staatsoper sei die gleiche wie unter Karajan, Gamsjäger oder Seefehlner. Man mache den Spielplan, engagiere hierfür die bestmöglichen Sänger, die prozentuellen Mehrkosten gegenüber dem Budget würden durch Mehreinnahmen oder Nachtragskredite ausgeglichen. Jetzt sei dieses Gleichgewicht gestört – durch Erhöhung der Einnahmetangente und Sparvorschriften, die zum jetzigen Zeitpunkt illusorisch seien. Man könne bei der Oper nicht von heute auf morgen sparen, man müsse eine mittelfristige Finanzplanung machen. Die Oper arbeitet zwei bis drei Spielzeiten im voraus.

Alles wohlbekannt. Frau Minister hört, lächelt verlegen, versucht zu beruhigen, mit mitleidigen Augen; sie hat kein Geld, läßt die Sache treiben...

13. Juni 1987 »Wozzeck«-Erfolg

Die »Wozzeck«-Premiere ist ein Riesenerfolg, jubelndes Publikum. Allgemeine Erleichterung, die Technik hat es geschafft, wieder einmal. Die Ehrlichkeit, Einfachheit und Eindringlichkeit dieser Inszenierung trifft den Wiener Theatersinn. Im Grunde kein neuer Stil, keine aufregende Konzeption. Gekonntes Musiktheater. Vor allem aber dieses Orchester... und Claudio Abbado...

14. Juni 1987 Der neue »Wozzeck«

Welch ein Wandel hat stattgefunden in der Rezeption des »Wozzeck« während der letzten dreißig Jahre! 1957 bei einer Mannheimer Premiere knallten die Türen, das Publikum verließ scharenweise lauthals protestierend den Saal. Bei den folgenden Aufführungen mußte vor dem Vorhang eine Inhalts- und Sinnerklärung vorgetragen werden, um die Besucher einzustimmen und zur Toleranz der »Neuen Musik« gegenüber aufzufordern. Auch noch bei späteren Aufführungen, z. B. in Köln, kam es zu Mißfallensäußerungen. Die Zürcher Inszenierung durch Götz Friedrich 1980 fand große Zustimmung des Publikums, freilich blieb die Besucherfrequenz unbefriedigend. Denn »Wozzeck« geht der Ruf der »häßlichen Oper«, wie es ein Wiener Kritiker einmal formuliert hat, voraus. Der »permanente Mißklang ist etwas Evidentes. Über ihn hinwegzuhören ist wirklich nur verwirrter und verwirrender Parteieinstellung möglich«, so schrieb Julius Korngold in der »Neuen Freien Presse«. Das war 1930 bei der ersten Wiener Aufführung des Werkes. Etwas davon scheint untergründig weiterzuwirken in dem verbissenen Kampf gegen eine neue Inszenierung dieses Werkes.

Aber die Premiere beweist allen mißmutigen Kritikern das Gegenteil. Es teilt sich allen Besuchern spontan und überzeugend der Eindruck mit, ein Werk erlebt zu haben, das zu den bedeutendsten

Opern dieses Jahrhunderts zählt. Und niemand verläßt vorzeitig den Saal oder drückt etwa sein Mißfallen aus. Die Musik Alban Bergs hat nicht nur ihre Schrecken verloren, sie wird auch in ihrem Sinngehalt verstanden.

Genau 150 Jahre nach dem Tod von Georg Büchner klingt diese Sprache so hellsichtig und frisch, als sei sie für die Oper, die 1925 ihre Uraufführung erlebte, geschrieben. Diese geistige Übereinstimmung von Text und Musik ist das eigentliche Wunder dieses Werkes. Theodor W. Adorno hat es einmal so formuliert: »Das von Berg Komponierte ist nichts anderes, als was während der vielen Jahrzehnte der Vergessenheit in Büchner heranreifte.« Das Fragmentarische des Büchnerschen »Woyzeck« hat Alban Berg zu höchster formaler Vollkommenheit getrieben. Seine Oper in drei Akten und fünfzehn Bildern ist wie eine Symphonie, bei der jeder Satz thematisch in fünf Themen gegliedert ist. Der Aufbau dieser Oper arbeitet eine ungeheure Steigerung heraus, die ihre höchste Kumulation bei dem bis zum Zerreißen gespannten Crescendo des ganzen Orchesters auf dem Orgelpunkt H nach dem Tod von Marie erfährt. Wozzeck hört gleichsam den Riß im Weltall, er hat mit seiner irren Verzweiflungstat zugleich seinem eigenen Leben ein Ende gesetzt. Als ihm das Blut seiner Hände bewußt gemacht wird, bleibt ihm nur, sich im Wasser zu ertränken. Und die Wasserkreise über dem Toten sind deutlich hörbar in Bergs Musiksprache.

Dabei verwendet Alban Berg einen musikalischen Apparat, der jedes Orchester an den Rand seiner Möglichkeiten führt. Hinzu kommt eine mehrfach gegliederte Bühnenmusik; von der Militärmusik hinter der Szene, vom Tambourmajor dirigiert, bis zu dem Kammerorchester, das in dieser Inszenierung zum erstenmal offen gezeigt wird; von der Heurigenmusik auf der Bühne bis zur Polka auf dem verstimmten Pianino. Er zitiert Volksmusik und verarbeitet ebenso barocke Musikformen. Diese völlig undogmatische Musiksprache in ihren harmonischen und dissonanten Klängen ist es, die den Hörer fasziniert. Die Verstörung einer früheren Generation ist heutiger Bewunderung gewichen.

Das Orchester der Wiener Staatsoper, gründlich einstudiert, weiß diese Klangfarben und solistischen Reize mit Perfektion auszuspielen, Claudio Abbado dirigiert die schwierige Partitur auswendig, um sich ganz auf die Szene konzentrieren zu können. Auch die Besetzung der Solisten kann nicht rollendeckender sein. Allen voran der Wozzeck von Franz Grundheber, der seinem lyrischen Bariton größte

Wortverständlichkeit abringt. Die Marie von Hildegard Behrens kann in gleicher Weise soziale Begrenzung wie kreatürlichen Eigensinn artikulieren. Der Hauptmann von Heinz Zednik zeigt die Penetranz militärischen Stumpfsinns, der Doktor von Aage Haugland gefährliche wissenschaftliche Inkompetenz. Die »Aberratio mentalis partialis«, die er bei Wozzeck konstatiert, verhindert menschenwürdige Behandlung.

Dankenswert ist an dieser Inszenierung, daß nicht nur die Sozialanalyse angestrebt, sondern daß die Natur, deren geheime Stimmen Wozzeck zu hören glaubt, eindrucksvoll gezeigt wird. Die Bühnenbilder von Herbert Kapplmüller suchen den konkreten Ort, nicht irgendeine allgemeine Vorstellung. Man kann »Wozzeck« gewiß plakativer oder visionärer inszenieren, man kann nach neuen Formen suchen – Adolf Dresen findet in der wort- und musikbezogenen Ausführung des Werkes seinen Erfolg.

20. Juni 1987 Claudio Abbados Prinzipien

Abschiedsessen mit Claudio Abbado am Ende des ersten gemeinsamen Jahres. Er hat von den finanziellen Querelen kaum etwas gemerkt, er liest keine Zeitungen, in Wien schon gar nicht. »Es war ein guter Anfang«, meint er, »wenn wir so weitermachen, ist das Repertoire in fünf Jahren erneuert.« Er wird dann fünfzehn verschiedene Stücke, die er selber einstudiert hat – alles neue Produktionen –, regelmäßig dirigieren können. Natürlich in Serien mit jeweils gleichbleibender Besetzung. »Und wir haben ein neues Ensemble aus internationalen Spitzensängern, die immer wiederkommen, wenn ich dirigiere.«

Er betont, wie wichtig es ihm ist, jeweils von Anfang an bei den Proben dabei zu sein, sogar bei den Bauproben, fügt er hinzu. »Dann weiß man, was auf einen zukommt, und kann viele Schwierigkeiten vermeiden; wenn ein Bühnenbildner auf die Sänger keine Rücksicht nimmt oder die Pausen zu lang werden infolge der komplizierten Umbauten. Ich brauche die Proben, auch die szenischen Proben, weil ich dabei die Sänger genau kennenlerne, ihre Schwächen und ihre besondere Eigenart, ich kann mit ihnen atmen. Und überhaupt, die szenische Arbeit interessiert mich sehr, ich brauche die besten Regisseure, um mit ihnen gemeinsam das Werk studieren zu können. Bei der szenischen Arbeit lerne ich das Werk auswendig, ich habe immer die Partitur vor mir, kann dem Regisseur die Instrumentation erklären, falsche Gänge vermeiden, die szenischen Fermaten akzentuieren. Bei jeder guten Produktion wachsen wir alle zu einer Familie zusammen, auch die Assistenten und Repetitoren, wir haben den gleichen Geist, den Geist des Komponisten. Ich kann die Dirigenten nicht verstehen, die erst zur ersten Orchesterprobe erscheinen, denen Regiearbeit langweilig ist. Es gehört doch alles zusammen, Bild, Kostüm, Regie, Choreographie und Musik. Deshalb hasse ich dieses Repertoiretheater, wo man erst am Tage vor der Aufführung die Sänger kennenlernt und dann am Abend mehr oder weniger improvisiert. Diese Zeiten sind vorbei, es geht um das gesamte Werk in seinen Facetten, wie wir es heute verstehen. Proben sind das A und O jeder gewissenhaften künstlerischen Arbeit.«

Und er schwärmt mir vor von »Wien modern«, dem neuen Festival, das er zusammen mit der Stadt Wien organisieren wird. »Die Stadt braucht eine Initiative, um die Neue Musik durchzusetzen. Sie haben immer noch nicht die zweite Wiener Schule, Berg, Schönberg, Webern, akzeptiert, geschweige die Musik von heute, Rihm, Nono, Ligeti ...« Die zeitgenössische Musik ist Abbados Glaubensbekenntnis. »Wir können nicht nur von der Vergangenheit leben, sie erdrückt unsere eigene Kreativität. Deshalb müssen wir den heutigen Komponisten das Gefühl geben, daß sie für ein lebendiges Publikum komponieren, nicht im Ghetto von Spezialisten leben ...«

»Und dann müssen wir mehr für die Jugend tun«, meint er. »Die Abonnenten können wir nicht mehr verändern, sie wollen immer nur das gleiche ... aber die junge Generation, sie hat keine Probleme mit neuer Harmonik oder neuer Szene; sie will die Welt neu entdecken und neu verstehen, wir müssen ihr dabei helfen. Die Arbeit mit den jungen Musikern im Gustav-Mahler-Jugendorchester ist mir wichtiger, als in London oder New York irgendwelche konventionellen Programme zum hundertsten Male zu dirigieren ...«

Er hat Wien voll akzeptiert und assimiliert es, wie er es haben möchte. Nicht die Stadt der kleinen Geister, der ewigen Nörgler und Besserwisser, sondern Wien, die geistige Stadt Mahlers und Klimts, Bergs und Canettis. Er spürt den kreativen Humus, der nirgendwo sonst so fruchtbar ist; er spürt die Herausforderung zum Höchsten, die aus der Tradition weiterlebt. Und er hat bei der Kulturverwaltung der Stadt das Verständnis gefunden, das im Unterrichtsministerium fehlt. »Wien modern« und die »Wiener Festwochen« sind die Instrumente seiner kulturpolitischen Ideen.

Er weiß, daß wir das gleiche wollen. Sein Erfolg ist mein Erfolg – und umgekehrt.

24. Juni 1987 Kampf um »Iphigénie«

Die Bürokratie sträubt sich noch immer gegen die Inszenierung von Glucks »Iphigénie«, es fehle an Geld für die Herstellung der Dekoration in den Werkstätten. Jeden Tag werden neue Zahlen vorgelegt, der Generalsekretär verlangt ein Opfer von seinem Direktor: Dieser soll auf seine erste eigene vertraglich fixierte Inszenierung verzichten und damit ein Zeichen setzen. Was bedeutet schon ein Gluck-Jubiläum für Wien? Gluck sei unwichtig für das Repertoire der Staatsoper, Gluck bringe kein Geld...

Nur ja dieser Mentalität nicht nachgeben! Wenn man einmal nachgibt, wird man immer wieder erpreßt. Ich habe die Budgetprobleme nicht verschuldet, ich arbeite nach den gleichen Prinzipien wie meine Vorgänger. Ich bin nicht nach Wien gekommen, um mich nach der Decke des Mittelmaßes zu strecken, um den ministerialen Rotstift zu bedienen. Das ist wider die Vereinbarung. Minister 1 hat mich damit geködert, höchste Qualitätsansprüche zu erfüllen, koste es was es wolle.

Das Programm ist offiziell verkündet, und niemand hat dagegen Einsprüche angemeldet. Haben sie nicht die Phantasie, um die Kosten einzuschätzen? Nein, dieses Von-der-Hand-in-den-Mund-Leben kommt nicht in Frage, man soll sich an die Regeln der Professionalität und der Glaubwürdigkeit halten.

Glucks »Iphigénie« wird stattfinden, oder – ich bin bereit, die Konsequenzen zu ziehen.

Freunde vermitteln: Ein Sponsor zahlt die Ausstattungskosten. Der verdienstvolle Gluckfreund heißt Creditanstalt-Bankverein. Banken haben zuweilen mehr Sinn für Dramaturgie als die Organe, die dafür bestellt sind.

26. Juni 1987 In der Berliner Linden-Oper

Bereits vor Jahresfrist hat man in Wien eine Einladung zu einem Gastspiel der Wiener Staatsoper aus Anlaß der 750-Jahrfeiern der Stadt Berlin angenommen – in Westberlin, dem freien Teil der Stadt.

Diese Zusage hat die Regierung der Deutschen Demokratischen Republik nicht ruhen lassen. Man will und muß Gleichberechtigung demonstrieren, und schließlich hat ja auch Ostberlin, die Hauptstadt der DDR, die 750-Jahrfeiern zu begehen. Spieglein, Spieglein an der Wand: Wer ist der Deutscheste im ganzen Land? Die deutsche Künstleragentur mit ihrem rührigen und politisch engagierten Direktor hat schließlich ein Alibigastspiel zustande gebracht: Man spielt zweimal »Le nozze di Figaro« in der bewährten Ponnelle-Inszenierung, mit der bestmöglichen Hausbesetzung. Schauplatz ist die »Berliner Staatsoper unter den Linden«, also das Haus Friedrichs des Großen, das er einst Apoll und den Musen gewidmet hatte – wovon die DDR jetzt nichts mehr wissen will. Das älteste deutsche Staatstheater, ein Opernhaus, das in den 245 Jahren seines Bestehens preußisch-deutsche Geschichte spiegelt. Ein Haus, in dem Spontini und Meyerbeer jahrzehntelang den Spielplan diktierten, in dem zahlreiche Uraufführungen stattfanden, vom »Freischütz« bis zum »Wozzeck«. Ein Haus der großen Dirigenten: Hans von Bülow, Felix von Weingartner, Richard Strauss, Wilhelm Furtwängler, Erich Kleiber... Und jetzt, nach zweimaliger Zerstörung im Krieg, in Imitation des preußischen Rokokos wiederaufgebaut, ist das einst kaiserliche Hoftheater zum Repräsentationsort des deutschen Kultursozialismus geworden. Vor Jahren sah ich hier die Dessau-Opern »Puntila« und »Einstein«, Musiktheater in ideologischen Diensten, aber szenisch bis ins Letzte durchgefeilt. Der Opernalltag freilich sieht recht provinziell aus. Nur wenige Sänger haben internationales Niveau.

Die Mozart-Aufführungen gefallen den Berlinern sehr, trotz einiger Indispositionen und Umbesetzungen; immerhin spielt das berühmte Mozart-Orchester, man singt in der Originalsprache. Man glaubt, Wiener Charme zu verspüren, und ist dankbar.

28. Juni 1987 Besuch bei Brecht

Ostberlin, »Hauptstadt der DDR«, hat sich in den letzten Jahren sehr herausgeputzt. Man sucht Anschluß an den Westen zu finden. Um die Nikolai-Kirche ist ein Stück Altstadt in nostalgisch-musealem Geiste wiedererstanden. »Unter den Linden« bemüht sich, wieder zur Paradestraße zu werden; an Soldaten mangelt es nicht. Aus dem alten Schauspielhaus am Gendarmenmarkt hat man ein Konzerthaus gemacht und Schinkel nachempfunden; man ist offenbar in die Biedermeiermaske verliebt. Mit sozialistischer Architektur lassen sich keine Preise gewinnen. Das »Haus der Republik« mit seiner bombastischen Trivialität an der Stelle des Alten Schlosses ist schlimm genug.

Besuch im Bertolt-Brecht-Archiv. Die Wohnräume des Schriftstellers sind so erhalten, wie er sie verlassen hat. Zu erkennen ist die Lust an alten und exotischen Gegenständen, an kleinen, symbolischen Geschenken, an Erinnerungen. Seine Arbeitsstätte zeigt sich in mönchischer Einfachheit und Kühle. Hier hätten auch Kant oder Hegel schreiben können. Aus dem Fenster fällt der Blick auf einen alten Friedhof, hohe alte Bäume, ein kleines Rasenstück. Neben der Arbeitsstätte das Grab.

Erinnerung an den Reigen der Figuren seiner Phantasie, an »Mutter Courage«, an den »Guten Menschen von Sezuan«, an den Richter Azdak, an seinen Galilei, an die »Johanna der Schlachthöfe«, an den braven Soldaten Schweyk... Sie haben die Bühnen des 20. Jahrhunderts bevölkert, für Diskussionen gesorgt. Kopfschüttelnd muß man an die politische Polemik der fünfziger und sechziger Jahre zurückdenken, als es unerwünscht war, Brecht zu spielen – an den Brecht-Mißbrauch der revolutionären siebziger Jahre, als in Köln Schauspieler nach einer Brecht-Premiere mit erhobener Faust an die Rampe traten, als sie in Seminaren heimlich DDR-Sozialismus lernten oder auf der Bühne Waffen für den Kampf des Terrorismus bastelten... Brecht wäre nie um einen salomonischen Spruch verlegen gewesen. Bertolt Brecht, der Musikdramaturg und Autor der »Dreigroschenoper« und der Songoper »Aufstieg und Fall der Stadt Mahagonny« – er hat zusammen mit Kurt Weill die »Sittenbilder« des 20. Jahrhunderts geschaffen, von denen sich auch heute das Publikum gerne provozieren läßt.

Bertolt Brecht war in seinen letzten Jahren bereits ein Denkmalklassiker. Die DDR-Regierung hat ihn respektiert und sein Ansehen für sich in Anspruch genommen; um Rat gefragt hat ihn nie jemand. Was würde er heute zu Perestroika und Glasnost sagen? Merkwürdig, es ist, als habe er diese Räume nicht verlassen, wir haben nur seinen Anblick verlernt.

30. Juni 1987 Frei nach Qualtinger

Belauschtes Gespräch zweier Opernbesucher beim Heurigen.

A: Den neuen Operndirektor hätten sie in Zürich lassen sollen. Er paßt nicht nach Wien...

B: Das war aber doch eine interessante Spielzeit mit vielen Premieren, denk doch an »Maskenball« und »Otello« und diese wundervolle »Rusalka«...

A: Und das Repertoire? Warst du einmal in einer »Tosca« oder »Butterfly«? Du kennst die Stücke kaum noch wieder. Und diese italienischen Dirigenten? Sie können nicht einmal den Takt schlagen...

B: Aber vergiß nicht, wir haben doch Abbado... Er hat vorher die Mailänder Scala geleitet...

A: Der ist ja nie da... Der Karajan sollte dirigieren oder Bernstein... ja, das waren noch Zeiten...

B: Aber die waren ja auch nie da, wenn sie gebraucht wurden.

A: Die Oper funktionierte auch ohne sie. Der neue Direktor schwätzt wie ein Papageno, und alle tun, was sie wollen...

B: Er muß sich verteidigen, weil sie ihm das Budget gekürzt haben...

A: Die Oper ist doch die reinste Verschwendung... das kann gar nicht schaden, wenn auch die Sänger ein bisserl sparen lernen... Allein die Kosten für die Flüge... Die können ja kein Stück mehr aus dem Ensemble besetzen...

B: Möchtest du ständig die Wiener Haussänger hören? Dann lieber Schließtage...

A: Diese Schließtage sind ein Verbrechen. Sollen sie die Bühne einfacher machen... Was brauchen wir diese teuren Dekorationen...

B: Dann geh doch gleich ins Konzert, wenn du nichts sehen willst.

A: Wenn der Domingo und der Pavarotti da sind, brauche ich keine Inszenierungen... die Sänger sind die Hauptsache... Laß mich in Ruhe mit deinen Regisseuren...

B: Machen wir doch die Oper zu und spielen Kino darin...

A: Dann ersparen wir uns auch diesen Direktor...

Zweiter Akt · Die Intrige

»Wien ist immer eine der verrottetsten Theaterstädte der deutschen Nation gewesen. Eine Theaterstadt für alles Nebenbei und Hintenherum des Theaters, aber nicht für seine Kunst. Sie ist verrottet, weil sie alles, was Ansatz zu hohem Wuchs zeigt, sorgsam von den Schling- und Schliefgewächsen niederdrücken läßt.«

Robert Musil

1. September 1987 Ein Alptraum

Alle Nichtopernbesucher in Österreich haben eine Unterschriftenkampagne gemacht und die sofortige Einstellung der Finanzierung der Opernhäuser durchgesetzt. Wer Oper sehen will, soll die Kosten selbst bezahlen. Also dreimal mehr, als ein Opernbillett jetzt kostet. Kaum jemand kann diese Preise bezahlen. Die Oper ist leer, das Personal wird entlassen. Einige versuchen, ohne Bezahlung weiterzuspielen, damit man die Kunst nicht verlernt. Sie geben bald auf, suchen sich einen anderen Beruf...

Die Operntheater werden zu Parkhäusern umgebaut, auf der Bühne werden Champignons gezüchtet. Auf den Treppen und Dächern wächst Gras. Ab und zu kommt eine Gruppe von japanischen Touristen und läßt sich Geschichten erzählen von vergangenen Zeiten, als hier noch die berühmten Sänger aus- und eingingen.

Ein Alptraum, verursacht durch Spardruck auf Magen und Gemüt. Max Frisch hat wohl einmal ähnliches phantasiert. Das Erwachen macht klar, wie sehr wir von Konventionen abhängen. Operntheater sind Sache des Staates, der Länder, der Gemeinden; sie werden finanziert wie Schulen oder Krankenhäuser, wie die Post oder die Bahn. Das ist der Kulturauftrag der Öffentlichkeit, entstanden aus dem Erbe der feudalen Gesellschaft; der humanistische Imperativ: Jeder hat zur ästhetischen Erziehung des Volkes beizutragen. Der Mensch lebt ja bekanntlich nicht vom Brot allein...

Und 90 Prozent Nichtopernbesucher bezahlen mit ihrer Steuer die Kosten, damit 10 Prozent Privilegierte sich die Oper leisten können. In Amerika völlig undenkbar. Wer an dem »entertainment« der Oper teilnehmen will, muß die realen Kosten zahlen, entweder durch seine Eintrittskarte oder durch Förderbeiträge; Sponsoren mit kulturellem Prestigebedürfnis zahlen für Werbung. Der Staat bleibt aus dem Spiel. Natürlich sind die Operntheater doppelt so groß, und Aufführungen in viel geringerer Zahl gibt es nur in den Metropolen. Trotzdem, die Oper findet ihr Publikum.

Europa ist anders. Man lebt in Traditionen, ist stolz auf historische Werte. Das fast vierhundertjährige Phänomen Oper gehört zum kulturellen Selbstverständnis. Griechische Mythologie ist das Fundament, römische und abendländische Geschichte liefert die Stoffe, Literatur verfeinert die Phantasie, die Zeitgenossen sorgen für den aktuellen Sinn. Die Sprache der Musik ist das Medium unseres seelischen Lebensausdruckes.

Wie lange können wir dieses Kulturbewußtsein noch gegen den Unterhaltungspluralismus der Konsumgesellschaft verteidigen? Gegen die Nivellierung der Ansprüche und gegen wachsende Indolenz? Solange der wirtschaftliche Wohlstand das Wünschbare differenziert und stimuliert, liegt die Oper im Trend. Die nächste Wirtschaftskrise mit Arbeitslosigkeit und Inflation wird an der Oper nicht spurlos vorübergehen. Man wird umstrukturieren und kooperieren, rationalisieren und reduzieren müssen, um den Gesang des Orpheus, die Klage der Ariadne und die Weisheit des Sarastro nicht ganz zu verlernen. Es wird auf die Solidarität der Gutwilligen hinauslaufen, ob Oper im nächsten Jahrtausend noch erklingt.

Man muß alles tun, um die Unverlierbarkeit und Unersetzbarkeit der Oper tagtäglich zu demonstrieren. Durch höchstes Niveau, durch unaufhörliche Impulse der Phantasie, durch neue Werke, neue Interpreten, neue Künstler, durch Ideen der Öffnung und Heranbildung neuer Besucher, durch alles, was mehr ist als Gewohnheit und Leerlauf. Die alten Widersacher der Oper sind verstummt. Keiner diskutiert mehr über die »elitäre, reaktionäre, museale Oper«. Die Oper ist zu neuem Leben erwacht, sie trägt die Kleider der Zeit und freut sich an ihren Möglichkeiten. Je mehr wir jetzt antizyklisch investieren, desto länger wird Opernkunst überleben.

2. September 1987 Das schlimme Geld

Das zentrale Thema dieser zweiten Wiener Spielzeit ist das Geld. Alle Pläne sind vom finanziellen Würgegriff bedroht. Vom Generalsekretär ist keine Hilfe zu erwarten; er hält sich streng an die ministeriellen Weisungen und will mit ausgeglichenem Budget sein Amt verlassen. Änderungen des Spielplans stiften nur Verwirrung und bringen letztlich keine Entlastung, da die Sänger- und Dirigentenverträge ausgezahlt werden müssen. Es fehlen die 20 Millionen Schilling, die aus den Mehreinnahmen wegbudgetiert sind.

Die Sponsorship-Übungen sind Gesten des guten Willens. Jetzt hat die Raiffeisenlandesbank Niederösterreich-Wien das Patronat über die Spielzeit übernommen. Auf allen Drucksachen der Staatsoper erscheint ihr Signet. So erfreulich dieses Engagement ist, es hinterläßt gemischte Gefühle. Der Direktor geht mit dem Klingelbeutel durch die Stadt, um sein unverschuldetes Defizit zu verringern. Schadet er nicht seinem künstlerischen Ansehen? Keiner seiner Vorgänger hatte es nötig, betteln zu gehen. Kunst ist heilig, Geld macht schmutzig... man sollte die Krämer aus dem Tempel jagen...

Die Wiener Zeitungen kommentieren hämisch. Man versorgt sich hintenherum mit neuen Zahlen und macht Sparvorschläge, deren Quellen leicht durchschaubar sind. Triumph der Doppelzüngigkeit – offiziell lobt man das Geschäft, hinter der hohlen Hand weiß man es besser...

3. September 1987 Klage gegen die Republik

Die Finanzmisere wird von Tag zu Tag prekärer. Honorare und Reisekosten sind schon seit Monaten nicht mehr ausgezahlt worden. Die unbezahlten Rechnungen türmen sich. Die Gewerkschaften drohen mit einer Klage gegen die Republik. In wenigen Tagen wird alles öffentlich ausgebadet. Und an allem sei nur der Direktor schuld, der nicht mit dem Geld umgehen kann: So einfach ist das.

In der Not Intervention beim Bundeskanzler.

4. September 1987 »Wir bringen das in Ordnung«

Telephon mit dem Bundeskanzler, kurz und klar: »Wir bringen das in Ordnung. Ich habe bereits mit dem Finanzminister gesprochen...«

Ein Hoffnungsstrahl. Man läßt doch in Österreich einen Operndirektor nicht im Stich – trotz aller Sparnotwendigkeiten.

14. September 1987 »Jetzt stehen wir nackt da«

Die Opernkrise ist Wiener Feuilletonthema Nr. 1. Jeder Journalist sucht sich zu profilieren, und dabei wird schmutzige Wäsche gewaschen. »Finanzkrise in der Staatsoper«... »Das Klagelied in der Oper«... »Der Betriebsrat der Oper klagt gegen die Republik«... »Geht der Zauber flöten?«... »Der Opernchef ist einsam«... Und die Antwortinterviews: »Jetzt stehen wir nackt da«... »Staatsoper auf dem Weg in die Provinz«...

Und jeder sucht sich den Schuldigen nach eigenem Gutdünken. Claudio Abbado sei schuld, heißt es da, weil er nur an seine Aufführrungen denke und unmögliche Forderungen stelle... Oder der Generalsekretär, weil er nicht rechtzeitig gebremst habe... Oder der Minister 2...

Und dieser antwortet: Er habe die Einnahmetangente erhöhen müssen, weil die bisherige Praxis Irreführung des Parlaments sei. Die bisherigen Operndirektoren hätten sich ein »Körberlgeld in Millionenhöhe« verschafft, indem sie die Einnahmen zu tief ansetzen ließen... Es sei seine selbstverständliche Pflichterfüllung gewesen, der Budgetwahrheit zum Durchbruch zu verhelfen...

Der Standpunkt strenger Kameralistik. Wozu schafft man die Wirtschaftseinheit Bundestheaterverband, wenn man dadurch nicht die Vorteile einer freieren Budgetierung wahrnehmen kann?

Die Gefährlichkeit der Wiener Theaterfalle ist evident. Karajan stolperte über einen »Suggeritore«, Gamsjäger darüber, daß er sich mit der Presse anlegte, Maazel über sein »Blocksystem«. Immer schürt das Feuilleton ein bestimmtes Thema, bis es zum öffentlichen Ärgernis wird und irgendein Minister den rettenden Engel spielen darf. Die Falle wird bestimmt wieder zuschlagen, vielleicht ist sie sogar schon zugeschlagen – hinter den Kulissen...? Der Nächste bitte...

Der Generalsekretär macht Versöhnungsangebote. »Ich meine es ehrlich«, sagt er ausdrücklich. »Geben Sie das Studio auf, es ist sinnlos und unrentabel. Verzichten Sie auf die zweite Rossini-Premiere ›Il viaggio a Reims‹, sie ist zu teuer...« Ich widerspreche: »Das hilft doch nichts. Die Sänger sind längst engagiert.«

Gibt es nicht auch andere Möglichkeiten? Etwa: die Einnahmen erhöhen und dadurch das Geplante erhalten? Die Abonnementspreise sind seit mehreren Jahren nicht erhöht worden.

»Das bedarf der Genehmigung durch das Ministerium. Daran ist jetzt bestimmt nicht zu denken. Die Preise sind tabu.«

Wie oft habe ich Finanzkrisen mitgemacht, und immer ließ sich mit Flexibilität ein Ausweg finden. Der Generalsekretär jedoch bleibt hart auf Sparkurs. Jedes Gespräch ist sinnlos. Wer wird sein Nachfolger?

16. September 1987 Der Naturbursch als Direktor

Im Vorzimmer des Generalsekretärs erstes Gespräch mit dem neuen Kollegen von der Volksoper: Eberhard Waechter, Kammersänger und Baron, Mitglied des Ensembles der Staatsoper seit fast 25 Jahren, ehemaliger Vorsitzender des Betriebsrates der Staatsoper. Er hat den Betrieb unter acht Direktoren kennengelernt, als erfolgreicher Bariton und Wiener Besserwisser. Sein Lebensziel ist es, Operndirektor zu werden, er verkündet es bei jeder Gelegenheit. Nun hat er die Volksoper übernommen und wird zeigen, was er kann. Es gibt Gerüchte, die behaupten, dies sei nur zur Einübung, man habe ihm insgeheim mehr versprochen.

Waechter ist das, was man im Schauspiel mit dem Fach des Naturburschen bezeichnet, hemdsärmelig, kraftstrotzend, unverblümt. Er sagt jedem lachend seine Meinung ins Gesicht, was man ihm merkwürdigerweise nicht einmal in Wien übelnimmt; sein Lebensstil ist so offen, daß selbst die Klatschjournalisten nicht auf die Idee kommen, herumzuschnüffeln. Er ist der wienerischste Antiwiener, den man sich denken kann, eine Mischung von Mackie Messer und Götz von Berlichingen, von Don Giovanni, Eisenstein und Mandryka – im Leben und auf der Bühne.

Er berichtet von seinen Regisseurproblemen. »Warum diese Regisseure alles besser wissen wollen? Sie sollen die Stücke auf die Bühne bringen, wie sie geschrieben sind... Ich werde alles, was mir nicht paßt, rausschmeißen... die viel zu komplizierten Bühnenbilder ebenso wie die überflüssigen Szenen... die Aufführungen sind alle viel zu lang, was länger als drei Stunden dauert, ist unerträglich...«

Ich wage zu widersprechen: »Regisseure und Bühnenbildner haben doch einen Rechtsschutz für ihre Interpretationen...«

»Dann wird man eben die Titel ändern: ›Nach einer Inszenierung von‹... und wenn sie das nicht akzeptieren, die Namen weglassen. Die Regisseure sind das Kernübel des heutigen Theaters, man sollte sie davonjagen... gute Sänger wissen von sich aus, wie sie ihre Rollen gestalten. Ich habe mich nie an das gehalten, was die Regisseure von mir wollten, und bin damit sehr erfolgreich gewesen. Proben haben mich immer gelangweilt. Nur der Abend zählt...«

Theater aus der Sängerperspektive von vor dreißig Jahren, Waechter scheint nostalgischen Träumen verfallen. Sie heute verwirklichen zu wollen ist reiner Anachronismus, ist Leben gegen die Zeit. Manche werden das gerne hören, besonders in Wien; aber es ist etwas anderes, gegen das heutige Musiktheater zu raisonieren oder verantwortlich ein Haus zu leiten. Man wird abwarten müssen, ob die Volksoper zum Museum wird.

Waechter ist nicht nur ein begeisterter Tennisspieler, was ja bekanntlich in Wien sehr nützlich ist – er ist auch ein täglicher Waldgänger.

»Kennen Sie den Wienerwald? Wir sollten einmal zusammen spazierengehen. Aber in strammem Marsch – ein paar Stunden. Das wird Ihnen guttun.«

22. September 1987 Bei Prinz Eugen

Das Stadtpalais des Prinzen Eugen in der Himmelpfortgasse bildet den richtigen Rahmen für den mächtigsten Mann Österreichs, den Finanzminister Ferdinand Lacina. Durch das prachtvolle Treppenhaus eingeschüchtert, betritt man mit beklommenen Gefühlen die Audienzsäle des großen Feldherrn und reichsten Mannes seiner Epoche. Der savoyische Prinz soll sehr klein an Wuchs und verkrümmt im Alter gewesen sein; er brauchte offensichtlich die barocke Prachtentfaltung, um sich ins rechte Licht zu setzen – und um den reichen Lohn seiner Feldzüge effektvoll anzulegen. Heute kann sich nur noch der Staat den Unterhalt seiner Schlösser leisten.

Der Finanzminister genießt den historischen Glanz seiner Säle und ist immer gerne bereit, den Kunstführer zu spielen, das lenkt ab von dürftiger Gegenwart. Er ist genau informiert über das finanzielle Dilemma der Staatsoper und erfüllt die Ankündigungen des Bundeskanzlers. Freilich, für das Budget 1988 macht er keine Versprechungen, man müsse den Gürtel enger schnallen, Premieren reduzieren. Für 1989 könne man gemeinsam neue Richtlinien erarbeiten. Er zeigt viel Verständnis für die Tendenzen der Autonomie, für Flexibilität und Dynamik. Die Bemühung um Sponsoren liegt genau auf seiner Linie, er will alles tun, um die versprochenen Steuervorteile zu konkretisieren. Vor allem jedoch seien die fixen Personalkosten zu hoch, man müsse neue Kollektivverträge erarbeiten, den Personalstand reduzieren.

»Wir haben uns in Österreich daran gewöhnt, mit immer mehr Beamten alles nur noch komplizierter zu machen. Wir müsen effizienter arbeiten...« Das gelte auch für die Bundestheater. Bei den Bundesbahnen würden immer noch Heizer bezahlt, obwohl längst alles elektrifiziert sei.

Der Finanzminister versteht es, seine klaren, konsequenten Weisungen in eine konziliante Form zu kleiden. Seine unvoreingenommene Art erfordert Respekt. Man verläßt sein Palais als besiegter Sieger.

26. September 1987 Gruppen-Psychologie

In jedem Operntheater ist der Chor eine Brutstätte von Emotionen und Denunziationen, sobald es kollektive Probleme gibt. Honorarzahlungen stehen seit Monaten aus, man fühlt sich unterbezahlt, ausgebeutet. Der Gesprächston radikalisiert sich von Tag zu Tag. Immer sind es einige Scharfmacher, die die Gelegenheit benutzen, sich gegenüber dem Kollektiv zu profilieren. Sie führen das große Wort und überschütten jeden, der zur Ordnung mahnt, mit einer Suada von Beschimpfungen. Wenn es nicht so ernst wäre, könnte man in einer solchen Situation die Gesetze des Gruppenverhaltens studieren. Wer in einen Berufschor eintritt, muß seinen privaten Ehrgeiz begraben, seinen Individualismus auf die Gruppe zurechtstutzen. Das führt unweigerlich zu Frustrationen und Komplexen. Noch dazu ist die Gagensituation für viele Jahre die gleiche oder nur unwesentlich nach dem Alter gestaffelt. Alle Augen richten sich deshalb auf Nebenverdienste, Sonderhonorare und kleine Privilegien. Die gewählten Betriebsräte eines solchen Kollektivs sind nicht zu beneiden. Sie müssen die Forderungen der Mehrheit, oft gegen besseres Wissen, vertreten; nach innen Autorität ausstrahlen, nach außen Diplomatie üben.

Jede Neuerung wird unter diesen Umständen zur Kampfansage. Die Arbeit des Opernchores ist nicht nur durch einen höchst komplizierten und bereits veralteten Kollektivvertrag geregelt, sie richtet sich nach oftmals absurden Gewohnheitsrechten. Nicht nur, wie lange eine Probe dauern darf, wie lange die Ruhezeit sein soll – es geht um die Art des Probierens, des Einstudierens, der szenischen Präsenz auf Bühne oder Probebühne, innerhalb oder außerhalb des Hauses. Für alles gibt es eine tradierte Ordnung. Wehe, wenn man sie verletzt, zum Beispiel dadurch, daß Damen und Herren getrennt probieren sollen – um die Zeit besser auszunützen. Etwa wenn »Eugen Onegin« in Russisch zu lernen ist. Das gilt als Eingriff in die Gewohnheitsrechte und wird mit »Dienst nach Vorschrift« oder Streikdrohungen beantwortet. Es ist schwer, dabei sachlich zu bleiben...

27. September 1987 »Der Rattenfänger«

Friedrich Cerhas Oper »Der Rattenfänger« – eine Gemeinschaftsproduktion mit der Wiener Staatsoper – wird in Graz uraufgeführt. Ein wichtiger Abend, der trotzdem unbefriedigt läßt. Wie die Uraufführung des Schauspiels von Carl Zuckmayer 1975 am Schauspielhaus Zürich. Auch damals langer, ehrenvoller Beifall für den großen Dramatiker, dessen »Hauptmann von Köpenick« und »Des Teufels General« Theatergeschichte gemacht haben. Aber sein letztes Bühnenwerk krankt an einem Zuviel an Motiven, Episoden und Assoziationen. Zuckmayer wollte einen Bilderbogen zur Welt der Blumenkinder, der Studentenunruhen, des Rauschgifthandels und der Geiselnahmen schreiben – gegen Militarismus und Kapitalismus. Die Fäden verwirrten sich ihm, die Episoden überwucherten das eigentliche Thema; in einzelnen Passagen blitzte der frühe Zuckmayer auf, vor allem »Das Lied vom himmlischen Aufruhr« zündete. Ansonsten nicht mehr die Sprache der Zeit.

Friedrich Cerha hat das alles gewußt, er hat sich das bunte Beet zurechtgestutzt und seinen persönlichen Sinn gesucht; entstanden ist eine Künstlerparabel. Der Außenseiter, der sich verdingt, aber moralisch unabhängig bleibt, vom Establishment betrogen, am Ende in den Nebel zieht – eine kleine Gruppe von Jugendlichen folgt ihm, desillusioniert und doch voller Hoffnung. Dieser Rattenfänger ist kein Verführer, sondern ein Wegbegleiter ins Land des Selbst. Dabei wird »Pflichterfüllung« zur kritischen Metapher – Waldheim gewidmet: »Das Lamento des kleinen Henkers«.

Aber auch in dieser reduzierten Fassung bleibt zuviel verwirrende Symbolik. Die Handlung ist wieder ins Mittelalter zurückverlegt, mit allegorischen Figuren; dazu die Gegensätze von Jung und Alt, Arm und Reich, Gut und Böse. Ein allzu kompliziertes Jedermannspiel, von Hans Hollmann schauspielerisch dicht und beziehungsreich inszeniert, von guten Sängern effektvoll präsentiert. Ein Schlüsselwerk, zu dem uns merkwürdigerweise der Schlüssel abhanden gekommen ist.

Trotzdem verdient Friedrich Cerha unsere ganze Sympathie; er ist einer der wenigen Aufrechten in diesem Lande, einer, der in der Lage ist, die Wiener Schule fortzusetzen für unsere Zeit.

28. September 1987 Unter italienischer Sonne

An Rossini scheiden sich die musikalischen Geister. Was für eingefleischte Wagnerianer als floskelhafter Unsinn gilt, bedeutet für andere – und es sind erlauchte Geister wie Hegel und Schopenhauer darunter – die Vollendung von Melodie und Rhythmus unter italienischer Sonne. Wenn man ihm vorwirft, er sei ein hoffnungslos reaktionärer, kulinarischer Popanz gewesen, so muß man gleichzeitig bedenken, welche Rolle er gespielt hat für die Entwicklung der italienischen Musik im 19. Jahrhundert. Ohne Rossini kein Donizetti, kein früher Verdi. Er war das Genie im Übergang vom 18. zum 19. Jahrhundert, im Übergang von der aristokratischen zur bürgerlichen Opernkultur. Und er war – das werden nur wenige bestreiten – der große Erfinder der musikalischen Komödie zwischen »Le nozze di Figaro« und »Falstaff«.

Seine erste Opera buffa ist »L'italiana in Algeri«, eigentlich eine Umkehrung von Mozarts »Entführung aus dem Serail«. An die Stelle des großmütigen Humanisten Bassa Selim tritt der grotesk liebestolle, tolpatschige Mustafà, Bey von Algier. Nicht die tugendsame Sopranistin ist seine Gefangene, sondern der heimwehkranke Tenor. Seine Geliebte, die schöne Italienerin Isabella, gerät zufällig in die Hände muselmanischer Piraten und wird Mustafà vorgeführt. Die Rolle der englischen Zofe Blondchen fällt dem komischen Onkel Taddeo zu. Die schlaue Italienerin muß keine »Martern aller Arten« befürchten, sie übernimmt das Regiment und weiß den Bey so zu überlisten, daß das Happy-End gesichert ist.

Also bestes Lustspielfutter aus zweiter Hand, wie geschaffen für den musikalischen Humor Rossinis. Und herrlich kantable Rollen für spielbegabte Sänger: die patriotische Feministin Isabella, eine Glanzpartie für Agnes Baltsa, der eitel-geile Mustafà und »Pappataci«, dem Ruggero Raimondi seinen köstlichen Humor leiht, der traumverlorene Tenor Lindoro, den Frank Lopardo singt, und, nicht zuletzt, der weltreisende erzkomische Onkel Taddeo von Enzo Dara; lauter ausgelassene Komödianten an der straffen Leine von Claudio Abbado. Wer kann diese Musik so leicht und witzig, so virtuos und souverän dirigieren wie er?

Alles freilich wäre vergeblich ohne den Spaßmacher Jean-Pierre Ponnelle. Wie er den Eunuchenchor mit seinen lustigen Masken führt, wie er das große Finale mit seinen musikalischen Späßen und der witzigen Stretta anrichtet, das bleibt unvergeßliches Buffotheater... din, din... kra, kra... tac, tac... bum, bum... tönt es noch in der Pause, und jeder Besucher möchte mitmachen. Auch die Alhambra-Ironie des Bühnenbildes kann nur seinen Namen tragen, unverwechselbar.

Die Wiener, die so gerne lachen, werden bald belehrt werden, daß die Staatsoper zu schade sei für diesen Unsinn. Werden unsere hellhörigen Kritiker auch herausfinden, welche Frechheiten sich dieser Rossini 1813 erlaubte, als er im Schicksalsjahr Napoleons die Marseillaise persiflierte, wie er Geheimbündelei und Ordenssucht lächerlich machte und wie sein Patriotismus das Risorgimento auf der Bühne vorwegnahm? Wie er Mozart zitierte? Und nicht ein einziges Mal dabei Rossini kopierte? Aber das alles ist ja nur ein theatralischer Ulk...

11. Oktober 1987 Bei Giorgio Strehler

Endlich kommt das lange vorbereitete Rendezvous mit Giorgio Strehler zustande. Und Giorgio hat viel Zeit, sich in Szene zu setzen. Zunächst sein Theaterdonner. Die Wiener Staatsoper spielt seine Inszenierung »Simone Boccanegra« – ohne Vertrag, wie er meint. Er erwartet die Ergänzung seines Vertrages als Vorbedingung für künftige Pläne... Aber was und wann? Er hat sich total überfordert. In Mailand das »Piccolo teatro«, wo er den gesamten »Faust« inszeniert, in Paris das »Théâtre de l'Europe«, in der »Scala« inszeniert er »Don Giovanni«, im Pariser »Châtelet« »Fidelio« – und außerdem ist er Senator in Rom (für eine kommunistische Liste) – was bleibt da für Wien? Allenfalls im Herbst 1990 ein paar Wochen... vielleicht »Falstaff« oder »Tristan und Isolde« – aber nur mit einem jungen Paar, glaubwürdig und schön... Ein Feuerwerk der Selbstdarstellung, voller Temperament und Theatralik, ein Homme du théâtre in vollem Glanze. Er jongliert mit vielen Bällen, scherzt und droht, jovial und eitel, weiß Leben und Bühne nicht mehr zu trennen. Er spielt Gründgens vor, als Wallenstein – und dann als alten, schwulen Direktor – ein Magier der Verwandlung. Das Gespräch ist wie eine Probe, der Partner wird zum Souffleur. Nichts von Depressionen, Drogenhalluzinationen und sonstigen Capricen. Der Roi soleil des europäischen Theaters hält Hof. Er kokettiert mit musikalischer Ahnungslosigkeit, hat Probenfieber wie ein Anfänger und ist eingehüllt in Routine und Selbstgefälligkeit. Bei all dem sehr menschlich, wenn »menschlich« das ist, was stammelt und bekennt, glüht und zweifelt. Gefühle liegen auf der Haut, Gedanken auf der Zunge. Ein liebenswerter Theatertor, der anfängt, sein Testament zu machen.

16. Oktober 1987 Der Betriebsrat und die Pauke

Jetzt haut auch der Betriebsrat des Orchesters auf die Pauke. Er legt Einspruch ein gegen »Viaggio a Reims«, operiert mit abenteuerlichen Zahlen. Sein Slogan: Wenn alle sparen, darf die Oper nicht verschwenden. Beachtlich die Methode: Ein ungenau recherchiertes Material wird hochgerechnet, polemisch aufbereitet und in Kopien verschickt, auch an den Generalsekretär und das Ministerium. Kein vorheriger Kontakt, keine Diskussion – sogleich Polemik und Kampfansage. Der Betriebsrat, er ist neu gewählt, will mitmischen und sich bemerkbar machen. Jedes Mittel ist ihm recht. Unruhe an der Basis oder Ehrgeiz der Funktionäre? Oder steckt irgend jemand dahinter, der das Feuer schürt? Was der Chor vorgemacht hat, ahmt jetzt das Orchester nach.

Frage bei den Konzertmeistern, ob sie die Agitation unterstützen? Sie distanzieren sich. Der neue Kollege vom Schlagwerk liebe die starken Effekte. Besonders der erste Konzertmeister der Philharmoniker, Gerhart Hetzel, versichert mich der künstlerischen Solidarität. Schwer, sich in der Orchestermentalität auszukennen. Die Wiener Philharmoniker sind vom Orchester der Staatsoper völlig unabhängig, und doch sind es fast die gleichen Musiker. Als Philharmoniker sind sie eine noble, künstlerisch ehrgeizige Sozietät, als Orchester der Staatsoper leisten sie Dienste nach Kollektivvertrag und achten auf Dienstzeiten und Honorare. Zwei Seelen, ach in jeder Brust, die freie und die Angestelltenseele. Doch Musik kennt keine Klassen, je nach Bezahlung. Man kann nicht Mozart nach Angestelltentarif spielen, sondern immer nur so gut man kann.

22. Oktober 1987 Berliner Triumphe

Anläßlich des großen Berlinjubiläums nun auch das Gastspiel im freien Teil der Stadt. Berlin, die eingemauerte Kulturinsel, kämpft sehr um ihr Prestige, koste es, was es wolle. Das Beste ist gerade gut genug. Diesmal keine kurzfristige Improvisation, sondern die Juwelen des Spielplans: »Simone Boccanegra« und der neue »Wozzeck«, alle Aufführungen von Claudio Abbado dirigiert.

Die Deutsche Oper in der Bismarckstraße ist ein grauer Funktionsbau ohne Atmosphäre, jedoch mit guten technischen Konditionen. Hier kommt alles auf das Bühnengeschehen an, das gesellschaftliche

Ambiente tritt zurück. Der Klang des Orchesters der Wiener Staatsoper veredelt den Raum. Besonders »Wozzeck« wird zum Ereignis. Die Berliner, bekannt und gefürchtet wegen ihrer Spontaneität, schlürfen den Klang der Wiener Schule – und vermissen die szenische Sensation. Man ist in Berlin die tägliche Auseinandersetzung mit modernem Musiktheater gewöhnt, Götz Friedrich hat szenische Maßstäbe gesetzt.

Im übrigen beneidet man Wien um seine neue Kulturpolitik. Man kennt nur die große Linie aus der deutschen Presse, die Wiener Nebengeräusche dringen nicht nach Berlin. Claudio Abbado wird sehr gefeiert, man will ihn häufiger nach Berlin locken. Sogar der deutsche Bundespräsident betont durch sein Erscheinen die Bedeutung dieses Gastspiels. Claudio Abbado hat große Chancen in Berlin, die Zeit Karajans geht zu Ende... Noch hat Wien Priorität...

31. Oktober 1987 Premieren streichen

Das Echo der Berliner Erfolge ist nicht bis nach Wien gedrungen. Kaum eine Notiz in den Zeitungen. Auch will man sich in Wien nicht durch preußische Meinungen beeinflussen lassen, man hat sein eigenes Urteil, die Uhren gehen anders.

Statt die künstlerischen Möglichkeiten dieser Direktion auszuschöpfen, wird in Wien nur über Sparen nachgedacht. Zwei Premieren müßten 1988 ersatzlos gestrichen werden. Aber welche? Nach der Repertoirelogik, nach Wiener Geschmack und kulturpolitischem Kalkül sollten dies gewiß nicht »Hoffmanns Erzählungen« und »Dantons Tod« sein – sondern viel eher »Chowanschtschina« und »Pelléas et Mélisande«. Doch gelten nur künstlerische Argumente, Qualität und Novität.

Zu dieser Planungsmisere, die ein sorgfältig erarbeitetes Fünfjahresprogramm über den Haufen wirft, kommen die Terminschwierigkeiten, weil der Chor mit dem Studium von »Eugen Onegin« in russischer Sprache nicht fertig wird. Welche Peinlichkeit, einen Dirigenten wie Seiji Ozawa und Sänger wie Mirella Freni und Nicolai Ghiaurov auszuladen oder auf später zu vertrösten. Nur weil der Chor zu wenig Probenzeit hat oder zu langsam lernt oder nicht lernen will oder einen neuen Kollektivvertrag erpressen will...?

Es ist wahr, die Schildkröte Staatsoper braucht sehr viel Zeit, sich vorwärtszubewegen... dafür wird sie sehr alt.

1. November 1987 Christoph Willibald Ritter von Gluck

Wer ist dieser Christoph Willibald Ritter von Gluck, der vor zweihundert Jahren nach mehreren Schlaganfällen verdämmerte, seine antiken Geister hinterlassend? Ein Theatermensch, ein Koloß an Willen, ein Reformator der Opernkunst, ein Puritaner – und gleichzeitig ein Genie der guten Beziehungen, einer der wußte, wie man Geld verdient, einer, der sich gerne auszeichnen ließ und die Großen bediente, ohne sich dabei zu verkrümmen. Von weither kommen seine Figuren zu uns, mit ihrer gespreizten Leidenschaftlichkeit und herausfordernden Simplizität. Sie wollen mehr, als sie sind. Sie wollen das Menschsein zelebrieren, doch der Faltenwurf ihrer Gewänder ist wie aus Gips. Auf dem Kothurn einer eingebildeten Antike schreiten sie durch Phantasielandschaften wie von Claude Lorrain. Glucks Menschen sind tönende Entwürfe eines idealen Zeitalters; sie deklamieren ihre Leiden in einfachen kleinen Liedern oder rhapsodischen Dialogen und atmen Klassizität. Doch da sind auch die Chöre, dramaturgisch zu neuer Funktion erweckt. Und Ballette, in die Handlung integriert. Die Tragödie kehrt zurück.

Man trägt diesen Gluck vor sich her wie einen gläsernen Entwurf, man durchschaut alle Absichten, kennt alle Mängel. Man bewundert die schönen Linien dieser Kunst, die so kunstlos sein will und so künstlich anmutet. Wieviel Zier mußte dieser Ritter der einfachen Seelen abschlagen von den Allüren und Attitüden seines verspielten Zeitalters, um endlich seinem Jean-Jacques Rousseau näherzukommen. Doch wieviel Charme und Esprit hat die Oper nach diesem Gesundbad verloren?

Wie oberlehrerhaft banal wirkt er gegen Mozart, der doch ohne ihn seinen »Idomeneo« nicht geschrieben hätte. Wie kümmerlich amateurhaft klingt sein Orchesterpart gegen die Einfälle der frühen Opern Mozarts. War er überhaupt ein inspirierter Musiker? Oder nur ein Organisator von Tönen, um seine Vision des musikalischen Dramas auf der Bühne zu erfüllen? Er hat den Primat des Wortes und Inhalts gegen Sängereitelkeit und Ballettgewohnheiten durchgesetzt im Geiste Monteverdis: Aber er hat nur die Türen geöffnet für die Musikdramatiker der nächsten Generationen.

Der Zugang zu Gluck kann heute nur ein artifizieller sein. Es braucht die Hilfe von stilistischen Einfällen, historischen Gesten, theatralischen Verkleidungen, um vergessen zu machen, daß seine Musik Mittel zum Zweck war.

Die Originalfigurinen aus dem Museum der Pariser Oper beweisen es: Iphigénie sah aus wie Marie Antoinette. Weite rüschen- und spitzengeschmückte Reifröcke, Wespentaille und tiefe Décolletés, dazu Haaraufsatz mit Federschmuck, Schuhe mit hohen Absätzen. Das war das Griechenbild von 1774.

Gluck war in Wien der Musiklehrer der Töchter Maria Theresias. Als Marie Antoinette den französischen Thronfolger heiratete, berief sie Gluck an die »Académie Royale de Musique«. Für sie komponierte er seine erste französische Reformoper, die zugleich eine Huldigung darstellt an seine königliche Schülerin, die ihm in Paris alle Protektion zuteil werden ließ: »Iphigénie en Aulide«. Gluck und sein Librettist Le Blanc du Roullet wählten mit Bedacht einen Stoff, der durch Racine den gebildeten Franzosen geläufig war. Die Rolle der schönen Tochter des Agamemnon, die auf dem Altare des Vaterlandes geopfert werden soll und nach anfänglicher Todesangst ihr Schicksal heroisch auf sich nimmt, war als Hommage an Marie Antoinette gedacht; sie erwies sich als prophetisch im Hinblick auf deren späteres tragisches Schicksal. Marie Antoinette wurde bei der Premiere am 19. April 1774 vom Publikum gefeiert, und als sie erhobenen Hauptes fast zwanzig Jahre später zum Schafott geführt wurde, sollen ihre Anhänger verstohlen die Melodie von Iphigénies Arie gesungen haben: »Il faut de mon destin subir la loi suprême«. Die Oper »Iphigénie en Aulide« wird so zu einem Schlüsselwerk des Ancien régime.

Hinzu kommt jene merkwürdige und absolut einmalige Schlußwendung des Werkes. Das Happy-End der Hochzeit von Achille und Iphigénie (drei Wochen nach der Premiere fand die Thronbesteigung Ludwigs XVI. statt, Marie Antoinette wurde Königin von Frankreich) wird mit dem traditionellen Ballett gefeiert, doch plötzlich stimmt der Chor einen Päan, einen Kriegsgesang an. Ein Marsch ertönt, vom ganzen Orchester einstimmig begleitet, von den Taktschlägen der großen Trommel aufgepeitscht, von Fanfaren, Trompeten, Hörnern machtvoll beendet – eine Nationalhymne, wie ein Vorklang zur Marseillaise. Eine Vorahnung der Revolution? Gluck wollte einen martialischen Akzent setzen und bediente sich dazu eines bretonischen Volksliedes. Welche Kühnheit, dieses vokale Ausrufungszeichen gegen die Tradition zu setzen! Er war konsequent in seiner Methode, eine Oper gegen den Strich zu komponieren.

Die Franzosen haben – wenn auch nicht ohne Widerstand – Glucks

Absichten verstanden und ihm einen Ehrenplatz in der Geschichte des Théâtre lyrique eingeräumt. In einer alten Gluck-Biographie wird ein Brief zur Premiere »Iphigénie en Aulide« zitiert, der zum erstenmal von einem »großen musikalischen Gesamtkunstwerk« spricht, »das einen und denselben Plan, dieselben Stufengänge und Entwicklungen, dieselbe Steigerung des Interesses bekundete, die zu einer wohlgeordneten und gut geschaffenen Tragödie erforderlich sind«. Diese Worte hätte wohl auch Richard Wagner finden können.

Nach all dem erweist es sich als richtig, »Iphigénie en Aulide« in französischer Sprache aufzuführen und das Werk auf die französische Geschichte zu beziehen. Dies ist allerdings nur möglich, wenn man sich der Originalfassung und nicht der späteren Bearbeitung von Richard Wagner bedient. Die Premierenfassung kennt auch keinen Auftritt der Göttin Diane, die Figur des Priesters Calchas, der den Götterwillen verkündet, wird zu einer interessanten doppelzüngigen Gestalt.

Also nicht aktualisieren, um ein Werk besser zu verstehen, sondern historisieren. Aber nicht im Sinne eines Winckelmannschen Griechentums, sondern mit dem Mehrwissen geschichtlicher Entwicklungen, die die Griechenmode uninteressant gemacht haben.

10. November 1987 Neue Raum- und Lichtwirkungen

Das Bühnenbild zu »Iphigénie« von Hans Schavernoch bietet in seiner perfekten Perspektive und seiner raffinierten Segmentbeleuchtung unendliche Möglichkeiten, die zeitlichen Vorgänge zu abstrahieren und zu konkretisieren. Man kann durch Prospekte die Atmosphäre von Versailles zitieren, die Schäferspiele der Marie Antoinette sinnlich reizvoll choreographieren – man hat jedoch auch den Schicksalsraum der Tragödie, in dem die Blutspur der Atriden sichtbar wird. Und vor allem, man kann diesen Raum auflösen, den gesamten Boden mit allen Personen absenken, in ein Niemandsland verschwinden lassen.

Es wird heute immer wichtiger, daß der Bühnenbildner die technischen Möglichkeiten der Bühne beherrscht, in der Verwendung des Materials erfinderisch ist und auf der Lichtskala zu spielen versteht. Das moderne Theater sucht neue Raumlösungen und Lichtwirkungen – das Theater der gemalten Prospekte gehört der Vergangenheit an. Leider sind unsere historischen Theater nicht für die neuen Entwürfe gebaut, die Macht des Gewohnten belastet jede neue Vision. Darum werden die Produktionsprozesse komplizierter und zeitaufwendiger. Die Behörden wundern sich über die Notwendigkeit der sogenannten »Schließtage«, die Feuilletons orakeln über mangelnde Organisation – sie erkennen nicht oder wollen nicht erkennen den Strukturwandel des Theaters, der andere Arbeitsprozesse erfordert.

12. November 1987 Musik der Handlung

Sir Charles Mackerras ist ein ebenso vielseitiger wie historisch denkender Dirigent. Er hat ein breites Repertoire, aber er bevorzugt immer wieder einzelne Komponisten, die er exemplarisch durcharbeitet: Janáček zum Beispiel, den er durch seine Schallplattenproduktionen international durchgesetzt hat, aber auch Frederick Delius zählt zu seinen Entdeckungen.

Als Australier ist er in angelsächsischem Kulturmilieu aufgewachsen und deshalb ganz besonders mit Georg Friedrich Händel vertraut. Seine Interpretationen der Händelopern genießen in England einen guten Ruf. Der Weg von Händel zu Gluck ist nicht so weit, wie es scheint, beide haben das gleiche Instrumentarium, eine ähnliche Phrasierung der Affekte. Sir Charles verehrt Gluck, allerdings nicht den Gluck der deutschen Tradition, pastos und feierlich, sondern den französischen Gluck, sehr rhythmisch und agitato. Er musiziert Gluck mit dramatischem Atem, mit schnellen Tempi und leichter Hand, der Gluck des französischen Hofes wird hörbar, die klassische französische Rhetorik beherrscht die Accompagnati. Er liebt die aggressiven Chöre, die aus dem Hintergrund kommend an die Rampe branden. Gluck war wahrscheinlich der erste Komponist, der die Simultaneität von Hintergrund und Vordergrund musikalisch ausgenutzt hat, der dramatische Crescendi szenisch genau gestaltet hat. Überhaupt sind es diese martialischen Chöre, die »Iphigénie en Aulide« zu einer spannenden Oper machen.

Gluck läßt nur Musik zu, die der Handlung dient. Er duldet keine langen Arien. Und wenn es zu längeren Accompagnati und Arien kommt, enthalten sie einen dramatischen Konflikt, der musikalisch gestaltet wird – zum Beispiel die große Szene des Agamemnon am Ende des zweiten Aktes oder die grandiose Szene der Clytemnestre, in der sie ihren Mann als Mörder ihrer Tochter Iphigénie verflucht. Man muß sich an die kurzen, liedähnlichen Arietten der Iphigénie erst gewöhnen, sie entsprechen nicht unserer an Mozart geschulten Vorstellung lyrischer Kantabilität. Aber gerade in diesen Kurzformen liegt der Reiz des Gluckschen Melos.

Sir Charles erspürt den französischen Esprit dieses Werkes, und gerade das wird ihm zum Teil von den Anhängern der Böhmschen Interpretationsweise übelgenommen. In Wien lassen sich die Götter der Vergangenheit nicht so leicht verdrängen.

15. November 1987 Nicht im Trend

Die Premiere ist voller Hochspannung. In der Pause großer Applaus, vor allem für Bernd Weikl, der dem Agamemnon Statur und Dynamik verleiht. Am Ende einer makellosen Aufführung ebenfalls breite Zustimmung für die Tragödin Gundula Janowitz, den brillanten, höhensicheren Achille von Thomas Moser und die sehr französisch timbrierte, anrührende Iphigénie von Joanna Borowska. Beim Leitungsteam, wie das üblich ist, spaltet sich die Publikumsmeinung. Die Buhs mögen verursacht sein durch den Schock des Schlusses, durch die Verlegung der mythologischen Handlung ins 18. Jahrhundert, durch die antiwagnerianischen Tempi und überhaupt durch die Regietendenz der Aufführung. Niemand wird es genau herausfinden. Festzuhalten ist jedoch auch, daß es eine Minderheit von Besuchern gibt, die von dieser Ästhetik fasziniert ist und jede Vorstellung sehen will. Die Aufführung liegt nicht im Trend.

19. November 1987 Die Wunden fangen an, weh zu tun

Ein »Bedenkjahr« steht bevor. Am 13. März 1938 fand der »Anschluß« statt, die Republik Österreich wurde dem deutschen Reiche einverleibt. Auf dem Heldenplatz jubelten Hunderttausende ihrem Führer zu. Die Österreicher sollen sich erinnern an das, was folgte, und ihr Staatsbewußtsein erneuern. Auch in der Staatsoper wird aus diesem Anlaß eine offizielle Veranstaltung stattfinden.

Zur Vorbereitung dient eine Diskussion mit politischer Prominenz. Der Bundeskanzler ist kein guter Redner, ihm fehlt jede Art von Demagogie – aber seine Argumentation überzeugt. Er analysiert das heutige Österreichbewußtsein der Welt. Bis vor kurzem war Österreich ein Volk von sympathischen Älplern mit Trachten, Zithermusik, Wintersport und Musikexporten. »Jetzt auf einmal ist es ein Nazicountry geworden. Man zeigt mit den Fingern auf Waldheim und seine Wähler. Die Vergangenheit bricht aus. 50 Jahre später fangen die Wunden an, weh zu tun.«

Man hatte sich so angenehm eingerichtet in der fröhlichen Neutralität als »erstes besetztes-befreites Land«. Jetzt wird die Brut wieder fruchtbar: Antisemitismus macht sich wieder bemerkbar, »vaterländische Urständ aus Hitlers Heimat, die auch die Heimat von Sigmund Freud war«. Beklemmung legt sich auf die Gemüter. Aus der Verlegenheit, den 13. März richtig zu bestehen, schälen sich zwei Meinungen heraus: Aus den Gedenkfeiern moralisch das Beste zu machen – oder über die Zukunft zu reden. Man merkt, daß der Bundeskanzler am liebsten die zweite Lösung wählen würde.

Als ein Redner das Verhältnis der Parteien zum Staat charakterisiert, erhält er großen Beifall: Die Parteien gleichen den Jägern, die den Bock erlegt haben und ihn nun als Beute aufteilen. Die politische Kultur sei auf dem Tiefststand, behauptet er, Wahlscheine würden gezinkt, Wahlabsprachen nicht gehalten. Ein Parteisprecher habe behauptet: »Solange man nicht beweisen kann, daß Waldheim fünf Juden eigenhändig aufgehängt habe, ist er für mich wählbar«. Die verbale Verantwortungslosigkeit sei nicht mehr zu überbieten. Österreich brauche den 13. März 1988, um sein politisches Gewissen zu schärfen. Es gebe nicht nur den Staat Österreich, sondern auch die Österreicher; von ihnen werde ein eindeutiges Bekenntnis verlangt.

24. November 1987 Der Neue und sein Souffleur

Im barocken Salon der Ministerin versammeln sich die Bundestheaterdirektoren zum Befehlsempfang. Angekündigt ist die Vorstellung des neuen Generalsekretärs. Die Geheimhaltung funktioniert erstaunlich gut, bekannt geworden sind bisher nur Dementis.

Der Burgherr Claus Peymann hat, wie man erfährt, hoch gepokert und sein weiteres Verbleiben von einem Kandidaten seines Vertrauens abhängig gemacht. Die Republik kann sich einen verärgerten Burgherrn nicht erlauben. Das Portal öffnet sich, zwei Herren werden präsentiert: der Kanzlersekretär Rudolf Scholten und der frühere Präsident der »Opern-Freunde«, Georg Springer. Der Burgherr kann zufrieden sein, man hat seinen Rat befolgt. Die beiden Herren werden also das Generalsekretariat gemeinsam übernehmen. Der opernunkundige Sekretär braucht einen Souffleur. Man wird sie in absehbarer Zeit als »siamesische Zwillinge« erleben...

Der neue, 32 Jahre junge Sekretär ist eigentlich Banker, er hat keinerlei Theatererfahrung, aber er behauptet von sich, »er sei lerngierig«. Als Senkrechtstarter muß er das wohl auch sein.

Die Pläne für eine Dezentralisierung des Verbandes und für mehr Kompetenz für die Direktoren der einzelnen Häuser scheinen auf Eis gelegt. Die Allianz mit dem Burgherrn ist eine ausgemachte Sache. Versprechungen werden folgen. Für die Musiktheater scheint wohl der ehemalige Opernfreund zuständig zu sein. Der scheidende Generalsekretär warnt...

1. Dezember 1987 Die drei Wahrheiten

In Wien gibt es drei Arten von »Wahrheiten«.

1. Die »nackte« Wahrheit, sauber recherchierte Information, authentisch in der Quellenangabe. Manchmal tut sie weh, manchmal ist sie teuer. Der Wahrheitsschock kann der Anfang der Therapie sein...

2. Die verkleidete Wahrheit. Also mehr Meinung als Information, mehr Kommentar als Meldung. Die Verpackung ist wichtiger als der Inhalt. Eine Nachricht zu verkleiden, sie so zu schminken, daß sie leer und belanglos wird, diese journalistische Coiffure will gelernt sein. Es kommt immer auf das Nebensächliche an – niemals einer Sache auf den Grund gehen.

3. Die getarnte Unwahrheit. Also statt Information Spekulation, gezielte Indiskretion, zwielichtige Vermutung. Jeder Berichterstattung wird eine bestimmte Tendenz unterlegt, dabei werden Details zurechtgebogen oder hinzuerfunden. Bewußte Fehlinformationen werden mit viel Zucker überstreut, Komplimente durch Galle ungenießbar gemacht. Aus unkontrollierbaren Halbwahrheiten und Behauptungen wird ein Giftcocktail gemixt, der die Demontage des Leumunds, die Desillusionierung einer Erwartung oder die Zerstörung einer Karriere bewirkt. Man muß unbewiesene Behauptungen als die eigentliche Wahrheit verkaufen, eine Sensation daraus machen, und man wird großen Erfolg haben.

Egon Friedell hat einmal über Wien geschrieben: »Der Wiener ist immer bereit, hinter jedem Enthusiasmus eine Blague, hinter jeder idealen Bestrebung einen persönlichen Zweck, und wenn ihm schon gar keine andere Ausflucht bleibt, zumindest in jeder geistigen

Ambition eine ›Fadesse‹ zu sehen. Daher kommt es, daß das ganze Leben in Wien so etwas seltsam Verzerrtes hat. Wien ist eine schöne Stadt mit häßlichen Menschen.«

15. Dezember 1987 Nachhilfeunterricht für Janáček

Sir Charles Mackerras dirigiert »Jenufa«, das Publikum jubelt ihm zu. Und den beiden großartigen Sängerinnen: Gabriela Beňačková-Čáp als Jenufa und Leonie Rysanek als Küsterin. Diese erfolgreichste Oper Janáčeks hat in Wien eine besondere Bedeutung. Die Wiener Erstaufführung fand am 16. Februar 1918 in Gegenwart der kaiserlichen Familie statt; man wollte noch einmal den supranationalen Geist der Monarchie beschwören. Es war eine kulturpolitische Geste dem nationalistisch aufgewühlten tschechischen Volke gegenüber, sie blieb wirkungslos. Die zentrifugalen Kräfte waren stärker.

Die mährische Bauerntragödie um Liebe und Familienehre hat nichts von ihrer Wirkung eingebüßt, obwohl es doch keine Melodien zum Mitsingen gibt. Die Musiksprache Janáčeks mit ihren kurzen, sperrigen Motiven, ihrem leidenschaftlichen Atem und ihrer urwüchsigen Harmonik prägt sich ein. Obwohl es seit 1945 in verschiedenen Besetzungen mehr als 80 Aufführungen von »Jenufa« gegeben hat, bleibt das Werk ein Sorgenkind des Repertoires. Die Handlung spielt nicht viel mehr als 100 Kilometer nördlich von Wien, und Hunderttausende in dieser Stadt tragen tschechische Namen... Hat unsere Zivilisation uns den Stoff soziologisch entfremdet, oder ist die Harmonik Janáčeks noch nicht assimiliert? Seine Opern bedürfen dringend des Nachhilfeunterrichts. Vor allem seine beiden letzten Werke »Die Sache Makropulos« und »Aus einem Totenhaus« sind für Wien noch zu entdecken. Und nicht nur für Wien...

17. Dezember 1987 Ballett tanzt zu wenig

Das Ballett kümmert dahin. Um die Probendisziplin ist es schlecht bestellt, der Ehrgeiz ist zu gering. Alle sind nett miteinander, sehen hübsch aus und haben eine gefällige Art, sich zu präsentieren. Eine liebenswürdige Ballettkompanie, aber große tänzerische Aufschwünge sind nicht zu erwarten. Liegt es am Kollektivvertrag, der zu wenig Trainings- und Probenzeit ermöglicht? Liegt es am Fehlen einer künstlerischen Peitsche, einer inneren Motivation? Das Ballett wird intelligent geführt, hat ein vielseitiges Repertoire und durchaus fähige Trainer. Auch wird viel für den Nachwuchs getan. Das Wiener Ballett krankt an dem Hauptübel: Es tanzt zu wenig. 45–55 Vorstellungen im Jahr bieten keine Basis für Entwicklung und Stil. Das Ballett ist in das Opernrepertoire eingezwängt und kann sich nicht entfalten. Die Wiener Tradition, das Wiener Publikum will es so. Alle Ansätze, aus diesem Korsett auszubrechen, können nicht gelingen, solange es kein zweites Haus gibt, in dem die Kapazitäten ausgenutzt werden. Doch diese zweite Spielstätte erstickt in budgetären Ansätzen, wird immer wieder eingespart. Es bleibt bei kleinherzigen Anwandlungen und leeren Versprechungen. Das Ballett wartet in Wien seit Generationen auf seine große Chance – vergebens...

5. Januar 1988 Wiener Allerlei zur Jahreswende

Der alte Generalsekretär hat sich zu Silvester verabschiedet und ist Arm in Arm mit Otto Schenk in die Josefstadt emigriert – nicht ohne eine große Abschiedsgeste: Er hat beim Finanzminister 26 Millionen Schilling locker gemacht, um seinem Nachfolger ein ausgeglichenes Budget überreichen zu können. Er erwartet Dank. Wie hieß es in der Würdigung seiner Verdienste: »Als Freund bewährte er sein goldenes Herz, als Feind scheute er nicht vor Tiefschlägen zurück.«

Der Junge Generalsekretär schnuppert herum. Ein gegenseitiges Abtasten. Jeder entschuldigt sich für Nichtgemeintes. Währenddessen sind die Warner, Besserwisser und Verdächtiger am Werk. Und Karrieristen versuchen sich einzuschmeicheln und nützlich zu machen. Gewisse Theateragenten sind besonders prädestiniert, dabei zu sein, wenn der Kuchen neu geschnitten wird.

Der Operndirektor gilt bei der Presse als »Trivialdichter des Jahres«, wenn er »mit dem Hute in der Hand...« durch das Land zieht. Und er wird gerügt, wenn er wagt, Bertolt Brecht zu zitieren: »Das Theater muß nämlich durchaus etwas Überflüssiges bleiben dürfen, was freilich dann bedeutet, daß man für den Überfluß ja lebt. Weniger als alles Andere brauchen Vergnügungen eine Verteidigung.«

Die Meinungsmacher halten die Staatsoper für unsere »Achillesferse«, weil es um das geheiligte Repertoire schlecht bestellt sei. Dabei singt gerade Placido Domingo mit Mirella Freni »La Bohème«, Peter

Dvorsky mit Gabriela Beňačková-Čáp »Rusalka«, und Weihnachten hat man »Die Meistersinger von Nürnberg« gespielt, wie es sich gehört. Aber es kann nicht sein, was nicht sein darf.

7. Januar 1988 Beim Heurigen

Geburtstagsfeier beim Heurigen. Alle sind gekommen, der Bürgermeister, die Ministerin, der Alte und der Junge Generalsekretär, der frühere und der jetzige Präsident der »Opern-Freunde«, Betriebsräte, Sponsoren, Mitarbeiter...

Zu später Stunde bildet sich ein kleiner Kreis besonders enger »Freunde«; man fachsimpelt und berät, wie man es besser machen könnte. Das hört sich etwa so an:

A: Also das Repertoire ist in einer schrecklichen Verfassung, man müßte viel mehr probieren...

B: Aber wir probieren doch zu jeder möglichen Tageszeit...

C: Auf Proben kommt es gar nicht an. Wenn ein richtiges Ensemble da wäre, ginge alles ganz von alleine...

A: Es sind viel zu viele Stücke auf dem Spielplan. Für das Publikum braucht man eh nur 25–30 Opern...

B: Aber für die Presse braucht man ab und zu etwas Neues...

C: Was das nur kostet, jeden Tag diese Sänger einfliegen?

B: Wenn einer krank wird, sieht man ja, daß es auch ohne Gäste geht...

A: Man müßte mal ein ganzes Jahr auf Premieren verzichten und nur Repertoire spielen...

C: Und was man dabei sparen könnte...

B: Und man hätte Zeit, alle Stücke neu zu probieren und neue Dekorationen zu bauen...

A: Aber bitte nur die alten Dekorationen. Ich will keine neuen Bühnenbilder sehen, die sind meist häßlich...

C: Den Vorschlag müßte man gleich dem neuen Generalsekretär unterbreiten, der muß doch Einsparungen machen...

A: Und man soll endlich wieder ein Ensemble engagieren...

B: Dann kann man auch gleich das Seriensystem abschaffen...

C: Das Publikum will jeden Tag in der Woche ein anderes Stück sehen. Montag »Tosca«, Dienstag »Rosenkavalier«, Mittwoch »Zauberflöte«, Donnerstag »Bohème«, Freitag »Madame Butterfly«, Samstag »Fidelio« und Sonntag »Tannhäuser«...

A: Das wird viele volle Häuser geben, statt dessen diese neuen Sachen, die niemand interessieren...

C: Bald haben wir sowieso einen neuen Direktor; dann wird wieder alles wie früher...

8. Januar 1988 Lehrstück über Wiener Antisemitismus

Es gibt kein geeigneteres Stück, den Wiener Antisemitismus zu studieren, als »Professor Bernhardi« von Arthur Schnitzler. Das beklemmende und zugleich ironisch befreiende Ärzteschauspiel aus dem Jahre 1909 ist eine Parabel über die politische Intrige. Aus einer belanglosen Affäre wird durch politischen Aufwind eine Interpellation im Landtag, eine Anklage mit falschen Zeugenaussagen und die Verurteilung eines Unschuldigen. Ein kleiner Fisch in der Skandalchronik Austrias, einer, der das getan hat, was er für richtig hielt und damit in die Mühlen des Zeitgeists geriet. Dazu der Hofrat im Ministerium: »Wenn man immerfort das Richtige täte, oder vielmehr, wenn man nur einmal in der Früh, so ohne sich es weiter zu überlegen, anfing, das Richtige zu tun und so in einem fort den ganzen Tag lang das Richtige, so säße man sicher noch vorm Nachtmahl im Kriminal.« Also paßt man sich an, macht als Opportunist des Zeitgeists Karriere, mit großen Phrasen im Mund.

Schnitzlers Stück ist ein Spiel vor, über und hinter dem »Abgrund«, eine wahrsagende Seiltänzerei. Man kann in den Abgrund des »inneren Gefühls« hineinstürzen, ihn geschickt umgehen, um am Leben zu bleiben, und sogar sich über den Abgrund hinweg – die Hand geben. Wie Papst Johannes XXIII.: »Wir erkennen nun, daß viele Jahrhunderte der Blindheit unsere Augen bedeckt haben... Vergib uns, daß wir Dich... zum zweiten Male kreuzigten. Denn wir wußten nicht, was wir taten.«

9. Januar 1988 Ballettdirektor gesucht

Zum siebenten Male in meiner Direktorenzeit mache ich mich auf die Suche nach einem neuen Ballettdirektor. Dr. Gerhard Brunner wird Intendant in Graz, endlich kann er die Wiener Tretmühle verlassen. Er wird es sich nicht leicht machen, aber sicher mit der gleichen Zielstrebigkeit, mit der er dreizehn Jahre um die Anerkennung des Balletts in Wien gekämpft hat, seine Intentionen durchsetzen.

Kandidaten für die Wiener Ballettdirektion sollten in erster Linie Praktiker sein, angesehene Choreographen oder Ballettpädagogen, amtierende Ballettleiter oder Tänzerpersönlichkeiten mit organisatorischem Ehrgeiz. Nachdem der große Traum von John Neumeier als Begründer eines neuen Wiener Balletts ausgeträumt ist, kann nur im gegebenem Rahmen eine Lösung gesucht werden.

Namen machen die Runde und werden analysiert: Mats Ek (Stockholm), Yuri Grigorovich (Moskau), Jiři Kylián (Den Haag), Peter Schaufuss (London), Uwe Scholz (Zürich), Heinz Spoerli (Basel), Imre Szeregi (Budapest), Jochen Ulrich (Köln). Man muß herumfahren und verhandeln. Nur darf die Wiener Presse nichts davon erfahren, sonst werden die Favoriten sofort abgeschossen, das beliebte Spiel der Verdächtigungen und Intrigen beginnt. Und das Ballett ist besonders empfänglich für jeden Klatsch.

15. Januar 1988 Lieblingsspielzeug »Tosca«

Eine gespenstische Szene. Aufgestützt auf den Arm seines Betreuers schlurft er behende durch die ihm so vertrauten Flure, durch den engen Gang zum Zuschauerraum, genannt die »Seufzerbrücke«, dessen Einrichtung er selbst veranlaßt hatte, um ungesehen in sein Büro zu gelangen, Herbert von Karajan, einst gefürchteter Despot des Hauses – um die 385. Aufführung seiner »Tosca« aus dem Jahre 1958 zu sehen. Eine Inszenierung der einst so spektakulären Margarethe Wallmann in den Bühnenbildern von Nicola Benois, unverwüstlich, wenn auch die »leichten Dekorationen« ein wenig abgenutzt erscheinen. »Tosca« ist der Typus einer »praktikablen« Vorstellung, von denen sich die Technik mehr wünscht. Sie ist in zwei Stunden auf- und abzubauen. Die Beleuchtung besteht aus etwa 10 Lichtpositionen.

Karajan beabsichtigt, in Salzburg »Tosca« zu spielen, warum, das ist sein Geheimnis. Das Publikum liebt »Tosca«, Sänger wie Carreras, Domingo, Pavarotti lieben »Tosca«, Karajan liebt »Tosca« – also gibt es »Tosca«-Festspiele, vermutlich wird die Argumentation so sein.

Er sieht keine gute Vorstellung: Peter Dvorsky ist nicht in bester Form, Ghena Dimitrova forciert und sieht nicht aus wie eine Diva assoluta, Giuseppe Taddei hat so oft den Scarpia gesungen, daß sich Dämonie und Charakter ein wenig abgenutzt haben. Und Garcia Navarro ist sicher auch nicht nach dem Geschmack Karajans, sein Gestus ist zu groß im Verhältnis der Wirkung.

Karajans bleicher und übermächtiger Kopf ist nicht lange in der Loge zu sehen, er zieht sich rasch zurück. Was mag wohl in ihm vorgehen? Aus der Wiener Zeit ist viel Ärger in seiner Erinnerung zurückgeblieben, über die Sternstunden spricht er nicht, sie waren selbstverständlich. Er will nicht mehr zurückkommen, die letzten Gastspiele 1978–79 bildeten den Abschluß. 30 Werke des Repertoires hat er hier dirigiert, 14 davon liefen auch unter seiner Regie. Er wollte alle Fäden in seiner Hand haben. Er war die Wiener Staatsoper.

Karajan wird hinausgeleitet. Ein Kind, das noch einmal mit seinem Lieblingsspielzeug »Tosca« spielen will? Ein Monarch, der inspiziert, was aus seinem Erbe geworden ist? Ein zutiefst Einsamer, der aus Distanz sein Imperium überwacht wie eine Spinne ihr Netz?

Er legt mir huldreich die Hand auf die Schulter, ermutigend: »Lassen Sie sich nicht kleinkriegen...«, ist sein Abschiedswort.

17. Januar 1988 Vorsätzliche Bosheit

Von den Menschen alltäglich das Schlimmste zu fürchten und insgeheim das Beste zu hoffen, ist Schule der Wirklichkeit. Niemandem vertrauen zu können und doch im Innersten zuversichtlich bleiben, das ist Lebenskunst – besonders in Wien. Man gewinnt mit der Zeit eine Art Hellsichtigkeit für Intrigen und ihre Hintergründe. Die meisten Wiener wollen ständig etwas anderes, als sie gerade tun, und sind deshalb immer unbefriedigt. Das ist die Ursache des Neides, der Hinterlist und der üblen Nachrede. Insbesondere Ausländer und Intellektuelle werden Opfer dieser Schmähsucht. Hilde Spiel notiert: »Zwei höchst unangenehme wienerische Charakterzüge: eine instinktive Abneigung gegen den Intellektuellen und eine vorsätzliche Bosheit, die oft ohne Ziel und Zweck, nur um ihrer selbst willen geübt wird.«

18. Januar 1988 Medienspektakel

Wenn es dir schlecht geht, zieh den Frack an, setze den Zylinder auf und trinke Champagner. Und zeige so vielen Menschen wie möglich, wie wohl du dich fühlst. Diese Maxime hanseatischer Reeder gilt für die Wiener Aufführung von »Il viaggio a Reims«. Das Stück kommt zur falschen Zeit, und gerade deshalb »dui-du«, wie in der »Fledermaus«, die ja auch vor dem Hintergrund der Wirtschaftskatastrophe der sechziger Jahre des vorigen Jahrhunderts herauskam. Die Lust am Überfluß muß anstecken wie eine musikalische Epidemie. Was man in Pesaro oder in Mailand gekonnt hat, das können wir noch besser. Endlich wird diese Aufführung einmal richtig verfilmt, mit allen Kameratricks, und sogar die Vorgänge hinter der Bühne sind noch einen Film wert.

»Il viaggio a Reims« soll das größte Medienspektakel werden, das Wien je gesehen hat. Deshalb große Verbrüderung mit dem ORF, und etliche Sender werden sich anschließen ... Luca Ronconi hat sich bei dieser handlungsarmen Story einen filmischen Gag einfallen lassen. Während die europäische Festgesellschaft auf die Reise nach Reims wartet, findet simultan in der Stadt der Krönungszug statt und wird filmisch übertragen. In Mailand war das recht einfach: Der Zug kam vom Mailänder Dom durch die Galleria und war sogleich an der Scala. In Wien muß man die ganze Stadt einbeziehen, den Stephansdom, den Graben, das Michaelertor, die Hofburg, den Heldenplatz. Die Dreharbeiten (bei schlechtem Wetter) sind die beste Reklame. Und am Schluß zieht dieser Statistenkönig natürlich in die Oper ein, leibhaftig. So werden Rossinis Meistersinger auf der Wartburg zum Wiener Ereignis.

Luca Ronconi ist kein Regisseur der Details, er überläßt, wie es in Italien so üblich ist, die Sänger sich selbst. Und sie geben uns Affen im Publikum soviel Zucker wie noch nie. Montserrat Caballé als charmant tirolerisch jodelnde Wirtin dieses unfreiwilligen Gefängnisses schießt den Vogel ab. Aber auch Ruggero Raimondi erweist sich wieder als echter Buffone. Das ganze Haus wird zum Rummelplatz mit musikalischem Nonsense und mimischer Blödelei. Fasching ist Trumpf, ein Hundsfott, wer nicht mitmacht.

Die Hauptprobe läßt kalt, der Spaß braucht Publikum. Immer wieder werde ich gefragt, warum zwei Rossini-Premieren in einem Jahr. Es gibt nur eine Antwort: der Terminkalender der Sänger. Die Produktion »Il viaggio a Reims« ist eingeschoben in den ursprünglichen Plan anstelle einer Wiederaufnahme, in Koproduktion mit der Mailänder Scala. Nicht Claudio Abbado ist an diesem Rossinianismus schuld, sondern einzig mein leichtfertiger Ehrgeiz, diesen belcantistischen Bestseller den Wiener Stimmfans nicht vorzuenthalten. Wer wird bei diesem Poker am Ende gewinnen? Der musikalische Champagner ist kaltgestellt.

19. Januar 1988 Claudio Abbados Profil

Claudio Abbado ist kein Psychologe. Er verlangt die absolut beste Leistung, auch wenn andere dabei auf der Strecke bleiben. Und er hat ein kurzes Gedächtnis, wenn unangenehme Dinge auf ihn zukommen. So spontan er auf Menschen zugeht, sie entdeckt und fördert, so plötzlich läßt er sie fallen. Das ist ganz gewiß kein böser Wille, sondern sein ästhetischer Sinn für das Optimale, dem sich die Realitäten unterzuordnen haben. Er verschenkt sich, macht Versprechungen und Zusagen aus dem Augenblick heraus, aber er erwartet auch Verständnis, daß man ihn nicht beim Wort nimmt. Er lebt ganz in der Musik, läßt sich von ihr tragen und treiben; sie ist seine Inspiration und sein Gewissen. Die Wirklichkeit des Alltags ist seine Sache nicht, er überläßt sie den Machern. Nur die großen kulturpolitischen Linien interessieren ihn, und er engagiert sich mit ultimativem Eifer für seine Projekte, hier und heute, koste es, was es wolle. Das ist sein Profil. In seinen großen Stärken liegen versteckt seine Schwächen, wer nimmt sie ihm übel? Seine komplizierte Naivität ist sein Charme. Erstaunlich, daß er sensibel geworden ist für Kritik. Er will die Kritiker bekehren, auch wenn er gegen Windmühlen kämpft. Er braucht Beweise, wenn er etwas falsch gemacht haben soll, und geht mit Kritikern in den Clinch; sie sollen sich korrigieren. Daraus entstehen Feindschaften, er wird es büßen.

Jeder Musiker braucht die Sonne des Erfolges. Und niemand stellt sich freiwillig in den Regen, wenn ein Gewitter aufzieht. Die Sonne muß scheinen, Tag für Tag, auch in den Grauzonen des Wiener Klimas. Claudio Abbado braucht sie. Wir bereiten ihm seine Feste und sonnen uns in seinem Abglanz. Wir sind aufeinander angewiesen.

21. Januar 1988 Ein musikalisches Cabaret

Einen größeren Gegensatz zur Gluckschen Reformoper als dieses »dramma giocoso«, »Viaggio a Reims« von Rossini, kann man sich kaum denken. »Prima la musica« müßte es heißen – »poi poche parole«. Gesang als Selbstzweck. Alle Gesangsstars, die Rossini 1825 in Paris aufbieten konnte, hat er mit Noten versorgt, in denen sie ihre Bravour beweisen sollen. L'art pour l'art pur. Und da es sich um ein musikalisches Präsent zur Krönung eines Monarchen handelte, wollte jeder mit dabei sein. Die neue Majestät sollte gleich die Meriten ihrer königlichen Hof- und Kammersänger kennenlernen.

Rossini war Royalist, weshalb er sich auch der Wertschätzung des Fürsten Metternich erfreuen durfte. Auch in London stand er hoch in der Gunst Seiner Majestät. Er wußte, wie er sich für seine neue Tätigkeit in Paris am besten einführen konnte: durch musikalische Reverenzen an die europäische Gesinnung des neuen Monarchen. Deshalb sind alle europäischen Nationen vertreten: eine mondäne französische Comtesse, eine schöne polnische Generalswitwe, ein leidenschaftlicher russischer General, ein liebeskranker englischer Lord, ein italienischer Literat und Akademiker, ein martialischer deutscher Major und Musiknarr, ein spanischer Grande und Admiral, ein französischer Chevalier und nicht zu vergessen die berühmte römische harfenspielende Dichterin Corinna (womit natürlich Madame de Staël gemeint ist). Das könnte das diplomatische Corps des französischen Hofes gewesen sein.

Rossini hat sich für dieses musikalische Cabaret einen literarischen Rahmen schreiben lassen, den »man« kannte. »Corinne ou l'Italie«, der berühmte Roman der Madame de Staël, bildet die literarische Kulisse. Auch wenn die Texte von Luigi Balocchi an Einfältigkeit kaum zu überbieten sind, sie liefern die Vokale und Konsonanten, die Rossini für seine Koloraturen und Effekte brauchte. Honni soit qui mal y pense.

Dieses Sängerfest aus dynastischem Anlaß blieb allen Zuhörern so fest in Erinnerung, daß man bei einem der nächsten Anlässe dieser Art wieder Gebrauch davon machte, bei der Hochzeit von Kaiser Franz Joseph und Elisabeth – freilich ohne den in Paris lebenden Komponisten zu fragen. Man benutzte und bearbeitete, was man an Noten auftreiben konnte. Über ein Urheberrecht wurde 1854 noch nicht diskutiert.

Doch all das muß man nicht wissen, um sich von Rossini unterhalten zu lassen. Man könnte auch an eine europäische Versammlung in Straßburg und ihre Parodie denken. Die Nationalcharaktere haben sich seit der Krönung von Karl X. nicht sehr geändert. Vielleicht redet man seitdem über Liebe etwas weniger pathetisch und benutzt zuverlässigere Verkehrsmittel.

23. Januar 1988 Seiji Ozawa

Seiji Ozawa beginnt mit den Proben zu »Eugen Onegin«. Er ist so begeistert vom Orchester, daß er die unvermeidliche Sinnlosigkeit seiner Bemühungen übersieht. Von den Korrekturen, die er jetzt vornimmt, wird in drei Monaten nicht mehr viel übrig sein. Aber man muß seine verfügbare Zeit ausnutzen. Er hat für das Chor-Lernproblem Verständnis. Die Hautpsache ist, daß dieser »Eugen Onegin« im Spielplan gerettet werden konnte.

Seiji Ozawa hat etwas Fröhlich-Mitreißendes. Seine Augen sind staunend offen für alles Neue. Er wirkt als Musikant unkompliziert und ist doch sehr genau in seinen Studien und Vorbereitungen. Man spürt, daß er genau Bescheid weiß über Puschkin und die soziologische Situation Rußlands im 19. Jahrhundert. Er liebt es nicht, sein Wissen auszubreiten, spricht viel lieber über Privates. Er plaudert über seine bereits sechzehn Jahre dauernde Arbeit in Boston, das er als zweite Heimat ansieht, über Tanglewood, über seine Erfahrungen mit Jugendorchestern. Wie Abbado liebt er die ständige Konfrontation mit der Jugend, um selber jung zu bleiben und mehr über das Musikverständnis der Zukunft zu erfahren. Er plant die Aufführung und Aufzeichnung von »Oberon« – einer nach seiner Meinung sehr unterschätzten Oper, er arbeitet an »Elektra« und »Salome«, deshalb ist es für ihn wichtig, den Wiener Orchesterklang kennenzulernen: so müsse Strauss gespielt werden.

Seiji Ozawa könnte ein Bundesgenosse werden, wir verstehen uns sofort. Er ist frei von Vorurteilen, liebt es, mit guten Regisseuren zusammenzuarbeiten. Die Besetzungen müssen immer die gleichen sein, man muß seine Partner genau kennen, sonst bleibt alles unscharf und zufällig. Er wird gerne auch weiter in Wien arbeiten, man muß planen... Viele Ideen, wenn Mr. Wilford nichts dagegen hat...

Seiji Ozawa lebt sehr gesundheitsbewußt, konsultiert regelmäßig seine Ärzte in Paris, New York und Tokio und vor allem, er macht dreimal täglich seine Yogaübungen. Er braucht die Beherrschung seines Körpers als Voraussetzung seiner täglichen Musikaufnahme. Die meditative Technik macht ihn frei – und heiter. Sein Leben ist genau kontrolliert, ungewöhnliche Begegnungen bringen ihn nicht aus dem Konzept. Er hat die Sensibilität und das Wissen eines Europäers und die innere Haltung eines Japaners. Das macht ihn so sympathisch temperamentvoll und unberührbar zugleich.

25. Januar 1988 Die Konditionen der Humanität

Die Suche nach einem prominenten Redner für die Matinee am 13. März wird immer schwieriger. Ernst Krenek kann im Winter Palm Springs nicht verlassen, aus Rücksicht auf seine Gesundheit. Hilde Spiel will nie mehr in Wien reden, sie haßt die Wiener und möchte ihnen kein Alibi liefern. Karl Popper müßte durch einen persönlichen Besuch motiviert werden, seine Bereitschaft ist eher unwahrscheinlich. Auch Rupert Riedl, der bekannte Verhaltensforscher und Biologe, ist nicht bereit, in einer Feierstunde in der Oper zu reden. Seine Gedanken würden in diesem Rahmen mißverstanden werden. Er spart sich seine Rede für eine »Stunde der Wahrheit« auf.

Er könnte Antwort geben auf die Frage, warum 1938 so viele Österreicher Adolf Hitler als ihrem Befreier zugejubelt haben; warum so viele Österreicher bereit waren, ihre jüdischen Mitbürger zu mißhandeln und zu verjagen; warum sie als Soldaten bereitwillig in den Krieg zogen – und von all dem jetzt nichts mehr wissen wollen. Nicht als Historiker oder Soziologe, sondern als Verhaltensforscher, der die Konditionen der Humanität studiert. Er beruft sich auf die amerikanischen Tests über die Belastbarkeit des Menschen unter existentiellem Druck. Der Normalmensch sei nicht für Selbstvernichtung aus Gewissensgründen gemacht. Die Stabilität des Humanismus in unserer Gesellschaftsordnung sei von gewissen wirtschaftlichen Voraussetzungen abhängig. Am Umgang mit Minderheiten könne man den Grad humaner Reife ablesen. Es komme vor allem darauf an, in der Demokratie das Bewußtsein der Rechte des einzelnen Bürgers zu festigen. Sein nächstes Buch heiße »Der Wiederaufbau des Menschlichen«. Damit seien die Lebensbedingungen gemeint, unter denen sich die menschliche Gesellschaft angesichts zunehmender Umweltprobleme und zunehmender zivilisatorischer Deformation des einzelnen entwickeln könne.

Rupert Riedl ist ein Wissenschaftler, der gegen materialistisches Fortschrittsdenken mobil macht und die Gefahren der Technologie anprangert. Sein Nonkonformismus auch in der politischen Vergangenheitsanalyse würde sicher ernüchternd heilsam wirken.

Er hat sehr konkrete Ansichten über den Kulturverfall unserer Gesellschaft. Die Gefahr liegt in den marktbestimmenden Zensoren, die über die Kunsttendenzen entscheiden. Die Beweglichkeit und Freiheit der Kulturentwicklung ist die Voraussetzung für die Kreativität des einzelnen. Der Blick zurück kann genauso blind machen wie die eskalierende Forderung nach Neuem. Die Balance zwischen Sicherheit und Risiko in Interpretation und Angebot ist die einzige Möglichkeit, im gegenwärtigen System zu bestehen. Man muß auch in der Kulturarbeit zu einem »Langzeitethos« gelangen, das wichtiger ist als die »Kurzzeitmoral« gegenüber dem, was Staat und Öffentlichkeit gerade verlangen. Wachsamkeit vor »Prämissen, Hypothesen und Erwartungen«, die nicht mit eigenen, kritischen Beurteilungen zu vereinbaren sind.

28. Januar 1988 Bernard Haitink

Kein Intellekt wie Maazel, kein Spiegelmensch wie Muti, kein Irrlicht wie Kleiber, kein Apolliniker wie Abbado – sondern ein Normaler, breitbeiniger und querständiger als Sawallisch, aber doch etwas Gründliches in Handschrift und Wille. Das Daimonion muß man bei ihm suchen, das klare Wissen um Grenzen und Ziele prägt sich ein. Wie ein Bildhauer sucht er sein Objekt aus dem Stein zu meißeln, dazu braucht er genaue Kenntnis des Materials. Man kann ihn sich an der Orgel vorstellen, nicht zufällig hat er ein Ohr für die Sprache von Anton Bruckner.

Bernard Haitink sucht den Umgang mit Wagner. Jetzt gerade hat er »Parsifal« erarbeitet, den Mut zu breiten Tempi gefunden. Richard Wagner liegt wie ein erratischer Block im 19. Jahrhundert, man kann ihn weder umgehen noch ignorieren. Man darf es sich nicht leicht machen mit diesem Kraftwerk gefährlich heroischer Ströme, sie haben bereits genug Verheerung angerichtet. Ja, das könne ihn schon sehr interessieren, in Wien den »Ring« einzustudieren, dieses Orchester, diese Akustik... Aber es kommt beim »Ring« auf den Regisseur an, auf die Bilder, die Assoziationen. Er hat gerade bei »Parsifal« all die Schwierigkeiten erlebt, eine solche Geschichte mit heutigem Sprachverständnis zu erzählen. Die heutige Generation will keinen Zauber, keine Größe mehr; sie muß alle Ereignisse der Handlung auf Normalmaß reduzieren. Und gerät dabei an sauren Kitsch. Dieser verfluchte Realismus macht aus einem Wald eine Streichholzschachtel, aus einem Schwan eine Ballettelevin im Tutu...

Ja, den »Ring« in Wien wolle er sich vornehmen, er mache vorher das Gesamtwerk in London mit Yuri Ljubimow, das sei eine gute Einübung. Er sieht mir meine Skepsis an. Ljubimow ist ein großartiger Regisseur, aber er muß die Handlung auf die Sprache seiner russischen Schauspieler beziehen können und eine Aktualität inszenieren. Der »Ring« ist sehr lang, und Ljubimow braucht sehr, sehr viel Zeit, wenn ein gutes Ergebnis herauskommen soll.

Also in Wien einen anderen Regisseur, möglichst einen deutschen, aber keinen der extremen Stückverdreher...

29. Januar 1988 Besuch bei Karl Popper

Wohlbehütet – wie in einem goldenen Käfig – und in bester geistiger Verfassung lebt der Philosoph des Liberalismus seit zwei Jahren in Kenly, im Südosten von London. Nachdem ihn in Wien nach dem Tode seiner Frau niemand zu halten vermochte, kehrte er nach England zurück, wo er sich auch geistig zu Hause fühlt. Seine konservativ-demokratische Philosophie könnte quasi offizielles Regierungsprogramm sein. Der 86jährige empfängt mich in seiner hübschen Villa inmitten einer englischen Parklandschaft, die er für seine regelmäßigen Spaziergänge braucht. Er ist von größter Liebenswürdigkeit. Ein kleiner, äußerst beweglicher alter Herr, etwas schwerhörig geworden und auch manchmal im Kampf mit seinem Namensgedächtnis – jedenfalls kokettiert er damit –, von sprühend lebendigem Geiste. Mit großen sanften Augen sucht er seinen Gast zu ermutigen. Er wartet auf die Stichworte, um locker und klar formulierend seine Meinung darzulegen. Musik ist für ihn Lebenselement, vor allem Bach und Mozart. Er trägt es heute noch Bruno Walter nach, wie schludrig er die Nebenfiguren in der Matthäus-Passion herunterdirigiert hat. Auch die dritte Symphonie Mahlers hat er in schlechter Erinnerung. Bruno Walter habe zwar als Erbe von Gustav Mahler gegolten, aber er sei nicht sein bester Interpret gewesen. Mozart liebt er sehr, gespielt von Rudolf Serkin, mit Serkin verbinde ihn eine echte Freundschaft. Auf die »Neue Musik« ist er schlecht zu sprechen. Er erzählt die Anekdote, wie er bei vierhändigem Spiel mit Alban Berg aus der Partitur von dessen Orchesterstücken nicht richtig umgeblättert habe. Es stellte sich heraus, daß ein Takt gefehlt hatte, und der Komponist hat es nicht gehört. Die »Neue Musik« sei auf dem falschen Wege, sie überschätze die Innovation und den Einfluß der Intellektuellen. Qualität sei wichtiger. Aber was heißt schon Qualität? Unser Hörvermögen ändert sich und ist abhängig von Zeiteinflüssen.

Allenthalben wird der Modernismus übertrieben. Man gebe zu

leicht die alten Maße und Formen auf. Die Malerei sei noch längst nicht erschöpft, man habe das richtige Malen verlernt und blende das Publikum mit allerlei Bluff. Im Grunde sind die Intellektuellen an allen Irrtümern der Geschichte schuld. Sie suggerieren die Stimmung von Pessimismus, Katastrophe und Weltuntergang. Natürlich gibt es Gefahren, aber die positiven Kräfte der Lebenserhaltung sind immer stärker. Im Westen ging es uns noch nie so gut, und im Osten wird sich auf die Dauer ebenfalls der Geist der Freiheit durchsetzen. Ein Krieg sei in Europa nicht mehr vorstellbar, auch nicht zwischen Ost und West. Die Vernunft sei stärker als jede ideologische Verhetzung. »Können Sie sich etwa ausdenken, daß die Deutschen eine Revanche für die verlorenen Ostgebiete anzetteln? Wie etwa 1939? Sie denken heute in europäischen Kategorien und sind wirtschaftlich integriert. Die Nationen kennen einander viel besser – nicht zuletzt dank der Reisegewohnheiten. Nur in zivilisatorischen Randzonen, wo die Ideologien der Vergangenheit noch nicht bewältigt sind, werden Kriege geführt.« Das Demokratiebewußtsein war in der Welt noch nie so verbreitet.

Ich stelle ihm die Frage, ob er glaube, daß trotzdem ein Hitler wiederkommen könne?

Ohne Zögern antwortet er mit Ja. Es kommt auf die ökonomischen Grundbedingungen der Menschen an. Wenn Hunger herrscht oder Arbeits- und Hoffnungslosigkeit, dann entsteht eine geistige Leere, verbunden mit Angst. Und Angst schlägt in Begeisterung um, wenn ein Rattenfänger die Massen zu verführen versteht. Die Menschen haben ein Bedürfnis nach Ideologien, sei es die Religion oder irgendwelche Ersatzreligionen. Man muß sie lehren, ihr Leben in der Natur, in der Gesellschaft von Menschen zum Inhalt ihrer Existenz zu machen und nicht auf eine Erlösung von außen zu warten. Doch statt im Realismus des Historischen und Politischen die Erklärung ihrer Probleme zu suchen, suchen sie das Erhabene, die großen Worte und Ideen. Die Ideologie Hitlers war eine Folge der Philosophie von Hegel über Nietzsche bis zu Heidegger. Wenn es darum geht, die »Welt zu retten«, wird auch heute ein Diktator akzeptiert. Das Vokabular der Verführer paßt sich den zeitlichen Veränderungen an, doch muß man nur das richtige Paradies versprechen und die richtigen Feinde haben. Feinde gibt es immer. Dagegen hilft nur die demokratische Verfassung und die Entschlossenheit, diese zu verteidigen.

Und wie sehen Sie die Lage Österreichs?

»Österreich ist gefährdet wegen seiner mangelnden demokratischen Tradition. Man ist gewöhnt, daß alles von oben kommt, früher vom Kaiser, heute von den Parteien. Dazwischen macht sich eine Bürokratie breit, die kein eigenes Verantwortungsbewußtsein aufkommen läßt, sondern Indifferenz verbreitet. Es ist dieser Geist der Indifferenz, der das Leben in Österreich so schwer macht. Es gibt weder Gut noch Böse, was heute als richtig gilt, ist morgen falsch. Die Wahrheit wird ständig relativiert, selbst von intelligenten und wohlmeinenden Menschen. Auf wen soll ich mich verlassen?«

Sir Karl Popper will nicht in Österreich reden, weil man ihn nicht aufgefordert hat, über den Begeisterungstaumel beim »Anschluß« zu reden, sondern über die Trauer um die Republik. Man müsse den Menschen konkret ihr Verhalten erläutern, ihre Fehler analysieren, als Vorbeugung für morgen. Die Republik besteht aus Menschen, und diese bestimmen die Geschichte.

Er ist ein positiver Geist: Nur das positive Denken kann uns helfen. »Wenn wir uns in Fatalismus üben, wird die Zukunft der Menschheit bestimmt nicht besser.« Sir Karl Popper sieht kein Fernsehen, er liest wenig Zeitung. Er ignoriert die negativen Meldungen, die Sensationen und Skandale. Er ist ein einsamer Prediger in der Wüste, umgeben von Über- und Untertreibern, von Medienmachern und ideologischen Fälschern. In seiner Redlichkeit und Bescheidenheit vertraut er auf die Kraft der Vernunft und den Sieg der Wahrheit. Ist sein goldener Käfig eine Idylle? Oder findet er in seiner Distanz zur Wirklichkeit die wahre »Wirklichkeit«? Sir Karl Popper prägt das Bewußtsein der Demokraten, und mit dem Wachsen der Demokratie wird sein Einfluß steigen.

Schade, daß er nicht zu überreden ist, am 13. März nach Österreich zurückzukehren, um für die Demokratie ein Zeugnis abzulegen.

30. Januar 1988 Jakob Lenz

Dieser 1792 in Moskau tot auf der Straße aufgefundene Jakob Lenz feiert eine späte Auferstehung. Wolfgang Rihm widmet ihm eine Kammeroper, Bernd Alois Zimmermann hat sein Schauspiel »Die Soldaten« vertont und damit eine der wichtigsten Opern der Nachkriegszeit geschaffen. Bertolt Brecht bearbeitete seinen »Hofmeister«. Am Anfang der Wiederentdeckung steht die Novelle »Lenz« von Georg Büchner. Jakob Lenz, der Dichter des »Sturm und Drang«, verschwand aus dem Leben Goethes, des Weimarer Klassikers, »ohne im Leben eine Spur zurückzulassen«, und kehrte in unser Bewußtsein zurück, als es hellhörig geworden war für Geisteszustände zwischen Genialität und Wahnsinn. Hier setzt der moderne Komponist ein. Die Auflösung des Subjekts, die Halluzinationen, die Spiegelungen seines Krankheitsbildes in Begleitfiguren sind ein schillerndes und vielschichtiges Thema. Und das nicht, weil Wolfgang Rihm an der Psychopathologie interessiert wäre, sondern weil die Innensicht der Persönlichkeit eine neue Freiheit der Dramaturgie erlaubt. Nicht Handlung im aristotelischen Sinne vollzieht sich, sondern ein prismatisches Spiel, das die Wirklichkeit vielfältig spiegelt. Und Musik ist das Ausdrucksmittel, das diese psychischen Zustände am sinnfälligsten erschließt. Dies kann nur in kammermusikalischem Rahmen erfolgen.

Die bereits totgesagte Studiobühne im Künstlerhaus bewährt sich auch im zweiten Jahr. Der Umstand, daß die Regie von Heinz Lukas-Kindermann keine klare Abgrenzung zwischen Akteuren und Zuschauern vornimmt, verursacht Betroffenheit. »Jakob Lenz« wird so zu meinem Nachbarn. Am Ende bin ich selber Lenz-infiziert. Das Psychogramm dieses »verlorenen Sohnes«, seines paranoischen Intellekts, macht sensibel und hellhörig für komplexe Zustände und Situationen. Eine faszinierende Musik- und Theatererfahrung, nur unter dem Mikroskop der Studiobühne möglich.

Die Musik von Wolfgang Rihm prägt sich ein, je öfter man sie hört. Lenz ist Rihm; mit dem Unterschied, daß Wolfgang Rihm ein fröhlicher, geistreicher und kulinarischer Zeitgenosse sein kann und mit seiner Genialität – so hoffen wir es für ihn – schöpferischen Umgang pflegt. Seine »Hamletmaschine«, 1986 in Mannheim uraufgeführt, zeigt ebenfalls die Dramaturgie der Persönlichkeitsspaltung. Und »Ödipus«, sein jüngstes Bühnenopus, in Berlin uraufgeführt nach Texten von Heiner Müller, Friedrich Nietzsche und Friedrich Hölderlin, zeigt Schnitte durch Bewußtsein, Risse im Zeitablauf, Verdoppelungen und Verzerrungen, die Stilmittel von Wolfgang Rihm. Die Einheit der Figuren wird aufgegeben zugunsten verschiedener Aspekte. Man muß an den späten Picasso denken.

Nach Rihms hamburgischem Kolumbus-Projekt ist die Wiener Staatsoper an der Reihe. Und noch kein festes Sujet. Wir diskutieren Strindbergs »Nach Damaskus« oder Hermann Brochs »Tod des Vergil« oder einen neuen Heiner-Müller-Text. Jedenfalls muß es Musik für die Wiener Philharmoniker und ihren Streicherklang sein.

4. Februar 1988 Ist Richard Strauss noch aktuell?

Wieder »Arabella«. Das Stück liegt uns nicht auf der Haut. Kein anspruchsvoller Regisseur will sich an dieser »Literatur-Operette« die Finger verbrennen. Dabei war Hugo von Hofmannsthal sehr stolz auf sein letztes Opernwerk. Er hat es sich nicht leichtgemacht, das Wien des Jahres 1866 – »ein etwas ordinäres und gefährliches Wien« – in seinen haltlosen Figuren zu charakterisieren. Diese Atmosphäre müßte man zeigen und nicht der musikalischen Sentimentalität verfallen.

Also ist wieder einmal die Besetzung der eigentliche Aufführungsgrund. Freilich, wenn Lucia Popp die Arabella singt, gewinnt diese Figur Glaubwürdigkeit und musikalischen Glanz. Der Mandryka ist Bernd Weikl auf den Leib geschrieben.

Die Wiener Oper tut sich viel auf ihren Richard-Strauss-Stil zugute. Dabei scheut man seit Jahren die Auseinandersetzung mit dem Spätwerk. Seit mehr als 15 Jahren keine Aufführung der »Ägyptischen Helena«, der »Daphne« und der »Liebe der Danae« mehr. Gewiß, diese Werke sind nicht durchgängig gelungen. Großartige Passagen stehen neben Selbstzitaten und Routinekomposition; den unterschiedlichen Libretti haftet Künstlichkeit an. Richard Strauss hat die mythologische Chiffrierung nicht nur als Ausflucht vor der Zeit benutzt, er wollte, wie viele Psychologen und vergleichende Religionswissenschaftler, das Sein der Götter und Helden musikalisch erfahren. In der »Ägyptischen Helena« sucht er Vergangenheitsbewältigung zu gestalten, die Überwindung von Haß und Rache durch das Ethos der Ehe. In der »Daphne« wird die Natur entdeckt und verklärt, es ist ihm wirklich eine »grüne« Oper gelungen. Und auch die »Danae« kreist um das Mysterium der wahren Liebe und das Verzeihen der Götter. Wir müssen es wieder lernen, die Transparenz dieser Werke zu erkennen.

Werden wir uns diese Spätwerke neu erschließen, oder ist das Rauschgold seiner späten Harmonik unerträglich geworden?

10. Februar 1988 Der Mann ohne Erinnerung

Die Waldheim-Affäre eskaliert. Die Historiker haben ihn zwar von persönlicher Schuld freigesprochen, aber seine Mitwisserschaft und seine Beteiligung an den Kriegsvorgängen auf dem Balkan nachgewiesen. Jetzt steht er als Lügner da, so sieht es die Enthüllungspresse. Die Weltöffentlichkeit erwartet seinen Rücktritt.

»Waldheim« wäre ein Stück für Rolf Hochhuth. Er könnte einen »mittleren Charakter« zeigen zwischen Ehrgeiz und Pflichterfüllung, zwischen Versäumnis und Opferhaltung. Er könnte ihn vor das Tribunal stellen, dem er sich entzieht – das Tribunal der Geschichte –, und seine Gegenspieler auftreten lassen, die Ankläger des Jüdischen Weltkongresses und die Behörden der USA, die Medienjäger und die politischen Widersacher. Und nach Verteidigern suchen, bei den Rechten und bei den Beamten, bei seinen Wählern ... Und er könnte Waldheim zum Sprechen bringen und ihn all die Einzelheiten erzählen lassen, die er »vergessen« hat. Rolf Hochhuth würde natürlich Partei ergreifen und die Moral bemühen. Aber vielleicht auch nicht, denn Mitläufer verdienen Verständnis. Sie sind es eigentlich, die von der Geschichte mißbraucht werden.

Wir werden warten müssen auf die »Memoiren« Waldheims, um Genaueres zu erfahren. Ob sein Gedächtnis zurückkehrt oder ob er wirklich »Der Mann ohne Erinnerung« ist, eine neue österreichische Romanfigur?

14. Februar 1988 Affären

Das Großreinemachen im Bundestheaterverband führt zu ersten Opfern. Es soll die Buchführung der »Teletheater«, der Verwertungsgesellschaft der Bundestheater, nicht in Ordnung sein, und Unterschlagungen werden auch vermutet. Die Betroffenen sind in Untersuchungshaft. Ob es dem Alt-Generalsekretär gelingt, sich von diesen Kleingeldaffären zu distanzieren? Man wartet, was aus den Untersuchungen herauskommt, oder war es nur »Viel Lärm um Nichts»?

In Österreich reißen die Affären nicht ab. Ein Finanzminister wurde großzügig abgefunden, es wird ihm ja nur Steuerhinterziehung vorgehalten. Ein Bundeskanzler wird beschuldigt, zur Treibjagd auf Waldheim aufgerufen zu haben, ein Parteivorstand leugnet kollektiv. Ein Sozialstadtrat sitzt im Gefängnis, der Unterschlagung angeklagt. Ein gewisser Herr Proksch wird beschuldigt, ein Schiff versenkt zu haben, um damit die Versicherung zu betrügen; und viele Politiker haben ihren Freund gedeckt ... Überall Protektion und Parteibuchklüngel, lustvoll von der Presse ausgebadet. Wen nimmt es wunder, daß dadurch die Demokratie Schaden leidet?

15. Februar 1988 Ein Brief von Karl Popper

Soeben erreicht mich ein handgeschriebener Brief von Sir Karl Popper. Er stellt es mir völlig frei, diesen Brief zu verwenden oder nicht zu verwenden. Ich werde ihn bei der Rede zum 13. März beherzigen.

»Lieber Doktor Drese,

schönen Dank für Ihren Besuch, der mir viel Freude gemacht hat, und für Ihren Brief vom 2.2.1988.

Es fällt mir schwer, Ihren Wunsch zu erfüllen und etwas über Hitlers Annexion von Österreich und seinen jubelnden Empfang zu sagen. Er war ein Verbrecher, aber damals war er der Sieger. Jahre später, als die Russen Ostdeutschland besetzt hatten, wurden viele Ostdeutsche zu Kommunisten. Natürlich hätten die Österreicher nicht jubeln sollen; und meines Wissens war der Jubel in Ostdeutschland wesentlich gemäßigter.

Ich habe es nicht gern, wenn mir jemand in Österreich sagt, daß schließlich nicht alle Österreicher am Heldenplatz waren, um Hitler zuzujubeln. Die Antwort darauf ist, daß viele, die ihm zujubeln wollten, auf dem dichtbesetzten Heldenplatz nicht mehr Platz fanden. Aber diese Diskussion bringt uns nicht weiter. Hitler war ein Größenwahnsinniger und ein Verbrecher; und eine übergroße Majorität der Österreicher – vermutlich eine größere Majorität als in Deutschland – glaubte an ihn. Das ist traurig und sollte nicht beschönigt werden.

Was können wir daraus lernen?

Sehr viel kann daraus gelernt werden, und sehr viel Verschiedenes – selbstverständlich viel mehr, als ich in diesem Brief sagen kann. Ich will nur auf einen Punkt eingehen. Offenbar beweist der Jubel des österreichischen Volkes beim Einmarsch Hitlers, daß ein altes römisches Sprichwort, vox populi – vox dei, zu deutsch: Die Stimme des Volkes ist die Stimme Gottes... grundfalsch ist. Nicht nur ist es falsch, daß die Stimme des Volkes die Stimme Gottes ist, sondern das Volk – die Majorität – hat, wie wir alle, sehr oft unrecht.

Daß wir alle oft Unrecht haben, ob wir nun allein stehen oder in Gruppen oder gar in Massen auftreten, das scheint mir eine sehr wichtige Lehre zu sein. Und sie ist von größter Wichtigkeit für die Demokratie.

Am Tag, da Hitler in Wien am Heldenplatz und an vielen anderen Orten bejubelt wurde, war ich mit meiner Frau in Neuseeland. Und als die Nachricht kam, da kam ich zu zwei Entschlüssen. Der eine war, ein Komitee zu gründen, um Flüchtlingen aus Österreich zu helfen. Der zweite war, einen Beitrag zur Theorie der Demokratie zu schreiben, ein Thema, über das ich seit Jahren nachgedacht hatte.

Den ersten Entschluß konnte ich in wenigen Tagen durchführen: das Komitee war aktiv innerhalb einer Woche. Der zweite Entschluß führte zu einer intensiven Arbeit, die nach vier Jahren ein Buchmanuskript ergab, das dann nach weiteren drei Jahren auch publiziert wurde.

Es enthielt unter anderem eine volle Antwort auf die Frage: Gibt es eine Form der Demokratie, die nicht zerstört wird, wenn die überwältigende Mehrheit gegen die Demokratie stimmt und, wie in Österreich, für die Einzelherrschaft eines Diktators, eines Tyrannen?

Das Problem ist lösbar, aber nur dann, wenn man aufhört anzunehmen, daß »Demokratie« Volksherrschaft sein müsse, daß der Wille des Volkes oder der Majorität eine gesetzgebende Kraft hat. Wenn es so wäre, dann wäre Hitler kraft des Willens des österreichischen Volkes der legitime Alleinherrscher Österreichs geworden und hätte als solcher das Recht gehabt, alles zu tun, was er tat.

Die Lösung des Problems ist sehr einfach. Eine Verfassung ist »demokratisch«, wenn die Regierung durch Mehrheitsbeschluß *abgesetzt* werden kann. Auch eine sogenannte qualifizierte Majorität darf diese Bedingung nicht ändern. So kann unter einer in diesem Sinne demokratischen Verfassung auch nicht ein einstimmiger Beschluß dazu führen, einer Regierung als solcher Legitimität zu geben. Die Stimme des Volkes ist nie die Stimme Gottes. Auch die einst populärste Regierung kann durch den Beschluß einer Majorität entlassen werden.

Das ist die Lösung eines Problems, das schon Platon gesehen hat. Man könnte es das Platonische Problem nennen oder das Problem der Majorität Hitlers. Soweit ich darüber unterrichtet bin, wurde es gerade in Österreich nicht beachtet, und die Schulbücher lehren hier die Kinder noch immer, daß das Wesen der Demokratie die Herrschaft des Volkswillens ist.

Lieber Herr Doktor, es wäre noch vieles zu diesem Thema zu sagen. Ich überlasse es Ihnen, von diesem Brief zu verwenden oder nicht zu verwenden, was immer Sie wollen; am besten und sicher am einfachsten ist, nichts zu verwenden und diesen Brief als eine private Mitteilung an Sie und als reine Freundschaftsbezeugung anzusehen... Ihr Karl Popper.«

16. Februar 1988 Die Wiener »Zauberflöte«

Otto Schenk beginnt mit den Proben zur »Zauberflöte«, Nikolaus Harnoncourt ist von Anfang an mit dabei; die Bühnenbilder und Kostüme gestaltet Yannis Kokkos, der in Paris lebende griechische Maler und Szenograph, der auch »Pelléas et Mélisande« ausstattet. Otto Schenk will nichts anderes, als das Märchen von der »Zauberflöte« erzählen, so wie es die Wiener von Kindheit an kennen. Also keine Interpretation im Sinne einer »Konzeption«, sondern Wiedererinnern an das innere Bild, das in Träumen lebt und das man nacherzählen kann. Er will die Bedeutung der sekundären Rezeption überlassen und sich ausschließlich an das Original halten, die »Große Oper in zwei Akten von Emanuel Schikaneder«, die eigentlich ein Singspiel ist und deren Musik uns heute noch die Sinne betört wie vor fast zweihundert Jahren: Mozarts Testament.

Er möchte, daß die Eltern ihre Kinder mitbringen, um ihnen den Zauber des Theaters zu schenken. Und er möchte, daß diese heute so über die »Zauberflöte« staunen, wie er es als Kind getan hat. Daß sie Furcht empfinden vor der großen Schlange, daß sie sich freuen an der Menagerie der exotischen Tiere, die Taminos Flöte besänftigt, daß sie verzaubert sind vom Sang der drei Knaben und daß sie rätseln, wie wohl die Feuer- und die Wasserprobe technisch funktionieren ... Was es bedeutet, das sollen ihnen die Eltern dann erzählen.

Natürlich müssen die Sänger alles ganz ernst und realistisch spielen, sie müssen an die Todesgefahr glauben, die Liebe erleben. Also natürliches Menschentheater, keinerlei Stilisierung. Wie schwer solche Reaktionen bei dem naiven Text von sprechungewohnten Sängern zu erzielen sind, werden die Proben zeigen. Jeder Regisseur, der die »Zauberflöte« inszeniert hat, kann ein Lied davon singen.

Daß diese »Zauberflöte« am Ende doch nicht so klingen wird wie zu Kinderzeiten, dafür sorgt Nikolaus Harnoncourt. Er ist nicht der Theaterkapellmeister, der als erste Oper in einer Sonntagnachmittags-Vorstellung »Die Zauberflöte« dirigieren durfte und alle seit Generationen eingeübten Tempi und Phrasierungen auswendig kennt. Für ihn ist die »Zauberflöte« aus dem Verständnis der Bühnenvorgänge, aus dem Sinn der Worte, aus dem inneren Bezug der Motive zueinander neu zu gestalten. Das wird Verstörungen bei eingeübten Hörern geben, gerade bei einem Werk, das jeder mitpfeifen kann. Nikolaus Harnoncourt hat natürlich das Autograph genau studiert und ist von seinen Entdeckungen bei unbefangenem Lesen überzeugt. »Die Zauberflöte« ist ein Stück über Musik, aus Musik geboren; die drei szenischen Instrumente müssen stimmen, vor allem das Glockenspiel, es kann nicht von der Celesta imitiert werden. Es wird für ihn ein wirkliches Glockenspiel mit Tastatur erfunden, und zum erstenmal hört man den übersinnlichen Zauber dieser Töne.

Die Bilder von Yannis Kokkos müssen drei Bedingungen erfüllen: Sie müssen sich leicht und schnell verwandeln lassen, sie müssen Ägyptologie neu umsetzen und eine stilistische Einfachheit haben, die trotzdem eine Ahnung vermittelt von der Bedeutungsvielfalt, die jeder in der »Zauberflöte« entdecken will. Der Bühnenbildner steht vor der heute fast unlösbaren Aufgabe, die drei freimaurerischen Ideale von Natur, Weisheit und Vernunft zu verwirklichen. Und er wird beinahe erstickt von großen malerischen Vorbildern.

»Die Zauberflöte« ist ein Kunstwerk, das nur aus Wiener Lebensart und Kultursinn entstehen konnte. In der Kulmination des 18. Jahrhunderts, an der Zeitenwende von aristokratischer zu bürgerlicher Kultur hat der ererbte Theatersinn hier die Synthese von Opera seria, Opera buffa und deutschem Singspiel geschaffen, die volkstümlich und philosophisch zugleich ist, die ein humanistisches Erziehungsideal mit den Späßen der Unterhaltung verbindet. »Die Zauberflöte« besteht aus synkretistisch verschmolzenen Motiven aus Mythologie, Mysterienkulten, Rosenkreuzer- und Freimaurerideologie, Zeitpolitik und einfachem Theaterzauber. Man kann nicht glauben, daß dieses Werk bewußt von einem Librettisten verfaßt wurde; es ist aus Theatererfahrungen, literarischen Anregungen und spielerischer Phantasie zusammengewachsen und wäre bald vergessen worden, wenn nicht Mozart zu diesem Stoff seine Musik geschrieben hätte. Und dieser Prozeß konnte nur in Wien stattfinden.

28. Februar 1988 Lotte Lehmanns Geburtstag

Lotte Lehmanns 100. Geburtstag kann nicht verstreichen ohne eine Geste der Erinnerung an der Staatsoper, deren Ehrenmitglied sie war. Wir widmen ihr die Vorstellung »Rosenkavalier« mit Gundula Janowitz, Brigitte Fassbaender, Barbara Bonney, Kurt Moll – unter der Leitung von Heinrich Hollreiser. Sie war wirklich eine der ganz Großen und dazu ein integrer Charakter. Richard Strauss hat von ihr gesagt – und das ist auch auf ihrem Grabstein zu lesen: »Sie hat gesungen, daß es Sterne rührte«. Für Arturo Toscanini war sie »the greatest artist in the world«, und Thomas Mann nannte sie »Liebe Frau Sonne«. Ihre Marschallin, Sieglinde, Elisabeth, Elsa sind Legende. Sie hat über ihre Rolleninterpretation Bücher geschrieben, hat Meisterkurse abgehalten in Santa Barbara, ihrer letzten Heimat. Sie war nicht nur eine bedeutende Sängerin und Menschengestalterin auf der Bühne, sie war auch als geistige Gestalt von einem ganz seltenen Charisma. Das drückte sich dann auch in ihrer Liedkunst aus. Sie war durch und durch eine schöpferische Persönlichkeit, sie malte, dichtete, gestaltete Mosaike, lebte in der von ihr liebe- und phantasievoll angelegten Gartenkultur. Sie hatte ein soziales Herz, verschenkte, was sie hatte, um Armen und Hungernden zu helfen.

Eine solche Frau konnte keine moralischen Kompromisse akzeptieren. Sie hat nach 1933 nicht mehr in Deutschland gesungen – und nach 1938 nicht mehr in Wien und Salzburg. Sie hat sich durch kein Angebot korrumpieren lassen, ist persönlich zu Hermann Göring gefahren und hat ihm gesagt, was sie von der Rassenpolitik der Nazis hielt. Und hat ihrem jüdischen Mann die Treue gehalten. Ein großes Beispiel. Auch darum sollten wir die Erinnerung an sie pflegen.

In den Erinnerungen an eine solche Künstlerin lebt die Tradition der Wiener Staatsoper weiter. Tradition ist nicht nur »Schlamperei« – Tradition ist auch Haltung.

1. März 1988 Das Totenbuch

Es ist nicht zu glauben: Noch nie hat man sich in der Wiener Staatsoper – und nicht nur dort – darüber informiert, was aus den Opfern der politischen und rassischen »Säuberungsaktionen« der Nazis nach dem 13. März 1938 geworden ist. Man wußte zwar von dem früheren Präsidenten der Wiener Philharmoniker, Hugo Burghauser, der nach Amerika emigrieren konnte, und auch von zwei Philharmonikern, die im KZ umgekommen sind – aber eine vollständige Liste von allen Mitgliedern der Staatsoper, die damals entlassen wurden, fehlt. Die jetzt eingeleiteten offiziellen Nachforschungen ergeben, daß von März bis Mai 1938 nicht weniger als 68 Personen entlassen oder zwangspensioniert wurden, darunter so prominente Namen wie Bruno Walter, die damalige Ballettmeisterin und spätere Regisseurin Margarethe Wallmann und der Oberregisseur Lothar Wallerstein. In einigen Fällen hatte die damalige Direktion Antrag auf vorläufige Weiterbeschäftigung gestellt, nur wenige hatten gute Protektion und konnten bleiben. Am 31. August 38 wurde vom Staatskommissär beim Reichsstatthalter nochmals eine genaue Personalliste der Staatsoper zur Kontrolle angefordert. Aus ihr ersieht man, welche Personen wiedereingestellt wurden. Man hatte die »Verordnung zur Neuordnung des österreichischen Berufsbeamtentums« und andere Anweisungen nur zu genau befolgt.

Die Recherchen bei der Opferfürsorge ergeben, daß dort nur von sechs Personen das Schicksal bekannt ist; ein Bühnenarbeiter ist im KZ getötet worden, drei wurden wegen Hochverrats verhaftet und verurteilt, zwei konnten emigrieren und sind später zurückgekehrt. Von zwei Philharmonikern ist bekannt, daß sie im KZ getötet wurden. Aber was ist aus den 60 anderen Mitgliedern der Staatsoper geworden?

Es bleibt nichts anderes übrig, als selber Nachforschungen anzustellen. Der Zeithistoriker Peter Dusek, den ich mit den Untersuchungen beauftragt habe, legt mir das »Totenbuch von Theresienstadt« vor. Ein Augenblick, den ich nicht so bald vergesse. Ich schlage ein Buch auf, in dem mit behördlicher Genauigkeit die Namen von etwa 80000 ehemaligen Lagerinsassen aus den Jahren 1941 bis 43 erfaßt sind, mit dem genauen Vermerk, wann sie eingeliefert wurden, wann sie gestorben sind oder in andere Konzentrationslager überstellt wurden. Ein Register erschließt die Nachforschungen. Ich schlage zufällig die Seiten des Namens »Deutsch« auf, ungefähr 50 Träger dieses Namens sind dort erfaßt. Ein Buch des Grauens.

Wir gehen gemeinsam beklommen das Register durch und finden tatsächlich vier weitere Namen von entlassenen Staatsopernmitgliedern, die nach Auschwitz deportiert wurden und dort umgekommen sind. Die Nachforschungen müssen in anderen Quellen fortgesetzt werden. Es bleiben offene Fragen: Warum haben sich die Überlebenden nach 1945 nicht gemeldet? Warum sind sie nicht nach Österreich zurückgekehrt? Niemand hat sie offiziell eingeladen, in ihr früheres Vaterland heimzukehren. Niemand hat sich um sie gekümmert. Außerdem gibt es nicht wie in Deutschland einen Wiedergutmachungsanspruch, denn die Republik Österreich steht ja nicht in der Rechtsnachfolge des Deutschen Reiches, sie ist – wir wissen es – das erste von Hitler überfallene und annektierte Land. Nur private und in geringem Umfang öffentliche Fürsorge betreut die Opfer, soweit sie sich melden.

...Man sollte in der Staatsoper eine Plakette anbringen, die an alle von den Nazis getöteten Mitglieder erinnert. Doch dazu muß man weiterforschen... Langwierige Ermittlungen... Niemanden vergessen... Menschen wiederfinden... Die Vergangenheit ist die Falle, der wir nicht entrinnen...

6. März 1988 Begegnung mit dem Kardinal

Ein erstaunlich rüstiger Achtzigjähriger reicht mir die Hand, er gibt sich sehr zivil und ohne die Prätention seiner Kardinalswürde. Er habe die Einladung für den 13. März in der Staatsoper gerne angenommen, weil es wichtig sei, einige aufklärende Worte zu sprechen. Das Verhältnis der Österreicher zu den Ereignissen von 1938 sei gestört, man wolle nicht gerne daran erinnert sein. Und niemand habe bisher offiziell das Wort »Schuld« gebraucht, nicht Kollektivschuld, aber die Schuld der vielen einzelnen, die in dieser Zeit beteiligt waren an Verbrechen oder auch nur mitgezogen sind in einen Krieg, den sie bestimmt nicht gewollt, dann aber mit großem Einsatz mitgemacht haben. Schuld und Opfer, das sei ein wichtiges Thema.

»Die christliche Kirche kann sich dabei nicht ausnehmen. Sie hat sich 1938 zu leichtfertig mitreißen lassen von nationalen Gefühlen, doch schon bald hat man gemerkt, welchen Satanspakt man da eingegangen ist. Da war es zu spät. Aber es ist nie zu spät, Schuld einzugestehen. Das Verhältnis der katholischen Kirche zu den Juden ist ein finsteres Kapitel. Ich muß dringend etwas dazu sagen. Die katholische Kirche trägt über viele Jahrhunderte eine Mitschuld am Antisemitismus – aus falscher Auslegung der Passionsgeschichte. Jesus und die Jünger und die ersten Christengemeinden waren Juden... Altes und Neues Testament sind nicht zu trennen. Gott sei Dank sind in dieser Frage endlich im Zweiten Vaticanum die nötigen Klarstellungen erfolgt.«

Zum Thema Waldheim wolle er nicht Stellung nehmen, dann müsse er auch Stellung nehmen zu denen, die diese Tragödie angerichtet hätten. Man könne sich dazu nur indirekt äußern. Er müsse als Geistlicher Gerechtigkeit üben – beiden Seiten gegenüber. Seine Aufgabe sei es aber auch, die Wahrheit zu sagen und offen zu sein im Hinblick auf eine bessere Zukunft...

12. März 1988 Angst vor der Wiederkehr des Bösen

Einladung einer angesehenen Wiener jüdischen Familie. Man hat Angst vor dem 50-Jahr-Gedenken an die Wiener Ereignisse von damals. Die Waldheim-Emotionen schüren den Antisemitismus. Es gibt anonyme Anrufe, Wandschmierereien. Im Burgtheater bei der Premiere des »Stellvertreter« hat auf das Wort »Gaskammer« jemand mit Beifall den Zwischenruf »Lüge« gemacht. Das Klima ist sehr gereizt. Es gibt so etwas wie einen Kulturkampf. In Salzburg in der Kollegienkirche, anläßlich der Tabori-Inszenierung von Franz Schmidts Oratorium »Buch mit sieben Siegeln«, sind Töne zu hören gewesen wie 1938. Was alles gemutmaßt wird über Alfred Hrdlickas geplantes Mahnmal gegen Krieg und Faschismus erinnert stark an alte Nazitöne. Und erst die Diskussion über den »Heldenplatz« von Thomas Bernhard, dabei kennt noch niemand das Stück... Da wird wieder geschürt gegen Juden, Ausländer, Kommunisten, Nestbeschmutzer. Die Presse läßt sich ganz schön hineintreiben in diese Stimmung oder schürt die Hetze gar. Das kann nicht mehr lange gutgehen, dann sind die ersten Opfer fällig.

Von einst mehr als 200000 Juden leben jetzt nur noch ein paar tausend in Wien. Sie fühlen sich ausgegrenzt und bedroht, wenn sie auch manche Förderung genießen. Die Ereignisse von 1938 sind nicht überwunden, ihre Symptome sind weiter spürbar.

13. März 1988 Die Opfer ehren

Gedenkrede zur Erinnerung an den 13. März 1938:

Bruno Walter, bis 1938 Dirigent der Wiener Staatsoper, schreibt in einem Brief am 22. April 1938: »Schwer zu ertragen ist der Untergang von Österreich, schwerer der Triumph des Bösen und der fürchterlichen Ungerechtigkeit, am schwersten das Leid und die Sorgen der zahllosen zerbrochenen menschlichen Existenzen, ihre Angst und Ratlosigkeit. Die Welt gewährt einen trostlosen Anblick: entweder flößt sie Abscheu – oder Mitleid ein, und beides in kaum erträglichem Grade.«

Bruno Walter hatte das Glück, in den kritischen Tagen nicht in Wien zu sein; er hörte das Jubelgeschrei der Tausende am Radio. Seine Tochter wurde verhaftet und hat ihm später berichtet, welche

Exzesse des Massenwahns und der Verhetzung sich in Wien abspielten. Carl Zuckmayer hat diese Vorgänge in unmittelbarer Nähe der Oper miterlebt und schreibt darüber: »Was hier entfesselt wurde, war der Aufstand des Neids, der Mißgunst, der Verbitterung, der blinden, böswilligen Rachsucht... Hier war nichts losgelassen als die dumpfe Masse, die blinde Zerstörungswut, und ihr Haß richtete sich gegen alles durch Natur und Geist Veredelte. Es war ein Hexensabbat des Pöbels und ein Begräbnis aller menschlichen Würde.«

Es ist hier nicht der Rahmen, die Ereignisse zu beschreiben und zu analysieren – es geht um die Wiener Staatsoper, ihr Personal und ihr Programm in der Folge des Jahres 1938. Zunächst schien – nach drei vorstellungsfreien Tagen – alles so weiterzugehen wie immer. Zwar durften Publikumslieblinge wie Lotte Lehmann, Jan Kiepura und Richard Tauber nicht mehr singen – andere kamen und wurden begeistert aufgenommen. Zwar dirigierten nicht mehr Arturo Toscanini, Bruno Walter und Josef Krips – andere kamen und traten an ihre Stelle. »Fidelio« wurde am 26. März als Festvorstellung zu Ehren von Hermann Göring gegeben; als künstlerisches Symbol der Befreiung, wie es hieß. Vom Spielplan verschwanden die Werke von Alban Berg, Karl Goldmark, Erich Korngold, Ernst Krenek, Franz Schreker, Jaromir Weinberger, Egon Wellesz, Alexander von Zemlinsky. Der Name Gustav Mahlers wurde ebenso nicht mehr genannt wie der des Verdi-Übersetzers Franz Werfel. Die Werke Richard Wagners, die Adolf Hitler in diesem Hause 1908 bis 1913 nach eigenen Worten gesehen hatte und die seine germanische Ideologie begründeten, dominierten jetzt den Spielplan.

Musik kann sich gegen Mißbrauch nicht wehren, ihr Sinn hängt ab von der Moral der Interpreten.

Ernst Krenek schrieb in der Emigration die Oper »Pallas Athene weint«, und er läßt Sokrates, bevor er den Schierlingsbecher zu trinken hat, die Worte sprechen, die seine eigenen sein könnten: »Es ist zu spät, jetzt gutzumachen, worin wir alle fehlten. Eure Natur ist gut, doch kann man auf euren Gefühlen wie auf einer Harfe spielen. Und der Widersacher weiß geschickter zu klimpern. Er hat stets unwiderstehliche Melodien.« Die bittere Ironie dieser Worte darf uns nicht davon abhalten festzustellen, daß es nie zu spät ist, gutzumachen, »worin wir alle fehlten.«

Gewiß hat es nicht an Beispielen von Opfermut und Hilfsbereitschaft gefehlt, doch Haß und Gleichgültigkeit waren stärker als Menschenliebe und Toleranz.

Auch die Wiener Staatsoper blieb von der Denunziationspolitik des Nazisystems nicht verschont, wenn es hier auch gelegentlich mildere Auslegungen der Gesetze gegeben haben soll. In den Monaten März bis September 1938 wurden 68 Mitglieder der Wiener Staatsoper entlassen oder zwangsweise pensioniert. Die Namenliste beginnt mit Bruno Walter, Kapellmeister, und endet mit Helen Sgalitzer, Beamtin; sie schließt die Namen von Lothar Wallerstein, Oberregisseur, und Magarethe Wallmann, Ballettmeisterin, ein. Die Schicksale vieler dieser Opfer der politischen und rassischen Verfolgung sind bis heute noch nicht aufgeklärt. Einige konnten unter Verlust ihres gesamten Besitzes emigrieren, andere tauchten unter und hatten das Glück, zu überleben. Vier Mitglieder wurden wegen Widerstand verhaftet und zu Gefängnisstrafen verurteilt. Wir konnten in den Totenlisten der Konzentrationslager feststellen, daß folgende Mitglieder der Wiener Staatsoper ermordet wurden: die Orchestermusiker und Mitglieder der Wiener Philharmoniker Moritz Glattauer, Victor Robitsek, Max Starkmann, Julius Stwerka, Armin Tyroler, der Bühnenarbeiter Siegmund Kellner, der Löschmeister Anton Kubitzer.

Das ist das erste Ergebnis unserer Nachforschungen – und nicht das Ende der Bilanz des Todes.

Wenn wir die Namen früherer Kollegen heute hier nennen, so schließen wir zugleich die Namen aller unbekannten Opfer dieses unmenschlichen Systems mit ein.

Ihr Tod ist die Mahnung, uns die Geschichtserfahrung der Jahre 1938–1945 bewußtzumachen und unauslöschlich im Bewußtsein zu erhalten.

Die Opfer zu ehren muß zugleich bedeuten, künftige Schuld zu verhindern:

durch die Beherzigung der Worte des Demokrit: »Unrecht zu erleiden ist besser als Unrecht zu tun«,

durch täglich geübte Toleranz

und durch die Beachtung der nach Karl Popper wichtigsten demokratischen Grundregel: »... daß die Minoritäten ihre Freiheitsrechte haben, die niemals durch Majoritätsbeschluß beseitigt werden können.«

13. März 1988 Die Gedenk-Matinee

Zu der Matinee zum Gedenken an den März 1938 sind erschienen: der Bundeskanzler und einige Kabinettsmitglieder, Repräsentanten aus Kunst und Wissenschaft, Vertreter des diplomatischen Corps und sonst die Personen, die sich bei diesem Thema angesprochen fühlen. Es bleiben etliche Plätze leer.

Die, die es eigentlich angeht, fehlen natürlich; man hofft auf die Medien. Und die, die diese Matinee ausrichten, sind eigentlich auch die Falschen, nämlich keine Österreicher. Gerd Albrecht dirigiert die »Tragische Ouvertüre« von Johannes Brahms, die »Pallas Athene Sinfonie« von Ernst Krenek und das Melodram »Ein Überlebender aus Warschau« von Arnold Schönberg. Maximilian Schell spricht die Texte.

Die Worte von Kardinal Franz König finden den richtigen Ton. Er beschönigt nicht, er dramatisiert nicht, er sucht zu verstehen – und zu verzeihen. Nicht im Sinne des Vergessens, sondern um einer besseren Zukunft willen. Dabei schont er seine eigene Kirche nicht: « Als Mann der Kirche muß ich nochmals sagen, ... daß wir als Christen uns der Schuld bewußt sind, einem christlich-religiös verbrämten ebenso wie einem nationalen Antisemitismus nicht entsprechend entgegengetreten zu sein. « Er sucht aus der Geschichte zu lernen und das »Gemeinsame vor das Trennende zu stellen«, und er schließt versöhnlich mit der Hoffnung auf eine bessere gemeinsame Zukunft.

Seine Worte haben moralische Autorität in diesem Lande. Er hat große Verdienste um die ökumenische Bewegung und um eine wahrhaft christliche Toleranz Andersgläubigen und Andersdenkenden gegenüber. Er strahlt große menschliche Güte und Wahrhaftigkeit aus.

Das abschließende Melodram von Arnold Schönberg, das die Zwölftonsprache verleugnet, sucht die dramatische Situation zu vergegenwärtigen. Ein erschütterndes Dokument.

15. März 1988 Herr Karl-Papageno

Otto Schenk hat darauf bestanden, keinen wienerischen Papageno auf die Bühne zu stellen. Statt dessen wurde der charmante dänische Buffo Mikael Melbye engagiert. Und das in Wien. Die Ausrede, es gebe keine guten wienerischen Darsteller für diese Partie, nach Erich

Kunz, kann nicht gelten. Überall auf der Welt wird der Papageno von wienerischen Sängern gespielt.

Schenk hat wohl eine Idiosynkrasie gegen alle diese überlieferten Wiener Späße und Extempores. Er möchte eine reine Spielfigur Papageno, auf die Funktionen beschränkt. Dahinter könnte eine Portion Lebenserfahrung stecken. Der Papageno ist nämlich ein typischer Wiener, und wenn man es genau nimmt, kein sehr sympathischer.

Nun wird man natürlich sofort auf die Rolle der lustigen Person verweisen, auf die Vorfahren des Papageno bis hin zu den merkwürdigen Vogelmenschen oder Sirenen der Antike. Er sei eben der typische Domestike mit dem Sinn für das Nächstliegende, gutes Essen und Trinken und die Freuden der Liebe. Man solle nicht mehr in ihm sehen und sich an seiner Lebenskunst freuen...

Aber dieser Papageno hat auch Nachfahren, und einer davon ist der berüchtigte »Herr Karl« von Helmut Qualtinger. Das ist der Papageno zeitversetzt, in schweren Zeiten; der subalterne, auf Essen, Trinken und Überleben bedachte Wiener Raisoneur. Er hat Federn gelassen und gewiß keinen so edlen Herren wie den Prinzen Tamino und keine so reizende Partnerin wie das alterslose Fräulein Papagena. Die Lust ist ihm überhaupt vergangen in diesen Zeiten, er hält sich an das richtige Glas zu jeder Tageszeit...

Natürlich gehört es zur Komödie, über die Schwächen der Menschen, manchmal auch über ihre Gebresten zu lachen; aber ein bitterer Bodensatz bleibt zurück, wenn man sich diesen Papageno einmal in einem anderen Kostüm vorstellen würde.

Gewiß, er tut keiner Fliege etwas zuleide, aber er hat auch keinerlei Zivilcourage. Er ist weder standhaft noch duldsam noch verschwiegen. Er rühmt sich großer Taten und ist doch in Gefahr als erster verschwunden. Sein Mundwerk steht nicht still, außer wenn man ihm ein Schloß davorbindet; er schimpft auf Gott und die Welt, wie es gerade kommt. Kurz, er ist ein echter Opportunist, immer da, wo das rechte Glöckchen klingt. Er taugt sicher nicht für Amt und Würden, aber dazu gibt es ja andere Herrschaften. Und wenn er in seiner schlechten Laune, wie ein echter Wiener, Selbstmord verüben will, glaubt's ihm keiner. Er ist nichts als der kleine Mann, eine ganz und gar ungeschichtliche Existenz. In Wien. Entfernt verwandt mit einem gewissen Herrn Schwejk... Beängstigende Frage: Geht er auch zur Wahl? Gehört er vielleicht sogar einer Partei an? Welcher? Lästige Fragen, lassen wir das...

Papageno ist ein Spaßmacher, nichts als das. Wir befinden uns in einem Märchen, das mit der Wirklichkeit nichts, aber auch gar nichts zu tun hat.

20. März 1988 Gespräch der »Freunde«

Ein zu mitternächtlicher Stunde bei der Premierenfeier zur »Zauberflöte« im Freundeskreis erlauschtes Gespräch:

H: Mit dieser Premiere wird sich der Direktor auch nicht retten.

S: Man kann eben in Wien die »Zauberflöte« nicht spielen, wenn man kein Ensemble hat...

H: Und dann muß man diese »Zauberflöte« noch im Blocksystem ansetzen, wegen Harnoncourt...

S: Der ist natürlich auch überschätzt. Mir wäre jeder gute Repertoirekapellmeister lieber...

H: Und der Schenk, das muß man doch wissen, daß man in Wien mit dem Schenk keinen Staat machen kann; der hängt uns doch allen zum Halse heraus...

S: Da war mir doch die alte »Zauberflöte« vom Herz lieber, die hatte wenigstens Charakter...

H: Aber vielleicht macht der Waechter demnächst eine »Zauberflöte« von Savary, die kann man vielleicht in die Staatsoper übernehmen...

S: Wozu brauchen wir überhaupt zwei »Zauberflöten«, das Stück gehört eigentlich in die Volksoper...

H: Mich kannst du mit der »Zauberflöte« jagen, besonders wenn sie so unnatürlich gesungen wird. Man sollte den Ausländern die »Zauberflöte« verbieten.

S: Du übertreibst, Luciana Serra war große Klasse...

H: Aber auch die einzige... Gehn wir...

26. März 1988 Ballettstar wird Ehrenmitglied

Rudolf Nurejew feiert seinen 50. Geburtstag als Prinz Siegfried in »Schwanensee«. Gute Momente, die an früheren Glanz erinnern, vor allem mit Partnern, aber seine Sprungtechnik zeigt nur noch einen Schatten seiner selbst. Seine Tours en l'air bleiben erdenschwer, seine Pirouetten sind kurz und unsauber. Aber charmant ist er wie eh und je. Der Schalk sitzt ihm im Auge. Er macht keinen Hehl daraus, daß er Geld verdienen muß.

Wir erinnern uns gemeinsamer großer Tanzereignisse. Zum erstenmal in Wiesbaden mit dem Royal Ballet, als er auf dem einen Gleis abfuhr, während seine ehemalige Kirow-Kompanie auf dem anderen Gleis eintraf. Oder an die vielen Abende mit der Zürcher Kompanie unter Pat Neary. An seine Produktionen von »Raymonda« und »Don Quijote«, ganz besonders an »Manfred« und »Apollon musagète«, die Gastspiele in London, Washington und Athen...

Er hat die russische Kirow-Tradition in das westliche Repertoire übertragen und dabei seinen klassischen Tanzstil allen zum Vorbild gemacht. Seine Starallüren waren der Alptraum der Veranstalter; dabei war es nur die Angst vor dem Mißlingen und das Maß der Anforderung an die eigene Leistung, die ihn zum Schwierigen werden ließen. Wohl auch ein wenig der Übermut der Unerreichbarkeit, der Nimbus des eigenen Könnens...

Rudolf Nurejew wird »Ehrenmitglied« der Wiener Staatsoper, weil »Kammertänzer« ja wohl absurd wäre. Und die Philharmoniker spielen für ihn um 2 Uhr nachts – ohne Honorar – das »Dritte Brandenburgische Konzert« als Festmusik im Hotel Imperial. Rudi liest in der Partitur mit und ist zu Tränen gerührt. Eine Hommage an den großen, gefeierten Ballettstar, den sie so oft begleitet haben.

7. April 1988 Die Dressur des Direktors

Nach viereinhalb Monaten beantwortet die Ministerin ein Schreiben der Direktion, in dem entgegen der allseits lamentierten Finanzkrise hoffnungsvolle Aussichten angekündigt werden. Sie versucht, diesen Optimismus durch die Abschlußzahlen des Jahres 1987 zu widerlegen. Daß das unverschuldete Defizit um 10 Millionen Schilling gegenüber dem Voranschlag reduziert werden konnte, wird kaum vermerkt. Sie scheint die Ursache der Finanzprobleme nicht zu kennen oder nicht zu akzeptieren und hält sich an die Kameralistik. Sie verweist darauf, daß ein nochmaliger Budgetausgleich durch den Finanzminister nicht erfolgen könne. Also weiter sparen und den Riemen enger schnallen.

Der Brief wäre der Erwähnung nicht wert, wenn er nicht Ausdruck einer bestimmten Haltung wäre. Der Direktor muß an die Kandare genommen werden, diese Dressur ist wichtiger als künstlerische

Resultate. Die »harmonische, fürsorgliche und sachliche Zusammenarbeit«, von der im Brief die Rede ist, wird auf die Budgeterfüllung reduziert. Nur daran ist die Direktion zu messen. Also eine offizielle Distanzierung. Ein gefährliches Symptom.

Warum gibt es in diesem Lande, das sich eine Kulturnation nennt, keine Fachleute für Kulturarbeit? Warum werden die Ministerien nach dem Proporz mit Ministern besetzt, die keine eigentlich fachliche Vorbildung besitzen und nicht einmal ein echtes Interesse für Musik und Oper haben? Wenn ich aus meiner langen Erfahrung an Persönlichkeiten wie Kurt Hackenberg in Köln oder Hans Sulzer in Zürich zurückdenke, wird mir bewußt, wie inkompetent dieses Ressort in Wien besetzt ist. Gewiß, auch andernorts ist das Spannungsfeld zwischen Kunst und Verwaltung Anlaß heftiger Konflikte; aber meist gibt es Kulturausschüsse oder Rekursinstanzen, die Meinungsverschiedenheiten schlichten. In Wien ist der Direktor ausschließlich der Gunst und Gnade seines Ministers ausgeliefert. Und niemand hilft ihm, wenn er nicht der Wunschkandidat der politischen Majestät ist. Soll er antichambrieren, komplimentieren, intrigieren? Niemals...

12. April 1988 Love-Story mit Happy-End

Der Schimmel fehlt, der berühmte Schimmel, auf dem Minnie am Schluß einreitet, um ihren Dick vor dem Tode zu retten. Der Schimmel, der Maria Jeritza in dieser Partie berühmt gemacht hat... er ist den Sparübungen und modernem Regiedenken zum Opfer gefallen. Minnie kommt zu Fuß, ihre Persönlichkeit ist stark genug... Mara Zampieri braucht keinen Westernkitsch.

Viele Opernfreunde rümpfen die Nase, wenn sie Puccinis Tribut an die amerikanische Nation meinen, diesen Buffalo Bill mit italienischem Belcanto. Das Milieu ist durch das Kino in Verruf geraten; doch die Partitur zählt zum Besten, was Puccini komponiert hat, speziell der erste Akt. Wie filigran diese Goldgräbertypen musikalisch erfaßt sind, wie sich in diesem schweren Ensemble Atmosphäre bildet und Handlung vorbereitet, das ist von großer Meisterschaft. Aber es ist eine Oper, in der nicht gestorben wird, der amerikanische Optimismus verträgt keine Tragödie. Und deshalb fließen auch nicht die kostbaren melodiösen Tränen, die Puccini so wirksam machen. Nichts als eine halbkriminelle Love-Story mit Happy-End... und ein paar sparsamen Caruso-Melodien. Es fehlten Sentiment und Schicksal, um in das europäische Opernrepertoire eingehen zu können.

Doch für Placido Domingo tut die Wiener Oper alles, sie holt sogar die verstaubte Dekoration von Robert O'Hearn aus dem Magazin, läßt die Szene durch Wolfgang Weber überarbeiten und engagiert einen Dirigenten, der in dieser Partitur zu Hause ist: Leonard Slatkin. Und der angeschossene und beinahe aufgehängte Cowboy singt strahlend wie einst Caruso und spielt dabei besten Italo-Western. Sein Rivale kann nicht gefährlicher und brutaler sein als Silvano Carolli. Mara Zampieri ist überall dort besonders gut, wo sie ihren Sopran mit einer Prise von Willenskraft und Charakterfarbe würzen kann.

22. April 1988 »In den Sommermonaten...«

Offizielle Mitteilung: Die Ministerin hat die Frage der Verlängerung des Direktorenvertrages »für die Sommermonate 1988 in Aussicht genommen«. Es sind keine vertraglichen Verpflichtungen über die Spielzeit 1990/91 hinaus einzugehen. Damit wird die Planungsvollmacht, die Minister 2 für 1991/2 gegeben hat, widerrufen. Ein Alarmsignal.

Und was soll mit dem Mozart-Zyklus anläßlich des 200. Todestages am 5. Dezember 1991 geschehen? Und mit der verschobenen Inszenierung »Les Contes d'Hoffmann«? Mit den Gastspielen in London, Sevilla, Mailand...? Es ist Dispens zu üben, die Verhandlungen sollen jedoch nicht unterbrochen werden.

Im Klartext: Man will freie Hand haben bei Neuverhandlungen und »Reformen«. Die künstlerischen Erfolge zählen nicht, die Bemühungen um Einsparungen werden nicht gewertet. Nach 20 Monaten Amtszeit werde ich zur Disposition gestellt.

28. April 1988 Der Abschuß-Spezialist

Und schon steht es in der Zeitung: »Operndirektor Drese hat wenig Zukunftschancen in Wien«. Der bekannte Abschußspezialist »nd« geht auf die Jagd. Er weiß immer alles aus erster Hand und hat die richtige Lunte. Seine Interviewpartner hüten sich, über künstlerische Fragen zu reden, es geht immer nur um Finanzielles. Um »sehr komplizierte und deshalb teure Inszenierungen oder um interessante, aber im Repertoire nicht nützliche Werke«... Um zu viele und zu teure Gäste, zum Beispiel bei »Il viaggio a Reims«, aber man kann selbstverständlich nicht entscheiden, »ob alle Gäste notwendig waren«.

»Die Staatsoper braucht über kurz oder lang den beruhigenden, klug disponierenden, heimischen Chef... Er müßte am Ring das zuwegebringen, was Eberhard Waechter am Währinger Gürtel sichtbar versucht«... Die Wiener Mafia ist am Werk.

29. April 1988 Ehrliches Theater

Begegnung mit Dieter Dorn in München. Er ist einer der maßgebenden deutschen Regisseure, Kammerspieldirektor und dazu ein klarer und nobler Charakter. Kein Wort zuviel, keine Phrase, sondern präzise Formulierung künstlerischer Prozesse. Er sollte den Münchener »Ring« inszenieren, hat sich wegen unseriöser Bedingungen zurückgezogen. Aber der »Ring« fasziniert ihn, irgendwann und irgendwo will er sich dafür Zeit nehmen.

Es geht darum, eine neue Theatralik zu suchen – mit einfachen Mitteln. Er bezieht sich auf Peter Brooks »Leeren Raum«... das zweite Stück hinter dem Text ist zu suchen. Die Geschichte muß neu erzählt werden, ohne daß man sich zeitlich festlegt. Zuerst brauche er eine »Suchphase«; wie in einem Laboratorium möchte er mit jungen Sängern – nicht vorgeplant – den Stil des einfachen Theaters mit seiner Körpersprache, seinen Verwandlungen ausprobieren. Nach drei Monaten erfolge dann die Anwendung auf das große Haus mit Präzision, Technik und Beleuchtung. Er müsse wie in einem Sandkastenspiel seine eigene Sprache finden. Er erzählt vom gelben Kasten seines »Faust« und dessen Möglichkeiten. Er ist am Nô-Theater, an ethnologischen Mustern interessiert. Die neue Primitivität, die gerade bei mythologischen Stoffen zu finden ist. Also kein altbackenes Illusionstheater mit den Maschinen des 19. Jahrhunderts, sondern wirklich eine neue Phantasie. Dieter Dorn ist ein Fundamentalist des Theaters und doch erfüllt von den Verpflichtungen des Betriebes. Er hält nichts von dem Benutz- und Zitiertheater unserer Zeit. Er will zurück zu den einfachen Dingen, zum Menschen, der sich auf der Bühne die Welt erschafft. Keine Fertigfabrikate verwenden, keine vorgeformten Muster und Klischees. »Das Theater muß wieder lernen, ehrlich zu werden.«

Man muß die Termine und die Möglichkeiten des »Laboratoriums« genau prüfen. Die Münchener Kammerspiele brauchen ihn. Es wäre zu schön ... aber vielleicht ist er zu schade für Wien.

1. Mai 1988 Nibelungentreue

Jürgen Flimm hat im Hamburger Thalia-Theater Friedrich Hebbels »Nibelungen« inszeniert, beide Teile werden nacheinander gespielt, nachmittags »Siegfrieds Tod«, abends »Kriemhilds Rache«. Die deutsche Tragödie ist gemeint. Wie recht hat Hermann Göring gehabt, als er 1943 Stalingrad mit dem »Kampf der Nibelungen« verglich. Nur hat sich niemand gefragt, wer eigentlich der Nibelung ist: Hagen, Siegfrieds Mörder, als Führer in den Tod. Man hat es mit der Mythologie nicht so genau genommen, es ging um die »Nibelungentreue«, gleichgültig, welche Werte gemeint waren.

Beginn also mit Stalingrad, Feuer und Tod, der deutsche Untergang. Dann der Biedermeiersalon als bürgerlicher Ausgang, allmählich entfaltet sich das Stück. Siegfried tritt auf mit Lichtglanz, durch wehenden Vorhang. Gemalte Rundhorizonte von Erich Wonder, großes Wolkenpanorama, durchleuchtet, dahinter moderne Häuserschluchten. Ein Irgendwann in der Zeit, man benutzt Lanzen, Schwerter, Schilde im Mensurlook und Biedermeierhemd, schwarze Pelzmäntel statt Rüstung und Uniform. Hagen nimmt genau Maß, bevor er Siegfried mit der Lanze in den Armen seines Königs Gunther ersticht. Blut sickert aus dem Mundwinkel. Klare Gestik, einfaches Sprechen, durchdacht.

Im zweiten Teil eindrucksvoll der Aufbruch ins Hunnenland, im Einbaumschiff die stehenden Könige im Wehrmachtsdreß (in weißen Tarnmänteln), in Etzels Halle (gemaltes Panorama) mit Räucherstäben und Fackeln. Der lange Weg zum Tode. Obwohl deutlich distanziert zu Hagen, gemeinsames Sterben, »Nibelungentreue«, Treue zum Verbrecher aus Staatsräson. Solidarität aus falsch verstandener Ehre, aus »Schicksalsgemeinschaft«.

Auch bei Richard Wagner wird Siegfried kritisch gezeichnet. Er verläßt und verrät Brünnhilde, mehr noch, er wirbt sie für einen anderen – und alles aus rasch entfachter Liebe zu Gutrune (Kriemhild), also aus Untreue. Das hat den neudeutschen Germanismus nie daran gehindert, Siegfried zu verherrlichen. Man hat nur den strahlenden jungen Helden gemeint, nicht den todgeweihten Verräter. Mythen erweisen bald ihre magische Ambivalenz.

8. Mai 1988 Der unbekannte Schubert

»Fierrabras«: auf dem Zwischenvorhang ein Schwarm Krähen, jene Vögel, die Franz Schubert die Treue gehalten haben – bis zum Grabe. Symbol für Lebensnot und Todesahnung, Symbol für die Melancholie der Seelen, die Freund und Feind in den Lüften verbindet. Sehnsucht nach der Fremde, nach dem Süden, nach dem Tode. Diese letzte Oper Schuberts vereinigt alle Motive der Flucht aus der Metternich-Enge Wiens: Nazarenergeist und Sehnsucht nach der wahren Heimat, Flucht ins romantische Mittelalter, in die Zeit Karl des Großen, und Flucht in den privaten Kult der Freundschaft. Diese Summe seines Lebensgefühls gilt es endgültig zu entdecken.

Ruth Berghaus hat den Biedermeiergeist mit seinem Freundeskult genau verstanden, bis zum Wechsel der Kostüme, den Bänderspielen und Wanderfreuden, ein zusammengeknotetes Taschentuch auf dem Kopf. Der scheinbar so dürftige, verworrene Text von Josef Kupelwieser wird transparent für die Seelenzustände der Schubertzeit. Eine Jugend, die sich liebt und nicht zusammenkommt, die unter falschen Väterautoritäten leidet, vom Zufall versprengt wird in feindliche Lager – und kämpfend, leidend wieder zusammenfindet. Eine Jugend, die Nationalität und Religion aufgibt, weil sie Liebe und Freundschaft für wichtiger hält. So dramaturgisch ungeschickt das auch gestaltet sein mag, diese Sprache will Musikanlaß sein und nicht rational gefügtes Drama. Das muß man erst wissen und akzeptieren, dann tut sich in diesen stationären Bildern eine Seelenlandschaft auf, die durchaus verwandt ist mit dem gleichzeitig komponierten Liederzyklus »Die schöne Müllerin«.

Das »Heroisch-Romantische« dieser Oper wirkt absurd, ohne Realität, als reine Phantasterei, als »prätentiöser Unsinn«. So mußte das Verdikt von Eduard Hanslick lauten, das Werk setze einen »vollständigen Kindheitszustand des Publikums« voraus. Aber gerade da muß man den Schlüssel ansetzen – und die Musik wird sich in freien Bildern entfalten. Diese Musik verdient wirklich neu gehört zu werden; sie ist voller Herzenstöne, volksliedhaft natürlich und auch in den großen Ensembles und Chören sehr wohl dramatisch. Sie weiß sich zwischen »Fidelio« und »Freischütz« zu behaupten – und wäre sicherlich auch 1823 verstanden worden, wenn nicht kurz vorher die Enttäuschung über Carl Maria von Webers »Euryanthe« einen Stimmungsumschwung veranlaßt hätte.

Claudio Abbado ist der Missionar dieses Werkes, und behält recht.

Über das Szenische sollen sich die Kritiker zerraufen. Die Inszenierung ist von hoher Professionalität, überzogen in manchem Detail, aber von optischer Kraft und Eindringlichkeit. Das Publikum spürt den Ernst der Bemühung und gibt sich willig hin – bis auf die notorischen Buhrufer, die heute nötig sind, um einen Erfolg zu dokumentieren. Unter allen Mitwirkenden muß vor allem der Arnold-Schönberg-Chor hervorgehoben werden – sowohl wegen seines Klanges als auch wegen seiner Spielbegabung. Eine Wiener Wiedergutmachung an Franz Schubert, die schon lange fällig war.

Gespräch in der Pause mit der Ministerin: »Sie werden doch wohl dieses Stück nicht in der Staatsoper spielen?«

»Aber selbstverständlich. Es ist fest geplant. Gefällt Ihnen die Aufführung nicht?«

»Das Stück ist völlig unverständlich. Die Staatsoper ist dafür zu schade... hier im Theater an der Wien kann man solch ein Experiment machen...«

»Und die Musik?...« Keine Antwort mehr, andere Verpflichtungen...

10. Mai 1988 Die Wahrheit der Krähen

Wien ist auf Fließsand gebaut. Nirgendwo fester Grund. Das spiegelt sich in den Menschen. Niemand traut dem anderen. Jeder weiß es besser, alles relativiert sich von Tag zu Tag, von Stunde zu Stunde. Es bilden sich Strömungen, Anziehungen und Abstoßungen. Das Neue hat immer Oberhand, man orientiert sich an Gerüchten und Empfindungen und sucht das Echo. Ständig wechselnde Gruppierungen sind die Folge. Hinter der hohlen Hand, im Vertrauen, bilden sich flüchtige Allianzen, sie zerfließen im nächsten günstigeren Augenblick. Es herrscht totale Fluktuation der Beziehungen. Eine unergründlich-unaufrichtige Seifenblasenmentalität. Es ist immer wichtiger, über etwas zu reden, als etwas zu tun. Daraus entsteht ein Oberflächencharme, dem man nur zu leicht verfällt. Die kleinen Gefälligkeiten ersetzen das Notwendige. Unter diesen Umständen wird Vergeßlichkeit zu einer barmherzigen Tugend.

In Wien fließt die Zeit schneller als anderswo, Nichtigkeiten schließen alle Lücken. Menschen werden schneller verbraucht und weggeworfen. Strandgut auf Fließsand. Man achtet nicht darauf. Gestern ist immer. Die Hoffnungen sind so kurzlebig wie die Erfolge nichtig. Das Gedächtnis fließt dahin wie der Sand, in dem man versinkt.

Wien ist die Stadt der Krähen. Sie sind die wahren Zuschauer; sie wissen die Wahrheit. Und schreien...

13. Mai 1988 Gerötete Stimmbänder

Freitag. Kurz vor 14 Uhr meldet sich Luciano Pavarotti vom Arzt. Er hat gerötete Stimmbänder und weiß nicht, ob er singen kann. 15 Uhr: Versuche, andere Tenöre für »Elisir d'amore« zu finden, sind vergeblich. Entscheidung auf 17 Uhr vertagt. Pavarotti kommt, schminkt sich, beginnt zu speisen, dann einige Vokalisen. Die Vorstellung beginnt, als sei nichts gewesen. Nach »Furtiva lagrima« 30 Minuten Applaus. Pavarotti verbeugt sich, geht wieder in die Rolle zurück, er atmet tief, inhaliert quasi den Applaus. Er zeigt Künstlerschmerz, demütigt sich vor dem Publikum. Dann weist er entschlossen auf den Dirigenten, mit Feldherrnpose – und singt die Arie zum zweitenmal. Ein gekonntes Zermoniell. Man weiß bei ihm nie, ob alles nur Berechnung ist oder Übersensibilität. Auch seine Allüren haben Kunstcharakter.

14. Mai 1988 Magie der Zahlen

In Wien haben Zahlen einen besonderen Charakter, vielleicht sogar etwas Dämonisches. Und nirgends habe ich bisher so gespürt, wie manipulierbar Zahlen sind. Nicht im Sinne einer Fälschung, sondern in ihrem Aussagewert. Wie oft kommt es darauf an, wann und auf welchem Konto Buchungen vorgenommen werden, ob Reserven Berücksichtigung finden oder Vorgriffe stattfanden. Wenn man dann den Zahlen einen moralischen Wert beimißt, können sie zu Schlingen werden und Ersticken verursachen. Zahlen machen sich selbständig, werden zu Jonglierringen oder Balancestangen, sie gewinnen etwas Circensisches. Mit Zahlen läßt sich trefflich streiten, mit dem Florett, aber auch mit dem Holzhammer.

Niemand hat mich vor vier Jahren eingeladen, die Finanzen der Bundestheater zu sanieren. Ich hätte mich geweigert, weil ich gerade in Zürich eine ähnliche Kur erfolgreich abgeschlossen hatte. Minister I hat nie von Sparen gesprochen. Die Wiener Staatsoper sollte weltweit die beste sein. Niemand hat je über Finanzprobleme dieses Instituts lamentiert. Kaum bin ich in Wien, redet man nur noch über Zahlen. Zahlen emanzipieren sich und werden zum Spielball der Presse und zu Waffen potentieller Nachfolger... (an denen ja in Wien nie Mangel herrscht).

Nun werde ich ersucht, innerhalb von zehn Tagen zu einer Budgetüberschreitung mit entsprechender Hochrechnung Stellung zu nehmen und sofort wirksame Einsparungsmöglichkeiten aufzuzeigen, da »eine Beibehaltung der bisherigen Ausgabenpolitik nicht für vertretbar erachtet« wird.

Es scheint in diesem System die rechte Hand nicht zu wissen, was die linke tut. Zwei Buchhaltungen, die rivalisieren und immer verschiedene Zahlen haben. Die eine ist nahe am Ort des Geschehens und wohlinformiert, die andere im Bundestheaterverband für vier Theater zuständig und mit der Budgetkontrolle betraut. Prioritätsrechte und Prestige spielen eine große Rolle.

Die Fehlerquellen sind rasch aufgeklärt, bereinigte Kalkulationen werden vorgelegt. Durch diverse Sparmaßnahmen wird der Fehlbetrag vollständig gedeckt. Das müßte jeden Zahlenmeister überzeugen, doch das Mißtrauen bleibt. Das Zahlenspiel ist viel zu schön, als daß man es sich als Falle für ungeliebte Direktoren aus der Hand nehmen ließe.

18. Mai 1988 Märchen von der Sängerin und dem Tenorkönig

Es war einmal eine große Sängerin. Sie hatte im schönsten Opernhaus der Welt die Rolle einer leidenschaftlichen Frau zu spielen, die einen König liebt. Und dieser König wurde von einem berühmten Tenor dargestellt. Als die mit großer Spannung erwartete Premiere herannahte, wurde sie plötzlich von einer heftigen Erkältung befallen – oder es war die Aufregung: Sie konnte nicht so singen, wie sie es gewöhnt war, und mußte alle weiteren Vorstellungen absagen. Und jeder glaubte, sie würde diese Rolle nie mehr spielen können.

Aber nach eineinhalb Jahren empfand sie plötzlich das Verlangen, die Rolle der leidenschaftlichen Frau, die einen König liebt, wieder zu singen. Und da sie von früher her einen Vertrag mit der Direktion des schönsten Opernhauses hatte, meldete sie sich und forderte ihr Recht. Der Direktor hatte jedoch, da er nicht mehr an eine Rückkehr der großen Sängerin geglaubt hatte, eine andere Darstellerin für die leidenschaftliche Frau, die einen König liebt, engagiert. Und der berühmte Tenor, der sich in die leidenschaftliche Frau verlieben sollte, hatte der anderen den Vorzug gegeben. Man bot ihr, um sie nicht zu enttäuschen, andere gute Rollen im schönsten Opernhaus an. Sie lehnte entrüstet ab: Nur sie könne den König richtig lieben. Doch zur Liebe gehören zwei. Was tun, wenn der König beim Anblick seiner Geliebten eine Gänsehaut bekommt und nicht mehr singen kann? Und wenn die große Sängerin beim Anblick des Königs vielleicht die Wut so packt, daß sie keinen Ton mehr aus der Kehle bringt? Das Publikum des schönsten Opernhauses wollte den Tenor als König sehen.

Der Fall wurde dem weisen Richter vorgelegt, und der entschied folgendes: Zur Liebe kann man niemanden zwingen. Aber Könige dürfen bekanntlich mehrere Frauen haben, die sich seine Liebe teilen; und sie müssen sie unterhalten ganz gleich, ob sie die Liebe in Anspruch nehmen oder nicht. Also soll die wahre Geliebte singen, die eingebildete Geliebte aber warten, ob sich vielleicht bei Seiner Majestät ein Gesinnungswandel ankündigt, was ja vorkommen sollte. Und so geschah es...

Aber nach der zweiten Nacht mit der leidenschaftlichen Frau seiner Wahl erklärte der berühmte Tenor, den König nicht weiter spielen zu können; er sei krank und müsse sich schleunigst auskurieren. Sprach's und reiste ab. Seine erste leidenschaftliche Frau triumphierte: Sie habe einen König zum Rücktritt veranlaßt.

Der Direktor des schönsten Opernhauses suchte einen neuen König. Und dieser hatte nichts gegen zwei leidenschaftliche Frauen, natürlich eine nach der anderen. Und die erste gab zu erkennen, daß sie auch einen anderen König lieben könnte. Augenzeugen berichten von mäßigem Erfolg, was natürlich niemand wundern kann, bei soviel Aufregung...

Die Direktion hatte also das Nachsehen. Die Apanage der Könige ist bekanntlich nicht unbeträchtlich. Aber das Volk liebte die Könige auf der Bühne. Und bezahlte sie. Sogar viel höher, als sie zusammen mit ihren leidenschaftlichen Frauen wirklich kosten.

Und wenn sie nicht gestorben sind... so leben sie noch heute und werden das Spiel auf Wunsch gerne wiederholen.

20. Mai 1988 Der russische »Eugen Onegin«

Die zweimal verschobene Premiere »Eugen Onegin« hat nun endlich stattgefunden. Großer Jubel für alle Beteiligten und die Genugtuung, daß es richtig war, diese Aufführung durchzusetzen, gegen den permanenten Widerstand des Chors, der für das Werk nicht Russisch lernen wollte. Die Wiener Staatsoper ist ein internationales Opernhaus, das die Werke in der Originalsprache spielt und damit auch bei internationalen Besetzungen partizipieren kann. Ein Dirigent vom Range Seiji Ozawas dirigiert das Werk nur in der Originalsprache, und Mirella Freni, Peter Dvorsky und Nicolai Ghiaurov singen ihre Partien eben nur auf Russisch. Die Übereinstimmung von Text und Musik war übrigens Peter I. Tschaikowski so wichtig, daß er die Erstaufführung in Hamburg nicht selbst dirigierte, sondern einem jungen Kapellmeister mit Namen Gustav Mahler überließ. Dieser brachte das Werk dann auch mit nach Wien, es war eine seiner liebsten Opern.

Und sie blieb in Wien sehr populär mit Sängern wie Ljuba Welitsch, Leonie Rysanek, Sena Jurinac, Eva Marton als Tatjana – George London, Dietrich Fischer-Dieskau, Bernd Weikl als Onegin – und Anton Dermota, Peter Schreier als Lenski. Bis dann die unglückliche Premiere im November 1973 passierte, bei der Rudolf Noelte vorzeitig ausstieg und seinem Nachfolger ein sperriges, aber atmosphärisches Bühnenbild von Jürgen Rose hinterließ, in dem der sich zurechtfinden mußte. Und das auch bei der jetzigen Premiere verwendet wird – aus Spargründen – und den Regisseur Grischa Asagaroff an eigenen Ideen hindert.

Die »lyrischen Szenen« nach dem Roman von Alexander S. Puschkin in der Komposition durch Tschaikowski haben drei soziologische Stufen: das idyllische Landleben, das halbfeudal-kleinbürgerliche Provinzniveau und die Eleganz der St. Petersburger Aristokratie – diese bildhafte Abstufung, die für den Weg der Personen so wichtig ist, muß man klar erkennen. Dazwischengeschaltet ist die schicksalhafte Duellszene in kahler Natur. Rudolf Noelte wollte Tschechow inszenieren in seiner bekannten Innenraummanier, bei der die psychische Analyse der Figuren zur Wirkung kommt. Doch die Oper ist anders strukturiert als Tschechow.

»Eugen Onegin« ist eines der sublimsten und ehrlichsten Werke des Musiktheaters. Tschaikowski hat mit Herzblut komponiert; sein eigenes Leben, die tragische Geschichte seiner Ehe, die Seelenfreundschaft zu Frau von Meck sind in dieses so intime Werk integriert. Er ist Onegin, der den glühenden Liebesbrief Tatjanas erhält, diese Liebe nicht erwidern kann und am Ende als ein Gescheiterter der Frau seines Lebens gegenübersteht. Diese Briefszene mit der Tatjana von Mirella Freni zu erleben rechtfertigt allein das monatelange Tauziehen um die Produktion. Die übrige Besetzung versucht, das gleiche Niveau zu halten. Welcher Gremin könnte glaubhafter sein als Nicolai Ghiaurov.

Seiji Ozawa durchglüht diese Partitur. Er weiß den lyrischen unverwechselbaren Klang von »Eugen Onegin« auszumusizieren; alle Farben des Orchesters leuchten. Die Tänze, Polonaise und Walzer, haben federnde Brillanz. Die seelischen Feinheiten der Partitur werden genau erfaßt. Er reagiert auf jede Nuance...

1. Juni 1988 Beschimpfungen

Während die Vorstellungen ausverkauft sind, die Einnahmen weit über der »Tangente« liegen, das Publikum jubelt – muß sich die Direktion in der wüstesten Form beschimpfen lassen. Sie kümmere sich nur um »hübsche Opernraritäten«, während das große Repertoire »dezimiert wird und schlecht geprobt dahinvegetiert«. Es ist von »luxuriösen Dimensionen« und »gigantischem Aufwand« die Rede. Die Direktion unterminiere die »gute Wiener Operntradition«, befinde sich in einer »Führungskrise«. Die Direktion sei verantwortlich für »sorglosen bis prasserischen Umgang mit öffentlichen Mitteln, für Fehlplanung und Chaos und andere interne Murkserei... und schließlich noch für das, was man Unanständigkeit nennt«.

Das ist zuviel. Der Tatbestand der Beleidigung, Verunglimpfung und Kreditschädigung liegt vor. Wenn die Zeitung die Vorwürfe nicht zurücknimmt, erfolgt Anklage.

2. Juni 1988 Selbstdarstellungsmanie

Der Burgherr gibt erneut einen hochdramatischen Monolog von sich. Fäkalien sind seine Lieblingsvokabeln. Beim Bundeskanzler liegt wieder ein neues Rücktrittsgesuch: »Vielleicht schmeiße ich morgen schon alles hin«. Wie lange lassen sich die Politiker diese Narreteien und Provokationen noch bieten? Oder gefällt ihnen diese Selbstdarstellungsmanie?

In einem Interview im Feuilleton der Wochenzeitung »Die Zeit« hat er sich als echter Thomas-Bernhard-Adept geübt. Rundumschlag gegen sein Haus, seine Schauspieler, sein Publikum, gegen die Regierung, gegen Österreich. »Jetzt haben wir ihn«, frohlocken seine Feinde im Bundestheaterverband. Bisher konnten die Schimpfkanonaden des »Piefke« immer noch sachlich auf Mißbräuche bezogen werden, jetzt geht es ins Grundsätzliche. »Das werden wir uns nicht länger bieten lassen...«

Die Show eskaliert, das »Volksempfinden« kocht. Die Presse ist gespalten, während die eine Seite Gift und Galle speit, versucht die andere zu beweisen: »Wien braucht ihn«. Der Bundeskanzler steht vornehm – kritisch über den Dingen. Und Waldheim dementiert, daß er den Burgherrn dezent auf den Nacken geküßt habe.

Die Affäre zieht alle Blicke auf die Burg. Zwei Möglichkeiten: Entweder wird der Direktor mit dem Burgensemble zwangsversöhnt, und es tritt Stille ein – oder der Zwist schwelt weiter, dann brauchen sie ein Ablenkungsmanöver. Um den Burgherrn zu halten, konzentrieren sie sich auf die Oper und schießen dort den Direktor ab, quasi stellvertretend. Man sucht Handlungsbedarf und findet ihn da, wo der geringste Widerstand ist... Das Opernspiel.

5. Juni 1988 Das Waldheim-Tribunal

Zufällig sehe ich in London auf Channel IV das vier Stunden lange Waldheim-Tribunal. Eine vorbildliche englische Gerichtsbarkeit in diesem fiktiven Prozeß, spannende Vernehmungen und Aussagen von wirklichen Zeitzeugen, Opfern und Verantwortlichen. Die Bilder furchtbaren Geschehens werden rekonstruiert: der schmutzige Balkankrieg, Partisanenkämpfe, verbrannte Dörfer, Geiselerschießungen, verschleppte Zivilisten, Judentransporte... Von all dem muß Waldheim als Stabsoffizier gewußt haben. Man kann ihm persönlich keine Verantwortlichkeit nachweisen, es gibt keine Dokumente. Deshalb Freispruch wegen Mangels an Beweisen, nicht schuldig im Sinne des Gesetzes – doch moralisch gerichtet.

Der Film wird in Österreich nicht gezeigt werden, er behandelt das Verhalten eines amtierenden Staatsoberhauptes. Niemand will den Fall aufrühren. Und doch braucht das »Bedenkjahr« gerade diese Auseinandersetzung mit der Vergangenheit. Wer wird der erste sein, der Schuld zugibt?

6. Juni 1988 Richard Wagner beim Five o'clock tea

Im winzigen, aber sehr gemütlichen Dirigentenzimmer von Bernard Haitink hocken wir zusammen, von seiner umsichtigen Sekretärin mit bestem Tee versorgt: Jürgen Flimm, Rolf Glittenberg, der Bühnenbildner, und Marianne Glittenberg, die Kostümbildnerin, darüber hinaus besondere Wagnerkennerin. Und lauschen den noch recht allgemeinen Vorstellungen des Dirigenten über den künstlerischen Reiz und die Gefahren des »Rings«. Er befindet sich gerade im Schaffensprozeß mit Yuri Ljubimow, mehr Opfer als Konspirant. Er will mehr wissen über die Szene: wie man »Rheintöchter« heute schwimmend singen läßt, wie Wotan zu den Nibelungen fährt und wer diese Nibelungen spielen soll, Kinder, Zwerge oder ganz normale Menschen? Und wie die Götter nach Walhall schweben sollen? Wird man einen Regenbogen sehen? Und was macht man in der »Walküre« mit dem Feuerzauber? Die Fragen stehen im Raum, Bedeutung und Ideologie sind nicht gefragt. Haitink scheint ein wenig mißtrauisch zu sein dem deutschen Regietheater gegenüber. Natürlich muß alles modern gedacht werden, aber man sollte das Publikum, das die bekannten Bilder sehen will, nicht enttäuschen...

Jürgen Flimm erzählt von seiner »Nibelungen«-Erfahrung, von der Durchdringung von Mythos und Aktualität. Er lädt Haitink ein, nach Hamburg zu kommen und seine Inszenierung zu sehen. Dabei lernt man die Phantasie des andern kennen. Das wird fest verabredet.

Man spricht über Besetzung und Termine. Plötzlich erklärt Bernard Haitink, er könne nun doch nicht ein ganzes Jahr Covent Garden fernbleiben. Er bitte darum, die Premieren auf zwei Spielzeiten zu verteilen, »Rheingold« und »Walküre« in der ersten Hälfte 1990/91 und »Siegfried« und »Götterdämmerung« in der ersten Hälfte 1991/92, im Mai-Juni 1992 dann zyklisch den ganzen »Ring«. Ein Stich ins Herz. Kann ich über 1991/92 verfügen? Der Brief des Jungen Generalsekretärs: Die Ministerin werde in den Sommermonaten über die Vertragsverlängerung entscheiden...

Ich muß mich zurückhalten. Nicht zeigen, daß damit alles ins Wanken kommt. Plötzlich wird das Gespräch merkwürdig heiter, man erzählt Witze, Anekdoten... Der »Ring« wird zum Phantom. Man wird sich wiedersehen... in Hamburg...

Das Waldorf-Astoria-Hotel, wo wir wohnen, hat einen besonders schönen Palmengarten, ganz im Stile der Queen Victoria. Nachmittags findet dort in altenglischer Art »Five o'clock tea« mit Tanz statt.

Eine Band spielt Slowfox und English Waltz, vor allem beliebte Tangos. Bürgerliche Paare mittleren Alters schieben sich auf der kleinen Tanzfläche und genießen offensichtlich Jugenderinnerungen. Das ein wenig verlorene Regieteam des »Rings des Nibelungen« delektiert sich an köstlichen Scones und träumt von victorianischen Rheintöchtern und Walküren. Man tröstet sich mit Aphorismen im Stile Oscar Wildes... Fricka, das müßte tatsächlich eine Art Queen Victoria sein, man kann verstehen, warum Wotan auf Abwege geriet... und die Walküren müssen viele Federbüsche im Haar haben und prall ins Korsett geschnürt sein... vielleicht kann man zum Walkürenritt einen Cancan tanzen... Und überhaupt darf man das alles nicht so deutsch-ernst sehen, Wagner hatte auch Humor, sächsischen.

In den Sommermonaten wird man wissen, wie es weitergeht... So long...

7. Juni 1988 Un homme du théâtre

Nach der Probe Lunch mit Antoine Vitez. Er hat gerade den Preis der französischen Kritik erhalten für seine Inszenierung des »Soulier de Satin« von Paul Claudel in Avignon. Ich erzähle ihm von meinen beiden Versuchen mit dem Werk in Heidelberg und Wiesbaden und von meiner Bewunderung für Jean-Louis Barrault, dessen Gestalt unvergeßlich mit den Aufführungen des »Seidenen Schuhs« verwoben ist. »Das ist große Theatergeschichte«, meint Vitez, »aber wir dürfen uns davon nicht einschüchtern lassen. Nach dreißig Jahren müssen wir diese Literatur auf der Bühne neu lesen. Sie hat uns ganz etwas anderes zu sagen als die katholische Botschaft. ›Le Soulier de Satin‹ meint gerade die Liebe in glaubensloser Welt, in einer Zeit, die das Christentum verraten hat. Man kann das Werk sehr wohl kritisch sehen, ohne Claudel zu verändern. Natürlich nicht im Sinne Brechts.« Vitez inszeniert nur noch selten Literatur der Gegenwart, er ist auf der Suche nach den Chiffren des Existentiellen. »Die Mythen sagen mehr aus über den Menschen, als der ganze Realismus zeigen kann. Man muß die Gestalten der Mythologie mit heutigen Empfindungen aufladen, dann sind sie lebendiger als Menschen von Marguerite Duras oder Botho Strauß. Sie haben ein Geheimnis, sie sind erfüllt von Schicksal. Das interessiert mich als Regisseur.«

Antoine Vitez ist ein vielseitig gebildeter Theatermann, spricht russisch und deutsch, übersetzt und schreibt, spielt und inszeniert. Von Jugend an Sozialist, sucht er in allem, was er unternimmt, die verlorene Humanität. Und fühlt sich als Europäer des Geistes, der Goethes »Faust« genauso gut kennt wie »Mon Faust« von Paul Valéry, der Racine, Molière und Beaumarchais genau so gerne inszeniert wie Gluck, Mozart oder Wagner. Im Vertrauen verrät er mir, daß bald ein Traum in Erfüllung geht. Er soll Direktor der »Comédie française« werden.

»Mein Wunsch wäre es, in Wien einmal ›Tristan und Isolde‹ zu inszenieren, aber auch ›Les Contes d'Hoffmann‹ oder ›Ariane et Barbe-bleu‹ von Dukas, ein viel zu selten gespieltes Stück. Vor allem aber Wagner...«

9. Juni 1988 Eine Europa-Produktion

Es sollte nicht vergessen werden: Die Geschichte dieser künstlerisch vollendeten Aufführung »Pelléas et Mélisande« beginnt 1985 in der Mailänder Scala. Wir möchten ein europäisches Zeichen setzen, also eine französisch-italienisch-österreichische Gemeinschaftsproduktion herausbringen, die in verschiedenen europäischen Opernhäusern gezeigt wird. Claudio Abbado ist das verbindende Glied. Er will mit dem Werk in Mailand aufhören, in Wien beginnen und dann – wenn möglich – die Serie in Paris oder London fortsetzen. Die Interpreten sollten möglichst Franzosen sein. Also von Anfang an eine echte Gemeinschaftsproduktion. Ein ähnlicher Grundgedanke wie früher bei Herbert von Karajans Zusammenarbeit mit der Scala. Die Frage ist, ob die Wiener diesen europäischen Gedanken akzeptieren oder wieder ein Argument finden, die Absicht ins Gegenteil zu verkehren...

10. Juni 1988 Späte Spende

Zur Einstimmung in »Pelléas et Mélisande« eine Strophe eines Gedichts von Stefan George:

Bescheidet euch mit alten Leidensregeln.
Der Glanz, der war, bringt, wenn auch späte Spende.
Die Geister kehren stets mit vollen Segeln
Zurück ins Land des Traums und der Legende.

11. Juni 1988 »Pelléas et Mélisande«

Zu erleben ist die völlige Einheit von Klang und Raum, von Darstellung und Bild. Der blaue Seidenschleier trennt nicht, er erschließt die Transparenz der Handlung. Die Schauplätze sind: das Meer, der Wald, der Brunnen, die Grotte, das Fenster, die Türe – alles streng stilisiert in halbrunden Formen, von oben und von unten, von außen und von innen. Ein Bildsystem, das makellos funktioniert und Wirklichkeit ins Archetypische übersetzt.

Also ein postrealistischer Standpunkt. Nicht der alte impressionistische Symbolismus, nicht expressionistische Graphik, sondern etwas Neues: unsere neugewonnene Sensibilität für das, was zwischen Menschen und Natur wahrnehmbar gemacht werden kann, im Schweigen, im Fühlen, im Singen... »das geheimnisvolle Lied des Unendlichen«. Claude Debussy macht dieses feine Geflecht von Klang und Sprache, Schweigen und Gebärde zur Kunst. Jede Trivialität ist aufgehoben, das uralte Dreiecksverhältnis zwischen der Frau und den beiden Brüdern wird immer sein, Mélisande verblüht, der blinde, uralte Arkel nimmt ihr Kind in den Arm und geht ins Meer. Metaphern für Eros und Thanatos, Aufhebung der Individuation, Verwandlung alles Lebendigen.

Und wieder eine Aufführung, die sich nicht in der Interpretation von Aspekten festlegt; sowie etwa Hans Neugebauer zusammen mit Achim Freyer, die das Werk bei der Kölner Aufführung in einem »Treibhaus der Gefühle« ansiedelten und dabei die verschiedenen Schauplätze ignorierten – oder Peter Beauvais in Zürich, der einen Ibsen inszenieren wollte, alles blieb vordergründig – oder auch wie Jean-Pierre Ponnelle in München, der einen wundervollen Baum auf die Bühne stellte und das Paradies assoziierte... Antoine Vitez und Yannis Kokkos suchten den Mythos und gaben ihm eine bildhafte Form.

Vollendung auch im Orchester. Claudio Abbado versucht nicht ein impressionistisches Kolorit zu erzeugen, sondern musiziert transparent und sinnlich ein Seelengemälde von außerordentlicher Dichte. Das ist Musik, die uns unmittelbar angeht und nicht erst stilistisch erklärt werden muß. Die Geschichte ist leidenschaftlicher, als man sie je gehört hat, sie ist spannend und trotzdem voll feiner Klangstruktur.

Die Mélisande von Frederica von Stade erfüllt ein Äußerstes an Innerlichkeit und gestischer Disziplin und singt mit vollendetem Ausdruck. Ihre Stimme schwebt über dem Orchester mit traumhafter

Sicherheit. Auch der Pelléas (François Le Roux) könnte nicht besser besetzt sein, stimmlich und als Gestalt. John Bröcheler ist ein Golaud der kalten maskulinen Aktion. Nicolai Ghiaurov ein rührender Arkel. Christa Ludwig als Geneviève zeigt ihren stimmlichen Rang. Nicht zu vergessen die kleine Patrizia Pace als Yniold.

Und doch nur eine *quantité négligeable*?

13. Juni 1988 Falsche Informationen

Die Ministerin stellt in einem Interview fest: Die finanzielle Lage des Burgtheaters sei problemlos, die finanzielle Entwicklung der Staatsoper bereite ihr jedoch große Sorge.

Weiß sie nichts von den Einsparungen und Mehreinnahmen, die das Budget ausbalancieren? Hat sie der Junge Generalsekretär nicht informiert, oder ist das alles nur ein abgekartetes Spiel? Der Burgherr muß gerettet werden, gerade wegen der öffentlichen Kampagne – der Staatsoperndirektor ist das Opfer.

Ich bitte um einen Termin bei der Ministerin. Sie muß mir sagen, was gespielt wird, sofort.

Die Budgetprobleme sind übrigens seit Gustav Mahlers Zeiten das Instrument, um Direktoren abzuschießen. Künstlerische Erfolge werden nicht gewichtet. Mit der gleichen Argumentation hätte man fast jeden Operndirektor zu Fall bringen können, denn der Fehler liegt im System. Politische Protektion ist der einzige Schutz gegen diese Art der Diskriminierung. Man muß das richtige Parteibuch haben oder ins gleiche ideologische Horn blasen...

14. Juni 1988 Aufstehen und gehen!

In der »Presse« ist zu lesen: »Staatsoper: Drese-Ablöse fix, Nachfolger Waechter?

Staatsoperndirektor Dreses Tage in Wien scheinen gezählt. Nach der Premiere von ›Pelléas und Mélisande‹ am Samstag soll in einem Gespräch zwischen Unterrichtsministerin... und Bundestheater-Generalsekretär... dem Vernehmen nach die Nichtverlängerung seines Vertrages beschlossen worden sein. Beste Chancen für die Nachfolge dürfte Eberhard Waechter haben...«

Da ein Gespräch mit der Ministerin verweigert wird, muß ich schriftlich um Klarstellung bitten:

daß die Direktion große künstlerische Erfolge verzeichne,
daß die finanzielle Situation keinen Anlaß zu akuter Sorge bereite,
daß deshalb einer Vertragsverlängerung Drese-Abbado nichts im Wege stehe...

Und ich verwahre mich dagegen, daß die Staatsoper in irgendeiner Weise in Zusammenhang mit den Problemen im Burgtheater gebracht wird.

Am Türkenschanzpark im Auto hinter mir fährt Claus Peymann und winkt mit dem Taschentuch. Ich winke zurück. Zwei Wiener Theaterdirektoren begrüßen und verabschieden sich.

Im Bundestheaterverband weigert sich der Junge Generalsekretär, die vom Direktor ausgehandelten Verträge mitzuunterschreiben. Er will die Finanzprokuratur einschalten, um die Kompetenz des Direktors feststellen zu lassen. Das ist gegen jede Loyalität. Die Person des Direktors ist ihm gleichgültig. Ein taktisches Manöver? Wie wird man einen Direktor los?

Das Opernstudio muß abgeschafft werden – gegen jede Vernunft. Das Studiotheater im Künstlerhaus wird eingestellt. Die Mozartaufführungen im Theater an der Wien sind eine überflüssige Geldausgabe, »Chowanschtschina« ist viel zu teuer...

Es hat keinen Zweck mehr, in Wien zu arbeiten. Aufstehen und gehen! Die Selbstachtung gebietet es.

Am Nachmittag Anhörung der Direktoren im Finanzausschuß. Der Burgherr gebärdet sich wie ein Gargantua, schimpft auf das unkünstlerische System, auf die Administration, auf den Apparat – und auf die Staatsoper mit ihren Preisen. Unfreiwillig werde ich zum Scheltkumpan und beschwere mich über die Verkrustung des Betriebes, die uralten Kollektivverträge, die Gewohnheitsrechte, das Honorar-Bakschisch-System... Und stelle zwei Wege zur Diskussion: entweder die radikale Änderung der Rechtsform, d. h. die Privatisierung mit neuen Anstellungsverträgen – oder den mühsamen Weg durch die Institutionen, allmähliche Veränderung der Verträge, neues rentableres Spielsystem im Sinne der Aufführungsserien...

»Aber Sie haben doch gewußt, daß Wien so ist. Sie sind selber schuld, daß Sie sich darauf eingelassen haben.« So und ähnlich tönt es, wenn man sich beschwert.

16. Juni 1988 Die große Bilanz

Pressekonferenz mit nahezu 100 Journalisten und Fernsehen. Claudio Abbado und alle Vorstände, Personalvertreter, »Opernfreunde« und Sponsoren sind erschienen. Weder der Junge Generalsekretär noch sein Stellvertreter, weder ein Vertreter des Ministeriums noch der Stadt Wien lassen sich blicken. Man hat mich wohl schon abgeschrieben. Ich kämpfe auf verlorenem Posten. Trotzdem ist es wichtig, die Grundsätze noch einmal festzuhalten, Irrtümer zu bereinigen:

Der Spielplan ist Teil eines Gesamtkonzeptes, das am 28. November 1985 für die Spielzeiten 1986/91 vorgetragen wurde. Damals wurde mit sechs Premieren pro Spielzeit gerechnet (4–5 Opern, 1–2 Ballette), diese Zahl mußte reduziert werden auf 4 Premieren (3 Opern und 1 Ballett). In dieser Reduktion der Produktionszahl kündigt sich eine gefährliche Entwicklung an, die zu einer Austrocknung des Repertoires führt. Die künstlerische Innovation kommt zu kurz, das ästhetische Bewußtsein der Zeit wird von musealen Tendenzen verdrängt.

Sodann wird ausführlich dargestellt, wie weit das Gesamtprogramm bisher erfüllt werden konnte und welche Premieren für die nächsten Jahre bevorstehen.

Der Vorwurf, im Repertoire fehlten die Stammwerke, ist völlig unbegründet. Es wurden in den Jahren 1986/88 63 verschiedene Opern gespielt, in der Spielzeit 1988/89 werden es 54 verschiedene Opern und 15 Ballette sein.

Das Opernstudio könnte trotz Sparaktion gerettet werden, weil die Mitglieder künftig kein festes Honorar mehr erhalten. Man sei auf Sponsoren angewiesen.

Die Aufführungen der Staatsoper im Künstlerhaus müßten vorläufig aus Finanzgründen eingestellt werden. Man ist jedoch auf der Suche nach einer anderen, billigeren Spielstätte.

Die finanzielle Situation bereitet keinerlei Anlaß zu akuter Sorge. Durch intensive gemeinsame Bemühungen mit dem neuen Generalsekretär wird das autonome Budget der Staatsoper für 1988 ausgeglichen sein. Man diskutiert heute über Budgetüberschreitungen und Zahlungsprobleme der Staatsoper, obwohl diese in früheren Jahren viel höher waren, ohne daß darüber in der Öffentlichkeit viel geredet wurde. Die Zahlen des Defizits der letzten Jahre betragen:

1984 37,9 Mio Schilling Dir. Maazel
1985 35,2 Mio Schilling Dir. Seefehlner
1986 56,5 Mio Schilling Dir. Seefehlner
1987 17 Mio Schilling Dir. Drese
1988 0 Defizit Dir. Drese

Es ist völlig unverständlich, wie die Ministerin behaupten kann, die finanzielle Situation der Staatsoper bereite ihr Sorge. Sie ist offensichtlich nicht richtig informiert. Für das Jahr 1988 sind im autonomen Budget 307 Mio angemeldet, bewilligt sind 276 Mio.

Die Differenz von 31 Millionen wird durch Mehreinnahmen, Erhöhungen des Abonnementspreises, Sponsorbeiträge, Einsparungen vollständig gedeckt. Wer etwas anderes berichtet, ist ein Lügner. Die Finanzdebatten haben offensichtlich einen anderen Hintergrund.

Aus dieser Planung ergibt sich, daß die Arbeit der Direktion nicht vorzeitig abgebrochen werden darf. Es fehlt ein Jahr, um den »Ring« und den Mozart-Zyklus zu beenden. Auf dieses Jahr erhebt die Direktion, entsprechend einer Planungsvollmacht aus dem Jahre 1986, Anspruch. Die Arbeit kann nur zusammen mit Claudio Abbado zu Ende geführt werden.

Frage des Fernsehens an Claudio Abbado: Werden Sie in Wien nur mit Direktor Drese weiter zusammenarbeiten? Antwort: Darüber muß man noch sprechen, auch mit der Ministerin und dem Generalsekretär.

Alles klar. Ende der Pressekonferenz.

Auf der Straße wird eine Zeitung verkauft mit der Schlagzeile auf der Titelseite »Staatsoper zahlungsunfähig? Direktor C. H. Drese muß gehen«. Im Inneren der Zeitung nahezu kein Bezug zu diesem Titel. Die Operndirektoren-Jäger sind am Werk.

Das Fernsehen fragt: Halten Sie Wien noch aus?

20. Juni 1988 Der Vorabend

19 Uhr. Der Opernagent Joan Holender ist zur Besprechung der Sängerengagements für die nächsten Jahre angemeldet. Die wichtigsten seiner Sänger werden im Spielplan berücksichtigt. Zwischendurch kommt das Gespräch immer wieder auf den für morgen endlich bestätigten Termin bei der Ministerin...

20 Uhr. In den Kulturnachrichten wird Gérard Mortier vorgestellt als

möglicher neuer Staatsoperndirektor. Er will das Haus reformieren, weitgehend auf Stars verzichten. Und Mozart mit einem jungen Ensemble spielen... wie in Brüssel. Nebenbei soll er Festwochenintendant in Wien werden. Aber sein Théâtre de la Monnaie auf alle Fälle noch bis 1992 behalten... Ob er sich nicht zuviel zumutet? Der Agent lacht und hält das alles für Bluff...

21 Uhr. Ich schalte das Bild der Vorstellung ein. Claudio Abbado dirigiert »Pelléas«, eine herrliche Vorstellung, ich gerate ins Schwärmen. Ob Wien denn nicht die einmalige Qualität dieser Aufführung goutieren könne? Der Agent winkt geringschätzig ab. Darauf komme es doch nicht an, und Abbado sei weit überschätzt. Ich widerspreche aus Überzeugung. Welcher andere Spitzendirigent kann der Staatsoper solche Impulse geben? Und nimmt sich soviel Zeit? Von der Bühne ist der Schlußapplaus zu hören.

22 Uhr. Ich gratuliere Claudio Abbado auf der Bühne. Er hat es eilig, ist irgendwo zum Essen verabredet. Ich verabschiede mich von ihm und wünsche ihm schöne Ferien auf Sardinien. Im August sehen wir uns wieder...

21. Juni 1988 Der schwarze Dienstag

Empfang bei der Ministerin im Unterrichtsministerium. Links scheinbar locker, doch eiskalt: der Junge Generalsekretär. Rechts die Kulturrepräsentatin Österreichs, sonst unterhaltsam – diesmal sachlich, formal.

»Herr Direktor Drese, ich muß Ihnen mitteilen: Ihr Vertrag endet 1991. Ihr Nachfolger ist für Staatsoper und Volksoper: Eberhard Waechter, sein Vizedirektor heißt Joan Holender.«

»Waaas...« fährt es mir heraus. »Der Agent? Vor vier Jahren wollte er bei mir dasselbe werden... Und die Agentur gibt er auf?«

»Natürlich muß er seine Lizenz zurückgeben...«

»Was wird nun aus dem ›Ring‹ und dem Mozart-Zyklus?«

»Darüber wird sicher ein Arrangement mit den neuen Herren möglich sein.«

»Das wird nicht funktionieren...«

»Setzen Sie sich bitte in den nächsten Tagen mit den Herren Waechter und Holender in Verbindung...«

»Ich denke nicht daran. Bitte nehmen Sie zur Kenntnis, daß ich mir die neue Situation gründlich überlegen muß. Ich weiß nicht, ob ich unter diesen Bedingungen meinen Vertrag erfüllen kann... Ich brauche zwei Monate Bedenkzeit. Auf Wiedersehen...«

Ich weiß nicht, wie ich nach Hause gekommen bin.

Dritter Akt · Der Widerstreit

»Die tollste Komödie aller Zeiten ist Österreich. Kein Theaterstück der Welt kommt an dieses heran. Und die Österreicher selbst haben diese tollste Komödie aller Zeiten inszeniert. Die totale Volkskomödie ist Österreich, die totale Volkskomödie ...«

Thomas Bernhard

1. Juli 1988 Gemma Direktor stürz'n

»Toter« Direktor – guter Direktor. So war das schon immer in der Wiener Theatergeschichte. Direktoren küren, Direktoren abschießen: das Opernspiel. Und alle spielen mit: die Kritiker, die Stehplatzler, die Besserwisser und die Adabeis. Und dann wollen sie es nicht gewesen sein, schimpfen auf die politischen Akteure und schreiben Mitleidsbriefe nach dem Motto: »Wir schämen uns, Wiener zu sein...«

Was ist das Besondere an diesem Opernspiel? Eine perfekte Wiener Intrige, die sich als »Strukturreform« tarnt. Man nehme einen erfolgreichen Wiener Kammersänger, der seit Jahren lauthals verkündet, es sei sein Traum, Staatsoperndirektor zu werden... Man nehme einen geschäftstüchtigen Bühnenagenten, der seit Jahren bei verschiedenen Direktoren antichambriert hat, um an die Macht zu kommen... Man nehme einen unerfahrenen jungen Generalsekretär, der sich als Sparkommissar bewähren muß, um politisch Karriere zu machen... Sein opernkundiger Mitarbeiter spielt den Souffleur... Man nehme eine sachfremde Ministerin, die in Bedrängnis gerät und zeigen muß, daß sie zu handeln weiß... Die Verschwörung ist perfekt. Der amtierende Operndirektor darf natürlich von der Sache nichts erfahren. Man gaukelt ihm vor, über seinen Vertrag werde »in den Sommermonaten« entschieden. Und hinter seinem Rücken wird – streng geheim, versteht sich – zum Schein mit diesem und jenem kokettiert, man braucht ja ein fachliches Alibi...

Aus der Aktion »Gemma Direktor stürz'n« wird die »Strukturreform der Wiener Staats- und Volksoper«. Und alle sind glücklich am Ziel ihrer Wünsche. Man nennt die Methoden »unfein«, »hinterrücks«, »überfallartig«, »brüskierend«... »ein völlig unmotivierter Schnellschuß aus der Hüfte«. Aber das ist halt so in Wien, demokratische Usancen sind verpönt; statt fachlich zu diskutieren und sich beraten zu lassen, zieht man das Fait accompli vor, es ist effektvoller und dramatischer. Das braucht diese Opernstadt: ein reißerisches Finale mit strahlenden Siegern, das Opfer wird mit Füßen getreten und ist an seinem Schicksal selber schuld. »Drese soll gehen, wenn er der Mann ist, der er zu sein vorgibt«, heißt es in einer Gazette. Die politische Opposition schürt das Feuer. Der Eklat soll nicht von Routine verdrängt werden.

Und man kann nichts dagegen tun. Es gibt keine Beschwerdeinstanz, keinen Ausschuß, keinen Ombudsmann. Kultur ist Sache des

Fachministers, und dieser dekretiert, was er für richtig hält. Und als ich mich an den Bundeskanzler wende, erhalte ich nicht einmal einen Gesprächstermin. Die Sache ist tabu, erledigt, gehen wir zur Tagesordnung über. Politisches Geschäft, es lohnt nicht, darüber zu reden.

Es geht nicht um ein Vertragsjahr mehr oder weniger, weiß Gott nicht, es geht um die Regeln des Anstands, um Fairplay, um ein Klima menschenwürdiger Behandlung. Und um die sachlich richtigen Entscheidungen in der Oper aller Opern. Man kann viele Reformen erfinden, begründen und durchführen, doch man muß künstlerisch die Richtung kennen und darf nicht auf nostalgische Traumtänzereien hereinfallen. Das Konzept muß aus der geistigen Situation der Zeit heraus entwickelt werden und nicht gegen die schöpferischen Kräfte der Zeit. Aber wer fragt in Wien nach geistigen Prozessen? Namen sind alles.

»Besser und billiger« heißt die Devise. Auf solche Kindersprüche fallen hierzulande sogar Minister herein: «Höhere künstlerische Effizienz bei geringerem finanziellem Bedarf«. Aus Zwei mach Eins – man spart 60 Millionen Schilling pro Jahr und beglückt trotzdem das Publikum. Mit solchem Dilettantismus kann man in Wien Furore machen, die Leute glauben es und klatschen: »Ein Österreicher wird neuer Operndirektor«... Dann muß ja alles gut werden. Vielleicht wollen sie es wirklich: das teuerste Stadttheater der Welt, eine »Volks-Staatsoper« gewissermaßen, für den mittleren Geschmack. Ensemble, Repertoire, keine Premieren... und ab und zu die zehn Starsänger der Welt, mehr braucht's nicht. Jeden Abend bekannte Opern in bekannten Inszenierungen mit den bekannten Sängern, da kann nichts passieren... Ist das das sozialistische Opernideal, das die Ministerin ihren Wählern verkündet? Oder die Wunschbefriedigung des Koalitionspartners, um den Genossen Burgherrn halten zu können? Vielleicht hat man sich sogar im Kabinett auf diesen netten Kompromiß geeinigt? Vielleicht war das alles bereits abgekartetes Spiel, bevor ich überhaupt Wiener Boden betreten habe?

Der Alte Generalsekretär meldet sich zu Wort: »So etwas hätte es zu meiner Zeit nicht gegeben.« Er kenne den wahren Urheber der Kampagne. Alles nur Geltungsbedürfnis und Wichtigtuerei. Mit sachlichem Verstand sei diese »Reform« nicht zu vertreten. Die Zusammenlegung von Staats- und Volksoper sei schon einmal unter Direktor Gamsjäger realisiert worden, mit verheerenden Folgen. Keiner könne beide Häuser gleichzeitig beherrschen. Sie haben einen grundverschiedenen Charakter und künstlerisch andere Ziele. Nach drei Monaten habe es Rudolf Gamsjäger aufgegeben und Karl Dönch in der Volksoper installiert. Die Sparperspektiven seien lächerlich...

Selbst enge Freunde der neuen Direktion entschuldigen sich für Stil und Methode dieser »Ablöse«. Sie beschwören mich, nur nicht aufzugeben. Nikolaus Harnoncourt beteuert seine Treue. »Es muß irgendwie magisch und inspirierend sein, in einen Haufen von Unrat, Fäulnis und Gemeinheit hineinzuriechen oder gar darin zu sitzen. Sonst gäbe es nicht die zwei traurigen Echtwiener Schubert und Johann Strauß und die vielen Wahlwiener Mozart, Beethoven, Brahms...«

Im übrigen sagt Gérard Mortier die Intendanz der Festwochen ab, nachdem er schon fast vertraglich gebunden war. »Vor allem wegen der Art, in der man hervorragende Künstler meint behandeln zu können. Ich wäre gerne in die Wiener Arena eingetreten. Aber nur als Toreador, der eine Chance hat, den Stier bei den Hörnern zu fassen, und nicht als Futter für hungrige wilde Tiere.«

15. Juli 1988 Selbstgespräch

In diese Stadt kehre ich nicht mehr zurück. Mit Menschen, die zu einem solchen Doppelspiel fähig sind, will ich künftig nichts mehr zu tun haben.

Du hast vorher gewußt, daß du dich auf Wien und die Wiener nicht verlassen kannst. Also mußt du jetzt auch die Wiener Erfahrungen hinnehmen. Moralische Posen wirken nur lächerlich.

Warum haben sie mich nicht beiseite genommen und mich darüber informiert, daß sie den Vertrag nicht verlängern wollen? Ich hätte ja von mir aus gekündigt. Alles sähe jetzt anders aus.

Die Wiener wissen nicht, was sie wollen und wann sie sich zu etwas entschließen. Jeden Tag kann alles anders werden. Nichts geschieht Auge in Auge, geradeheraus oder im Vertrauen, man intrigiert und taktiert hintenherum, macht Zusagen, die nichts gelten, und ist im entscheidenden Augenblick kaltschnäuzig bereit, über Leichen zu gehen.

Und mit diesen Menschen soll ich weiter zusammenarbeiten? Die Neuen sitzen mir im Nacken und haben alle Aufmerksamkeit. Ich gehöre zum alten Eisen und werde verschrottet. Nichts bringt mich wieder in diese Stadt...

Mach endlich Schluß mit dieser weinerlichen Selbstbemitleidung.

Zeig ihnen die Zähne. Du hast dich auf dieses Wiener Abenteuer eingelassen, nun mußt du es durchstehen bis zum Ende. Nicht davonlaufen wie Lorin Maazel, er hat sich letztlich nur geschadet durch seine Wienflucht.

Auf wen kann ich mich noch verlassen? Für Claudio Abbado habe ich alles getan. Im entscheidenden Augenblick war er nicht da.

Du kennst seine Gründe nicht. Vielleicht haben sie ihn auch belogen. Sie brauchten ihn ja: divide et impera.

Dieses Wien ist eine einzige Schlangengrube...

Aber die große Musikstadt Europas. Du hast ja nicht auf mich gehört, als ich dich vor vier Jahren gewarnt habe. Nach Wien geht man nicht, wenn man ehrlich, offen und professionell arbeiten will. Für Wien muß man auf besondere Weise begabt sein.

Man muß die Wiener derartig bluffen, daß ihnen Hören und Sehen vergeht...

Das gelingt niemandem...

Oder sie politisch erpressen, wie es der Burgherr macht.

Auch die Freunderlwirtschaft hat irgendwann ein Ende.

Ich werde nur nach Wien zurückkehren, wenn ich schriftliche Garantien habe, daß ich mein Programm zu Ende führen kann...

Schon wieder machst du dir Illusionen. Was nutzen dir irgendwelche Zusagen von Ministern, in einem halben Jahr kommt vielleicht ein neuer Minister und will von den alten Sachen nichts wissen. Du mußt dich auf die Wiener Relativität aller Dinge einstellen...

Also spielen. Hoher Einsatz, hoher Verlust.

Oder Gewinn. Du mußt an dich glauben, und du wirst gewinnen. Dein Programm kann nur Erfolg haben. Verwirkliche es, ohne nach rechts oder links zu schauen. Verlaß dich auf niemanden – und man wird dich bewundern.

Wenn ich das Spiel weiterspielen soll, dann nur, um ihnen zu zeigen, daß sie im Unrecht sind und daß ihre Reform Unsinn ist.

Du wirst das Opernspiel gewinnen. Schreibe ein Buch darüber.

22. Juli 1988 Des Teufels Hand

Besuch bei Claudio Abbado im Fextal. In einem uralten Engadiner Bauernhaus findet er die Ruhe und Konzentration, um seine Programme vorzubereiten und die Partituren zu studieren. Herrlicher Blick auf schneebedeckte Gipfel.

Unser Wiedersehen, ein Monat nach der Wiener Entscheidung, verrät Beklommenheit auf beiden Seiten. Man möchte sich so herzlich umarmen wie immer, aber hinter der Freundlichkeit verbergen sich offene Fragen. Wie hat es so weit kommen können? Wird dieses Wiedersehen ein Abschied für immer sein?

»Aber das hast du doch gewußt, daß Mortier, Pereira und Waechter als deine Nachfolger zur Diskussion standen?«

»Gerüchtweise. Du hast mit mir nie darüber gesprochen.«

Es folgen lange Erklärungen. Er hat geglaubt, ich wolle nur bis 1991 in Wien bleiben... Der Generalsekretär habe mich informiert über mögliche Nachfolger... Nur bei zwei Gesprächen sei er hinzugezogen worden... Er habe sich für Mortier ausgesprochen, auch für die Festwochen... das wisse ich doch... Und man habe ihn gefragt, ob er über seinen Vertrag hinaus in Wien bleiben wolle... Natürlich wolle er das, schon wegen der Philharmoniker...

Und dann der Abend nach der letzten Vorstellung »Pelléas et Mélisande«... Er sei in ein Restaurant bestellt worden. Da sei zu seiner Überraschung Waechter aufgetaucht... »Oder soll ich wieder gehen?« habe dieser gefragt... Man habe ihm mitgeteilt, die Ministerin habe sich für Waechter entschieden... Er – Abbado – werde doch wohl bleiben? Als »musikalischer Berater« und Dirigent für 30–35 Abende... Dann sei er in die Ferien gefahren... Von einem Kodirektor Holender habe er nie etwas gehört... Dagegen habe er nachträglich protestiert... Mit dem werde er nicht zusammenarbeiten... Und bei der Pressekonferenz habe man den »Operndirektor« unterschlagen... Er habe mitgeteilt, er werde in Wien nicht erscheinen ohne die Bestätigung des »Operndirektors«... Dann habe er den Titel erhalten, aber ohne entsprechende Funktionen... Die ganze Aktion sei »faschistoid«... ohne jedes menschliche Niveau und ohne Vernunft...

Claudio Abbado begreift, daß man auch ihn ausgetrickst, hintergangen, mißbraucht hat. Man mußte bei dem Coup seine Opposition verhindern, deshalb hat man ihn mit Versprechungen ruhiggestellt. Und dabei von Anfang an in Kauf genommen, daß seine Zusammenarbeit mit der neuen Direktion sehr problematisch werden wird. Zwei völlig verschiedene Opernkonzeptionen prallen hier aufeinander, ein Machtkampf ist programmiert. Wenn Abbado dann in ein paar Jahren aufgibt, hat man sich installiert... Andere werden ihn ersetzen.

Das ist reiner Zynismus, Taktik, um an die Macht zu kommen. Und Claudio Abbado ist darauf hereingefallen. Er will Musik machen, dirigieren. Die Wiener Intrigen und politischen Machenschaften sind ihm zutiefst zuwider, auch durchschaut er die Zusammenhänge nicht, kann als Italiener nicht jedes Detail verstehen. Man sollte eine Elegie verfassen auf einen Musiker, der in seiner Klangphantasie lebt, der sich verwirklicht von Probe zu Probe, von Aufführung zu Aufführung, der um jede Viertelnote kämpft – und im Leben nicht zu unterscheiden weiß zwischen Ehrlich und Unehrlich, zwischen Zufall und Absicht. Aber er wird sich nicht mißbrauchen lassen für ein System, das nicht seine Koordinaten hat.

»Bitte, laß mich nicht allein. Wir müssen unsere gemeinsamen Pläne zu Ende führen. Es wird furchtbar in Wien...«

Wir scheiden als Freunde. Die Verstörungen sind geklärt. Der Teufel hatte seine Hand im Spiel.

28. Juli 1988 Ein Anruf aus Paris

Das Sekretariat des französischen Kulturministeriums hat mich tief in der französischen Provinz aufgespürt. Man hat von dem Debakel in Wien erfahren und will wissen, ob ich frei sei für die neue Bastille-Oper in Paris. Vielleicht könne ich mit meiner Erfahrung helfen, die Pariser Opernprobleme zu lösen. Daniel Barenboim ist als alleiniger künstlerischer Direktor von der früheren Regierung engagiert worden. Er soll nach seinem Vertrag nur vier Monate anwesend sein und 25 Abende dirigieren – dafür erhält er eine Supergage. Man zweifelt an seinem künstlerischen Konzept und an seinen Mitarbeitern. Der Minister möchte die Sache überprüfen und sucht fachliche Beratung. Opernerfahrung ist gefragt, genau die Erfahrung, auf die man in Wien verzichten zu können glaubt. Ein schwieriges, undankbares Geschäft auf glattem französischem Parkett.

Natürlich kann man nicht nein sagen, wenn man zur Konsultation nach Paris eingeladen wird. Das Projekt Bastille-Oper ist in Dimension und Anlage faszinierend. Ein Lokaltermin lohnt sich gewiß.

2. August 1988 Immer die gleichen Fehler

»Ein Autofahrer, der immer nur in den Rückspiegel schaut, wird bald einen Unfall haben«, meint der Rechtsanwalt, der mit der Klärung der Bedingungen für eine Fortsetzung des Vertrages beauftragt ist. Man hat den Nachfolger gefragt, ob er gegebenenfalls bereit sei, ab sofort die Leitung der Staatsoper zu übernehmen. Doch der winkt ab, er sei kein Einspringer. Man ist auf mich angewiesen und zu Konzessionen bereit.

Es muß in jedem Fall garantiert sein:

daß die Autonomie der Direktion auch gegenüber möglichen Eingriffen der Nachfolger gesichert ist,

daß die budgetäre Ausstattung gegenüber dem Jahre 1988 keine Kürzungen erfährt,

daß der Mozart-Zyklus, auch im Theater an der Wien, besondere Förderung erhält

und daß die Ministerin eine Ehrenerklärung abgibt und ausdrücklich festhält, daß die Nichtverlängerung des Vertrages in keiner Weise mit künstlerischen oder wirtschaftlichen Argumenten meiner Amtsführung in Verbindung gebracht werden darf.

Der scheinbare Kompromiß bei einer Erfüllung des Vertrages darf keine falsche Loyalität zur Folge haben. Die kommenden Jahre sind nur zu überstehen mit dem uneingeschränktem Recht auf freie Meinungsäußerung, auch wenn das gewissen Politikern nicht passen sollte. Das einzig verbindliche Ziel kann nur die höchstmögliche Qualität der Produktionen sein. Es darf kein Zweifel darüber aufkommen, daß ich die sogenannte Strukturreform für verfehlt halte. Der Zusammenschluß der beiden Opernhäuser unter einer Direktion ist gegen die künstlerische Vernunft. Während man in der Wirtschaft dezentralisiert, wird hier ein Kombinat geschaffen, das die künstlerische Kompetenz einer Direktion hoffnungslos überfordert. Es erweist sich heute immer mehr, daß nur in überschaubaren kleineren Einheiten künstlerische Leistungen von Format entstehen können. Die großen Apparate sind zu unbeweglich und unpersönlich, um auf die Herausforderungen unserer Zeit reagieren zu können. Statt die Ursachen der Probleme im System zu suchen, wechselt man die verantwortlichen Leute aus. Und fällt dann auf nostalgische Parolen herein. Gegen eine Erneuerung des Ensembles ist nichts zu sagen, wenn es gelingen sollte, bessere Kräfte zu finden und sie an Wien zu binden. Dies darf jedoch nie auf Kosten der international vergleichbaren Qualität geschehen. Ein Sänger kann nicht besser sein, nur weil er in Wien wohnt. Die Erfahrungen der unmittelbaren Nachkriegszeit haben heute keine Gültigkeit mehr, die Welt hat sich seitdem in allen Lebens- und Kunstvorstellungen grundlegend geändert. Man kann nicht reformieren, indem man die Augen verschließt und das Steuer herumwirft zurück ins Land der besonnten Vergangenheit. Weit schlimmer noch sind die künstlerischen Perspektiven eines reinen Repertoiretheaters. Das ist genau das, was Gustav Mahler als Schlamperei bezeichnet hat und wogegen er seine Mustervorstellungen gesetzt hat. Kein Regisseur, kein Dirigent von Format wird die Arbeitsbedingungen eines solchen Monsterbetriebes mit seinen Beschäftigungsnotwendigkeiten und seinen Probenzwängen akzeptieren. Das reine Repertoiresystem widerspricht dem Prinzip der differenzierenden Interpretation und macht verwaschene und überlebte Durchschnittlichkeit zur Norm. Aber das ist den »Reformern« gleichgültig. Sie sparen vielleicht 0,5 bis 0,7 Prozent des Budgets...

10. August 1988 Skepsis

Nikolaus Harnoncourt bleibt skeptisch. Er bezweifelt, daß es möglich sein könnte, sich gegen eine bereits installierte neue Direktion durchzusetzen und unpopuläre Programme zu verwirklichen. Die Wiener werden sofort ihr Mäntelchen nach dem Winde hängen und auf die »gescheiterte« Direktion spucken. In einer Kampagne der tausend Nadelstiche wird man dafür sorgen, daß alles rasch zu Ende geht und der ungeliebte Direktor das Handtuch wirft und verschwindet. Der Betriebsrat hat sich mit den Neuen schon arrangiert. Der neue Direktor spricht die gleiche Sprache und hat seine Verbindungen.

Nikolaus Harnoncourt hat der Ministerin deutlich gesagt, daß er vom neuen Kurs nichts hält. Routine des Repertoirebetriebes statt künstlerischer Konzepte, das ist nicht seine Sache. Er hat einen Horror vor Umbesetzungen mit Sängern oder Musikern, die er nicht kennt. Alle guten Aufführungen brauchen einen einheitlichen Stil; dieser ist nur durch langjährige gemeinsame Arbeit zu erzielen. Er wird nie ein vorhandenes Ensemble akzeptieren, wenn die Sänger nicht seinen Vorstellungen von Gesangskunst, Intonation oder Musikalität entsprechen.

Die Ministerin hört zu und versteht ihn nicht. Das Experiment müsse jetzt durchgezogen werden, es gebe kein Zurück mehr... Also wird er nach 1991 nicht mehr an der Wiener Staatsoper dirigieren... Achselzucken... Dann kommen eben andere.

»Un ballo in maschera«. Inszenierung: Gianfranco de Bosio, Bühnenbild: Emanuele Luzzati

»Die schwarze Maske«. Inszenierung: Harry Kupfer, Bühnenbild: Hans Schavernoch

»Werther«. Inszenierung und Bühnenbild: Pierluigi Samaritani. Agnes Baltsa, José Carreras

»Weiße Rose«. Inszenierung: Heinz Lukas-Kindermann, Bühnenbild: Dietrich Schoras. Wolfgang Holzmair, Gabriele Fontana

»Idomeneo«. Inszenierung: Johannes Schaaf, Bühnenbild: David Fielding. Peter Schreier, Delores Ziegler

»Rusalka«. Inszenierung: Otto Schenk, Bühnenbild: Günther Schneider-Siemssen. Gabriele Beňačková-Čáp

»Wozzeck«. Inszenierung: Adolf Dresen, Bühnenbild: Herbert Kapplmüller. Hildegard Behrens, Franz Grundheber

»Otello«. Inszenierung: Peter Wood, Bühnenbild: Stephen Lewis. Anna Tomowa-Sintow, Placido Domingo

»Iphigénie en Aulide«. Inszenierung: Claus Helmut Drese, Bühnenbild: Hans Schavernoch

»Iphigénie en Aulide«. Gundula Janowitz, Joanna Borowska

»L'italiana in Algeri«. Inszenierung und Bühnenbild: Jean-Pierre Ponnelle. Enzo Dara, Agnes Baltsa

»Il viaggio a Reims«. Inszenierung: Luca Ronconi, Bühnenbild: Gae Aulenti. Montserrat Caballé, Lucia Valentini-Terrani

»Die Entführung aus dem Serail«. Inszenierung: Ursel und Karl-Ernst Herrmann, Bühnenbild: Karl-Ernst Herrmann. Arthur Korn, Kurt Streit, Aga Winska, Hilmar Thate, Wilfried Gahmlich, Elzbieta Szmytka

»Die Zauberflöte«. Inszenierung: Otto Schenk, Bühnenbild: Yannis Kokkos. Matti Salminen, Patricia Schuman, Mikael Melbye

»Pelléas et Mélisande«. Inszenierung: Antoine Vitez, Bühnenbild: Yannis Kokkos. Malcolm Walker, Frederica von Stade

»Die Blinden«. Inszenierung: Reto Nickler, Lichtbühne: Alfons Schilling

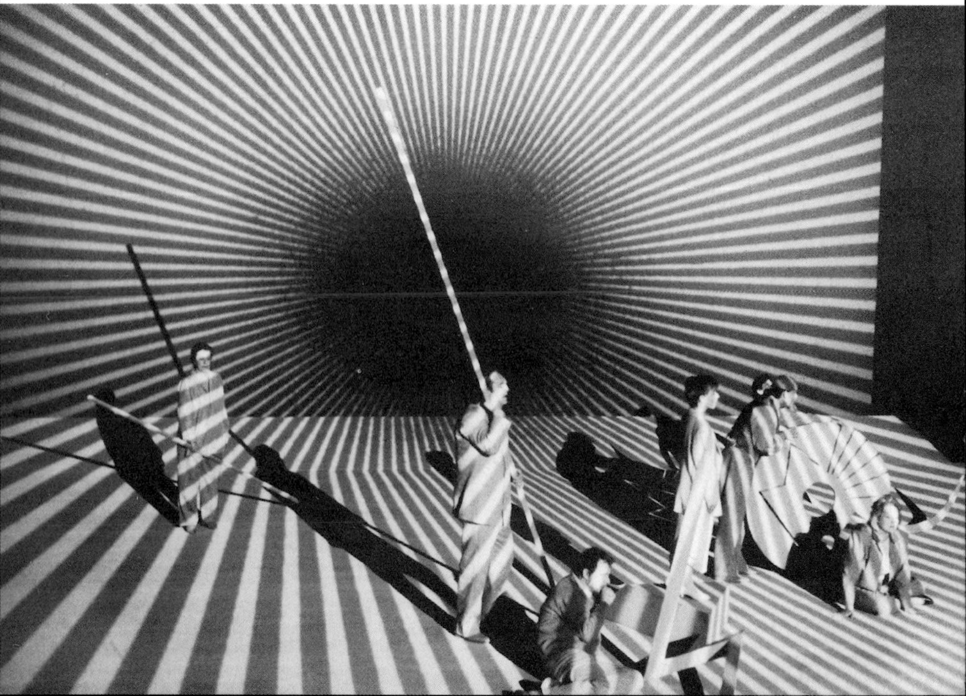

»Chowanschtschina«.
Inszenierung: Alfred Kirchner,
Bühnenbild: Erich Wonder

»Fierrabras«. Inszenierung: Ruth Berghaus, Bühnenbild: Hans-Dieter Schaal. Robert Holl, László Polgár, Ellen Shade

»La forza del destino«. Inszenierung: Giancarlo Del Monaco, Bühnenbild: Josef Svoboda

»Don Carlo«. Inszenierung und Bühnenbild: Pier Luigi Pizzi

»Lucio Silla«. Nach einer Inszenierung von Jean-Pierre Ponnelle, Bühnenbild: Jean-Pierre Ponnelle. Thomas Moser, Edita Gruberova

»Così fan tutte«. Inszenierung: Johannes Schaaf, Bühnenbild: Hans Schavernoch. Alan Titus, Julia Hamari, Eva Johansson, Rolando Panerai, Delores Ziegler, Deon van der Walt

»Elektra«. Inszenierung: Harry Kupfer, Bühnenbild: Hans Schavernoch. Eva Marton, Brigitte Fassbaender

»Samson et Dalila«. Inszenierung: Götz Friedrich, Bühnenbild: Gianni Quaranta. Placido Domingo, Agnes Baltsa

»La clemenza di Tito«. Inszenierung: Claus Helmut Drese, Bühnenbild: Hans Schavernoch. Ann Murray, László Polgár, Gabriele Sima, Denes Gulyas

»La clemenza di Tito«. Ann Murray, Gabriele Sima

»Don Giovanni«. Inszenierung: Luc Bondy, Bühnenbild: Erich Wonder. Ruggero Raimondi

»Der ferne Klang«. Inszenierung: Jürgen Flimm, Bühnenbild: Rolf Glittenberg. Catherine Malfitano, Thomas Moser

»Kehraus um St. Stephan«. Inszenierung: Markus Weber, Bühnenbild: Herbert Kapplmüller. Dalia Schaechter, Renate Holm, Alfred Werner, Hans Helm, Peter Jelosits

»Die Soldaten«. Inszenierung: Harry Kupfer, Bühnenbild: Wolf Münzer

»Le nozze di Figaro«. Inszenierung: Jonathan Miller, Bühnenbild: Peter J. Davison. Gabriele Sima, Ruggero Raimondi, Marie McLaughlin

»Le nozze di Figaro«. István Gáti, Lucio Gallo, Marie McLaughlin, Cheryl Studer, Ruggero Raimondi

11. August 1988 Jean-Pierre Ponnelle tot

Jean-Pierre ist tot. Gestern abend, wenige Stunden nach unserem Telephongespräch, ist er plötzlich gestorben. Er fühlte eine plötzliche Verschlechterung seines Zustandes, ließ sich zurück nach München in die Klinik bringen. Dort trat ein Herzinfarkt ein.

Er ist im wahrsten Sinne des Wortes einen Theatertod gestorben. Vor einigen Wochen in Tel Aviv bei seiner »Carmen«-Inszenierung ist er bei den Proben rückwärts in den Orchestergraben gefallen. Rippenbrüche, innere Verletzungen waren die Folge. Er wurde nach München gebracht und konnte sich einigermaßen erholen. Doch eine notwendige Operation war nicht mehr möglich...

Bei dem letzten Telephongespräch war er sehr deprimiert. Er erkundigte sich genau nach den Wiener Plänen und schimpfte auf die »ahnungslosen Politiker, diese Totengräber des Theaters«... Obwohl es ihm nicht gut ging, war er voller Pläne. Er freute sich über die Angebote von »Lucio Silla« und »Falstaff« mit Abbado. Und er plante die Umbesetzung einer Rolle für die Verfilmung der Wiener »L'italiana in Algeri«, die er im Herbst machen wollte. Mit dem Terminkalender wehrte er sich gegen die Krankheit. Seine Stimme klang sehr leise und traurig, er war ratlos über die – wie er meinte – Ignoranz der Ärzte. Sie wußten wohl mehr.

Der Tod von Jean-Pierre Ponnelle wirkt wie ein Erdbeben in unserer Theaterwelt. Wo hat er nicht seine künstlerischen Spuren hinterlassen? Salzburg und Bayreuth, Zürich, München und Wien, Köln, Düsseldorf und Stuttgart, Straßburg und Paris, Mailand und Venedig, London und Glyndebourne, New York, San Francisco, Chicago, Houston – alle diese Operntheater verlieren ihren erfolgreichsten Theatergeist, den Bühnenbildner und Regisseur, der am liebsten Dirigent geworden wäre. Eine Theaterepoche ist zu Ende. Man hat ihm in letzter Zeit die Wiederholung seiner Erfolge vorgeworfen, aber Jean-Pierre hat sich nie wiederholt, er hat seine Inszenierungen variiert und sich gelegentlich zitiert, für den Kenner gab es genug Neues. Seine Phantasie war unerschöpflich, mit neuen Partnern zauberte er neue Situationen und neue Effekte. Allerdings war er kein Veränderer und Umdeuter, er suchte die visuelle Homophonie. Seine szenische Präsenz war für alle, die dabei sein durften, unvergeßlich. Wenn er beim Portier auftauchte, begannen die Verantwortlichen des Betriebsbüros, die Inspizienten und Assistenten zu zittern. Denn er war erbarmungslos in seinen szenischen Ansprüchen, das ganze Theater mußte ihm für seine Proben zur Verfügung stehen; wehe, wenn ein Sänger entgegen der genauen Disposition fehlte... seine Abreise lag als Drohung ständig in der Luft.

Die Erregung, die er in die Theater brachte, wirkte vitalisierend und kreativ; er forderte alle bis an den Rand ihrer Leistungsfähigkeit. Mit Diplomatie und Sturheit erreichte er für seine Produktionen eine Perfektion, zu der der Betrieb sonst nur selten fähig war. Nichts war ihm mehr zuwider als Dilettantismus, verbunden mit Arroganz. Seine Zornesausbrüche sind Legende. Hinterher war er windelweich und versuchte sich zu rechtfertigen.

Jean-Pierre Ponnelle war ein Skeptiker, ein Aufgeklärter, einer, der nichts hielt von Orden und großen Worten. Sein Werk sollte für ihn sprechen. Jean Pierre, wie ein Don Quichote ankämpfend gegen den Schlendrian, gegen die Apparate, gegen Verbeamtung und Sicherheitsdenken, gegen die allzu Bequemen, die sich hinter Paragraphen und Gewohnheiten verstecken, gegen die ganze Bürgerlichkeit – und doch hatte er den Applaus so gerne, daß er sich umkleidete, um vor dem Vorhang eine gute Figur zu machen. Er war kein Revolutionär, sondern durchaus ein Kind dieses bürgerlichen Kunsttheaters, ebenso ein Freund des Festspielgedankens, auch wenn sich dort die Neureichen ein Stelldichein geben. Er brauchte Anerkennung und ärgerte sich über Kritiker; er verfolgte sie bis zum Prozeß. Er war auch ein Don Juan, liebte die sinnlichen Freuden, verschenkte sein Leben an die Theaterarbeit, die ihm rauschhafte Befriedigung verschaffte. Ohne Rücksicht auf Gesundheit, Freunde, Partner hat er sein Feuerwerk abgebrannt, den Augenblick über alles gestellt. Er hat sich in seiner Gestaltungslust verbraucht, eine der letzten Barocknaturen des Theaters.

Es ist zweiundzwanzig Jahre her, daß er zum erstenmal in mein Leben trat: in Wiesbaden, wo ich ihm eine Operninszenierung anvertrauen wollte. Er kam, betrachtete neugierig mein Zimmer, schaute mich an und meinte kurz angebunden: »Ich bin für Sie zu teuer.« Womit er damals sicher recht hatte... In Köln sahen wir uns wieder. Er inszenierte seinen ersten Mozart, »La clemenza di Tito«, die Aufführung machte Theatergeschichte. Aus ihr wurde ein Mozart-Zyklus. Als er sich mit Nikolaus Harnoncourt anfreundete, entstand der Monteverdi-Zyklus und wieder ein Mozart-Zyklus, anstelle der ursprünglich geplanten Vivaldi- und Händel-Ausgrabungen. Plötzlich kam ein Angebot aus Berlin, wir sollten zusammen die Deutsche Oper übernehmen. Als wir dann gemeinsam die Zahlen des

Budgets und die Liste des Ensembles studierten, verging uns der Appetit. Die Fortsetzung der Arbeit in Zürich war wichtiger.

Jean-Pierre war musikalisch ambivalent, er bekannte sich nicht nur zu Harnoncourt, sondern freundete sich auch mit Claudio Abbado, Daniel Barenboim, Jimmy Levine an. Die jeweilige Arbeit an den musikalischen Werken brachte neue Entdeckungen, neue Partnerschaften.

Jean-Pierre Ponnelle geht in die Theatergeschichte ein als ein Max Reinhardt der sechziger, siebziger und achtziger Jahre unseres Jahrhunderts. Neben Walter Felsenstein, Günther Rennert und Wieland Wagner hat er das Musiktheater dieser Zeit geprägt, als Maler, Szenograph und Regisseur. Sein theatralischer Stil, seine barocke Spiellust, seine Musikalität und sein Sinn für Menschen bleiben unvergessen.

Dies sind einige Gedanken an den verstorbenen Freund. Vieles bleibt ungesagt, weil es sich nicht in Worte fassen läßt... private Stunden... Gespräche... Geschmäcke... Visionen...

12. August 1988 Unannehmlichkeiten ertragen

Wiedersehen mit Claudio Abbado in Salzburg. Er hat bei seinen Konzerten mit dem Gustav-Mahler-Jugendorchester in der Berliner Waldbühne und in Amsterdam triumphale Erfolge gehabt. Er wirkt energisch und entschlossen. Er wird in Wien protestieren gegen die Machenschaften hinter seinem Rücken.

Claudio Abbado dirigiert mit dem Gustav-Mahler-Jugendorchester Mahlers Dritte Symphonie. Der vierte Satz wird zum Gedenken an Jean Pierre Ponnelle vorweggespielt. Jessye Norman intoniert den »Zarathustra«-Text mit großer Einfachheit. Das Bild der hundert Jungen und Mädchen aus den mitteleuropäischen Ländern in ihrer intensiven Hingabe an die Mahlerklänge prägt sich ein, wie ein Symbol für neue Hoffnung. Die Dritte Symphonie mit ihrer »Nachsommer«-Stimmung, mit ihren Volkslied-Melismen und ihren religiösen Aufschwüngen versetzt in die meditative Atmosphäre, für die heute junge Menschen sehr offen sind. Ein unvergeßliches Konzert. Leider bleibt das Salzburger Publikum wohlwollend reserviert. Karajan hat das Werk nie durch sein Repertoire sanktioniert.

Der Junge Generalsekretär übergibt mir seinen angekündigten Brief. Es heißt darin, daß es ihm persönlich sehr leid tut, »... wenn

Ihnen im Juni eine enttäuschende Verletzung widerfahren ist...« Ein sympathischer Ansatz, aber es geht nicht um Entschuldigung, sondern um Wiedergutmachung und die Arbeitsgarantien für die nächsten Jahre.

In Gracians »Handorakel« heißt es: »Es gibt erschreckliche Charaktere, mit welchen man nicht leben kann, jedoch ohne sie auch nicht. Dann ist es geschickt, sich an sie wie an häßliche Gesichter allmählich zu gewöhnen, damit man nicht bei irgendeiner fürchterlichen Gelegenheit ganz aus der Fassung gerate. Das erstemal erregen sie Entsetzen, allein nach und nach verlieren sie an Scheußlichkeit, und die Überlegung weiß Unannehmlichkeiten vorzubeugen oder sie zu ertragen.«

13. August 1988 Notruf 458

Nachmittags erstes Gespräch mit dem Jungen Generalsekretär nach der Juni-Mitteilung. Hotel Pitter Zimmer 458. So diskret wie möglich. Man schwätzt daher, um nicht betreten verstummen zu müssen. Er läßt durchblicken, daß er nicht schuld war an den Methoden dieses Direktionswechsels. Über die Hintergründe der Reform sagt er nichts. Das eingesparte Geld soll angeblich für Experimente zur Verfügung stehen. Dann hätte man ja die Studioarbeit fortsetzen können. Er hört sich meine Vorwürfe an und steckt sie ein, ohne den Versuch einer Rechtfertigung zu machen. Auf die »Strukturreform« scheint er stolz zu sein. Es hat keinen Sinn, ihn vom Gegenteil überzeugen zu wollen. Es kommt darauf an, die nächsten drei Jahre in Wien mit erträglichen Bedingungen und ohne Konflikte zu überstehen. Dazu braucht es Fairplay. Jeder ist auf den anderen angewiesen. Es scheint dem Generalsekretär ernst zu sein mit seinen Beteuerungen. Wahrscheinlich ist er lernfähig und wird sich im Laufe der Zeit korrigieren. Die Wiener Staatsoper braucht internationales Ansehen und nicht nur lokale Akzeptanz. Das internationale Presseecho auf die Wiener Reformbeschlüsse war so verheerend, daß er aufpassen muß, nicht an Prestige zu verlieren.

Wir verabschieden uns zuversichtlich. Bei künftigen Problemen gilt als Stichwort: 458 – als eine Art Notruf.

13. August 1988 Das Ungeheuerliche hat sich eingebürgert

Abends Premiere »Die Hochzeit« von Canetti. Der Wiedereintritt in die österreichische Kulturszene ist wie Spießrutenlaufen. Allgemeines Bedauern, Beschämung... »Sie werden doch weiterarbeiten? Wir brauchen Sie...«. Journalisten wollen Interviews, stellen sich zur Verfügung, wollen ihre Neugierde vermarkten.

Ihnen allen gilt das Stück über die Lieblosigkeit, die österreichische Verstrickung in Sex und Money. Ein Katechismus des Egoismus in kleinbürgerlicher Verpackung. Daß Hitler das Produkt dieser Soziologie war, ist die These der Inszenierung. Man braucht Canettis böse Revue, denn nichts hat sich verändert. Der Untergang ist symbolisch, nicht konkret militärisch gemeint. Auf dem Theater wird er zur Bravournummer – und gerade das ist falsch. Die Menschen müssen wichtiger sein als der gut organisierte Zusammenbruch von Wänden, Decken und Böden.

Die Analyse der Trivialität, der animalischen Triebnatur des Menschen ist das Erschreckende des Stückes. Das Ungeheuerliche hat sich eingebürgert... Wer am geschicktesten durch die Gülle paddelt, dem wird zugejubelt. Eine Welt ohne Sinn und Ordnung, wo sich alles nur um Sex und Money dreht, muß untergehen – das ist die heutige Botschaft des Stückes. Canetti wollte das Stück für 1988 zurückziehen, »weil heute Hoffnung ist« ... doch am menschlichen Zustand hat sich nichts geändert. Unter der demokratischen Freiheit kommen die alten Vorurteile und Perversionen zum Vorschein.

Erinnerungen werden wach an die Kölner Inszenierung des Stückes durch Karl Paryla. Der Zusammenbruch des Hauses wurde durch eine Mehlorgie bewerkstelligt. Aus allen Ritzen rieselte Mehl auf die Szene, die Schauspieler konnten sich kaum noch erkennen im Mehlstaub. Der Staub der Bombennächte war für jeden, der sie mitgemacht hat, unmittelbar nachzuempfinden. Es war eine Aufführung, wie für Heinrich Böll konzipiert. Elias Canetti kam und zeigte sich sehr beeindruckt.

14. August 1988 Politischer Rückhalt

»Ich habe es in Wien aber länger ausgehalten als Sie«, meint Herbert von Karajan.

»Sie hatten auch einen besseren politischen Rückhalt«, versuche ich mich zu verteidigen.

»Diese Ministerin ist indiskutabel, ich will nichts zu tun haben mit ihr...«

Ich frage ihn um seine Meinung, ob ich in Wien weitermachen soll. Er schaut mich durchdringend an, als ob er meine Energie abschätzen wolle. Er versagt sich eine Antwort. Nach längerer Pause meint er: »Vielleicht kann nur ein Wiener mit dieser Stadt fertig werden...«

Karajan wirkt merkwürdig unkonzentriert. Eigentlich sind ihm schon Andeutungen dessen, was er sagen will, lästig. Entweder bereitet ihm der Rücken große Schmerzen, oder er ist in Gedanken mit anderen Problemen beschäftigt; mit Berlin zum Beispiel, seinem Orchester und den dortigen Politikern. Er versucht sich zu wehren gegen unsachliche Angriffe und will noch einmal die Zügel in die Hand nehmen. Sein Festspielpräsident bekommt diese Anwandlungen zu spüren.

Alle Versuche, ihn noch einmal nach Wien zu locken, erübrigen sich. Er hat nur noch sein Vermächtnis im Kopf, die Bildplatten der wichtigsten musikalischen Werke, die dann vielleicht im nächsten Säkulum gezeigt werden können. Und »seine« Festspiele in Salzburg, über die er autonom verfügt. »Vielleicht kann man die Wiener Oper einmal nach Salzburg einladen...?« Er läßt sich über das Programm der nächsten Zeit berichten... »Elektra« interessiert ihn sehr.

24. August 1988 Opéra Bastille

Nach vorbereitenden Gesprächen kommt der Besuch in Paris wirklich zustande. Voller Stolz zeigt man mir die neue Opéra Bastille. An historisch markanter Stelle wird der Prestigebau des Präsidenten Mitterrand errichtet, eine brillante postmoderne Architektur von Carlos Ott. Eingeengt von Verkehr und historischen Bauten schichtet sich dieser Kunstturm hoch und verbindet Aussichtsgalerien mit repräsentativen Treppen. Ein wirklich imposanter Bau aus der Kunstgesinnung unserer Zeit, der drei Theater umschließt: den eigentlichen Opernsaal mit 2700 Plätzen, den Salle modulable mit etwa 1000 Plätzen und ein Amphitheater an der Basis der Treppen für kleinere Veranstaltungen. Ein Komplex von klarer Rationalität und großzügiger Einfachheit. Das, was ich 1985 bei einem Symposium in Plänen sehen konnte, ist nun im Rohbau fertig und wird in weniger als Jahresfrist eröffnet werden.

Die eigentliche Neuheit ist der Bühnenbereich des Opernsaales mit sechs gleichgroßen Bühnen, die durch ein Chariotsystem verbunden sind. Wenn auf der Hauptbühne eine Dekoration aufgebaut ist, können weitere fünf Neben- und Hinterbühnen für Szenenwechsel verwendet werden. Da die meisten Opern nicht so viele verschiedene Schauplätze aufweisen, kann wenigstens eine weitere Oper mit aufgebauter Dekoration bereitstehen. Also ein großangelegter Verschiebebahnhof an Bühnenbildern, die mittels eines hydraulischen Systems an den Platz befördert werden, an dem sie gebraucht werden. Voraussetzung ist, daß diese neuartige Hydraulik funktioniert. Eine französische Firma ohne Theatererfahrung hat den Auftrag – aus nationalen Gründen – übernommen. Internationale Experten sind skeptisch. Dieses von Gérard Mortier aufgrund seiner Brüsseler Erfahrungen konzipierte System, technisch von Henri Oechslin ausgeführt und betreut, rechnet mit höchst anspruchsvollen Bühnenbildern, etwa von Karl-Ernst Herrmann, und bedient einen Spielplan, der zwei bis drei verschiedene Opern wöchentlich nebeneinander zeigen will. Also ein Spielprinzip der vermischten Aufführungsserien, wie es sich aus der Stagione entwickeln kann. Ganz besondere Bedeutung hat der Salle modulable, der dem modernen Opernschaffen dienen soll und die Handschrift von Pierre Boulez trägt. Man hat einen Theaterraum entworfen, wo an jedem Platz Bühne sein kann, wo das Publikum je nach Spielform plaziert wird. Alle heutigen Inszenierungsformen können in diesem Saal realisiert werden, mit Orchesterformationen jeder Art, aber auch mit allen Vorrichtungen für elektronische Musik versehen. Leider sind für diesen Theaterkomplex die Ateliers viel zu klein ausgefallen, was M. Oechslin sehr bedauert. Man ist also weitgehend auf die Herstellung von Dekorationen in fremden Werkstätten angewiesen.

Das große Problem ist, welches Personal diesen sehr komplizierten Betrieb bedienen soll. Jeder Bühnenarbeiter muß besonders geschult werden, die Arbeitszeiten sind den technischen Bedingungen neu anzupassen. M. Oechslin ist verzweifelt, daß für diese Voraussetzungen eines funktionierenden Betriebes niemand das rechte Verständnis hat. »Man baut von außen nach innen. Es muß alles fabelhaft aussehen. Aber um den eigentlichen Betrieb kümmert sich niemand. Und Geld gibt es auch nicht mehr, wenn der Bau einmal eröffnet ist. Man hat die Folgekosten des Betriebs und der Bauunterhaltung völlig unterschätzt. Und die Gewerkschaften werden bald diesen Neubau genauso in ihre Gewalt bekommen wie den Salle Garnier...« Er ist äußerst skeptisch, und er weiß, wovon er spricht. Wenn er einmal nicht mehr da ist, steuert dieses technische Wunderschiff geradlinig in die Katastrophe.

Von all dem wollen die Verantwortlichen nichts wissen. Der Minister, Jack Lang, ist zwar gelernter Dramaturg, aber seine Interessen liegen längst bei anderen Medien und Kunstformen. Mit leichter Hand und eleganten Formulierungen schiebt er das Problem vor sich her. Die ganze, von der vorigen Regierung installierte Direktion Barenboim paßt ihm nicht. Das neue Theater soll eine Art Théâtre National Populaire für Musik werden, kein exklusiver Festspieltempel. Barenboim hat im ersten Jahr nur fünfzig Vorstellungen vorgesehen, außerdem Konzerte. Alle Stücke sollen in Serie gespielt werden; man will einen gemischten Spielplan. Und außerdem sei Barenboim nur vier Monate im Jahr anwesend und verdiene eine horrende Summe... Aber wie ist das Problem zu lösen? Man suche einen Kompromiß.

Da ist der Chefbeamte, der die administrative Verantwortung trägt – ein Jurist par excellence, geltungsbewußt, gewiß unberechenbar. Man versucht zu lavieren, da man noch nicht das Budget des neuen Hauses kenne. Es sei gewiß viel zu klein...

Da ist der junge Sekretär des Ministers, agil, sprühend vor Talent, unternehmungsfreudig, zu jedem Risiko bereit. Ein gescheiter Manager, der das politisch Machbare mit Initiative und Fleiß betreibt. Freilich, von Musik und Operntheater versteht er nicht mehr als ein gelegentlicher Besucher.

Und dann ist da M. Bergé, der Mann der Gesellschaft und der Finanzen, der jetzt endlich seinen Kulturambitionen frönen kann. Er redet versiert über Namen und Titel, ein Gourmet der italienischen Oper, ein Melomane. Das Programm Barenboims mit viel Wagner paßt ihm nicht. Er hat das Vertrauen des Präsidenten und möchte die neue Oper populär und französisch machen.

Man bittet mich, einen künstlerischen Kompromiß zu suchen. Man will Barenboim eine Brücke bauen, sein Programm anpassen an die Vorstellungen der Regierung, ohne auf seinen Namen verzichten zu müssen. Mit etwas gutem Willen ist das sicher möglich, vorausgesetzt, die finanziellen Mittel und die entsprechenden Kompetenzen sind gegeben.

25. August 1988 Totenfeier

Totenfeier für Jean-Pierre Ponnelle in Salzburg. Die große internationale Theaterfamilie ist versammelt, Intendanten, Dirigenten, Sänger, Kritiker. Alle wissen, welche Bedeutung dieser Tote für das Musiktheater hatte, manche ein wenig zynisch, andere in Verehrung und Freundschaft.

Nun wird doch geredet, Überflüssiges. Mozart erklingt, »o voto tremendo«. Es spielen die Wiener Philharmoniker. Am Ende singt der Staatsopernchor Arnold Schönbergs »Friede auf Erden«.

Ein gewichtiges Kapitel Salzburger Festspielgeschichte ist beendet. Seine »Zauberflöte« war seit Jahren die erfolgreichste Aufführung, aber auch an »Contes d'Hoffmann« und »Moses und Aron« wird man noch lange denken.

Es ist höhere Symbolik – und sicher auch geplant –, daß Karajan am Trauertage für Ponnelle seinen Rücktritt aus dem Direktorium der Festspiele erklärt hat. Lakonisch, mit einem Satz, ohne jede Begründung. Man darf rätseln, und man tut's. Sein Entschluß ist sicher nicht von »Weisheit« geprägt. Er trennt sich nicht freiwillig von der Macht.

26. August 1988 Snobismus und Chaos

Jean-Louis Martinoty, ehemals Dramaturg Ponnelles und Kritiker, jetzt Direktor der Pariser Oper (Salle Garnier), erzählt seine Leidensgeschichte. Die Pariser Oper ist abhängig von zwei Ministerien, die sich gegenseitig schikanieren und hintergehen. Entscheidend ist immer nur der Finanzminister. Bei jeder Entscheidung braucht man mit vielen Stempeln versehene Nachweise über das verfügbare Geld. Die Kompetenzen sind völlig unklar. Der Direktor der Administration hat bei allen Fragen eine konkrete Mitbestimmung. Von dem guten Verhältnis zu ihm hängt der ganze Spielplan ab. Eine Vorausplanung fehlt gänzlich. Im Mai – Juni eines jeden Jahres wird besprochen, ob für die vorgesehenen Verträge Mittel zur Verfügung stehen... »Im Grunde hat Rolf Liebermann allen nur geschadet. Zwei Jahre hat er das Geld zum Fenster hinausgeschmissen... dann ist sein Finanzdirektor aus dem Fenster gesprungen. Und alles wurde anders – durch neue und strenge Finanzkontrollen.« Es gebe im Haus weder bei der Technik noch bei der Verwaltung klare Kompetenzen. Wenn man etwas anordne, werde erst geprüft, ob man dazu berechtigt sei. Das technische Personal sei elend schlecht bezahlt und lebe von Überstunden und Streiks. Das Orchester mache nur 25 Dienste im Monat.

Die französischen Opernverhältnisse sind offensichtlich chaotisch – dafür gibt es jedoch viel *superstructure* und Herren, die sich sehr wichtig nehmen in ihrem Kulturverständnis. Man läßt alles auf sich zukommen und muß dann viel zahlen, um eine Katastrophe abzuwenden – so die Analye des amtierenden Pariser Operndirektors.

Mag sein, daß er verbittert ist, weil man ihn für die Bastille nicht gefragt hat, mag sein, daß er kein Meister der Diplomatie ist – als Theatermann hat er international einen guten Namen. Er spielt eine Erfolgsserie nach der anderen – doch das zählt offenbar nicht in Paris. Nur bei den »Ereignissen« sei das Haus voll. Pariser Snobismus lasse keine solide künstlerische Aufbauarbeit zu...

28. August 1988 Die Absage

Endlich Kontakt mit Daniel Barenboim in Bayreuth. Er empfängt mich vor der Vorstellung. Ich überbringe ihm die Empfehlung des Ministers und stelle mich für eine Zusammenarbeit zur Verfügung, wenn ich ihm und der Opéra Bastille damit helfen kann.

Er sagt freundlich, aber sehr entschieden ab. Er habe sich bereits für einen amerikanischen Manager entschieden. Und im übrigen sehe er nicht ein, warum er seine *direction artistique* einschränken solle. Sein Konzept sei klar und werde planmäßig realisiert. Daran werde er nichts ändern. Wenn die neue französische Regierung damit nicht einverstanden sei, solle sie es ihm direkt mitteilen. Er sei zu allen Konsequenzen bereit. Er erläutert mir den Spielplan der ersten Jahre, der mit Pierre Boulez und Patrice Chéreau fest vereinbart sei. Auch Jean-Pierre Ponnelle habe zu seinem Team gehört, er müsse für ihn einen Nachfolger finden. Daniel Barenboim ist stolz auf seine Planungen; ich sage ihm, daß man in Paris an der Realisierung zweifle und an den Vorstellungen von einem Théâtre National Populaire der Musik festhalte. Man wolle einen künstlerischen Übergang vom Salle Garnier zur Bastille. Genau das wolle er nicht, meint Barenboim, nur ein radikaler Schnitt könne die Opernsituation in Paris sanieren. Vielleicht hat er recht. Meine Mission ist beendet.

Am nächsten Tag berichte ich telegraphisch nach Paris über die Absage Barenboims. Das wird das Ende seines Vertrages sein. Wieder ein Fall, wie politische Ideologien künstlerische Prozesse zerstören.

Oder sind es auch hier nur die Interessen und Intrigen einzelner, die sich der Politik bedienen? Welche Richtung die Opéra Bastille auch einschlagen wird – Stagione oder Semistagione –, sie wird nicht aus den Problemen herauskommen, wenn es nicht gelingt, ein klares organisatorisches und finanzielles Strukturkonzept zu schaffen.

31. August 1988 Die Antrittsbesuche der Nachfolger

Wieder in Wien. Von allen Seiten betonte Herzlichkeit. Breite Zustimmung zu dem Entschluß, die Arbeit fortzusetzen. An die hundert Briefe der Betroffenheit und Empörung über die Methode des Direktionswechsels. Eine Unterschriftensammlung auf dem Stehplatz für die weitere Arbeit der Direktion, verbunden mit Mißtrauen und Besorgnis über die Entwicklung der Oper in den nächsten Jahren...

10 Uhr: Antrittsbesuch des Kollegen Waechter. Erste Worte: »Um es klarzustellen, ich bin an allem nicht schuld«. Wer denn? Der Generalsekretär: »Ich habe mich wenigstens entschuldigt«... Waechter gibt sich betont freundlich. Er macht mir Komplimente über das hohe Niveau der Vorstellungen. Zur Sache: Der »Ring« kann nun nicht mehr in meiner Direktionszeit herauskommen. Ich konzentriere mich auf den Mozart-Zyklus und ziehe ihn vor auf Mai 1991. Es werden dann acht Mozartwerke in Neuinszenierungen im Repertoire sein.

Das nächste große Problem ist die Suche nach einem neuen Ballettdirektor. Ich informiere Waechter über meine Gespräche mit den Choreographen Jiři Kylián und John Neumeier und hoffe auf eine langfristige Zusammenarbeit mit Peter Schaufuss. Die Namen sind ihm fremd. Er gibt offen zu, daß er vom Ballett nichts versteht.

Dann berichte ich ihm über die wichtigsten Opernprojekte: »Die Soldaten« und »Der ferne Klang«. Beide Stücke kennt er nicht. Wir sprechen über die Regisseure Harry Kupfer, Luc Bondy, Karl-Ernst Herrmann, Jürgen Flimm. Er macht keinen Hehl daraus, daß er nichts von Opernregie hält, man solle die Werke so inszenieren, daß sie praktikabel seien und ins Repertoire passen.

Er fragt nach meinen Vorbereitungen für den »Ring«. Ich berichte ihm, warum der Zeitplan nicht eingehalten werden konnte. Trotz aller Schwierigkeiten glaube ich, daß es in Wien am besten ist, den »Ring« in einer Spielzeit neu herauszubringen. Auch Bayreuth präsentiert den »Ring« jeweils in einer Festspielsaison. Über die letzten »Ring«-Inszenierungen in Bayreuth weiß er nichts.

Wenn er gewußt hätte, wie schwierig das alles wird, hätte er sich mit der Staatsoper nicht die Finger verbrannt, meint er.

11 Uhr: Antrittsbesuch des neuen Vizedirektors Joan Holender. Der Agent entschuldigt sich für seinen Besuch am Vorabend der Entscheidung, an dem das Interview mit Gérard Mortier im Fernsehen gezeigt wurde. Er hätte damals nicht kommen dürfen, oder er hätte mir die Wahrheit sagen müssen... Ich verlange von ihm Klarstellung seiner Position. Die Vorbereitung einer neuen Direktion und die Weiterführung seiner Agentur sind miteinander unvereinbar. Die bestehenden Verträge werden noch abgewickelt, neue werden nicht mehr über seine Agentur abgeschlossen. Er ist bereit, schon Ende 1989 seine Agentur zu liquidieren, keine neuen Sänger mehr anzubieten. Ich sage ihm, daß dieser Termin nach meiner Meinung viel zu spät sei. Bis dahin könne er sein neues Amt zu seinem persönlichen Vorteil ausnutzen...

Er meint, darüber brauche man sich jetzt keine Gedanken zu machen. Es sei ja alles im Fluß. Vielleicht komme seine Zusammenarbeit mit Waechter gar nicht zustande, es gebe große Widerstände...

1. September 1988 Das Fragespiel

Pressekonferenz nach der Rückkehr. Viele Fragen.

Warum setzen Sie nach den Vorgängen im Juni Ihre Arbeit in Wien fort?

Weil ich zu der Erkenntnis gekommen bin, daß es besser ist, die Planungen der letzten Jahre zu realisieren, als im Zorn davonzulaufen. Am Ende wird sich zeigen, wer recht behält.

Glauben Sie, man wird Ihnen keine Schwierigkeiten bereiten?

Der Generalsekretär des Bundestheaterverbandes hat im Namen der Ministerin eine schriftliche Erklärung abgegeben, die die erforderten Garantien enthält; es heißt darin unter anderem: Die Nichtverlängerung des Direktionsvertrages sei in keiner Weise durch künstlerische und wirtschaftliche Faktoren, die meine Person betreffen, begründet.

Warum wollen Sie auf die »Ring«-Neuinszenierungen verzichten?

Weil es künstlerisch nicht vertretbar ist, ein solches Projekt auf zwei Direktionen zu verteilen. Die Zeit reicht nicht aus, den »Ring«

bis 1991 zu vollenden. Ich muß diese Aufgabe leider meinem Nachfolger überlassen.

Welches sind die wichtigsten Spielplanvorhaben der nächsten drei Spielzeiten?

Bernd Alois Zimmermanns Oper »Die Soldaten« in der Inszenierung von Harry Kupfer sowie Franz Schrekers »Der ferne Klang« in der Inszenierung von Jürgen Flimm. Außerdem die noch ausstehenden Mozart-Inszenierungen von »Die Entführung aus dem Serail« (Harnoncourt–K.-E. Herrmann), »Così fan tutte« (Harnoncourt–Schaaf), »Don Giovanni« (Abbado–Bondy), »Lucio Silla« (nach Ponnelle) und »Le nozze di Figaro« (Abbado). Der Mozart-Zyklus wird zu den Wiener Festwochen 1991 im Theater an der Wien und in der Staatsoper gezeigt werden und insgesamt acht Mozart-Opern umfassen.

Wie ist ihr Verhältnis zu Claudio Abbado?

Mißverständnisse wurden bereinigt. Wir werden wie bisher harmonisch zusammenarbeiten.

Wer soll neuer Ballettdirektor werden?

Es wird für die Spielzeit 1990/91 eine Übergangslösung geben. Die Bestellung eines neuen Ballettdirektors muß ich meinem Nachfolger überlassen.

Werden sie weiter mit der Agentur Holender zusammenarbeiten?

Solange die Rechtsverhältnisse nicht geklärt sind, wird kein neuer Vertrag über diese Agentur abgeschlossen. Jeder Verdacht einer »Consultatio« muß vermieden werden.

Haben Sie Ihre Verhandlungen mit der Pariser Bastille-Oper abgebrochen?

Ich stehe weiterhin für Beratung zur Verfügung, aber ich werde nicht nach Paris gehen. Der Flirt ist vorläufig beendet.

Wie beurteilen Sie das Konzept der neuen Direktion?

Ich halte die Zusammenlegung der beiden Opern grundsätzlich für falsch.

Was denken Sie heute über Wien?

»Wien bleibt Wien – und das ist«, wie Alfred Polgar einmal bemerkte, »wohl das Schlimmste, was man über diese Stadt sagen kann«.

2. September 1988 Festliche Eröffnung der Spielzeit

Zum erstenmal wird die erste Vorstellung einer Spielzeit am 1. September zu einer echten Eröffnung. Statt irgendein Repertoirewerk zu spielen mit einem berühmten Tenor, dirigiert der Musikdirektor persönlich das Werk, das den neuen Stil des Hauses repräsentiert: »Pelléas et Mélisande«, in der Premierenbesetzung. Dies ist nur durch das Prinzip der Serien in gleicher Besetzung möglich. Bisher sind vierzehn Opern in Neuinszenierungen oder Neueinstudierungen Bestandteil des neuen Repertoires, bei Fortsetzung der Arbeit in gleicher Weise werden es 1991 über dreißig Werke sein, die langfristig geplant, mit der bestmöglichen Besetzung das Grundmuster des Repertoireteppichs bilden. Das bedeutet, daß dann mehr als die Hälfte der Vorstellungen gründlich neuerarbeitet sein wird, darunter viele Werke, die den Rahmen des bisher in Wien Üblichen sprengen. Nichts ist unhaltbarer als die These, daß »das Repertoire« vernachlässigt werde; es kommt darauf an, was man unter »dem Repertoire« versteht.

Die Eröffnung der neuen Spielzeit unter Claudio Abbado wird vom Publikum stürmisch gefeiert. Der Applaus klingt wie eine Demonstration gegen die ministeriell verordnete »Strukturreform«.

10. September 1988 Oper bei einfachen Leuten

Lang ist es her, daß ich mit Peter Stein persönlich zusammengetroffen bin. Es war wohl 1969 in Zürich, im Café des Schauspielhauses. Peter Stein hatte damals mit seinen Inszenierungen das Zürcher Publikum schockiert. Ich lud ihn ein, am Kölner Schauspielhaus zu inszenieren. Seine Antwort: »Mit welcher Legitimation kommen Sie?« »Als Generalintendant der Kölner Bühnen natürlich...« »Wenn Sie keinen ausdrücklichen Auftrag des Ensembles vorweisen, haben wir nichts miteinander zu besprechen...« Sagte es und ging... Es war die Zeit der versuchten Basisdemokratie, auch in den Theatern. Amts- und Titelträger waren unerwünscht.

Peter Stein hat sich kürzlich von seinen frühen Bühnenerfolgen distanziert. Aber sie sind aus der Geschichte des neuen deutschen Theaters nicht wegzudenken. Aufführungen wie sein »Torquato Tasso« in Bremen, sein »Peer Gynt« oder seine »Orestie« an der Berliner Schaubühne haben eine Generation von Schauspielern und

Regisseuren geprägt. Mit seinen Tschechow-Inszenierungen hat er Maßstäbe gesetzt.

Jetzt inszeniert er Oper – aber in Cardiff. Nach »Otello« nun »Falstaff«. Er will nichts zu tun haben mit dem internationalen Operngeschäft, mit Stars und Prestigeproduktionen. Hier in Cardiff ist er bei »einfachen Leuten«, fernab von den »Marktzentren«. Er fühlt sich zu Hause und wird von allen verehrt. »Schon Brüssel war für mich unerträglich, obwohl man alles für mich getan hat. Ich wurde vermarktet. Sponsoren benutzten meinen Namen... und der Direktor wollte sich im Spiegel sehen...«, davon will er nichts mehr wissen.

Mein Angebot, in Wien »Le nozze di Figaro« zu inszenieren mit einer Besetzung, die wir zusammen aussuchen, interessiert ihn nicht. Im »Figaro« ist ihm alles zu sehr fixiert, der Regisseur habe keine Freiheit, dann lieber echten Beaumarchais. »Don Giovanni« und »Die Zauberflöte« reizen ihn mehr, »Zauberflöte« aber nur mit jungen Schauspielern, nicht mit Sängern. Auch mit einem »Tristan« ist er nicht zu locken. »Keinen Wagner mehr. Mit Schaudern erinnere ich mich an den ›Ring‹ in Paris bei Liebermann...«

Überhaupt verwahrt er sich dagegen, ein »multivalentes Talent« zu sein, er fühlt sich nicht gebunden an Musik. Und er hat ein tiefes Mißtrauen gegen die internationalen Haifische, die ihre Musik zu Höchstpreisen verschachern. Dabei ist er selbst doch mindestens so etwas wie ein »Goldfisch«. In jeder Sentenz steckt Überlegenheit und Solipsismus. Was ist geblieben von den Idealen der frühen »Schaubühne«? Er würde sagen, jeder Mensch habe das Recht, sich zu wandeln. Nur wer sich wandelt, lebt.

Sein »Falstaff« ist, im Vergleich mit anderen Inszenierungen, eine Enttäuschung. Peter Stein geht davon aus, daß er das Werk als erster richtig gelesen habe. Mag sein, daß er es wirklich noch nie auf der Bühne gesehen hat und deshalb auch alle wohlvertrauten Effekte nicht kennt. Er bleibt von Einfällen und Gags verschont und gibt die einfache Handlungsstruktur wieder. In einem technisch und stilistisch neutralen Gehäuse, an dem sich Windsorarchitektur erkennen läßt. Die Personalitäten bleiben blaß, die Quickly-Szene enttäuscht. Wenn man die Aufführung positiv sehen will, muß man sicher hervorheben, daß es keine Klischees gibt, daß eine Verdoppelung des musikalischen Ausdrucks durch die Szene vermieden wird. Die Schlußfuge ist choreographisch recht gut gelungen. Falstaff schwebt über allen. Sein Lebenssymbol, der Bauch, ist das Wichtigste. »Onore« wird mit Kreide auf den Stuhl geschrieben und durchgestrichen. Man weiß, was gemeint ist. Peter Steins Absicht war es, das Werk zu sezieren, kühl und sachlich. Lachen ist verdächtig.

16. September 1988 Wiedergeburt

Die Oper liebt das Wunder, und wenn es sich leibhaftig an einem ihrer Lieblinge manifestiert, sprengt die Begeisterung alle Grenzen. José Carreras ist wiedergeboren. Er hat die Leukämie besiegt. Dank der ärztlichen Kunst der Knochenmarkstransplantation in Seattle/USA, aber auch dank seiner Disziplin, seines Willens zum Leben und der Anteilnahme seiner zahlreichen Freunde in aller Welt. José Carreras gibt sein erstes Konzert außerhalb seiner katalanischen Heimat in Wien, wo er seine treuesten und enthusiastischsten Freunde hat. Seine Rückkehr auf die Bühne wird zu einem Symbol der Hoffnung für die krebsgeplagte Generation. Da ist einer, der es geschafft hat, die Krankheit zu besiegen.

Seine Stimme kommt wieder, sie hat unter der häufigen Chemotherapie nicht gelitten; vorsichtig tastet er sich durch sein Liedrepertoire von Massenet, Liszt und Puccini, von seinen spanischen Canciones hin zu den bekannten Opernarien, die ihn berühmt gemacht haben. Das Publikum ist nicht zu bändigen, trotz der Kälte stehen mehr als tausend Menschen draußen vor der Eidophor-Leinwand. Radio und Fernsehen sind live dabei; über eine Stunde muß er Zugaben geben, und mit jeder Arie steigert sich seine rauschhafte Euphorie. Er ist wieder da... Seine Stimme gewinnt hypnotische Kraft, seine Gesangskunst wird zur musikalischen Therapie.

Man sollte nicht von Massenhysterie sprechen, sondern von »namenloser Freude«. Carreras meint Gott, wenn er allen dankt. Und wendet sich an die, die die gleiche Krankheit haben. Er will Beispiel sein, Mut machen, helfen. Das gibt diesem Abend seine unvergleichliche Atmosphäre.

18. September 1988 »Tantz-Schul«

Kagel ohne Kagel. Aus der grotesken Collage »Tantz-Schul« ist ein realistisches Szenario geworden. Also ein bewußtes Mißverstehen der Intentionen Mauricio Kagels. Er hat sich faszinieren lassen von dem 1716 in Nürnberg erschienenen Buche »Neue und curieuse theatralische Tantz-Schul« von Gregorio Lambranzi mit seinen bezaubernden Stichen. Drei Jahre hat er damit verbracht, 18 dieser Stiche musikalisch zu kommentieren. Lambranzis Buch ist ein Kompendium aller nur denkbaren Bewegungsformen, seien sie aus der Commedia dell' arte, aus höfischem oder aus handwerklichem Milieu. Man kann daraus eine Gesamtcollage machen oder die Bilder im einzelnen choreographieren. Die Phantasie von Jochen Ulrich dagegen will menschlichen Tanz, psychologisch-soziale Inhalte statt virtuosen Gaukelwerks. So erfindet er die drei Gesellschaftsgruppen, die sich begegnen: Bewohner der Vorstadt, Mafiosi und Komödianten. Er spinnt Beziehungen aus zwischen den Gruppen. Am Ende triumphiert der Tod: Harlekin in Moll. Also die Umkehr des Unsinns in Tiefsinn. Leider entspricht das Schrittmaterial nicht der phantasievollen Dramaturgie.

Daß Mauricio Kagel nicht zur Premiere gekommen ist, ist traurig und dienlich zugleich. Er hätte Ulrichs Choreographie zerstört. Einer von beiden wäre auf der Strecke geblieben.

Kagels Musik tönt einmal wie Ragtime von Haydn, dann wie ein Contredanse von Bartók, dann wieder wie eine Zwölftonvariation von Mozart – immer aber wie bester Kagel: witzige Transformation klassischer Themen, schwierig geschriebene Musik, die sehr unterhaltsam wirkt. Mauricio Kagels »Tantz-Schul« ist eine »Parade der Paradoxien in einer Arena der Assoziationen« (Werner Klüppelholz).

Das Werk muß unbedingt ein zweites Mal erprobt werden...

20. September 1988 Gekauftes Charisma

»Na, Kommunist, willst bei mir Musik machen?« Mit solch virilem Charme hat Waechter Claudio Abbado endlich doch in sein Lager gelockt. Joan Holender soll angeblich nicht Mitglied der Direktion werden. Von ihm wird Abbado keine Weisungen entgegennehmen. Aber er soll 1991 sein Direktionszimmer für den besagten Agenten aufgeben und in den Verband übersiedeln.

Claudio Abbado gesteht mit trauriger Miene, er habe sich einfangen lassen – bis 1997. Er darf dirigieren, was er will, Besetzungen machen für seine Aufführungen, seine Stücke bleiben im Spielplan. Er glaubt das alles nicht. Wie läßt es sich vereinen mit Ensemble- und Repertoiretheater? Mit dem hat er nichts zu tun... Wenn man seine

Bedingungen nicht erfüllt, wird er früher gehen... Vielleicht fangen die Neuen auch gar nicht an..., meint er.

Alle guten Freunde sind entgeistert, können es nicht fassen. Claudio ist umgefallen, um weiter in Wien Musik machen zu können. Dabei nimmt er die Personen in Kauf, mit denen er um keinen Preis zusammenarbeiten will. Und verleiht der neuen Direktion das Charisma, das sie so dringend braucht. Man hat ihm alles versprochen, sogar die Salzburger Festspiele, falls sie demnächst zur Debatte stehen sollten... »Dann werden wir weiter zusammenarbeiten...«, sagt er mir optimistisch.

25. September 1988 Lennies 70. Geburtstag

Leonard Bernsteins 70. Geburtstag wird in Wien gefeiert, auch in der Staatsoper. Marcel Prawy, der sich rühmen kann, Bernsteins Kompositionen nach Europa gebracht zu haben, schwelgt in Erinnerungen. Dabei vertritt er seine Musiktheorie, die sich ausschließlich an Melodie und Erfolg orientiert. Nach seiner Meinung hat das Publikum immer recht, auch wenn es nicht sofort die Bedeutung einer Aufführung versteht.

Dann erscheint Bernstein selbst mit seiner »Seid-umschlungen«-Attitude. Umarmungen, Küsse, Ovationen. Die Gratulanten werden vom Publikum unterschiedlich begrüßt, die Ministerin muß Mißtöne hören. Das Ganze hat die Oberflächlichkeit einer Geburtstagsparty. Bernsteins eigentliche Bedeutung kommt zu kurz: seine philantropische Gesinnung, mit der er versucht, die politischen Gräben zu überspringen, sein Bekenntnis zu Israel, seine Bemühung um die soziale Aufwertung der amerikanischen Unterschichten...

Lennie ist interessiert an einer »Salome«-Produktion. Er will Richard Strauss in Israel rehabilitieren und deshalb diese »Salome« auch in Israel aufführen. Seine Kampfeslust ist ungebrochen. Aber er macht sich Sorgen über seine Konstitution. Wird er alt werden wie seine Mutter, die mit 90 Jahren geistig frisch das Wirken ihres Sohnes in aller Welt verfolgt, oder schlägt er seinem Vater nach, der nach dem 70. Geburtstag rasch verfiel? Davor hat er Angst und lebt doch munter drauflos, sein emotionales Leben mit Freunden, Whisky und Zigaretten. Er komponiert jetzt Lieder nach polylingualen Texten. Peter Shaffer soll ihm ein Stück schreiben, ist aber nicht zu erreichen. Die Idee der Holocaust-Oper hat er zurückgestellt, er findet keinen

Autor, der ihm zu diesem Thema ein Libretto schreiben kann. Alle meine Hinweise und Empfehlungen hat er weiterverfolgt, er hat die dramaturgischen Einwände akzeptiert. Im Augenblick macht ihm das Dirigieren am meisten Spaß, allerdings nur mit Orchestern, die ihn verstehen, wie den Wiener Philharmonikern. Das »Salome«-Projekt bleibt in Erinnerung. Er denkt über die Besetzung nach...

Im Musikverein dirigiert er die Vierte Symphonie von Brahms. Er macht das Werk zu einem Teil seiner Existenz, durchlebt es. Er dehnt die Melodienbögen, schwelgt in dionysischer Ekstase und setzt schroffe Akzente. Jeder Augenblick hat Spannung. Die Philharmoniker spielen das Stück wie in Trance.

Peter Zadek, der zufällig neben mir sitzt, ist sichtlich degoutiert. Er nennt diese Art zu dirigieren »Schmiere«. Alles ist ihm zu flapsig, schnoddrig, unkontrolliert; er fühlt sich innerlich abgestoßen von diesem Stampfen und Springen, Tänzeln und Schwingen. Das ist ihm zu primitiv, zu äußerlich. Er sucht die musikalische Form, die geistige Durchdringung, nicht die theatralische Geste.

Aber er tut Leonard Bernstein unrecht. Lennie extravertiert sich nicht um einer Show willen, er kämpft um den Ereignischarakter dieser Musik, will ihr das Akademische, die Routine austreiben. Er sucht den unmittelbaren Zugang, dabei macht er das Werk zu dem seinigen. Haben das nicht auch die Romantiker getan, als sie versuchten, Werke anderer Zeiten zu assimilieren?

Leonard Bernstein spielt viele Rollen, auch die des charmanten Weltbürgers, der sich auch in Wien einbürgern läßt. Er hört sich die ehrenumwölkte Rede des Bürgermeisters schmunzelnd an. Seine Dankadresse ist entwaffnend. Er weiß nicht, ob er nicht schon Wiener Ehrenbürger ist. Jetzt könne er sich »Herr von und zu Bernstein« nennen...

30. September 1988 Schönklang der Folklore

An »Boris Godunow« scheiden sich die Geister. Die Traditionalisten, und dazu zählt auch Herbert von Karajan, wollen den Schönklang der russischen Folklore und bedienen sich der Fassung von Nikolai Rimski-Korsakow – die Puristen wollen den Originalorchesterklang des Modest Mussorgski, von dem es hieß, er könne nicht orchestrieren – und genau diese spröde, dissonante Harmonik ist seit der Ausgabe von Pawel Lamm im Jahre 1928 wieder zugänglich geworden und wird zunehmend für Aufführungen, die sich um die wahre russische Geschichte bemühen, verwendet. Die Beschäftigung mit »Boris Godunow« ist seit den musikologisch verläßlichen Ausgaben der letzten Zeit auch zu einem Spiel der Fassungen geworden. In Köln haben Istvan Kertesz und Jean-Pierre Ponnelle nach genauem Quellenstudium die Urfassung gewählt und diese 1970 zum erstenmal konsequent gespielt. Man hat die Polenbilder weggelassen und die Volksszene im Wald bei Kromy an den Schluß gestellt (obwohl sich Mussorgski später einmal für das Bild des sterbenden Zaren als Schluß ausgesprochen hat). Damit wird das russische Volk zum eigentlichen Träger der Handlung. Es ist heute gebräuchlich geworden, die sogenannte »Originalfassung« zu verwenden. Sie enthält – wenn auch mit Kürzungen – alle Szenen des Werkes. Claudio Abbado ist seit seiner Zusammenarbeit mit Andrej Tarkowski ein Verfechter dieser »Originalfassung« mit reiner Mussorgski-Musik; diese ist auch für die nächste Wiener Neuinszenierung vorgesehen.

Die »nur« zwölf Jahre alte Wiener Inszenierung wirkt merkwürdig patiniert. Trotz hervorragender Besetzung mit Paata Burchuladze, Wladimir Atlantow und Aaage Haugland bleibt die große Wirkung aus. Das liegt am äußerlich-realistischen Stil der Bilder, an der vagen Personenregie und an dem konventionellen Klang von Rimski-Korsakow. Die Chöre müßten mit der Urkraft des Volksgesanges ausbrechen... Die Aufführung ist eine Lehre: Man sollte alles Äußerlich-Historisierende über Bord werfen und das Paradigmatische suchen...

12. Oktober 1988 Provokation genügt

Thomas Bernhard ist es gelungen, alle Rollen seines neuen Stückes mit prominenten österreichischen Politikern zu besetzen. Niemand kennt den Text, und alle sagen ihn auf. Wahrhaft absurdes Theater.

Der Name Thomas Bernhard genügt als Provokation; auch wenn es niemand so genau weiß: Die Ehre der Nation steht auf dem Spiel. Und dazu muß man Stellung nehmen. Der Bundespräsident als erster: »...eine grobe Beleidigung des österreichischen Volkes...« Der Vizekanzler fordert, den Vertrag mit dem Burgtheaterdirektor zu lösen... Der Vorsitzende der sogenannten Freiheitlichen Partei nennt das, was er nicht kennt, »eine subventionierte Staatsbeschimpfung«... Die aufrechten Journalisten sind in ihrem Element. Man hat endlich wieder etwas zu schreiben.

Eine phantastische Propagandamaschine ist am Werk. Methode: Man verheimliche den Text, lanciere dann geschickt einige aus dem Zusammenhang gelöste Zitate – aus Mutmaßungen und Verdächtigungen entsteht öffentliche Erregung. Die totale Aufmerksamkeit ist garantiert. Dagegen kann das Stück nur abfallen. Der Protestvorschuß ist durch das Theater nicht rückzahlbar. Thomas Bernhard hat mehr an öffentlicher Wirkung erreicht, als er literarisch erschreiben könnte. Freilich muß man sich – wie er – seinen Reizwert erst verdienen.

Seien wir ehrlich, ein solches Spektakel ist nur in Österreich möglich. Positive Lesart: Kulturelle Ereignisse beschäftigen die Nation. Negative Lesart: Die Überempfindlichkeit in Fragen der nationalen Identität erzeugt giftige Blüten. Und genau das ist der Stoff, aus dem Thomas Bernhard seine Aggressionen ableitet.

Der Staat verbietet es sich, das, was ihn ärgert, zu verbieten. Im Dilemma: nationale Ehre – Freiheit des Geistes, siegt Thomas Bernhard. Und das ist das Erfreulichste an der Sache.

15. Oktober 1988 Aggressive Unverbindlichkeit

Thomas Bernhard über die österreichische Presse: »Die Zeitungsredaktionen in Österreich / sind ja nichts als skrupellose parteiorientierte Schweineställe / Alles unqualifizierte Leute / die nicht denken und daher nicht schreiben können / Bei dieser stumpfsinnigen Leserschaft / die anspruchsloseste in Europa ist kein Wunder / Aber diesen Dreck lesen wir doch tagtäglich / in uns hinein / weil er uns interessiert / und weil wir von ihm fasziniert sind / Sie müssen doch zugeben Herr Kollege / daß Sie im Grunde diese idiotischen Blätter / mit ihrem geradezu infernalischen Stumpfsinn / mehr interessieren als beispielsweise die »Neue Zürcher Zeitung«.

Keiner Zeitung und keinem Journalisten fiele es ein, gegen Thomas Bernhard zu klagen und ihn zum Widerruf zu veranlassen, um dadurch festzustellen, daß die »Kronenzeitung« oder der »Kurier« nicht zu diesen »idiotischen Blättern« gehören. Zuerst ist der Text als imaginärer Dialog verfaßt, die Sprecher sind fiktive Personen, keinesfalls Thomas Bernhard. Sodann handelt es sich um rhythmisierte Sprache, also eine Art Poesie. Der Text gibt sich literarisch und tarnt sich damit gegen beleidigende Intentionen. Der Autor spielt mit sprachlichen Ausdrucksformen und hütet sich davor, direkt verstanden werden zu wollen.

Diese Sprachspiele kann mitspielen wer will; sie sind unverbindlich. Und trotzdem wird die österreichische Presse heftig attackiert. Dieses ist die Art, wie Thomas Bernhard alles, aber auch wirklich alles gegen alle sagen kann. Es ist seine Art der literarisch getarnten Verbindlichkeit, der aggressiven Unverbindlichkeit. Er macht böse Witze, ausfällige Bemerkungen und trifft, ohne haftbar gemacht werden zu können. Das ist seine Sprachkunst, in allen Farben schillernd. Seine Wirklichkeit ist eine Fiktion; deshalb kämpfen die Betroffenen wie gegen Schatten und Winde...

17. Oktober 1988 Neuer Besuch bei Strehler

Ein Tag bei Giorgio Strehler in Mailand. Er arbeitet in seinem geziegelten hohen Studioturm am »Faust«. Josef Svoboda hat die Decke mit einer weißen Spiralschnecke ausgehängt. Der Raum ist voll Dunst. Rote und blaue Strahler zeichnen Linien. Strehler will noch einmal von vorne anfangen, das Gewesene sei ihm zu perfekt gewesen, er will einfacher werden. Richtige Erde, echtes Wasser, natürliches Feuer, nichts Artifizielles. »Faust« soll die drei Elemente zeigen, Mephisto soll von unten aus der Versenkung auftreten. Hinten ist dann die richtige Bühne mit rotem Theatervorhang für Osterspaziergang, Walpurgisnacht etc. Strehler spielt den Prolog, Wagner und die Schüler stehen an Pulten, Faust doziert... Er unterbricht, fängt wieder von vorne an, jeder Lichteffekt wird überprüft... alles dauert sehr lange... man braucht noch viele Arbeitsstunden. Aber Josef Svoboda hat Visaprobleme, die Prager Regierung läßt ihn nicht mehr frei reisen. Strehler ignoriert die Einwände... »Gorbatschow ist unser Freund. Er wird es schon möglich machen...«

Mit Strehler im Auto. Er wundert sich über die Wiener »porcheria«, die mangelnde Professionalität. Sein »Tristan« in Wien ist ein Zeitproblem. Alles ist schwierig, aber er trägt sich die Periode August-September 1990 in seinen Kalender ein. Wer singt Tristan? Er braucht viele, viele Beleuchtungsproben...

Dann Probe eines Pirandello-Stückes im Piccolo Teatro. In wenigen Tagen ist die erste Voraufführung. Andrea Jonasson spielt die Hauptrolle. Sein Auftritt gibt der Probe sofort Spannung. Wie ein Dirigent profiliert er die Dialoge. Er sucht Klang, Rhythmus und forscht nach den verschiedenen Bedeutungsschichten. Ein Musiker der Sprache ist am Werk. Und Ezio Frigerios Lichtkunst gibt diesem Theater die raffinierte Ästhetik.

Sie sollten diese theatralische Sensitivität auf die Oper übertragen, auf »Tristan und Isolde«.

21. Oktober 1988 Polnische Unruhe

Nach vielen Jahren Wiedersehen mit Warschau. Das »Teatr Wielki«, Stolz der Polen, wird eingeladen, 1989 in Wien zu gastieren. Man muß etwas tun, um die polnischen Freiheitsregungen zu unterstützen. Direktor Satanowski, der im Generalsrang die Oper seit vielen Jahren beherrscht und auch in der Oper wohnt, ist mit westlichem Musikstandard vertraut, hat lange Jahre in Deutschland gelebt. Es kommt darauf an, die Finanzierung des Projektes zu sichern. Das Teatr Wielki wird sich bemühen, für das Wiener Gastspiel neue Produktionen herauszubringen: »König Roger« von Szymanowski und »Fürst Igor« von Alexander Borodin sowie polnische Kammeropern.

Polen ist in Unruhe. Ein politisches Niemandsland zwischen Glasnost im Osten und DDR-Orthodoxie im Westen, aufgerührt durch wirtschaftliches Chaos, sucht seinen eigenen Weg. Es geht um den Runden Tisch, alle Diskussionen drehen sich darum, ob die Politkommunisten sich mit den Solidarnośc-Gewerkschaftlern in Gespräche einlassen und möglicherweise diese Gespräche per Fernsehen übertragen. Ein erstes Zeichen der Öffnung und zugleich Gefahr für das System. Der stellvertretende Kulturminister, mit dem ich verhandle, ist strikt dagegen. Er arbeitet für die Liberalisierung innerhalb des Kommunismus und prophezeit den Zusammenbruch des Staates, wenn man der Opposition zur Anerkennung verhelfe. Ein anderer polnischer Politiker setzt sich für einen nationalen polnischen Sozialismus ein, der allmählich zur Demokratie führen kann. Man diskutiert ganz offen, es gibt im Gespräch keine Tabus mehr. Die Meinungen sind in hellem Aufruhr. Nationales, katholisches Selbstbewußtsein auf der einen – realistisches Staatsdenken auf der anderen Seite. »Wir Polen brauchen eine starke Hand«, meint der Vizeminister, »sonst sind wir verloren. Der Parteiapparat gibt uns die Autorität, natürlich nicht wie in der DDR, wir diskutieren frei über den richtigen Weg, aber wir müssen Entscheidungen akzeptieren und nicht immer wieder von vorne anfangen. Vergessen Sie nicht, wir

Polen haben keine Staatserfahrung außer in den letzten Jahrzehnten. Das war nicht immer eine gute Zeit, aber wir haben unsere Industrie geschaffen und viele Wohnungen gebaut... Freiheit heißt in Polen Anarchie.« Alle anderen Gäste am Tisch fallen über ihn her. Man bedeutet mir, der Vizeminister sei ein hervorragender Mann, es sei schade, wenn er gehen müßte. Der Runde Tisch hat viele Ecken und Kanten.

Polen ist wie Treibsand, der Wind aus dem Osten streicht über die weiten Ebenen. Mit polnischer Begleitung, eifrig diskutierend, fahre ich zum Geburtshaus von Frédéric Chopin. Viele Kleinbauern haben an der Straße ihre alten Holzkaten aufgegeben und wohnen in häßlichen, rohen Ziegelhäusern. Sie bebauen einen schmalen Streifen Land und bringen ihre Produkte auf den freien Markt. Die Staatswirtschaft ist korrumpiert und bankrott. Das Land blutet aus in die Emigration. Ein Drittel aller Polen wohnt im Ausland und bestimmt die Währung. Man darf bei den Banken Konten in Valuta haben und erhält hohe Zinsen. Mit diesem Kapital kann man Privatwirtschaft treiben, und einige produzieren in kleinen Betrieben Kleider, Einrichtungsgegenstände oder Blumen – und werden Millionäre. Über Lech Walesa fallen kritische Worte. Er sei ein vom Westen hochgepäppelter nationalreaktionärer Arbeiter ohne jedes ökonomische Konzept. Auch er sehe keinen Ausweg, außer zu kritisieren und zu beten.

In Zalajwa Wola steht das Geburtshaus von Chopin, das als Museum gepflegt wird. Eine niedrige Kate, der Vater war Lehrer, ärmliche Verhältnisse, aber ein erstaunliches Bildungsniveau, französisch orientiert. Rührend wallfahrten Schulklassen zu ihrem nationalen Heiligtum. Eine schöne Russin, in langem weißem Spitzenkleid, spielt Mazurkas und Walzer. Herbstlaub liegt auf den Wegen, die Sonne dringt kaum durch den Bodennebel.

25. Oktober 1988 Atavistische »Carmen«

Alle »Carmen«-Mißverständnisse haben in Wien begonnen. Die Wiener Hofoper hat das Werk, nur wenige Monate nach der Uraufführung an der Pariser Opéra comique, zuerst mit gekürzten Dialogen, aber schon wenige Jahre später mit den von Ernest Guiraud nachkomponierten Rezitativen herausgebracht. Und diese Rezitativfassung für die Große Oper trat den Siegeszug über alle Opernbühnen der Welt an. Gustav Mahler erklärte sie für Wien verbindlich. Jetzt aber spielt man das Werk wieder mit kurzen Dialogen, ein Wiener Kompromiß, zu dem sich Franco Zeffirelli seiner Carmen zuliebe bereit erklärte. Agnes Baltsa braucht die Dialoge, weil sie szenische Spannung zwischen den Musiknummern herstellen und die Musik begründen. Also nicht das Opernklischee einer Zigeunerin mit Kastagnetten und Rose im Haar. Eine Femme fatale im wörtlichen Sinne, »zynisch, unschuldig, grausam«, wie Nietzsche sie sah. Bei dieser »Carmen« kommt das Afrikanische zu seiner Wirkung, man spürt förmlich die Sommerhitze, die trockene Sciroccoluft. Die Bühnenbilder von Franco Zeffirelli haben Tiefe, die grauweißen Staubfarben geben maghrebinische Atmosphäre; er vermeidet ein Postkartenandalusien. Diese Bühnenbilder mögen technisch aufwendig sein, sie zählen zum Besten, was das Wiener Repertoire bietet, und verdienen gepflegt zu werden.

Wir werden uns heute immer mehr bewußt, wie recht Nietzsche hatte, dieses Werk dem Musikdrama Richard Wagners entgegenzustellen. Es war nicht die Haßliebe des Renegaten allein, die ihn für »Carmen« begeisterte. Er hat das Emanzipatorische der Figur, das ungeschminkte Menschenbild, die elementare Sinnlichkeit der Musik erkannt, er hat die Fatalität mediterraner Lebensbezüge gegen nordische Transzendenz ausgespielt und damit das zutiefst Areligiöse, Heidnische, Atavistische beim Namen genannt, das auch heute bei guten Aufführungen der »Carmen« noch provozieren kann.

Sowohl Agnes Baltsa wie Luis Lima identifizieren sich mit ihren Rollen, sie stammen aus dem Klima des Stückes und haben die mediterrane Haut.

26. Oktober 1988 »Wien modern«

»Wien modern« ist geboren, das Antifestival. Ganz Wien, soweit intellektuell mobilisierbar, ist präsent. Die drei in Wien kulturell verantwortlichen Parzen sitzen eisig nebeneinander, die Manager von Musikverein und Konzerthaus vergessen alle Rivalität, ein junges Publikum, durchsetzt mit Experten, läßt sich animieren. Durch eine goldene Säule getrennt hören Ligeti und Rihm ihre stilistisch verschiedenen Kompositionen und eilen zum Applaus auf die Bühne. Kein Protest, kein Buh, keine Publikumsflucht: ein großer Erfolg im klangsentimentalen, altbackenen Wien. Es wird chic, sich um moderne Musik zu bemühen.

Ligetis oszillierende Chromatik, steigend, gleitend, springend, erweckt sinnliche Neugierde. Die »Notations I-IV« von Boulez zeigen entschlossene Kraft und Temperament, Werke, die noch zu entdecken sind. Rihms »Départ« bildet gesprochene-gesungene Klangwolken, aufsteigende Säulen, fallende Fontänen. Alban Bergs »Drei Orchesterstücke« verbinden mit der Neuen Wiener Schule, mit der das alles vor etwa achzig Jahren begann. Also doch eine Wiener Tradition.

3. November 1988 Eine Gerichtsfarce

Prozeßtermin gegen den Journalisten, der die Direktion ein »Verschwenderduo« genannt und sie beschuldigt hatte, verantwortlich zu sein für »sorglosen bis prasserischen Umgang mit öffentlichen Mitteln«..., für »Fehlplanung und Chaos und andere interne Murkserei«... und für »das, was man Unanständigkeit nennt«. Der Tatbestand der ehrenrührigen Behauptungen und der Kreditschädigung steht außer Frage. Der gegnerische Anwalt behauptet: Die Privatklage sei unzulässig, weil ich mich als »Beamter« von der Finanzprokuratur vertreten lassen müsse. Der Richter, ein Pressespezialist, scheint von Anfang an den Prozeß auf diese Weise beenden zu wollen. Der Fall interessiert ihn nicht. Die Fakten werden nicht einmal memoriert. Der Presseanwalt rüstet sich zum Aufbruch... Man diskutiert ausschließlich den Vertragsstatus des Klägers, als Zeuge werde ich gefragt, wann ich geboren sei und ob mein hier vorliegender Vertrag stimme...

Ein demütigendes Zeremoniell, eine Gerichtsfarce. Es interessiert niemanden, daß bereits mehrere Burgtheaterdirektoren ähnliche Beleidigungsprozesse geführt haben...

Gegen das Urteil muß Berufung eingelegt werden. Aber man wird wieder nur diskutieren, ob der Staatsoperndirektor ein Beamter sei. Mit formalen Argumenten erspart man sich eine Sachdebatte. Die Presse sitzt am längeren Hebel...

Und die Moral von der Geschicht: Verlange Wahrheit von der Presse nicht...

5. November 1988 Oper in Amerika

Die AIDO-Tagung in Chicago ist gut organisiert (AIDO = Association Internationale des Directeurs d'Opéra). Ardis Krainik ist die erfolgreiche Managerin der Lyric Opera – und nicht nur das, sie ist die Seele ihres Betriebes. Wie eine große Mutter hütet sie ihre Sänger und läßt sich von Sponsoren verwöhnen. Sie demonstriert das System des Fund-raising, das in Amerika die öffentliche Subvention ersetzt. Die Lyric Opera wird von mehr als 11 000 Firmen und Personen finanziell unterstützt. 8 Millionen Dollar braucht sie alljährlich, um ihr Budget auszugleichen. Das zahlen zu 68 Prozent 186 Firmen und Personen, die mehr als 5000 Dollar jährlich spenden, das restliche Geld wird aufgebracht von Spendern, die im Durchschnitt etwa 250 Dollar zahlen. Viel Kleinarbeit und Werbegeschick gehören dazu, diese Mittel zu sichern, darunter Galaabende, Bälle, Weinauktionen, »Falstaff-Feste« etc. Ständig werden neue Ideen geboren, wie man Geld flüssig macht, teils aus gesellschaftlichem Vergnügen und aus privatem Engagement, vor allem jedoch aus Begeisterung für die Oper. Die Zahl der Volunteers, die das alles organisieren, geht in die Hunderte. Es ist ein fast rein weißer Club, der sich hier versammelt, das wohlhabende Bürgertum, für das die Oper zum Selbstverständnis zählt. Sie engagieren sich, damit die Eintrittspreise niedrig gehalten werden können, nicht höher als 50 Dollar maximal. Oper ist nicht teurer als ein Musical-Entertainment. Nicht nur in Chicago hat die Oper Auftrieb, in ganz Amerika sind inzwischen bereits über 200 Opernkompanien entstanden. Amerika holt auf. Amerikanische Sänger brauchen nicht nach Europa zu emigrieren, sie finden inzwischen im eigenen Land ihr Auskommen. Die starke private Finanzierung der Unternehmen hat nicht die befürchteten nivellierenden Auswirkungen auf den Spielplan. Miss Krainik berichtet, daß bestimmte Sponsoren bereit sind, Uraufführungen amerikanischer Komponisten oder besonders aufsehenerregende Inszenierungen zu finanzieren.

Ein solches Experiment ist die umstrittene, aber in Chicago durchaus erfolgreiche Peter-Sellars-Inszenierung des »Tannhäuser«. Sellars hat eine lokale Skandalstory benutzt, um damit die Tannhäuser-Mythe verständlich zu machen. Ein Prediger namens Jimmy Swaggart, Moralmagnet für die Massen und TV-Star, hat Geld in die eigene Tasche gesteckt und ist mit einer Prostituierten durchgegangen ...

Alles Mythologisch-Mittelalterliche ist eliminiert, man muß bedenken, daß Amerika die mittelalterliche Sagenwelt nicht kennt. Also eine Story von heute mit Richard Wagners romantischer Klangkulisse. Aus der Diskrepanz entstehen Spannung und Provokation. »Wenn jemand beleidigt ist von dem, was ich mit dem Stück gemacht habe... dann habe ich meinen Job erfüllt«, meint der Regisseur. »Swaggart was powerful, in the same way – Wagner is powerful«. Hinter all den Aktualitäten steckt der Watergate-Skandal. Sellars will nicht für sophisticated critics spielen, sondern für einfache Leute. Es geht um die öffentliche Moral und die puritanische Heuchelei, ein in Amerika immer noch sehr aktuelles Thema, wie jeder Wahlkampf aufs neue zeigt.

Am nächsten Morgen weht vom Michigansee ein kalter Wind. Man erinnert sich an Bertolt Brecht: »Von diesen Städten wird bleiben, der durch sie hindurchgeht, der Wind.« Die am Wochenende menschenleere Geschäftsstadt bietet beste Möglichkeiten, die berühmten Plastiken, die den Business-Charakter garnieren, aufzusuchen. Dubuffets »A la Bête Debout«, ein verquollenes, zerrissenes Zellgebilde, wie eine Molluske, die sich verkrampft; Calders rote Flamingostelzen, eine Stahlbögenkonstruktion, die sich vor den blauschwarzen Mies-van-der-Rohe-Strukturen wirkungsvoll abhebt; Picassos Stahlplastik, eine Skulptur mit Flügeln, Rippen und vogelähnlichem Kopf; die archaisierende Glockenrock-Göttin Dalís mit der vierzackigen Krone verschwindet fast vor dem übermächtigen Brunswick-Building. Chagalls Wunderstein ist eingezeltet. Die Farben der Mosaiksteine sind verblichen. Der Nacken wird steif von dem In-die-Höhe-Starren, jede Ecke bietet neue Hoch- und Durchblicke. Das Architekturwunder des Loop ist jüngsten Datums. Die alten Hochhäuser der Sullivan-Epoche werden überwuchert von der geil aufschießenden Moderne. »Form follows function« hieß die Devise von Mies van der Rohe und seinen Bauhausschülern. Aber die sachliche Stahlskelettbauweise ist langweilig geworden, seit den siebzigern Jahren wird verglast, gebogen, gewölbt, gestuft, phantastische Spiegelwirkungen entstehen. Und immer höher geht's hinauf in die Wolken, die die Architektur im Unendlichen verschwimmen lassen. Die neueste Tendenz mit Helmut Jahns Bauten dekoriert großflächig, vor allem die Spitzen suchen einen markanten Abschluß, große Dreiecke, turmartige Verjüngungen, Kurven. Das Quadrat wird zum Dreieck und zum Rundbau wie beim Illinois-Center, der kühn einen Innenhof überwölbt.

Enorm theatralisch wirkt diese neue Architektur, man beginnt zu spielen und zu schmücken mit tradierten Formen. Unser enzyklopädisches Zeitalter kann alles, zitiert aus globalem Bewußtsein und setzt mit den neuen Materialien künstlerische Zeichen. Dieser Geist sollte auch in die Opernbühnen einziehen, mit großzügigen architektonischen Lösungen und dem Lichtzauber der modernen Technik. Man sollte aufhören, die klassische Semantik zu verdoppeln, aus den Raumkontrasten heraus finden Musik und Wort eine neue Dimension.

20. November 1988 Der Wiener Venusberg

Das genaue Gegenteil der »Tannhäuser«-Aufführung von Chikago in Wien. Statt Aktualität historische Nachempfindung mit realistischen Mitteln, also weit hinter der Bayreuth-Rezeption zurückbleibend. Dabei haben die Bilder Qualität, sind romantischen Gemälden nachempfunden. Die Verwandlungen vollziehen sich mit illusionistischer Perfektion. Günther Schneider-Siemssen ist bekannt für seine illustrierenden Ideen, er bleibt traditionsgebunden, genau wie der Regisseur Otto Schenk, der sich von den romantischen Quellen Wagners: Heinrich Heine, Ludwig Tieck und E.T.A. Hoffmann beeinflussen läßt. Also eine noble Form von bürgerlichem Bildungstheater.

Die musikalische Interpretation gibt diesem »Tannhäuser« Profil. Giuseppe Sinopoli hat dem Werk in Bayreuth italienische Glut und Leuchtkraft verliehen, hier kann er sichtbar auftrumpfen mit einem Orchester, das gerade den frühen Wagner aufblühen läßt. Für die plötzlich erkrankte Jessye Norman ist Sharon Sweet eingesprungen und fasziniert mit ihrer großen, glockenreinen Sopranstimme. Waltraud Meier spielt und singt eine betörend schöne Venus. Richard Versalle hat das Volumen und die Ausdauer für die schwere Tannhäuserpartie. Andreas Schmidt singt einen beseelten Wolfram. Eine Aufführung nach dem Herzen der Wiener; ihre Freude an der Musik wird weder durch eine eigenwillige Regie noch durch ein häßliches Bühnenbild gestört.

Die Aufführung weicht allen Interpretationsproblemen aus. Nicht wie in Bayreuth die Personalunion von Venus und Elisabeth, auch keinerlei Denunziation von Venusberg-Sex oder Hinterfragung der römischen Pilgerfahrt mit ihren Wundern. Die Entmythologisierung, die der Theologie zu neuer Hermeneutik verholfen hat, bleibt opernfern. Doch gerade der »Tannhäuser« bietet genügend Stoff zum Nachdenken. Das Frauenbild Wagners mit der Spaltung zwischen

Verführung und Erlösung kann tiefenpsychologisch gedeutet werden, man kann jedoch auch die Sittengeschichte des 19. Jahrhunderts kritisch heranziehen und Wagners Biographie ausleuchten. Das Verhältnis des Männlichen zum Weiblichen ist Wagners existentielles Problem. Daraus resultieren seine Erlösungs- und Weihefestspiele vom »Fliegenden Holländer« und »Lohengrin« bis zum »Parsifal«.

21. November 1988 Wien als Prüfstand

In der Pause der Vorstellung »Zauberflöte« läßt mich Nikolaus Harnoncourt zu sich rufen.

»Dieses ist meine letzte Vorstellung in Wien. Ich kann nicht Repertoire dirigieren. Man braucht mich nicht. Das, was ich will, wird nicht verstanden.«

»Aber du hast doch noch zwei Premieren vor dir und den Mozart-Zyklus«, entgegne ich entsetzt.

»Ich höre auf«, wiederholt er.

»Dann höre auch ich auf, sofort. Es hat keinen Sinn mehr.«

Die Pause ist zu Ende, Gott sei Dank. Wir hätten uns ernsthaft zerstritten.

Natürlich hat er Grund, sich zu beschweren. Er hat für diese Wiederaufnahme der »Zauberflöte« nach wenigen Monaten keine Orchesterprobe gehabt. Die Philharmoniker haben abgelehnt. Für »Zauberflöte« brauchen sie keine Probe, das kann jeder Musiker im Schlaf. Auch nicht für Harnoncourt. Sie wissen ja, was er will. Aber leider wissen sie es nicht mehr – andere Musiker, Macht der Gewohnheit. Es gibt Mißverständnisse und Patzer. Manche Musiker wirken unkonzentriert oder gelangweilt. Auch die Sänger haben nicht die frühere Spannung. Tamino und Papageno sind neu, weil die Erstbesetzung nicht zur Verfügung stand. Unvermeidliche Umbesetzungen mit nicht genügend Proben. Der Hauptgrund jedoch ist, daß die »Zauberflöte« so in jedermanns Ohr fixiert ist, daß es kaum möglich scheint, gegen die Klischees anzukommen. Die Vorstellung ist alles andere als schlecht. Wie immer großer Beifall am Schluß.

Nach der Vorstellung ist Nikolaus Harnoncourt milder gestimmt. Er lobt Sänger, die er eigentlich nicht besonders schätzt. Die Königin der Nacht von Luciana Serra war optimal. Ich erkläre noch einmal die Zwänge. Zwei Jahre vorher werden Sänger verpflichtet; sie entwikkeln sich anders, als man erwartet. Zudem Erkrankungen. Wir halten uns an seine Richtung. Er sieht es ein: »Durchhalten, ohne unehrlich zu werden«, ist seine Devise. »Wien ist der Prüfstand«.

7. Dezember 1988 Bessere Angebote

Der gerüchteweise angekündigte Brief ist endlich da: Giuseppe Sinopoli sagt das Dirigat von »Forza del destino« ab. Begründung: Er fühlt sich von der Direktion schlecht behandelt, Claudio Abbado habe ihn nicht persönlich begrüßt, der Regisseur Giancarlo Del Monaco habe nicht sein verabredetes Konzeptionspapier geliefert, das Bühnenbild brauche zu lange Umbaupausen...

Alles Vorwände. Wien paßt nicht mehr in seine Karrierepläne. ... die Wiener Produktion kollidiert mit Berliner Projekten. Giuseppe Sinopoli ist kontraktbrüchig. Man muß die Erfüllung seiner Verpflichtungen mit allen juristischen Mitteln erzwingen. Sonst macht der Opportunismus Schule.

Vermittler bieten sich an. Claudio Abbado hat sich längst entschuldigt, das Konzeptionsgespräch kann jederzeit stattfinden, die Umbauten werden fließende Übergänge zwischen den Bildern zulassen... Jetzt kommen andere Begründungen. Sinopoli kritisiert die Besetzung, die er selbst mit ausgesucht hat, er hat Bedenken wegen des schlecht vorbereiteten Chores, er wird nicht unter Prozeßandrohung in Wien dirigieren. Sein italienischer Anwalt gewinne jeden Prozeß...

Die Erfahrung zeigt es, Giuseppe Sinopoli ist ein Dirigent, der den Wind im Rücken haben muß. Alle noch so klugen Worte können das nicht beschönigen. Er folgt der Spekulation des Augenblicks. Da sein »Tannhäuser« in Wien nicht den erwarteten Sensationserfolg hatte, wendet er sich neuen Schauplätzen zu, die ihm mehr Macht und Einfluß bieten. Schade. Er verfügt über ein Sensorium, das musikalische Klischees aufzubrechen versteht und Spannung schafft, wo Routine das Repertoire verödet. Wie lange er dieses nervenaufreibende Spiel durchhalten kann, ist die Frage...

8. Dezember 1988 Weihrauch und Parfum

Das ach so »notleidende Repertoire« hat jetzt nach Dvořáks »Rusalka« auch Massenets »Manon« wiedererhalten – Jean-Pierre Ponnelle zu Ehren. Und den beiden Protagonisten zuliebe: Edita Gruberova und Francisco Araiza. Daß eine Produktion aus dem Jahre 1971 so lebendig sein kann, ist dem Genie Ponnelles zuzuschreiben, der Einheit von Bild, Szene und Musik. Das ist noch der frühe Ponnelle, der ungebrochen und delikat zaubern konnte. Das 18. Jahrhundert mit seiner dekadenten Eleganz, seinem aufklärerischen Esprit war seine Zeit. Bilder in raffinierten Grautönen mit Kostümen in Beige und Bleu erhalten spontan Szenenapplaus, besonders eindrucksvoll die Fête au Cours-La-Reine und der doppelstöckige Spielsalon. Bis in die kleinsten Nebenrollen ist das Spiel lebendig geblieben – ein Verdienst guter Assistenten. Adam Fischer am Pult kennt die Reize der »flüsternden Melodien« dieser Partitur.

»Manon« ist neben »Werther« das Meisterwerk Massenets, das immer wieder gespielt zu werden verdient. Ein Bijou mit leicht hingetupften Melismen, einem graziösen Dialog und bezaubernd ausgefeilten Genrebildern. Die Morgenröte Rousseauscher Natürlichkeit, die aufblüht zu unvergänglichem Eros und untergeht in der Melancholie der Vergeblichkeit, eine tragische Comédie. Am eindringlichsten die Szene von Saint Sulpice, in der Des Grieux gerade eine Predigt über die Lehre des Augustinus gehalten hat und sich plötzlich Manon gegenübersieht, im Ornat... ihre Hände finden sich wieder. Der Eros ist stärker als das kirchliche Gelübde; das Verhängnis nimmt seinen Lauf. Wie Massenet hier Weihrauch und Parfum mischt, das macht auch heute noch das Verführerische dieser Oper aus.

19. Dezember 1988 Aus dem Wiener Wörterbuch

Ein neues Wort in den Nachrichten: »vernadern«, gebraucht vom Bundeskanzler. Man ist unter sich und weiß, was man meint. »Vernadern« heißt durch Zuträgereien denunzieren. Eine Wiener Besonderheit. Über andere Negatives verbreiten, heimlich, anonym – und ihm dabei blauäugig ins Gesicht schauen, als sei nichts gewesen. Es waren ja nur Worte, mit denen man einen anderen »vernadert«; und in Wirklichkeit sei ja alles ganz anders zu verstehen. Alles nur aus dem Zusammenhang gerissen und deshalb unverbindlich... Man kann es nicht nachprüfen. Deshalb hat es auch keinen Zweck, der Sache nachzugehen. Jeder weiß es, jeder tut es: vernadern, ein Wiener Gesellschaftsspiel aus Sprachlust, Profilsuche, Instinkt...

Man kann, wie ich höre, auch »verjageln« sagen, was meint: ruinieren, unbrauchbar machen...

Ein Blick in das Wiener Wörterbuch zeigt mir, daß ich von lauter »Nebochanten« umgeben bin. Also Leuten, die nicht wissen, was sie treiben, aber dabei sehr wichtig tun. Vor allem, sie haben immer recht, auch wenn sie unrecht haben. Sie sind ständig am Ball, aber sie waren nie schuld, wenn die Sache schief geht. Und fallen immer auf die Füße, bereit, von vorne anzufangen. Man kann sich immer entschuldigen und so tun, als ob nichts gewesen sei.

Ich werde sie jetzt Nebochanten nennen, meine lieben Wiener »Freunde«.

20. Dezember 1988 Subventionierter Plumpudding

Schade um das Theater an der Wien, das jetzt für Jahre einer neuen Schnulze ausgeliefert ist. Auch der dritte Musicalimport aus London wird ein Publikumserfolg werden. Andrew Lloyd Webber hat einen Cocktail zusammengebraut, der alle Ingredienzien enthält, um die Leute zu verführen: technische Effekte einer perfekten Show, wie sie ein Repertoiretheater nie bieten kann, eine Musik der Ohrwürmer sowie ein Stoff aus der Welt der Dreigroschenromane. Ein phantastischer Plumpudding, der brennt und knistert, funkelt und glüht; falscher Zucker für die Ohren von Everybody, geschickt gemixt mit historischen Assoziationen. Der Multimix Webber beherrscht sein Handwerk und liebt sein Geschäft. Mit Augen wie Schokoladenkugeln bestaunt er seine Millionen. Er hat die Melodie erfunden, die man beliebig kauen und flöten kann, zwischendurch Elektronik fürs Böse und Harmonieübungen sophisticated. Er kokettiert mit der Oper, nutzt sie als Background oder Abfallprodukt, parodiert sie oder biedert sich an.

Die Geschichte von Gaston Leroux ist ein Surrogat nach E. T. A. Hoffmann. Das Palais Garnier wird mit Notre Dame vertauscht, aus dem Glöckner entwickelt sich der Schnürboden-Anarchist. Dieses Phantom wird zum Über-Ich aller Melomanen. Es ist häßlich, dieses Phantom, die eine Gesichtshälfte von einer Maske geschützt. Es ist besessen von der Flitterwelt der Oper und wartet auf die holde Fee, die es befreit und heilt mit dem Liebeskuß, vom Mitleid überwältigt, eine Parsifaline gewissermaßen. Alles das ist flach in den Text geritzt, mit Musiksauce übergossen, von Technik aufgemotzt. Unterhaltungskunst für den schnellen Gebrauch bestimmt, Spekulation auf das Kindergemüt, das wohlige Gruseln und die sentimentale Träne.

Dagegen ist grundsätzlich nichts einzuwenden. Es ist Commercial theatre und wird in England und Amerika mit Gewinn praktiziert. Voraussetzung sind Theater mit 2000 bis 4000 Plätzen und Verträge, die nur das benötigte Personal betreffen. In Wien wird diese Unterhaltung zu 50 Prozent subventioniert und damit den anderen Musiktheatern gleichgestellt. Gegen hochsubventionierten Unterhaltungsrummel, noch dazu im historischen Theater an der Wien, sollten alle Künstler der Stadt auf die Barrikaden gehen. Aber die Gewerkschaften haben sich eingekauft und sich ihre Arbeitsplätze garantieren lassen. Die übrigen werden durch den Erfolg mundtot gemacht. Also wird das Phantom weiter die Opernphantasie verseuchen, mit städtischer Hilfe.

Warum so moralisch-puritanisch? Es werden doch noch viel schlimmere Dinge subventioniert. Aber allen Ernstes: Warum baut man nicht ein Theater, das groß genug ist, die Subvention für solche Musicals einzusparen? Und gibt das Theater an der Wien der Musik zurück, die dort ihren idealen Aufführungsort findet... Mozart zum Beispiel.

1. Januar 1989 Walzer, Ehre und Geld

Carlos Kleiber ist der neue Wiener Walzerkönig. Er weiß die Wiener ins Delirium zu drehen, er dirigiert mit nonchalanter Verve. Seine linke Hand dominiert. Er streichelt, kreiselt, näht, tänzelt, tupft, sticht und senst, imitiert Schlangen und Libellen, spielt Achterbahn und Rakete. Alle Effekte, die dieses Welt-Showkonzert verlangt, gelingen ihm spielerisch.

Das mögliche Repertoire für ein Neujahrskonzert ist schier unerschöpflich. Johann Strauß Sohn spielte nicht nur in den Redoutensälen der Hofburg, sondern überall, wo es Wiener Geselligkeit gab, also in den Kaffeehausgärten, Bierhallen und in den öffentlichen Gärten.

Und da er immer wieder neue Stücke brauchte, ließ er sich von allem inspirieren, was um ihn herum vorging. Das waren Theaterstücke oder auch die Abbrucharbeiten an der Bastei, technische Impressionen oder irgendwelche Lieder. Aus all diesen Materialien hat sich Kleiber sein Programm zusammenstellen lassen. Und es werden so reizende Stücke wie die »Plappermäulchen-Polka« oder

der Csardas aus der Ballettmusik der Oper »Ritter Pasman« oder die Moulinet-Polka wiederentdeckt. Jedes Stück hat seine Anekdote, jedes Stück hat seinen eigenen Charme. Nichts wäre so verfehlt, diese Arbeiten als musikalische Konfektion abzutun; sie haben durchaus ihre individuelle Note. Jeder Dirigent von Rang rechnet es sich zur Ehre an, von diesen Erinnerungen zu profitieren und mit einem Koffer voll Geld nach Hause zu fahren.

7. Januar 1989 Sankt Repertorius

Wie ein Dinosaurier, dickfellig und träge, kommt mir dieses Staatsopernmonstrum vor. Wie der Riese Fafner: »Ich lieg und besitze. Laßt mich schlafen!« Alle Arten und Unarten der Opernkunst sind hier für alle Zeiten konsakriert, es herrscht der heilige Ungeist der Tradition, und Hüter der Schwelle sind die Betriebsräte. Sie regeln die Verdauung des Monstrums mit gesetzlichen Normen und prangern jeden als Verschwender an, der versucht, Bewegung zu stimulieren. Der beste Direktor wäre der, dem es gelänge, Nichtstun mit Sonderhonoraren zu belohnen.

Wehe, wenn die Premiere eines Stückes angesetzt wird, das keiner kennt, das in einer Sprache gesungen wird, die nur phonetisch lernbar ist, das Bühnenbilder hat, die sich ständig drehen, Kostüme, die nicht schön sein sollen... Und für diesen »Unsinn« wieder eine Reihe von Schließtagen... O Sankt Repertorius, warum hast du uns verlassen? Wer hört die Stoßseufzer zu diesem 15. Nothelfer der Wiener Opernjünger.

19. Januar 1989 Man hört und spendet

Das Erdbeben in Armenien mit seinen Tausenden von Toten und Hunderttausenden von Obdachlosen bewegt die Gemüter, man möchte helfen. Ein Konzert kann mit medialer Unterstützung dazu beitragen, die caritative Aktion zu popularisieren. Selbstverständlich stellen sich alle prominenten Sänger, die gerade in Wien sind, ohne Honorar in den Dienst der guten Sache und wetteifern um die höchste Phonstärke des Applauses. Man hört... und spendet.

16 Außenminister, die anläßlich der KSZE-Konferenz in Wien sind, lassen sich sehen, vor allem Eduard Schewardnadse wird osten-

tativ gefeiert. Er ist das Symbol der neuen sowjetischen Politik internationaler Verständigung. Im Pausengespräch gibt er zu verstehen, wie sehr er Oper liebt. Er, wie auch sein französischer Kollege Roland Dumas, nutzen jede Gelegenheit bei internationalen Konferenzen, auch Opernpremieren zu besuchen. Schewardnadse hat eine besondere Aura; er ist ein aufmerksamer Zuhörer. Er will unbedingt die Sänger persönlich begrüßen und mit ihnen zusammensein.

Das Schicksal des armenischen Volkes findet überall Anteilnahme. Dies ist nicht zuletzt dem großartigen Roman »Die vierzig Tage des Musa Dagh« von Franz Werfel zu danken. Er hat spannend und anschaulich den Freiheitskampf der Armenier gegen die türkischen Nationalisten beschrieben. Die Verfemung, Vertreibung, Umsiedlung und Ausrottung ganzer Völker, verursacht durch nationalistische Ideologien, ist das Stigma unseres Jahrhunderts. Wie wenig hat der Geist der Aufklärung vermocht, die soziale Natur des Menschen zu verändern und das Bewußtsein der Gemeinsamkeit den nationalen Egoismen überzuordnen. Wie selten haben Künstler der ideologischen Infektion widerstanden und Charakter bewiesen. Fast scheint es so, daß Musik blind macht für politische Farben...

20. Januar 1989 Musikalisches Volksdrama

Diese »Chowanschtschina« ist eine Aufführung von historischer Dimension. Die Opfer im Spielplan und die Kosten sind vollauf gerechtfertigt. Die Inszenierung von Alfred Kirchner befolgt die Devise Mussorgskis: »Das Vergangene im Gegenwärtigen – das ist meine Aufgabe«. Erich Wonder hat hierfür sinngebende Metaphern gefunden. Die Macht hat sich eingebunkert mit Schießscharten und Scheinwerfern, die die Abtrünnigen und Oppositionellen anvisieren. Das ist Archipel-Gulag-Atmosphäre, niemand entkommt den Klauen dieses unsichtbaren Staatsapparates. Geschichte als die Wiederholung des Gleichen durch die Jahrhunderte. Ein Drehtor mit dem Kopf einer schlitzäugigen Spinne schafft Räume und Perspektiven; die Mühle der Macht zermalmt alle, das Volk ebenso wie die Bürger und die herrschenden Bojaren, die Strelitzen wie die altgläubigen Christen. Das Geniale des Stückes liegt gerade in der simultanen und auswechselbaren soziologischen Situation.

Es ist die Geschichtsphilosophie Mussorgskis, die heute so aktuell geworden ist wie kaum je zuvor. Man muß nur die historischen

Vorgänge dechiffrieren und sich davor hüten, das Geschehen illustrieren zu wollen. »Chowanschtschina« heißt: die Geschichten um die Revolte der Chowanskis, das Machtvakuum von 1682 bis 1689, also von der Thronbesteigung bis zum wirklichen Machtantritt des Zaren Peters des Großen. Und gerade diese Figur, auf die sich alle Vorgänge beziehen, tritt in dem »musikalischen Volksdrama« Mussorgskis nicht auf. Man sieht nur die Wirkungen seiner sich anbahnenden zentralistischen Herrschaft: Er läßt verbannen, versklaven, hinrichten. Und denen, die sich seiner Herrschaft entziehen wollen, bleibt nur der Freitod. Gerade diesen Raskolniki mit ihrem Anführer Dosifej gibt Mussorgski den Schluß seiner Oper: Sie gehen begeistert kollektiv in den Freitod, sie verkörpern das alte, wahre Rußland gegen den westlichen Fortschrittsgeist des Zaren.

Mussorgski hat eine Geschichtsdarstellung »ohne Feldherrnblick« entworfen, er schreibt die musikalische Leidensgeschichte der Opfer. »Nicht mit dem Volk bekannt zu werden, sondern mich mit ihm zu verbrüdern, bin ich begierig; dies flößt mir Schrecken ein und zugleich lockt es mich.« Dieser anarchische Mussorgski kommt in der Aufführung zum Klingen. Man benutzt die Fassung von Schostakowitsch, ergänzt durch Instrumentationsskizzen Mussorgskis; aber Claudio Abbado, der die historischen Zusammenhänge musikologisch genau studiert hat, besteht auf dem Schluß, den Igor Strawinski im Auftrage von Sergej Diaghilew 1913 für die Pariser Aufführung des Werkes komponiert hatte. Also nicht die Wiederholung des Vorspiels, wie es Schostakowitsch vorschreibt, sondern ein langsames Verlöschen des Feuers und der Stimmen. Diesen elegischen, unpathetischen Schluß hat sich Mussorgski erträumt; er paßte nicht in die Schreibart der dreißiger Jahre. Die jetzige Wiener Aufführung gibt damit eine bestmögliche Rekonstruktion des ursprünglichen Werkes.

Wer Kritik üben will, wird den Feuertod am Schluß vermissen. Statt der Verbrennung wählen Kirchner/Wonder den Tod durch Vereisung. Der Kopf der Machtspinne verwandelt sich in ein vereistes Cockpit, das aussieht wie der Kopf einer toten Robbe. Das »Totenamt der Liebe« wird repräsentiert durch den Tod der Natur, aus den Altgläubigen werden »Grüne«, die sich mit der Natur verbrüdern. Ein vielschichtiges Schlußsymbol.

Die Chorszenen haben eine ungeheure dramatische Wucht. Da der Staatsopernchor mit dem Lernen des Werks überfordert war, wurde der Philharmonische Chor Bratislawa integriert. Die Strelitzen-Szenen, von den Slowaken herrlich gesungen und mit aller Härte ausgespielt, dominieren. Auch die Solisten haben höchstmögliches Format: Die berühmte Schaljapin-Rolle des Dosifej singt heute unvergleichlich der georgische Baß Paata Burchuladze, den Fürsten Iwan Chowanski gestaltet Nicolai Ghiaurov, sein Sohn Andrej Chowanski, dessen Liebesgeschichte sich durch die Handlung zieht, ist Wladimir Atlantow, den dekadenten Fürsten Golizyn zeichnet Juri Marusin mit leuchtender Stimme, und Schaklowity, der Bojar, der die Arie vom leidenden Rußland vorträgt, ist Anatoli Kotscherga. Marfa, die glühende Bekennerin, wird von Ludmila Schemtschuk dargestellt; die Emma, das Mädchen aus der deutschen Vorstadt, singt ausgezeichnet Joanna Borowska. Die Aufführung hat keinen Schwachpunkt. Claudio Abbado dirigiert souverän, das Werk ist zu seinem Credo geworden. Wir erleben die Entdeckung einer Oper, die uns heute unmittelbar angeht.

25. Januar 1989 Schlechte Manieren

Die Kulturpolitiker haben die Formen im Umgang mit Direktoren gründlich verlernt, nicht nur in Wien, auch in Zürich. Da erfährt ein Direktor aus der Zeitung, daß sein Vertrag nicht mehr verlängert wird. Niemand hat es für nötig befunden, Christoph Groszer rechtzeitig zu informieren, oder auch nur, ihm einen Tip zu geben. Man läßt ihn planen und repräsentieren, das Publikum zeigt mit Fingern auf ihn... Die Sitten sind verroht. In der Politik oder auch in der Industrie mag es üblich sein, daß jemand von heute auf morgen abgelöst wird, und kein Hahn kräht danach. Gilt das jetzt auch für die Schaubühne, die ein Teil der pädagogischen Provinz sein soll?

Vorschlag: Die Berufsvertretung der Theaterleiter sollte eine öffentliche Rüge aussprechen bei unfairem Verhalten, sollte die Fälle als abschreckendes Beispiel dokumentarisch publizieren. Auch der Theaterdirektor hat Anspruch auf Berufsehre und persönliche Integrität.

Aber sind die Theaterdirektoren besser? Sie bewerben sich bereits, bevor der Kollege von seinem Vertragsende weiß. Die Buschtrommel verkündet es rasch, wo eine Vakanz bevorsteht, und jeder sucht seine Empfehlung zur rechten Zeit am rechten Ort. Wer zuerst kommt... wird nur selten in die letzte Wahl kommen, doch das hindert wohl kaum jemanden, das Spiel mitzuspielen. Faites vos jeux!

9. Februar 1989 Traumatische Fälle

Die Idee, Béla Bartóks symbolistisches Rätselwerk »Herzog Blaubarts Burg« und Arnold Schönbergs Monodram »Erwartung« an einem Abend zusammenzukoppeln, ist höchst überzeugend und dürfte Schule machen. Beide Werke, in den Jahren 1909 bis 1911 entstanden, lassen sich auf den gemeinsamen Nenner »Psychoanalyse« bringen. Und in beiden Fällen sind es Frauen, die die Vorgänge ihres Unbewußten enträtseln wollen. Die Judith in »Herzog Blaubarts Burg« öffnet die sieben Türen der Seele und erkennt in Traumbildern das Geheimnis ihres Lebens. Je näher sie ihrem männlichen Partner dadurch zu kommen glaubt, desto mehr entfremdet sie sich ihm. Sie ist nicht fähig, der Wahrheitsanalyse standzuhalten. Die Frau der »Erwartung« sucht den Verlust ihres Mannes zu enträtseln und zerfleischt sich dabei in Selbstvorwürfen. Ihre Traumwanderung auf der Suche nach der Wahrheit ist erfüllt von erotischen Chiffren und expressiven Visionen. In beiden Fällen handelt es sich um psychotraumatische Vorgänge, bei denen der Musik die Aufgabe sinnlicher Erhellung zukommt.

Einer der wichtigen Abende des Staatsopern-Repertoires, von Götz Friedrich gestaltet und betreut, der auch ästhetisch in den Bildern von Hans Schavernoch neue Wege zeigt. Man folgt nicht den szenischen Anweisungen, sondern sucht den inneren Raum dieser Seelenlandschaft. Die beiden Stücke entsprechen einander wie innen und außen, wie konkav und konvex, wie feminin und maskulin. Gemeinsam ist das Suchen nach der Grundstuktur der Wirklichkeit, die sich um so mehr verflüchtigt, je mehr sie erstrebt wird. Die Musik in ihrer oszillierenden Kleinthematik und fiebrigen Harmonik enthüllt und mystifiziert die szenischen Vorgänge. Welches Orchester kann solche Klangerwartungen so erfüllen wie dieses Wiener Staatsopernorchester?

10. Februar 1989 Pariser Illusionen

Die Pariser Bastille meldet sich wieder. Es war sehr leichtfertig, Daniel Barenboims Vertrag aufzulösen, ohne einen Nachfolger zu haben. Jetzt solidarisiert sich – zu Recht – die ganze Musikwelt mit dem Opfer sozialistischer Kulturpolitik und boykottiert eine Lösung von Format. Die beiden Großen der französischen Musikszene,

Pierre Boulez und Patrice Chéreau, distanzieren sich von allen weiteren Planungen der Bastille und werden demnächst zur städtischen Konkurrenz überlaufen, um dort ihre Bastille-Projekte zu realisieren. Paris wird staunen. Doch an der staatlichen Kulturpolitik wird sich nichts ändern ... man ist vom Projekt der Volksoper Bastille überzeugt. »Ein Messer ohne Klinge, dem, nach Lichtenberg, der Griff fehlt« – meint Boulez.

Der Minister Jack Lang sucht Rat und schickt seinen Abteilungsleiter Michel Schneider, der die unangenehme Aufgabe hat, die Misere zu beheben. Eine total verfahrene Situation, kein künstlerischer Direktor, keine Planung, unklare Kompetenzen und eine unsichere Finanzierung. Zu allem Unglück hat auch noch der technische Direktor das noch nicht vom Stapel gelaufene Schiff verlassen. Am besten, die Eröffnung auf unbekannte Zeit verschieben und Zeit gewinnen für eine neue Struktur.

Aber wer kommt für die Leitung in Frage? Wir gehen die bekannten Namen durch und stellen fest, daß die meisten bereits abgewinkt haben. Auch Giorgio Strehler – gewiß kein Operndirektor – hat nein gesagt. Frage: Ob ich nicht Claudio Abbado verführen könne, mit mir nach Paris zu kommen? Man macht sich Illusionen über den Ruf der Opernmetropole Paris.

21. Februar 1989 Die letzte Falle

Thomas Bernhard ist seinen Tod gestorben, einsam, bewußt. Er hat genaue Anweisungen getroffen, um nicht von der Öffentlichkeit vereinnahmt zu werden. Er bleibt der literarische Einzelgänger, der nur sich selbst verantwortlich ist. Die Theaterleute sind seine Marionetten, mit ihnen hat er seine Provokationsspiele geübt; »Heldenplatz«, vor drei Monaten, war die letzte Falle, die er der österreichischen Gesellschaft gestellt hat. In seinem Testament zieht er den Schlußstrich: Er verbietet die Veröffentlichung und Aufführung seiner Werke in Österreich. Hat der Haß das letzte Wort? Oder ist es die Furcht, mißbraucht, angepaßt, verharmlost zu werden? Die Furcht, zerredet zu werden in den Feuilletons, zur »Operette« zu verkommen? Die Idiosynkrasie gegen seine Landsleute macht selbst vor dem Burgtheater nicht halt, seiner künstlerischen Bastion. Ein undankbarer Poet? Ein Narr, der noch im Tode seine Fratze schneidet? Ein Diogenes, der seine Lebensphilosophie gerade im Tode verwirklicht? Thomas Bernhard stellt sich selbst in Frage, und das ist und bleibt die Herausforderung seiner literarischen Existenz. Ein Monolith in der geistigen Landschaft unserer Zeit.

22. Februar 1989 Dürrenmatt fehlte

Wenn ein Stück eigentlich keine Oper sein sollte, dann ist es Friedrich Dürrenmatts Komödie »Der Besuch der alten Dame«. Gerade die Einfachheit, die Natürlichkeit, die Dürrenmatt vorschreibt, wird durch die Musik verhindert. Nichs von der Doppelbödigkeit eines »Wozzeck«; die Musik von Gottfried von Einem hört sich siebzehn Jahre nach ihrer Entstehung wie eine gefällige Parlando-Virtuosität an. Gewiß ist das manchmal witzig pointiert, thematisch raffiniert verflochten, aber ich kann es nicht leugnen: Es ist eine selbstgenießerische und kulinarische Zugabe, auf die ich als Freund Dürrenmatts gerne verzichte. Das Stück wird in seiner beklemmenden moralischen Aktualität entschärft. Es ist gerade der dramaturgische Sinn Dürrenmatts, eine Fabel zu erzählen, die viele Deutungen zuläßt – von Kapitalismuskritik bis zu moraltheologischer Parabel, der Zuschauer soll in die Falle gehen und sich in seiner Mitläufermentalität durchschauen. Dies verlangt intellektuelle Klarheit und nicht musikalischen Kunstnebel. Und gerade die Szenen, die man sich mit musikalisch-ironischer Untermalung vorstellen könnte, zum Beispiel die Szene im Wald oder die Autoszene mit ihrer falschen Idyllik – gerade diese Szenen werden kompositorisch vernachlässigt.

Friedrich Dürrenmatt selbst hat bei den Besprechungen zur musikalischen Gestaltung seiner Komödie »Ein Engel kommt nach Babylon« ständig vor der musikalischen Methodik von Einems gewarnt. Rudolf Kelterborn ist denn auch in seiner Musik viel mehr auf das Schauspiel eingegangen und hat die Texte chansonhaft behandelt. Die Besuche bei dem Autor in seinem Atelier oberhalb Neufchâtel sind unvergeßlich. Dürrenmatt war der beste Exeget seiner selbst; er liebte es, die Figuren fortzusetzen oder umzudeuten und ständig neue Variationen zu erfinden. Nur mit Stil- und Interpretationsfragen des Theaters durfte man ihm nicht kommen. Das besserwisserische, neudeutende Regietheater war für ihn ein Greuel, er schrieb die Fabeln als sein eigener Regisseur. Und die Heilsarmeesoldaten auf dem großen Fresko von Varlin an der Wand waren seine Zuschauer.

Friedrich Dürrenmatt kam zur Premiere von »Ein Engel kommt

nach Babylon« in die Zürcher Oper, aber Eingeweihte wollen ihn am gleichen Abend auch auf der Bühne des Schauspielhauses entdeckt haben – als Komparsen. Er hätte natürlich daraus die Geschichte von einem Doppelgänger gemacht.

In Wien war er ganz und gar nicht anwesend.

10. März 1989 Vorschläge für die Pariser Oper

Das von Michel Schneider bestellte Exposé zur Situation der Pariser Bastille ist abgeschickt. Man wird damit wenig Freude haben. Aber nur so lassen sich die Probleme vom Grundsatz her lösen.

Die Opéra Bastille muß eine neue Rechtsform erhalten, um von der Bürokratie des Staates unabhängig zu werden. Als Genossenschaft, Verein oder Gesellschaft mit den verschiedenen Partnern des Staates, der Stadt, den interessierten Kreisen der Gesellschaft und der Wirtschaft kann sich ein Organogramm ergeben, das die Direktion einzig einem Verwaltungs- oder Aufsichtsrat verantwortlich macht. Die ständigen Einmischungen der Regierung in Kunst- oder Personalprobleme der Oper, die den Betrieb tyrannisieren, können so verhindert oder zumindest gemildert werden.

Zu dieser Autonomie gehört die mehrjährige Finanzgarantie in einem zu vereinbarenden Rahmen, indiziert im Hinblick auf die Inflation. Der feste Finanzbeitrag des Staates soll etwa zwei Drittel des gesamten Budgets betragen. Aus diesen Mitteln werden die Personalkollektive Orchester, Chor, Ballett, Technik, Verwaltung bezahlt.

Die Mittel für den eigentlichen Spielbetrieb sollen aus den Vorstellungseinnahmen, den Einnahmen aus Werbung und medialer Verwertung sowie aus Sponsorship-Beiträgen aufgebracht werden. Diese Teilprivatisierung führt zu einer stärkeren Eigendynamik. Die Eintrittspreise sind dem Marktwert der Vorstellungen anzupassen. Natürlich müssen dabei soziale Komponenten berücksichtigt werden.

Der Spielplan soll eine Mischung von Aufführungsserien vorsehen. Es sollten im Monat drei bis vier verschiedene Werke auf dem Programm stehen, möglichst mit gleichbleibender Besetzung zu spielen. Ein Hausensemble von 15 - 20 Sängern für die kleinen und mittleren Partien muß engagiert werden. Mit jungen Kräften, die in einem Opernstudio auf die Bühne vorbereitet werden, können Doppelbesetzungen erarbeitet werden.

Um die etwa 200 jährlichen Aufführungen zustande zu bringen, ist ein Rückgriff auf gute Inszenierungen aus früheren Jahren oder die Übernahme von anderen Theatern erforderlich. Mit drei bis vier Neuinszenierungen pro Spielzeit muß man behutsam ein neues Repertoire aufbauen. Im Salle Garnier residiert das Ballett, aber auch Gastspiele können dort veranstaltet werden. Zur Qualitätsverbesserung des Orchesters sind regelmäßige Konzertzyklen einzuplanen.

Das ganze Reformprogramm ist eine Utopie. Weder der Staat noch die Gewerkschaften werden einer solchen Teilprivatisierung zustimmen. Kultur und Kommerz bleiben bei der jetzigen politischen Konstellation getrennte Bereiche. Die staatliche Repräsentationskultur wird auch weiter nicht funktionieren. Das meistgedruckte Wort auf den Plakaten wird »relâche« sein.

17. März 1989 Die Zukunft der Vergangenheit

Die Wahlen haben den befürchteten Erdrutsch gebracht. In Kärnten erreicht die Haider-Partei mehr als 20 Prozent der Stimmen und wird zweitstärkste politische Kraft. Überall hat die Volkspartei das Nachsehen. Die rechten und linken Ränder gewinnen auf Kosten der Mitte. Der Kärntner Demagoge und Volkstribun kennt die rechten Phrasen, mit denen man die Unzufriedenen mobilisiert: gegen die Ausländer, gegen die Linken in Wien, gegen Proporz und Korruption. Es werden blau-schwarze oder rot-grüne Bündnisse entstehen; die regierende Klasse muß sich erneuern, sonst zieht eine schwere Staatskrise herauf.

Kaiserin Zita, die letzte habsburgische Regentin, ist in hohem Alter gestorben und wird in Wien in der Kapuzinergruft an der Seite Josephs II. beigesetzt. Aus allen Ländern der ehemaligen Habsburgermonarchie kommen die Abordnungen nach Wien, mit den alten Fahnen, in den Uniformen und Landestrachten. Noch einmal wird der Geist dieser Monarchie beschworen. Friedrich Torberg meinte: »Die Österreicher haben einen inneren Doppeladler«... auch heute noch, nach mehr als siebzig Jahren, bewegt der heroische Vogel seine Schwingen.

Wenn sich die Rechten Haiders mit den heimlichen Monarchisten verbünden würden, hätte die Vergangenheit bald wieder eine Zukunft. Wie in der Oper...

1. April 1989 Der klassische Konflikt

Immer wieder der gleiche Konflikt: Ein Mann des modernen Musiktheaters trifft auf einen altmodisch-konservativen Opernkapellmeister, der sich bei den Sängern und beim Orchester beliebt machen will.

Auf beiden Seiten viel Aggression, Mißtrauen, Böswilligkeit. Die Wunden bluten, und jeder streut dem anderen Pfeffer hinein. Es geht um Striche, um Positionen auf der Bühne (Sänger zu weit hinten, nicht mit dem Gesicht zum Dirigenten), um kurzfristige Probenänderungen. Also Eingriffe des Regisseurs in musikalische Kompetenzen und umgekehrt. Kann der Regisseur bei Orchesterproben eingreifen, kann der Dirigent szenische Anweisungen erteilen? Auf der Seite des Dirigenten Prestigebedürfnis, Eitelkeit und hinter allem Unsicherheit; Arroganz, Hysterie und bewußte Provokationslust auf seiten des Regisseurs. Zwei Streithähne sitzen einander gegenüber, schweigen verkrampft vor sich hin.

Der Direktor muß Farbe bekennen. Er verteidigt die Konzeption, lehnt Änderungen der Choreographie ab. Einzelheiten sind auf der Probe objektivierbar. Natürlich muß der Dirigent Kontakt zu den Sängern und zum Chor haben...

Man zieht einen Schlußstrich unter vergangene Querelen. Man gibt sich die Hand. Der Arbeitsfriede ist wiederhergestellt – vorübergehend. Morgen wird das südländische Temperament wieder mit dem Regisseur durchgehen, und er wird alle beschimpfen mit ausgesuchten Vokabeln aus der Fäkalsprache. Und der Dirigent wird sich mit den Sängern gegen ihn verbünden. Die Kantine ist voll von Gerüchten und Meinungen...

9. April 1989 Die Macht des Gesanges

»La forza del destino« steht unter einem Unstern. Die Oper ist ein Konglomerat verschiedener Motive und Tendenzen, die nicht zu einer Einheit geworden sind. Das hat Verdi selbst gewußt und mehrere Anläufe unternommen, nach der Uraufführung in St. Petersburg das Werk neu zu bearbeiten, Szenen umzustellen, den Schluß zu ändern. Doch es kam nicht zu einer überzeugenden Version. Auch die deutsche Fassung von Franz Werfel war nicht das letzte Wort...

Und so beginnt jede Inszenierung mit der Diskussion der Fassung.

Die berechtigten Revisionsversuche offenbaren die zwiespältigen Gefühle bei Kriegspathos, Hurrapatriotismus und Rachegesängen, die im Zeitalter des Risorgimento üblich waren. Verdi war schließlich auf Drängen Cavours Senator im ersten italienischen Parlament geworden. Die Kampfrufe der Preziosilla richten sich eindeutig gegen die »tedeschi«, womit die Österreicher vor den Schlachten von Magenta und Solferino gemeint waren. Diese martialische Aktualität verführte dann Regisseure dazu, das Werk in die Entstehungszeit zu verlegen. Man sieht Sanitäter mit Rotkreuz-Armbinden die Verwundete ins Feldlazarett tragen; die Gewehre rauchen, die Kanonen dröhnen... Wer die Aktualisierung noch weitertreiben will, verlegt die Handlung nach Südamerika, läßt Panzer auffahren, auf denen Priester die Waffen segnen... Es fehlt nicht an Möglichkeiten, das Kriegsspektakel in ein Antikriegsspektakel umzumünzen. Auch die »Freiheitsheldin« Preziosilla kann man ins Fronttheater verweisen, wo sie sich als Truppenbetreuerin beliebt macht.

Den Zwittercharakter des Werkes in eine Bildform zu zwingen, die die Entwicklung der Handlung sinnvoll umspannt, das ist das Hauptproblem jeder Inszenierung von »La forza del destino«. Und das ist dem Team Giancarlo Del Monaco / Josef Svoboda gelungen. Der Einfall ist bestechend: Das Haus des Marqués de Calatrava wird durch den Schicksalsschuß gesprengt. Es zerfällt in ein verschieden benutzbares Arrangement von Wänden, Böden, Decken und schließt sich am Ende wieder – als Grabkammer für die Opfer. Man verzichtet auf jedes Ornament, auf Lokalisierung und Zeitbezug, zeigt statt dessen puritanisch die Struktur der Schicksale. Die Zerstörung eines Hauses ist Synonym für die Schrecken des Krieges. Diese Konzeption unterschlägt natürlich das Romantisch-Pittoreske der Bilderfolge und ersetzt es durch die graue Uniform der Architektur... was den traditions- und farbenfreudigen Wienern sicher mißfällt.

Um so mehr kommen sie auf ihre Kosten durch die Sängerbesetzunge; Eva Marton als Leonora, Peter Dvorsky (in Hochform) als Alvaro, Renato Bruson als Carlos, Stefania Toczyska als Preziosilla, Robert Lloyd als Guardian, Juan Pons als Melitone. Das Nachsehen hatte Garcia Navarro, der die Erwartungen des Publikums nicht erfüllen konnte. Diese Musik Verdis muß unter die Haut gehen, sie hat leidenschaftlichen Atem, sucht die Kontraste. Kriegsterror und Klosterfrieden stehen dicht nebeneinander, das Melos der Liebe wird in Gebet verwandelt, in die glühende Bitte um Frieden in der Welt, in das Testament der Sterbenden: Vergebung im Namen Gottes.

15. April 1989 Privatissime

Wieder in Mailand bei Giorgio Strehler. Im Studioturm einen Teil des »Faust«-Projektes gesehen. Stehler skelettiert das Werk, läßt alles Butzenscheibenhafte weg; es geht ihm um die Condition humaine. So entsteht ein fragmentarischer Stil mit gelesenen-erzählten Partien und großen Szenen wie Walpurgisnacht (mit Rockband), Wald und Höhle, Dom, freies Feld. Gretchen huscht nur vorüber, ihre Zimmerszenen und das Religionsgespräch werden gelesen. Die Kerkerszene mit der großartigen Giulia Lazzarini wird zum elementaren Ereignis italienischer Sprach- und Darstellungskunst. »Ricerca spettacolo ideata e diretta« nennt Strehler diese eklektische Methode. Unsere Zeit hat den Atem für das ganze Kunstwerk verloren, meint Strehler, man zitiert, wählt aus, stellt vor... eine unverbindliche Methode, der Regisseur als magistraler Erfinder der Dinge. Strehler wird zum Faustiano; er versteht es, sein Theater zum Nabel der Welt zu machen, seine Launen und Visionen zu zelebrieren. Mit silberweißer Mähne im Contralicht, in den Projektionen, am Lesepult, dirigiert er diese Bilderwelt aus Licht und Schatten.

Am nächsten Morgen privatissime. Er sitzt an seinem Flügel und sucht sich aus der Erinnerung einige Akkorde zusammen. »Schubert...« fährt er auf und schickt diesem Wort einen klangvollen Seufzer nach. »Wien... auch ihn hat man verkannt.« Wir ergießen unseren Wien-Zynismus über alle, die wir gemeinsam kennen. Auch Salzburg ist für Strehler ein Trauerspiel. Eine hoffnungslos verfahrene Angelegenheit, Karajan blockiere jede neue Lösung. Und die Ministerin habe weder Mut noch Geschick noch Niveau, mit den Aufgaben fertig zu werden. Sie spreche mit allen, verspreche allen alles – doch solle man sich hüten, sich auf sie zu verlassen. Wie wahr, ich kann ihm nur beipflichten.

»Die Wiener Zukunft ist für mich dubios. Was passiert, wenn Sie weg sind? Claudio wird auch bald verschwinden... Und was geschieht dann mit meiner Inszenierung? Man wird sie ignorieren oder absetzen. Und für diese wenigen Aufführungen soll ich meine Kraft verschwenden?« Ich versuche zu widersprechen... Die Aufgabe als solche... das Orchester... man wird ihn sehr feiern in Wien...

Strehler erkennt, daß er seine Kräfte konzentrieren müsse. Dieser »Fidelio«, den er dem Pariser Théâtre Châtelet versprochen hat, liegt ihm sehr auf der Seele. Und dann wollte man ihn mit der Opéra Bastille ködern... »Dilettanten...«, fährt es ihm heraus. Wir verschwören uns gegen die Politiker ... Auch in Mailand gebe es genügend, die ihm das Leben schwer machen ... »Wieviel schöner ist es, Goethe zu lesen und zu sprechen ...« Im Vorspiel auf dem Theater sei alles gesagt ... er könne noch Jahre mit dem »Faust« verbringen.

Trotzdem, eine Absage war es nicht. Im Mai wolle er sich endgültig entscheiden, was er für »Tristan« in Wien zu opfern bereit sei ...

20. April 1989 Hitler auf dem Stehplatz

Heute hat Adolf Hitler 100. Geburtstag. Das Datum wird kaum registriert. Der »Führer« aus Braunau am Inn, der in zwölf Jahren Europa von Narvik bis Libyen, von Stalingrad bis zu den Pyrenäen mit seiner Kriegsmaschine verwüstet, die Juden systematisch verfolgt und ausgerottet, der fünfzig Millionen Tote zu verantworten hat – ihm wird Größe nur noch als Verbrecher, als Wahnsinnigem, besessen von einer inhumanen Ideologie, zuerkannt. Mögen sich Historiker um Hintergründe und Ursachen streiten, mögen einzelne Unbelehrbare immer noch an ihr Idol glauben, das Phänomen Hitler ist historisch-wissenschaftlich demaskiert, entmythisiert; es bleibt die Schuldfrage. Und pädagogische Aufklärung ist zu leisten, um den Alltagsfaschismus zu bekämpfen.

Adolf Hitler war von 1907 bis 1913 in Wien. In »Mein Kampf« schrieb er: »In dieser Zeit bildete sich in mir ein Weltbild und eine Weltanschauung, die zum granitenen Fundament meines derzeitigen Handelns wurde. Ich habe zu dem, was ich einst mir so schuf, nur weniges hinzuzulernen gemußt, zu ändern brauchte ich nichts ... Wien aber war und blieb für mich die schwerste, wenn auch gründlichste Schule meines Lebens.« In Wien lernte er bei Georg Ritter von Schönerer und Karl Lueger den Antisemitismus, den er später im Holocaust zur »Endlösung« brachte. In Wien bezog er von der »Ostara«-Bewegung des Jörg Lanz von Liebenfels den arischen Rassenwahn der blonden Helden, die die Welt von minderwertigen Mischrassen befreien – durch Liquidation, Zwangsarbeit und Mord. Und durch Zuchtwahl und Rassenhygiene – bereits 1907 im Zeichen des Hakenkreuzes. In Wien schuf er sich seine Feindbilder, entwickelte Aggressionen, züchtete systematisch seinen Haß: ein einsamer Halbgebildeter, ein abgewiesener Kunststudent, ein Hungerkünstler – bereit, allein gegen die ganze Menschheit anzutreten.

In Wien fand er aber auch seine »künstlerische« Motivation – nicht etwa in der neuen Architektur von Otto Wagner, Josef Hoffmann, Adolf Loos; nicht bei den Malern der Sezession: Klimt, Schiele, Kokoschka, nicht bei Dichtern wie Hofmannsthal, Rilke, Schnitzler; nicht bei der neuen Musik von Schönberg, Webern, Berg – ja auch nicht bei Mahler und Richard Strauss; er nahm diese geistige Bewegung einfach nicht wahr – sondern betete monomanisch den Gott der Väter an: Richard Wagner. Er las seine Schriften, einschließlich der über das »Judentum in der Musik«, und besuchte die Vorstellungen der Hofoper – auf dem Stehplatz. Sein damaliger Feund, der Musikstudent August Kubizek, hat über Hitlers Jugend 1953 ein Buch geschrieben, das – wenn auch mit Vorsicht zu lesen – gerade über Hitlers Wagnerfanatismus Auskunft gibt. Es heißt darin: »Aber was mein Freund in Richard Wagner suchte, war viel mehr als nur Vorbild und Beispiel... Er eignete sich die Persönlichkeit Richard Wagners an, ja erwarb ihn so vollkommen für sich, als könnte dieser ein Teil seines eigenen Wesens werden.«

Am 8. Mai 1906 sah Hitler seine erste Aufführung in der Hofoper: »Tristan und Isolde«. Wahrscheinlich dirigierte Gustav Mahler. Es war die Mahler-Roller-Inszenierung von 1903, eine der ersten, die den neuen Stil der Hofoper begründeten. Es sangen Erik Schmedes und Anna Mildenburg. Auch die Vorstellung des nächsten Tages besuchte Hitler. Er sah »Der fliegende Holländer«, die uralte Aufführung aus dem Jahre 1871, die Mahler neu aufgenommen hatte. Hitler war überwältigt und beschreibt auf einer Postkarte seinen Eindruck: »Nicht erhebend ist das Innere des Palastes. Ist außen mächtige Majestät, welche dem Baue den Ernst eines Denkmals der Kunst aufdrückt, so empfindet man im Innern eher Bewunderung denn Würde. Nur wenn die mächtigen Tonwellen durch den Raum fluten und das Säuseln des Windes dem furchtbaren Rauschen der Tonwogen weichen, dann fühlt man Erhabenheit, vergißt man das Gold und den Samt, mit dem das Innere überladen ist.« Für Hitler war die Hofoper ein »Palast«, wie die anderen Bauten der Ringstraße ebenfalls für ihn Paläste waren. 1941 erinnert er sich im Führerhauptquartier an seine Wiener Zeit. Er verdrängt seine elenden Quartiere in der Felbergasse und im Männerheim in der Meldemannstraße und behauptete: »Ich habe während dieser Jahre im Geiste in Palästen gelebt.« Der Palast, den er am häufigsten frequentiert hat, war die Hofoper. Er behauptet, er habe »Tristan und Isolde« mindestens dreißig- bis vierzigmal gehört. Wenn er wirklich alle Aufführungen dieses Werkes zu jener Zeit besucht haben würde, hätte er

29 Vorstellungen erleben können. Sein Lieblingswerk war der »Lohengrin«. Freilich waren das alles Aufführungen nach dem Abgang von Gustav Mahler, den Hitler entweder nicht wahrgenommen hat oder bewußt verschweigt. In den folgenden Jahren hat er sehen können: den gesamten »Ring«, »Tannhäuser«, »Meistersinger«, »Parsifal«, dirigiert von Franz Schalk, Bruno Walter, Hugo Reichenberger und Felix von Weingartner. Merkwürdigerweise wird nirgendwo »Rienzi« erwähnt, jenes Werk, das Hitler in Linz so begeistert hatte, das jedoch auch im Spielplan der Hofoper stand. Als andere Opern, die Hitler gesehen haben soll, werden von Kubizek einige Mozartopern, »Fidelio«, »Maskenball«, »Troubadour«, »Traviata«, »Rigoletto«, »Aida« genannt. Hitler selbst bestätigt später die Verdi-Opern. Tschaikowski, Smetana und Gounod werden als minderwertig abgelehnt.

Hitler erinnert sich am 1.9.1942 an seine Wiener Opernerlebnisse: »Die Oper war vor dem Weltkrieg etwas Wunderbares! Auch da war eine Kultur drin, unerhört! Die Frauen mit ihren Diademen, eine einzige Pracht! Nur saß da an der gleichen Stelle ein Judenpöbel! Die Jüdinnen haben ihre Hände herabhängen lassen, damit man ihren Schmuck sieht; es war furchtbar! Die Kaiserloge hatte ich nie besetzt gesehen. Der Kaiser war wohl unmusikalisch. Ich bin der größte Feind der Habsburger, aber das hat mich maßlos geärgert. Da saß jetzt dieses Pack. Etwas Widerwärtiges!« Der Antisemitismus verdrängt noch nachträglich jeden konkreten Musikeindruck.

Der Stehplatz der Wiener Hofoper war für Kubizek und Hitler erst einmal ein Ort des Kampfes: Kampf um Karten, Kampf um den Platz. Das Anstellen für Karten wurde für beide zu einem Ritual: drei Stunden unter den Arkaden, zwei Stunden im Gang – und dann vier bis fünf Stunden Stehen bei der Aufführung. Das alles, um dem Tageselend zu entfliehen, die Misere zu vergessen und sich in einen Rausch versetzen zu lassen, in Ekstase zu geraten. Die »flammende Begeisterung«, der »glühende Eifer« sind die Wagner-Affekte, »sich emportragen lassen« in eine »ideale Welt«, »Entschweben in ein mystisches Traumland«. Die große Vergangenheit der Bühne wurde als die eigentliche Wirklichkeit empfunden. Eine kritische Auseinandersetzung mit dem Stoff, der Musik fand nicht statt.

Auf dem Stehplatz galten als ungeschriebene Gesetze: Disziplin, Ordnung, Frauen hatten keinen Zutritt. Mit dem »Startschuß« begann der »Wettlauf«, die Verteidigung von Gewohnheitsrechten. Wer steht vorne, wer hinten? Nur der Schnelle und Starke setzt sich durch. Fremde »Eindringlinge« müssen vertrieben werden. Hitler betätigte sich bei der Ausschaltung der »Frechlinge«. Der Stehplatz war ein Ort der Freundschaftsbünde und der militanten Cliquen. Es soll zu Gruppenaggressionen gegen die Nichtwagnerianer gekommen sein, es herrschte radikale Intoleranz. Kubizek schreibt: »Für uns gliederten sich die Menschen nur in zwei Kategorien: Freunde und Gegner Richard Wagners... Wenn es um eine Wagner-Aufführung ging, gab es für Adolf keinen Widerspruch.« Die Mittel, die Feinde zum Schweigen zu bringen, waren »niederzischen«, »Faust in die Rippe stoßen« oder sogar eine »schallende Ohrfeige«. Bei all dem ging es Hitler um »deutsche Art, deutsches Wesen, deutschen Sinn. Nur die deutschen Meister ließ er gelten.«

Hitler fühlte sich zeitweilig als Theaterkritiker. Kubizek wollte Hitler dazu bringen, seine Meinungen aufzuschreiben. Aber Hitler hielt daran fest, daß er keine nichtdeutschen Komponisten gelten lassen könne. Daran scheiterte der mögliche Opernkritiker Adolf Hitler.

Ob Hitler tatsächlich – einer Empfehlung folgend – sich bei Alfred Roller vorgestellt hat, ob er angenommen oder abgelehnt wurde, muß offenbleiben. Später erinnert sich Hitler, er habe von der Empfehlung keinen Gebrauch gemacht. »Wenn ich damals damit zu ihm gekommen wäre, so hätte er mich sofort genommen. Aber ich weiß nicht, ob das für mich besser gewesen wäre: es wäre mir alles viel leichter geworden.« Wieder die typische Selbstüberschätzung, dann die Stilisierung ins Heroische. Ein »Künstler«, der nicht Bürger werden möchte, gleichzeitig aber alles Bürgerliche bewundert. In diesem Dualismus hat sich Hitlers Wiener Leben abgespielt. Er hat es verstanden, sein Scheitern als Maler der Vorsehung zuzuschreiben. Was würden wir heute dafür geben, hätte man ihn an der Akademie angenommen und ausgebildet oder hätte Roller ihm einen Assistentenvertrag an der Hofoper verschafft... vielleicht wäre uns manches erspart geblieben. Jedenfalls hat er sowohl Bühnenbild- wie Kostümentwürfe gezeichnet. Eine Figurine des kurzgeschürzten Siegfried mit gezogenem Schwert hat sich erhalten.

Auf dem Stehplatz der Hofopfer hat Hitler seine Theatralik entwickelt; den Sinn für Aufmärsche, für Fanfarenklänge, für heroisch-klassizistische Architektur, für opernhafte Gebärden und rhetorische Akzente. Und Wagner hat ihm ein mythologisches Lebensgefühl vermittelt, das das Tragische aller Vernunft überordnet. Hitler als unverstandener Volkstribun Rienzi, als unberührbarer Gralsritter

Lohengrin, als Außenseiter Tannhäuser, als Drachentöter Siegfried, als neuer Religionsstifter Parsifal – von all dem ist etwas in die Aura eingeflossen, mit der er sich später zu umgeben pflegte. Der verkannte Künstler als nationaler Retter, sanktioniert durch Bayreuther Segen. Und Millionen Deutsche sind auf diese Kunstposen hereingefallen, haben die Mystifikationen nicht durchschaut und sind dem heroischen Wahnsinn bis zum bitteren Ende gefolgt. Alles Schreckliche hat angefangen in Wien, auf dem Stehplatz der Hofoper.

Drei Generationen haben sich seitdem auf dem Stehplatz künstlerisch geschult. Haben sich die Manieren gebessert? Oder ist der Stehplatz immer noch eine Vorschule faschistoiden Meinungsterrors?

28. April 1989 Unvollendet vollendet

Arnold Schönbergs »Moses und Aron« wird neueinstudiert. Die Aufführung macht die Einheit der beiden Antagonisten deutlich: Idealismus und Materialismus, zwei Seiten einer Person. Die religiöse Vision braucht den Vermittler, den Verführer, um das Volk zu gewinnen. Beide sind aufeinander angewiesen und werden zu Feinden, weil es keine Kompromisse bei dem wahren Glauben geben kann. Die jüdische Theologie wird im Dilemma ihrer Verwirklichung gezeigt. Aber nicht nur jüdisches Denken ist von diesem Dualismus betroffen, die Großinquisitorlegende Dostojewskis zeigt eine christliche Parallele. Jede Ideologie stößt in der Wirklichkeit auf den Antagonismus von dokrinärer oder pragmatischer Anwendung. Der Konflikt Moses-Aron ist prototypisch. Die heutige Situation des Staates Israel mit der Spaltung in orthodoxes und laizistisches Judentum zeigt die besondere Aktualität des Stoffes. Arnold Schönberg ist es in den Krisenjahren 1928 – 1930 gelungen, das ihn bedrängende Thema zu gestalten; allerdings blieb der dritte Akt nur Entwurf. Die Gründe für diese fragmentarische Situation liegen im Thema selbst. Schönberg erkannte, daß die Auseinandersetzung um Idee und Verwirklichung des Gottesbegriffes keine befriedigende Lösung finden kann. Er beendet den zweiten Akt mit der Frage nach dem Wort, das ihm fehlt. »Moses und Aron« mußte unvollendet bleiben, so wie das geschichtliche Ringen um diese theologische Thematik nie enden wird.

Es gibt seit der posthumen Uraufführung des Werkes am 6. Juni 1957 am Stadttheater Zürich etliche bedeutende Inszenierungen von

»Moses und Aron«, darunter die Kölner Inszenierung von Hans Neugebauer und Achim Freyer oder die Aufführung der Salzburger Festspiele von Jean-Pierre Ponnelle – die Wiener Inszenierung von Götz Friedrich aus dem Jahre 1973 hat beispielhaften Rang und in ihrer szenischen Diktion bis heute Bestand. Götz Friedrich nutzt die Bühne in ihrer ganzen Tiefe, gestaltet mit Spiegelwänden und Contralicht einen Raum, der variabel und zugleich einfach ist. Seine damaligen Mitarbeiter Rudolf Heinrich (Bild) und Erich Walter (Choreographie) sind bereits tot, ihre Absichten werden von ihren früheren Assistenten verantwortungsbewußt gehütet. Horst Stein dirigiert mit äußerster Akribie und Intensität. Theo Adam ist die große Bühnenpersönlichkeit, die in rhapsodischer Form einen Moses glaubhaft machen kann, Wolfgang Neumann weiß stilistisch mit schillernden Portamenti den Wundermann Aron zu gestalten. Das ganze Ensemble ist in den vielen kleinen Rollen eingesetzt, der Chor wirkt äußerst engagiert.

Trotz dieser Bemühungen ist festzustellen, daß das Publikum von einer wirklichen Schönberg-Rezeption noch weit entfernt ist. Man denkt an den Hofmannsthal-Brief an Richard Strauss, in dem es heißt, daß »das Wiener Publikum noch immer gegen jedes Neue genau so stützig ist wie zu Zeiten, da es einen ›Fidelio‹ und ›Don Juan‹ hat durchfallen lassen« und daß es »ferner gerade in Wien weniger auf das Werk selbst den Leuten ankommt, als auf das Drum und Dran...«. Schönberg wird warten müssen.

10. Mai 1989 Die gefährliche Entführung

Bei der Ouvertüre klettert Belmonte aus dem Orchester, schüttet sich den Sand aus den Schuhen, studiert eine Landkarte und untersucht die schwarzlackierte Pforte in einer hohen Mauer. Offensichtlich ist er auf der Suche nach dem Palast des Bassa Selim... Über der Mauer erscheinen abenteuerliche Gestalten und verursachen orientalische Klänge. Der Bassa wird in seiner Sänfte hereingetragen, begleitet von dem Harem verschleierter Gestalten. Er hat es auf eine gewisse Konstanze abgesehen und versteht nicht, warum sie sich ihm verweigert. Die Situation wird bedrohlich, mit dem Orientalen ist nicht zu scherzen... In der Tür sitzt Osmin wie der Torhüter beim Eishockey, sperrig, gefährlich; davor Belmonte mit seinem Diener Pedrillo, der ihm den Regenschirm trägt; sie wollen in den Palast und müssen den glatzköpfigen Torhüter überlisten, was ihnen nach mehrfachen Anläufen gelingt... Der liebeslüsterne Bassa gibt nicht nach, er will Konstanze besitzen. Ein schnellfüßiger Domestike bereitet das Liebesnest vor, indem er eine Räucherkerze anzündet und den Liebesteppich entrollt. Die spröde Haremsdame wird für die nächtlichen Freuden hergerichtet... Der Bassa erscheint, fordert sein Recht, kaum entgeht sie einer Vergewaltigung. Der abgewiesene Bassa droht mit Martern von allen Arten... Sie rührt mit ihrem Gesang sein Herz. Aber er wird nicht aufgeben... Belmonte, der »Baumeister«, und sein Diener Pedrillo bereiten die Entführung vor. Auf raffinierte Weise wird Osmin betrunken gemacht. Als man sich sicher glaubt, wird eine gewaltige Leiter hereingeschafft, über die Konstanze und ihre Dienerin mit ihrem Gepäck herabklettern. Das geht nicht ohne Lärm, ein wachsamer, schnellfüßiger Domestike entdeckt die fliehende Gesellschaft, weckt seinen Herrn Osmin und alarmiert die Wachen... Alles war vergebens. Die Ausbrecher werden verhört, es stellt sich heraus, daß Belmonte der Sohn des schlimmsten Feindes des Bassa ist. Jetzt ist die Gelegenheit zur Rache. Aber statt sie hinzurichten, rächt er sich auf sublimere Art: Er vergilt nicht Gleiches mit Gleichem, sondern übt Großmut und schafft sich die Fremden so vom Halse.

Die Hauptperson in diesem Spektakel ist der Bassa Selim, ein kleiner, gefährlich-gewalttätiger Haremsbesitzer voller List. Ein Sadist, der sich nur für die Frau interessiert, die ihm Widerstand leistet. Also kein verkleideter Humanist der Aufklärung, kein Paradetürke, sondern ein wirklicher Potentat mit undurchsichtiger Gefährlichkeit. Durch ihn wird die Handlung spannend, das Happy-End ist nicht vorauszusehen.

Die Regie erreicht eine breit und detailliert ausgespielte Handlung, in der jede Musiknummer psychologisch vorbereitet ist, in der die Komik ins Unfreiwillige verdrängt wird, in der die muselmanische Folklore wirklich eine fremde Welt zeigt. Das alles in einem offenen Mäander, von einem Rundhorizont umgeben, der die Tageszeiten sichtbar macht. Ein stilisierter Funktionalismus mit spielerischen Details angereichert. Alles ist durchdacht und von der rationalisierenden Ästhetik von Ursel und Karl-Ernst Herrmann geprägt.

Bei dieser »Entführung« werden die Texte von Bretzner und Stephanie rehabilitiert. Die Neuentdeckung der Aufführung ist, wie sehr Mozart diese Texte ernstgenommen und aus ihnen seine genaue musikalische Seelenkunde abgeleitet hat. Die analytische Methode führt zu musikalischen Entdeckungen. Zumal Nikolaus Harnoncourt im Prinzip das gleiche will: die Handlung und die Charaktere ernstnehmen, die Janitscharenmusik mit ihrer gefährlich-befremdenden Klangfarbe als Bedrohung humaner Werte darstellen. Also keine harmlose Lustspielkonvention, sondern die dahinterliegende Wahrheit zum Vorschein bringen. Das Stück erhält allerdings eine neue Proportion von Text und Musik. Mozarts Musik droht zur Schauspielmusik zu werden; und ist doch eigentlich der Grund, warum man diese Wiener Türkenerinnerung noch spielt. Mit der Form des »deutschen Singspiels« wird sich jeder schwertun, der nicht nur Unterhaltung im Sinn hat. Rezitative, wie bei Da Ponte, würden die Balance wahren.

Daß die Darsteller willig und überzeugt den Probenprozeß mitgemacht haben, zeigt das Resultat. Im Mittelpunkt steht der Nichtsänger Hilmar Thate, der demonstriert, warum Mozart für den Bassa Selim keine Musik komponiert hat. Er ist der Angelhaken, an dem das Stück hängt, und muß den Stimmen mit seiner Sprache Widerpart leisten.

Die Aufführung hat die Reaktion, die sie anstrebt. Jeder jubelt und buht entsprechend seiner vorgefaßten Meinung. Die einen sehen im Geiste wie eine Fata morgana das Strehlersche Silhouettenspiel aus Salzburg, die anderen möchten am liebsten auf jedwede Komik verzichten.

Ein Wiener Fabrikant, der sich für einen Kunstkenner hält, schimpft auf alles. H. kann nicht dirigieren, es ist alles zu laut und zu zackig. Die Inszenierung ist zum Einschlafen. »Wenn ich morgen zum Pferderennen fahre, spiel ich mir den Böhm vor, das ist, was Mozart wollte...« »Woher wissen Sie das?«, frage ich ihn. »Mozart muß leicht und spritzig sein, das weiß man, so war er immer. Nur heute wird alles anders gemacht. H. mag ja für Barockmusik gut sein – oder für ›Idomeneo‹, aber den brauchen wir nicht, ein langweiliges Stück... übrigens ein charmanter Bursche, dieser H. Mag ihn persönlich recht gern...« Und alle Herrschaften der Society nicken beflissen. »Diese ›Entführung‹ ist typisch deutsche Besserwisserei, jetzt wollen sie uns auch noch unseren Mozart vermiesen, diese Piefkes...« ...»Daß die Festwochen sich so etwas bieten lassen. In Brüssel können sie sich das ja leisten, da versteht sowieso niemand etwas von Musik. Aber in Wien?«

18. Mai 1989 Orchestertausch

Herbert von Karajan läßt die Philharmoniker fragen, ob sie die Osterfestspiele übernehmen können. Mit den Berliner Philharmonikern ist keine Zusammenarbeit mehr möglich. So einfach ist das: Man tauscht einfach zwei Orchester gegeneinander aus, ohne zu fragen, ob andere darunter leiden könnten. Das Orchester spielt vor Ostern traditionellerweise »Parsifal«, davon kann niemand es entbinden. Was bietet Herbert von Karajan, wenn die Staatsoper umdisponiert? Kommt er nach Wien und dirigiert hier Oper oder Konzerte? Kann man nicht die Osterfestspiele gleich in Wien abhalten? Zumal, wenn die Berliner ohne Karajan in Salzburg konzertieren? Vielleicht mit Abbado?

Pragmatisches Gemauschel, ohne Verlaß, ohne Perspektive. Selbst Karajans Mitarbeiter läßt durchblicken, daß es zu Ende geht. Endspiele, gewissermaßen, mit und ohne Pietät.

19. Mai 1989 Pariser Dualismus

Michel Schneider, der Abgesandte aus Paris, ist wieder da. Wir unterhalten uns über sein gescheites Buch über Glenn Gould. Mein Exposé hat Staub aufgewirbelt, die Geister geschieden. Das Ministerium kokettiert damit, sich die Oper vom Halse zu schaffen; aber der Präsident wird nur tun, was sein Berater M. Bergé empfiehlt. Man hat eine neue künstlerische Idee: Marek Janowski, der langjährige erfolgreiche Dirigent des Orchestre Philharmonique de Radio France, wäre bereit, die musikalische Leitung der Opéra Bastille zu übernehmen – unter einer Bedingung: daß er sein Orchester mit dem Orchester der Bastille vereinigen kann. Und er hat vorgeschlagen, daß ich sein direktorialer Partner werden soll. Damit ist man sehr einverstanden.

Der charmante französische Besucher schleicht sich um meinen Schreibtisch und präsentiert mir von hinten den fertig ausgearbeiteten Vertrag: »Voilà, Sie brauchen nur noch zu unterschreiben.«

Eine neue Personalspekulation auf dünnen Beinen. Ich berichte ihm von meiner Begegnung mit dem Dirigenten Myung-Whun Chung in Florenz. Ich hatte mich mit Chung verabredet, um ihn nach Wien einzuladen. Er hat sich inzwischen in Italien etabliert und könnte dem vorgesehenen Verdi-Zyklus im Herbst 1990 interessante Akzente verleihen. Chung blätterte in seinem Kalender und sagte dann: »In dieser Zeit bin ich an der Bastille in Paris und bereite die erste Premiere vor: ›Lady Macbeth‹ von Schostakowitsch.« – »Mit wem haben Sie das denn vereinbart?« frage ich. – »Mit M. Bergé natürlich, er ist für die Opéra Bastille zuständig.«

Michel Schneider hat irgendwann einmal etwas von Maestro Chung gehört. »Aber der kommt doch für uns nicht in Frage; der hat doch bisher nur drei oder vier Opern dirigiert. Wer kennt ihn schon? Unser Mann heißt Janowski. Und Drese natürlich...« Ich solle den Vertrag studieren und unterschreiben. Er werde in den nächsten Tagen anrufen. Ich spreche mit Janowski: Alles hänge vom Finanzminister ab. Die Fusion der beiden Orchester koste viel Geld. Aber er sei optimistisch...

Drei Tage später ruft Janowski an. Der Finanzminister habe abgelehnt. Auf die Opéra Bastille könne man getrost verzichten, dort herrsche das Chaos...

Der Pariser Freund versucht die Sache zu erklären. Machtkämpfe hinter den Kulissen. Er werde es in diesem Ministerium nicht lange aushalten. »Und der Vertrag?« frage ich. »Ein Pariser Souvenir« ist seine Antwort.

28. Mai 1989 Direktorenbeschimpfung

Nie bin ich so beschimpft worden in meinen dreißig Direktionsjahren. Regisseure sind Choleriker, sie verwechseln das Direktionszimmer mit der Bühne. Schreien ist immer wirkungsvoll und schüchtert ein.

»Für wen halten Sie mich eigentlich? Ich bin doch nicht Ihr Regieassistent in Heidelberg. Ich bin einer der besten und erfolgreichsten deutschen Regisseure und kann überall inszenieren, wo es mir gefällt. Ich bin nicht angewiesen auf Ihre Scheiß-Staatsoper... da gibt es bessere Häuser, die mir jede Besetzung geben, die ich will, die mich anbetteln, dort zu inszenieren... Ich habe Ihnen schon vor Monaten gesagt, daß diese Sängerin für mich nicht in Frage kommt. Es ist mir scheißegal, ob Sie mit der einen Vertrg haben. Wenn Sie mich wollen, müssen Sie die engagieren, die meinen Vorstellungen entspricht... Und wenn Sie die nicht nehmen, mache ich Ihnen den Prozeß, und ich habe den ersten Anwalt Deutschlands, das wird Sie teuer zu stehen kommen... Ich bin nicht der Mann, dem Sie Ihre Probleme aufhalsen können... Entweder Sie tun, was ich will – oder Sie zahlen mich aus.«

Mit hochrotem Kopf fällt er zurück in den Sessel. Entweder aufspringen, zurückschreien und einen starken Abgang inszenieren – oder Cholerikern mildernde Umstände zugutehalten. Künstler in emotionaler Spannung sind unzurechnungsfähig. Wie heißt der alte Satz: Wer schreit, hat unrecht. Solche Gewitter klären die Atmosphäre...

29. Mai 1989 Nur das Bestmögliche

Wiederaufnahme von »Il viaggio a Reims« – die letzten Vorstellungen vor dem Japan-Gastspiel. Die neue Direktion wird das Rossini-Jahr 1992 sabotieren und diese Glanzproduktion nicht mehr spielen. 40 Minuten Applaus, das Publikum tobt und bejubelt die Vorstellung, die vor anderthalb Jahren der Anfang der »Verschwender«-Kampagne war. Jetzt wird man angegriffen, weil man das Werk nicht öfter ansetzt...

Während im Zuschauerraum der Applaus rauscht, lese ich den Brief von Nikolaus Harnoncourt: »So wie die Dinge liegen, sehe ich keine andere Lösung, als meine Tätigkeit am Hause jetzt zu beenden. Eine radikale Änderung der Arbeitsbedingungen wäre der einzig vertretbare Ausweg, aber der scheint ja leider unmöglich zu sein.« Das ist das Resümee der »Entführung«. Er hat gelitten unter dem ständigen Wechsel der Orchesterbesetzung, unter unsicheren Sängern, unter der Dominanz der Szene, unter ungünstigen musikalischen Probenbedingungen... »Die Erfahrungen haben gezeigt, daß das, was ich mir unter ausgefeilter Operninterpretation vorstelle, in jener Art von Repertoirebetrieb, wie sie in Wien praktiziert wird, undurchführbar ist.« (Gemeint sind vor allem die Vorstellungen der »Zauberflöte«.) »Meine Überzeugung und Wesensart erlauben mir aber nur, das Bestmögliche zu erreichen – was hier in Wien viel, viel mehr sein müßte. Gelingt das nicht, bin ich verzweifelt bis an den Rand der Krankheit, ich kann so nicht arbeiten.« Ein Dokument absoluten Kunstwillens, ein Amoklauf gegen Routine, Schlamperei und »Betriebszwänge«... Selbst bei den Vorzugsbedingungen, die Nikolaus Harnoncourt eingeräumt wurden, gibt es Pannen, Mißverständnisse. Vor allem die Orchesterbesetzungen müssen stärker kontrolliert werden, aber hierauf hat der Direktor nur sehr beschränkten Einfluß. Das Orchester hat im Rahmen des Vertrages weitgehende künstlerische Autonomie. Es wird harte Auseinandersetzungen geben. Der

Orchesterbetriebsrat will die Zahl der Proben reduzieren, auch Abbado, Harnoncourt und andere sollen sich danach richten. Und beide wollen statt dessen mehr Proben, gerade bei den bekannten Stücken.

8. Juni 1989 Diplomatie des Orchesters

Das Verständigungsgespräch mit dem Orchester verläuft günstig. Der erwartete Kleinkrieg bleibt aus. Es zeigt sich wieder einmal, daß dieses Orchester künstlerischen Argumenten gegenüber immer aufgeschlossen ist. Man respektiert die Individualitäten der Dirigenten, ihre speziellen Arbeitsmethoden und künstlerischen Urteile. Dank dieser Offenheit hat das Orchester sich alle noch so divergierenden Interpreten zu Freunden gemacht. Dies wird auch mit Nikolaus Harnoncourt so sein. Man billigt ihm das Recht zu, jeden Musiker, der nicht mit ihm probiert hat, abzulehnen. Und man anerkennt, daß er kein Repertoirekapellmeister ist und deshalb auch für die bekannten Stücke seinen Musizierstil durchsetzen will. Deshalb sind zusätzliche Proben unvermeidbar.

Die Musiker machen ihm Komplimente: Seine Schulung färbt auf den gesamten Mozartstil des Hauses ab. Keine anderen Proben seien so instruktiv wie die seinen. Er müsse ihnen aber andere Spielgewohnheiten zubilligen, die nicht von heute auf morgen verschwinden. Mit homöopathischer Gewöhnung werden die Philharmoniker noch zu einem Harnoncourt-Orchester. Die nächste Mozart-Premiere »Così fan tutte« ist gerettet.

10. Juni 1989 Der Elektra-Komplex

Wer ist diese Elektra? Das ist die Frage, die über Text und Musik hinaus heute entschieden werden muß. Elektra, die Königstochter, zu stolz, sich anzupassen und zu unterwerfen unter die Macht des Faktischen, Vorkämpferin für Recht und Ordnung, Aufklärung des Verbrechens, Bestrafung der Mörder, eine Unangepaßte gleichsam, eine Widerstandskämpferin, besessen von der Idee, dem »Gestorbenen Ehre zu schaffen«, wie es bei Sophokles heißt – oder eine pathologische Gestalt, »wehklagend und stöhnend und sich grämend und ächzend«, eine kranke Tochter, die ihr Selbst in blinder Abhängigkeit dem Vater geopfert hat, dem General und Helden, und an dieser Vaterbindung zu Tode kommt; eine Anarchistin, die in einer Höhle haust, im Grabe des Vaters gleichsam, die manisch nichts kennt als Rache, für den Tag des Blutes betet, an dem die Mutter das gleiche Schicksal erleidet wie der Vater, um dann wie eine Mänade zu rasen und dem Tod in den Rachen zu stürzen... also ein echter Fall für Sigmund Freud, der »Elektra-Komplex«?

Das dionysische Antikenbild, das Hugo von Hofmannsthal Goethes klassizistischer »Iphigenie« entgegensetzen wollte, das Richard Strauss zu äußerster Sprengung der Harmonie verführte, enthält zweifellos beides: die Ebene des Bewußtseins und die unbewußten Triebkräfte. Ob die Geschichtsfunktion oder der Zerfall einer Persönlichkeit im Vordergrund steht, das ergibt sich aus der Vision des Regisseurs und der Darstellerin der Elektra. »In der ›Elektra‹ wird das Individuum in der empirischen Weise aufgelöst, indem eben der Inhalt seines Lebens es von innen her zersprengt...« Steht das Individuum im Mittelpunkt oder der Vorgang der Zersprengung?

Harry Kupfer stellt, von Hans Schavernoch gestaltet, ein überdimensionales Monument auf die Bühne, eine Generalsfigur, von der man vor allem den Stiefel sieht, den er auf einen Globus setzt. Das Denkmal ist mit zahllosen Stricken versehen, an denen Elektra hängt. Sie ist an dieses Über-Ich gebunden, und ihr Tanz am Schluß ist der vergebliche Versuch, von diesem Über-Ich loszukommen. Also ist die paternalistische Weltsicht, das Welteroberungssyndrom, der perennierende Militarismus gemeint, »Elektra« wird bei Kupfer zu einer antimilitaristischen Demonstration. Und er folgt darin Christa Wolfs »Kassandra«: »Ameisengleich gehn wir in jedes Feuer. Jedes Wasser. Jeden Strom von Blut. Nur um nicht sehn zu müssen. Was denn? Uns.« Alle Figuren der »Elektra« sind bei Kupfer auf dieser Ameisenspur und kommen nicht zu sich. Klytämnestra hat ihre schlaflosen Nächte, Chrysothemis flieht aus der Verantwortung und sehnt sich nach stillem Bürgerglück. Und Elektra folgt dem Blutstrom und geht in ihm zugrunde.

Wie immer bei Harry Kupfer sind die Figuren expressiv aufgeladen, hektisch bevölkern sie die Szene. Das Werk ist hier keine Analyse seelischer Zustände, sondern ein exzentrisches Schicksalsdrama. Wie in einem Schlachthaus schleppen die blutgezeichneten Mägde Gitterkarren voller Knochen herum, ein Menschenopfer wird über die Bühne gezerrt und aufgeschlitzt, Klytämnestra ist von einem Schwarm von Fackelträgern umgeben, die wie Irrlichter herumschwirren; es wimmelt von Aufpassern und dienstbaren Geistern.

Und dieser Ägisth sieht aus wie ein russischer General. Das alles geschieht mit der gedrillten Perfektion atavistischer Lemuren...

Die Besetzung sucht ihresgleichen. Eva Marton ist eine animalische Elektra, getrieben und verzehrt von Aktivismus. Ein altgewordenes böses Kellerkind. Und sie triumphiert mit ihrer Stimme, die keine Extreme scheut. Brigitte Fassbaender badet sich in der Perversion ihrer Rolle, eine überschminkt-maskierte hysterische Königin, die das Opfer ihres Gewissens ist und ihren Triumph bei der Nachricht vom angeblichen Tode Orests auskostet. Die Chrysothemis der Cheryl Studer bringt den Schöngesang der verlorenen Jugend in diese Auflösung und Hysterie. Franz Grundheber als Orest geht den Schicksalsweg, voller Ängste und Skrupel, Ägisth (James King) ist nichts als der Kommandeur auf verlorenem Posten.

Claudio Abbado dirigiert seine erste Strauss-Oper. Und sie tönt nicht, wie man es gewohnt ist. Er sucht Transparenz in die Partitur zu bringen, die einzelnen Stimmen sinnfällig zu kontrastieren. Und verausgabt sich für dieses Stück in seinem Bemühen, jede Faser in diesem Klangteppich zu erkennen.

Alles in allem ein herausfordernder, bis ins Detail durchgefeilter Abend modernen Musiktheaters. Alt-Wien wird lange daran kauen.

28. Juni 1989 Perestroika in der Oper

Wir leben in einer Zeit großer politischer Veränderungen. Eine hoffnungslos verstockte, dogmatisierte Welt spürt neue Freiheit, die Gefängnisse der Gedanken und Menschen öffnen sich, die Mauern bekommen Risse. In Ungarn wird Nagy rehabilitiert und feierlich neu beigesetzt. In Polen siegt die Solidarność-Bewegung über die Kommunisten. Die Bundesrepublik Deutschland verfällt in »Gorbi-Manie«. Nur in der DDR und in der ČSSR verschanzen sich die Altkommunisten in ihren Stellungen. In China zeigt man ihnen, wie man an der Macht bleibt.

All diese Veränderungen gehen an den Theatern und Opernhäusern fast spurlos vorbei. Keine »Perestroika«-Begeisterung wie einst in der romantischen Bewegung oder wie im Risorgimento Italiens. Bis auf wenige Ausnahmen nimmt die Oper kaum noch Notiz von politischen Vorgängen; sie hat sich eingesponnen in ihr historisches Erbe und ist mit ihren Kunstproblemen beschäftigt.

Die Apparate existieren aus sich selbst heraus und sind sich zum

Selbstzweck geworden. Man braucht sie nicht in die Luft zu sprengen, sie fressen sich selber in ständig wachsendem Komfort- und Sicherheitsbedürfnis auf. Kunstausübung wird verwaltet nach genauesten Regeln; Paragraphen erscheinen wichtiger als Inhalte. Unbeweglichkeit und Sterilität sind die Folgen dieser Verwaltungsmechanismen, die Sinn und Grenzen der künstlerischen Arbeit bestimmen.

Auch die Oper braucht Perestroika. Ohne die Bereitschaft zur Veränderung, zur Erneuerung wird sie nicht überleben.

Vierter Akt · Die Wende

»... wie schwer haben sie's alle hier, jemanden zu ›kennen‹, wie krampfhaft wird das Neue behauptet, nur weil's ein Neues ist, wie rasch schließt sich darüber wieder der geübte Leichtsinn, nichts nichts... So wie vertan ist das alles hier in dieser Luft – wo ist es eigentlich. Und doch war Beethoven hier.«

Rainer Maria Rilke

26. Juli 1989 Ein Standbild für Karajan

Am Swimmingpool in Ericeira (Portugal) liest ein dänischer Gast den »Observer«. Auf der Rückseite erkenne ich ein Großphoto von Herbert von Karajan. Aha, die Salzburger Festspiele sind wieder eröffnet, Karajan dirigiert seinen »Maskenball«, was geht's mich an? Jetzt sind Ferien, weitab von aller Kulturhysterie...

Dann ein Telegramm aus Wien. Karajan ist tot. Die Beerdigung hat längst stattgefunden, heimlich, zu nächtlicher Stunde. Auch für die offizielle Trauerfeier im Salzburger Dom ist es bereits zu spät. Ich schicke Kondolenztelegramme an die Familie, an die Festspiele... Der Tod Karajans beschäftigt mich mehr, als es die äußeren Beziehungen begründen. Karajan war für mich seit früher Jugend ein Idol. Sein Name war irgendwie mit Magie verbunden. Ich war in meiner Aachener Jugendzeit Zeuge seiner grandiosen Persönlichkeitsentfaltung in der Musik; das war kein Dirigent wie andere, sondern ein elektrisierendes Phänomen der Menschenbeherrschung und Klangschöpfung. Wie ein junger Apoll kam er uns vor, wir folgten seinen Spuren, wußten alles über ihn, seine Liebesbeziehungen, seine sportlichen Eskapaden, seine Kleidung, seine Allüren. Und wir entdeckten durch ihn Mozart, Beethoven, Bruckner...

Und Karajan ist mir seitdem nie mehr abhanden gekommen, wenn auch mit der Zeit allmählich eine kritische Entfremdung stattfand. Seine politische Identität blieb mir immer ein Rätsel. Natürlich war er ein Protegé der Nazigrößen, und er hat von dieser Förderung seiner Karriere gewiß profitiert. Aber er hätte sich in jedem politischen System durchgesetzt und seinen Welterfolg begründet. Die Welt war für ihn da, er hat sie erobert und sein musikalisches Imperium geschaffen, das weit über seinen Tod hinaus bestehen wird. Karajan brauchte keine Glaubensbekenntnisse, seine Wirkung begründete seine Macht. Sein künstlerischer Wille entsprach der öffentlichen Erwartung.

Hätte er in anderer Zeit gelebt, man hätte ihm ein Reiterstandbild errichtet – wie Colleoni –, er war eine Renaissance-Natur, ein Eroberer, ein Machtmensch nach der Art des Machiavelli. Er wußte zu herrschen, in der Musik wie im Leben; in sportlichen Autos, auf seiner Segeljacht, im Cockpit. Er dominierte, setzte seine Ideen um und vermarktete sie, wie die Zeit es ermöglichte.

Er lebte im technischen Zeitalter, sein Ehrgeiz war es, die neuen Techniken zu beherrschen und zu benutzen. Er spielte mit Computern wie mit Partituren. Dabei waren seine Neugier und sein innovativer Ehrgeiz in der Musik begrenzt, er beschränkte sich auf die hundert Meisterwerke, variierte und verfeinerte ihre Interpretation auf der Schallplatte, im Video und auf der Bühne in immer neuen Anläufen. Mit Neuer Musik belastete er sich ebensowenig wie mit Alter Musik, soweit sie nicht adaptierbar war für seine Klangvorstellung. Extremen ging er aus dem Weg. Seine Ästhetik suchte Maß und Glanz.

Die Ursache dieser beispiellosen Machtentfaltung waren seine Musikalität und seine fast hypnotische Ausstrahlung. Wenn er dirigierte, schuf er im Orchester ein spirituelles Magnetfeld, das alle Energien der Musiker auf sich konzentrierte. Es gab kaum je Widerspruch, er überzeugte kraft seiner persönlichen künstlerischen Energie und Willensübertragung.

Herbert von Karajan, der Direktor der Wiener Staatsoper, hat es einige Jahre hindurch verstanden, sich alle tausend Mitarbeiter zu unterwerfen. Als Dirigent, Regisseur und Direktor hatte er alle Fäden in der Hand und herrschte omnipotent. Dreißig verschiedene Opern hat er dirigiert, dreizehn auch inszeniert. Die Wiener Staatsoper war sein Instrument, er fragte nicht nach den Kosten, wenn es um die besten internationalen Sänger ging oder um die Bezahlung von Überstunden für die Beleuchtung. Doch auch ihn hat Wien zermürbt. Die Gewerkschaften probten den Aufstand wegen einer Kleinigkeit; er war keinen Widerstand gewöhnt und wollte sich nicht arrangieren. Alles oder nichts. Er ging... und hinterließ die Ära Karajan, auf die das Institut heute stolz ist. Wer spricht noch von den Querelen und Schikanen.

Die Innenseite dieses Colleoni der Musik bleibt ein Rätsel. Er hat sich immer abgekapselt, die Neugier abgelenkt durch seine Spielereien; locker, fast zynisch im Umgang, kurzangebunden, gewohnt zu befehlen, unberechenbar und letztlich sehr einsam. Nur selten hatte er Anwandlungen von Mitteilsamkeit, Anzeichen menschlicher Wärme oder gar Spuren von Humor. Jovialität war höchste Gunst. Sein Denken, soweit es übermittelt wurde, bleibt marginal. Er hat die Welt durch Klang verändert, nicht durch Entdeckungen oder Bekenntnisse. Wir können uns heute sehr wohl eine Vorstellung machen, wer Wilhelm Furtwängler war oder Arturo Toscanini, was sie dachten oder wollten. Von Herbert von Karajan werden Photos und Schallplatten bleiben. Er hatte kein anderes Programm, als sich selbst zu verwirklichen im Werk der großen Komponisten. Seine musikalische Hinterlassenschaft ist zum Markenartikel geworden.

Über Herbert von Karajan kann man böse »Spiegel«-Artikel schreiben, man kann in seiner Vergangenheit herumschnüffeln, er wird der Magier bleiben, der die Klangwelt seiner Zeit beherrscht hat. Seine Epigonen werden sich von ihm distanzieren... er hinterläßt keine Liebe, allenfalls Respekt.

12. August 1989 Klimawechsel

Das Salzburger Festspielhaus hat ein unmenschliches Maß. Bei 30 Metern Portalbreite und 9 Metern Höhe wird der Darsteller gezwungen, weite Gänge zu machen, um die ganze Bühne zu beherrschen, oder er ignoriert die Seitenflügel und überläßt sie irgendwelchen verzerrenden Bildwirkungen. Die Wiener Staatsoper hat eine Portalbreite von knapp 14 Metern bei 12 Metern Höhe, also ein fast quadratisches Format gegenüber der Cinemascope-Bühne in Salzburg. Aufführungen aus Wien sind mit Salzburg nicht kompatibel, es sei denn, eine zylinderhafte Verbreiterung ist vom Prinzip her vorgesehen. So bei »Elektra«. Man reduziert die Bühne auf 22 Meter und läßt die Ecken ungenutzt. Viel schwieriger ist es, die Breitwandbilder auf Wiener Format zurechtzustutzen.

Dieser Umstand zeigt, wie wenig eine künstlerische Kooperation mit der Wiener Staatsoper von den Erbauern des Großen Festspielhauses vorgesehen war. Karajan wollte sich von Wien abnabeln; man glaubte, durch die überdimensionierte Bühne dem Geist der Zeit zu huldigen. Und hat sich damit Probleme aufgehalst, die jedes künstlerische Konzept belasten.

Aber darum ging es in Salzburg nicht. Persönlichkeitskult ist die einzige Triebkraft dieses Prestigefestivals. Überall prangen in den Schaufenstern und an den Taxis die Bilder der Stars. Die Schallplattenfirmen überbieten sich an Publicity. Salzburg ist zum Zentrum des internationalen Musikmarktes geworden. Wer hier singt oder dirigiert, erhält das Prädikat, das automatisch die Gage in die Höhe treibt. Eigentlich könnte das Festival daraus seine finanziellen Vorteile ziehen, ähnlich wie Bayreuth. Doch offenbar bestimmt der Preis die Qualität.

Nachdem nun der »Maestroso«, wie ihn Elias Canetti genannt hat, gestorben ist, hält man Ausschau nach einem Kronprinzen. Aber Karajan hat alles getan, um einen Nachfolger zu verhindern. Wenn ein Dirigent außerordentlichen Erfolg hatte, wurde er nicht mehr eingeladen. Jetzt steht man ratlos auf dem Jahrmarkt der Eitelkeit und sucht einen neuen Karajan, statt die Gelegenheit zu nutzen, einmal über den Sinn der Festspiele nachzudenken. Aber die Restauratoren und Restaurateure haben nichts anderes im Sinn als Festlichkeit und Tradition.

In diese Situation platzt das Wiener »Elektra«-Gastspiel. Das ist nicht der Regiestil Karajans mit seiner repräsentativen Ästhetik. Das ist nicht das Stehen und Singen, das er seit Jahren bevorzugt hat, weil er als Regisseur kaum je mehr vermocht hat, als wirkungsvoll zu arrangieren. Bewegungen sollten nicht von der Musik ablenken. Die Inszenierung von Harry Kupfer bezweckt genau das Gegenteil: kaum einen ruhigen Moment, die Situation ist elektrisiert und drängt zu einer Entscheidung. Alle Personen sind von höchster Nervosität erfüllt und schrecken nicht vor Exzessen zurück. Und auch das Orchester unter Claudio Abbado spielt keinen schönen Strauss-al-fresco; instrumentale Durchsichtigkeit ist das Ziel dieses Musizierens.

Die Aufführung muß die Geister trennen. Die Festspiel-Habitués spenden den Sängern wohlwollenden Beifall und strömen nach pausenloser Aufführung zum wohlverdienten Diner. Die Jungen wittern den Klimawechsel und demonstrieren für neues Musiktheater. Abbado und Kupfer sind die Hoffnung des Wandels, des neuen Festspielgeistes.

15. August 1989 Neue Salzburger Dramaturgie

Der Geist der Festspiele bedarf einer neuen Definition. Dazu tut es gut, wieder einmal die Gedanken der Gründerväter der Salzburger Festspiele zu studieren, vor allem Hugo von Hofmannsthal und Max Reinhardt. Es genügt nicht mehr, sich der Macht des Faktischen auszuliefern und die Pluralität künstlerischer Spektren zu spiegeln. Profilierung tut not. Profilierung aber bedeutet geistige Auswahl, Akzentuierung. Nicht Bemühen um breite Akzeptanz, sondern Mut zum Risiko. Der Sinn von Festspielen in dieser Zeit sollte die Mobilisierung gegen Beliebigkeit, Austauschbarkeit, Gleichgültigkeit sein. Widerstand gegen Gewohnheit, Verweigerung des Gängigen, Trivialen, der Phrasen und Klischees.

Der Marktwert bildender Kunst bestimmt sich nach ihrem Charakter, das heißt nach ihrer Eigenständigkeit und ihrer Innovationskraft.

Auch die Interpretation szenischer Kunstwerke kann sich nicht als Erfüllung tradierter Form verstehen. Bühnendarsteller sind keine Kopisten musealer Figuren, sondern Menschen von heute, die in anderen Dimensionen und Assoziationen denken und fühlen, sich in anderen räumlichen und technischen Bedingungen verwirklichen. Ihre Erneuerungskraft ist ihr geistiges Kapital.

Festspiele sind der Ort, Neues, Ungewöhnliches zum Ereignis werden zu lassen. Dazu bedarf es idealer Probenbedingungen, bestmöglicher Besetzungen und eines künstlerischen Klimas, das von geistiger Neugier geprägt ist. Diese Veränderungen mögen anfangs mit Verstörungen verbunden sein; die Erfahrung zeigt, daß das Publikum heute sehr lernfähig geworden ist. Sehr bald werden sich neue Maßstäbe des Erfolges herauskristallisieren; man muß nur an die Anziehungskraft qualitätvollen Musiktheaters glauben.

Wenn Mozart als Genius loci den zentralen Inhalt des Programms bestimmt, sollte es nicht schwer sein, die international profiliertesten Dirigenten, Regisseure, Bühnenbildner und Sängerdarsteller heranzuziehen, gleichgültig, ob sie auf der Linie der Tradition liegen oder ungewöhnliche neue Auffassungen entwickeln. Es gibt keine ewig wahren und unveränderlichen Kunstnormen, sondern nur den individuellen und aktuellen Aspekt der Interpretation. Bereits Hofmannsthal hat gewußt, daß die vielfache Deutbarkeit das Wesensmerkmal hoher Kunst ist.

Da das musikalische Werk Mozarts den Höhe- und Wendepunkt der italienischen Oper des 17. und 18. Jahrhunderts darstellt, sollte auch das barocke Vorfeld stärker als bisher Beachtung finden. Salzburg hat es – trotz einzelner Ansätze – bisher versäumt, sich an die Spitze der Erneuerungsbewegung der Barockoper zu setzen. Interpreten wie Nikolaus Harnoncourt sind exkludiert worden. Das kann jetzt anders werden; freilich ist eine gründliche Propädeutik Voraussetzung des Erfolges. Der ganze musikalische Reichtum zweier Jahrhunderte ist neu zu entdecken: also Werke von Monteverdi, Cavalli, Vivaldi, Pergolesi und Cimarosa ebenso wie von Lully und Rameau, Purcell und Händel und in der deutschen Tradition Schütz, Biber, Hasse, Gluck und Haydn.

Für das große Opernprogramm im Nachfeld Mozarts ist sicher jede Orthodoxie von Nachteil, doch sollte man bewußt Überschneidungen mit Bayreuth oder Verona vermeiden. Die Klassiker der Moderne verdienen besondere Beachtung, aber auch die Komponisten der zweiten Wiener Schule. Salzburg liegt nicht nur an der musikalischen

Achse von Nord-Süd, sondern kann auch in der Vermittlung Ost-West von großer Bedeutung sein. Es gibt aus den verschiedenen slawischen Musikkulturen ebensoviel neu zu entdecken wie aus der französischen Musik.

Die Salzburger Festspiele haben sich immer wieder der zeitgenössischen Musik geöffnet. Namhafte Uraufführungen haben hier stattgefunden. Diese Initiative gilt es fortzusetzen. Jedes Jahr sollte Salzburg das bedeutendste Werk des Jahres präsentieren. Dazu sind nicht nur Aufträge an die wesentlichen Komponisten unserer Zeit erforderlich, sondern auch die entsprechenden literarischen Vorarbeiten. Es wird immer wieder behauptet, es gebe für Neue Musik kein Publikum; diese These gilt nicht – wie »Wien modern« beweist –, wenn sich die besten Orchester und Dirigenten dieser Aufgabe annehmen und konzeptionelle Zusammenhänge hergestellt werden.

Das Schauspiel muß wieder in die Rolle zurückversetzt werden, die es zu Anfang der Festspiele gehabt hat. Natürlich hat es gute Schauspielaufführungen bei den Salzburger Festspielen gegeben, aber sie haben nicht im Zentrum des Programms gestanden. Große Werke der europäischen Literatur sollten mit den besten Schauspielern und in exemplarischer Regie in der Felsenreitschule aufgeführt werden. Goethes »Faust« ist seit langen Jahren fällig. Auch wichtige Aufführungen fremdsprachigen Theaters sollten als Gastspiele nicht fehlen. Salzburg hat dank seiner geographischen Lage eine europäische Kulturfunktion.

Das Wort »Salzburger Dramaturgie« hat weder bei den Pragmatikern der Organisation noch bei Rezensenten einen hohen Stellenwert. Es hat zu viele Versprechungen und Erklärungen gegeben; der Realitätssinn der Dirigenten und Regisseure war stärker als theoretische Spekulationen. Hinzu kamen die fiskalischen Sachzwänge, die bewährte Wege nahelegten. Man hat kein Vertrauen zur kreativen Kraft der Dramaturgie gehabt. Aber gerade hier liegt der Ansatzpunkt zu einer künstlerischen Erneuerung. Die Profilierung der Festspiele in der Vision des Jahres 2000 ist nur durch eine grundsätzliche Besinnung auf die gesellschaftliche Funktion der Kunst und eine neue Gewichtung des Programms denkbar. Eine neue »Salzburger Dramaturgie« ist die einzige Möglichkeit, dieses Festival zu reformieren und zu profilieren. Natürlich kann sich nicht alles von heute auf morgen ändern. Erneuerung braucht Zeit und die List der Verführung. Neue Gallionsfiguren werden sich einstellen, neue Publikumsmagnete. Der neue Stil wird chic, man muß dabei sein. Weniger Adoration, mehr

Diskussion. Auch die Demokratie kann ihre Feste feiern. Die Hoteliers brauchen nicht um ihre Betten zu fürchten. Keine Angst vor Erneuerung.

(Auszug aus den »Salzburger Nachrichten«)

1. September 1989 Der falsche Götter-Erbe

Für die Inszenierung der »Götterdämmerung« am Opernhaus Zürich gibt es nicht viel mehr als drei Wochen Zeit. Künstlerisch unverantwortliche Konditionen. Man kämpft um Einnahmen und braucht deshalb jede Vorstellung. Da ich das Problem aus Erfahrung kenne, fühle ich mich machtlos und arbeite bis zur physischen Erschöpfung Tag und Nacht.

Nach dem »Herbst des Mittelalters« im »Siegfried« ist die »Götterdämmerung« winterliche Endzeit, nicht nur für die Götter, die den Menschen abhanden gekommen sind, sondern auch für die Menschen selbst, die sich in Machtkämpfen verbraucht haben und auf ein Wunder warten. »In langer Zeiten Lauf / zehrte die Wunde den Wald / falb fielen die Blätter, / dürr darbte der Baum; / traurig versiegte / des Quelles Trank...«, singt die erste Norne.

Die Natur geht zugrunde. Das meint – in heutiger Sicht – die Szene der »Götterdämmerung«. Auch in moralischer Hinsicht wird der totale Verfall demonstriert. Die »Götterdämmerung« ist das Werk des »Ringes«, in dem nackte Kriminalität herrscht: Lüge, Betrug, Vergewaltigung, mehrfacher Mord, Selbstmord, Brandstifung. Und alles resultiert aus dem Kampf um die Macht. Es gibt keinen Friedens- und Versöhnungsgeist der Zivilisation, kein Liebesgebot, sondern nur den Machttrieb der Horde: Wer ist der Stärkste, ihm gehört die Welt. Und dazu benutzt man alle Sprachvehikel, die männliche Aggressionslust tarnen: Ehre, Treue, Tapferkeit.

Das ist das Geschichtsresultat nach zwei Weltkriegen: Richard Wagners prophetische »Götterdämmerung«. Die Zerstörung muß sichtbar gemacht werden, Gold- und Machtgier hat die Lebensatmosphäre der Menschen zerstört, sie hausen in Müll, haben sich in den Trümmern eingerichtet. Die Apokalypse kommt bestimmt, wenn sich das Denken nicht ändert.

Man sollte meinen, wer auf Siegfried baut, nach ihm Verteidigungslinien und Aufmarschpläne benennt, hätte wissen müssen, daß dieser Weg nur in den Tod führen kann. Aber Siegfried ist der Deutschen liebstes Kind, sie sind so geblendet von seiner männlichen Kraft und blonden Schönheit, von seiner Beinahe-Unbesiegbarkeit, daß sie die Geschichte nicht zu Ende gelesen, erst recht nicht Wagners »Ring des Nibelungen« verstanden haben.

Dieser Siegfried ist ein Kraftprotz und Schlagetot. Er hat die Mentalität eines Landsknechts und ist zu jeder Brutalität fähig: weil er sich nicht fürchtet. Und das gerade ist sein Zivilisationsmanko, er hat von Brünnhilde keine menschlichen Werte angenommen, seine Liebe ist ein Reiz des Augenblicks, nicht mehr. Er tötet, wie er liebt, ohne Gewissen, weil Gewissen auf gesellschaftlichen Werten beruht, die ihm fehlen. Nur mit Manipulation kann man dieser Kriegernatur beikommen, mit sexuellen Reizen und Drogen. Aber die Droge bringt nur das zum Vorschein, was im Unbewußten vorhanden ist. So kann er als »Gunther« verkleidet zu seiner Frau zurückkehren und sie überwältigen. Nein, dieser »Held« ist kein Erbe der Götter. Es kann nicht ihr Sinn sein, die Welt diesem gedankenlosen Berserker auszuliefern. Wotan hat wirklich nichts von *éducation humaine* verstanden, seinem Ehebruch haftet ein Fluch an.

Erst kurz vor seinem Tode beginnt dieser Abenteurer Siegfried nachdenklich zu werden. Aber auch das ist nicht viel mehr als eine Anwandlung. Für Sex würde er seinen Ring verschenken, droht man ihm jedoch, bleibt er stur. Wagner zelebriert förmlich Siegfrieds geistige Begrenzung, um seine Leichtfertigkeit, seine Augenblicksbezogenheit ganz klar zu machen. Er lebt in den Tag, für den Tag. In dem Moment, wo er hellsichtig wird, sich im Spiegel sieht, das heißt, sich an Brünnhilde erinnert, ist es um ihn geschehen. Er wirkt merkwürdig phlegmatisch, fast melancholisch und läßt sich willig abschlachten als Opfer für erkannte Schuld. Das muß in der Inszenierung gezeigt werden, so überdeutlich wie möglich. Siegfrieds Reiz ist nichts als unreflektierte Körperlichkeit. Den Nazis war das gerade recht, sie brauchten perfekte Töter, leicht manipulierbare Landsknechte mit der »Wunderwaffe«. Sie haben die germanische Mythologie schändlich mißbraucht.

Der Schluß der »Götterdämmerung« war Richard Wagners großes Problem. Seine Wandlungen von Feuerbach zu Schopenhauer spiegeln sich in den letzten Worten der Brünnhilde und in den letzten Takten der Komposition. Jeder Regisseur ist aufgefordert, erneut über den Sinn des Gesamtwerkes, dieser Mythologie des 19. Jahrhunderts, nachzudenken. Walhall geht in Flammen auf, der Rhein tritt über die Ufer; die Gebäude stürzen zusammen wie bei einem Erdbeben. Feuer erfüllt die Luft. Richard Wagner läßt Frauen und Männer auftreten, die diesem gewaltigen Schauspiel ergriffen zuschauen. Bei Chéreau sind es Reiche, Arme, Handwerker, die eine neue Welt begründen sollen. Oder es ist – wie bei Kupfer – eine festliche Abendgesellschaft, die den Weltuntergang am Bildschirm verfolgt.

Richard Wagners Parabel vom »Ring des Nibelungen« braucht diesen Generationensprung auf der Bühne nicht. Das Publikum im Zuschauerraum, das die Lehre aus den Ereignissen auf der Bühne ziehen soll, ist gemeint. Uns geht es an, welche Gesetze gelten sollen, was mit dem Gold geschieht und ob die Natur mißbraucht und zerstört wird oder nicht. Der Zuschauerraum muß hell werden, grelle Scheinwerfer provozieren die Zuschauer zu »höchster Ergriffenheit«, besser Betroffenheit.

Der »Ring« hat sich geschlossen. Die Szene ist wie am Anfang. Rheintöchter spielen in den Fluten, Alberich lauert ihnen auf und setzt an zum Sprung nach dem Gold. Richard Wagner stellt bewußt am Ende der Tetralogie den Anfangszustand wieder her. Ein neuer Äon kann beginnen, vielleicht auf einem anderen Stern ... Oder wird der »Ring« zur Spirale für Menschen auf einer höheren Stufe des Bewußtseins?

6. September 1989 Telegramm

Die Entscheidung in Salzburg ist gefallen. Gérard Mortier wird zusammen mit Hans Landesmann und Heinrich Wiesmüller Direktor der Festspiele. Ein mutiger Entschluß in die richtige Richtung. Gérard Mortier erhält folgendes Glückwunschtelegramm: »Vertrauen Sie nur sich selbst. Riskieren Sie alles sofort. Und lesen Sie keine Wiener Zeitungen.«

5. Oktober 1989 Politischer Umbruch

Während sich in der deutschen Botschaft in Prag erschütternde Szenen abspielen, zweimal zehntausend Menschen ohne ihr Hab und Gut mit Sonderzügen in die Freiheit abgeschoben werden und gleichzeitig die offizielle DDR mit einem militärischen Zapfenstreich in preußischer Tradition ihre 40-Jahrfeiern beginnt – hat Österreich nur eine Sensation: Udo Proksch, der Politgauner und Versicherungsbetrüger, ist in Schwechat gefaßt worden und sitzt endlich hinter Schloß und Riegel. Wie lange? Sicher wird er bald wieder irgendeinen Politiker finden, der ihn auf freien Fuß setzt. Zwei Minister haben seinetwegen den Hut nehmen müssen, weitere Sensationen sind zu erwarten, wenn er »singt«.

Während sich in Ungarn ein Mehrparteienregime etabliert und Polen von der Solidarność-Bewegung regiert wird, erfreuen sich die Österreicher ihrer Hochkonjunktur und scheinen keine anderen Sorgen zu haben als neue Autokennzeichen nach Wunsch, von Hundertwasser entworfen. Klatsch und Affären scheinen wichtiger als der politische Umbruch vor der Haustüre.

Die Destabilisierung an den Ostgrenzen ist sicher nicht ungefährlich. Aber besser Flüchtlinge als die Trennung der Menschen durch den Eisernen Vorhang und die Berliner Mauer. Die Öffnung der Grenzen bringt vielen Österreichern eine Gelegenheit zum billigen Einkauf. Aber wenn das die Ungarn tun und die Mariahilferstraße belagern, regt sich der Volkszorn. Wieviele Nachbarschaftsgefühle sind seit 1918 erloschen, wie schwer wird es werden, bei unterschiedlichem Lebensstandard das Gemeinsame und Verbindende wieder zu finden. Jeder zweite Wiener hat einen slawischen oder ungarischen Namen – und seine Herkunft vergessen oder verdrängt.

6. Oktober 1989 Die »Don Carlo«-Fassungen

Am Anfang jeder »Don Carlo«-Inszenierung steht, mehr noch als bei »Forza del destino«, die Gewissensfrage der Fassung. Das Publikum ist seit Jahrzehnten an die vieraktige Mailänder Fassung von 1884 gewöhnt, die besticht durch den großen Bogen vom Anfang mit den Mönchsgesängen im Kloster von St. Just hin zum Schluß mit der Erscheinung des Kaisers Karl V. im gleichen Kloster. Ein Nachtstück in den Farben eines El Greco, mit der zentralen Auseinandersetzung um die Rolle der Kirche im Spanien des 16. Jahrhunderts. Das Autodafé, der Auftritt des Großinquisitors, die Erschießung des Menschenrechtlers Posa manifestieren die Grausamkeit der Ecclesia militans, während in der Klostereinsamkeit die Ecclesia patiens Schutz und Frieden bietet. Eingebettet in diesen historisch-theologischen Rahmen ist die Familiengeschichte um die Liebe des Infanten zur Gemahlin des Königs Philipps II. Dabei kommt die Motivierung zu kurz. Man weiß nicht, wie es zu dieser Liebe kam, was die Gründe für die Rebellion des Sohnes gegen den Vater sind.

Die Alternative zu dieser dramatisch verkürzten Version ist – wenn man nicht die französische Fassung der Uraufführung von 1867 spielen will – die von Verdi selbst für eine Aufführung in Modena 1886 hergestellte Bearbeitung, die das Vorspiel von Fontainebleau mit der Begegnung Carlo-Elisabetta wieder öffnet. Verdi ist im Laufe der Jahre zu der Erkenntnis gekommen, daß man die Vorgeschichte kennen muß, um die Psyche des Infanten zu verstehen. Claudio Abbado, der in der Mailänder Scala 1977 die Aufführung mit den wiederentdeckten gestrichenen Musiknummern der Uraufführung dirigiert hat, setzt sich entschieden für dramaturgische Konsequenz ein. Also wird zum erstenmal in Wien der fünfaktige »Don Carlo« gespielt.

Pier Luigi Pizzi hat eine klare antiklerikale Konzeption. Er setzt die Ketzerverbrennung mit der Kreuzigung gleich: Christen töten Christen im Namen der heiligen katholischen und apostolischen Kirche; übergroße goldene Heiligenfiguren symbolisieren die triumphierende Kirche. Und die kirchliche Hierarchie von den weißen Dominikanermönchen bis zu den goldstrotzenden Kardinälen gipfelt in der weißen Figur des Großinquisitors, dagegen steht die spanisch-schwarze Welt der Granden des Hofes. Pizzi hat die Bühne in die Vertikale hochgezogen, Kirchensäulen und Gefängnisgitter begrenzen den Raum. In allem erweist sich italienischer Sinn fürs Dekorative. Die besonders attraktive Autodafé-Szene ist eine hochgestaffelte Kostümshow mit Kerzen, Fackeln und Weihrauch, die am Ende rot überstrahlt wird. Leider fehlt, wie so oft im italienischen Operntheater, die Personenregie. Die Sänger bleiben sich selbst überlassen und suchen den besten Platz an der Rampe. Dabei ist »Don Carlo« nicht nur »Grand Opéra«, sondern auch ein filigran gearbeitetes psychologisches Kammerspiel der Monologe und Duette...

Verdi hat im »Don Carlo« sein übliches Personendreieck Tenor-Sopran-Baß-(Bariton) verdoppelt. Während das erste Dreieck sich auf den Konflikt der illegalen Liebe des Sohnes zu seiner »Mutter« bezieht, wird im zweiten Personendreieck das politische Spannungsfeld ausgebreitet, das die privaten Verhältnisse durchkreuzt und zur Staatsaktion werden läßt. Der politische Idealist Posa spinnt seine Intrige, die Gräfin Eboli betreibt ihre persönliche Kabale, der Großinquisitor zerreißt die Fäden mit imperativer Autorität. Mezzosopran, Bariton, tiefer, durch Kontrafagott oktavierter Baß sind Komplementärfarben dieses grandiosen Sextetts. Ein musikalisches Hexagramm, das die zentrale religiöse Thematik des Werkes symbolisiert.

Die Besetzung präsentiert bekannte Namen: Mirella Freni singt eine in ihren lyrischen Höhen unerreichte Elisabetta, besonders die große letzte Arie wird zum Triumph ihrer Gesangskunst; Agnes Baltsa ist eine von explosivem Temperament getriebene Eboli; Luis Lima gibt dem unglücklichen Infanten die adäquate Statur; Renato Bruson hat die musikalische Noblesse des Marquese di Posa; Ruggero Raimondi verbreitet die Kälte der Macht, in der jedes Gefühl verkümmert; dem Großinquisitor verleiht Anatoli Kotscherga mit schneidender Stimme die Autorität des Todes. Sie alle werden von Claudio Abbado mit selbstverständlicher Souveränität begleitet, er läßt das Melos Verdis erblühen und schärft die musikalische Aggression des Autodafés und der Revolutionsszene.

10. Oktober 1989 Chef der Berliner Philharmoniker

Claudio Abbado hat gerade telephonisch aus Berlin die Nachricht erhalten, daß die Berliner Philharmoniker ihn zum Nachfolger Herbert von Karajans gewählt haben. Er ist völlig überrascht. Er hatte mit Lorin Maazel gerechnet. Die Abstimmungen waren geheim; jeder in Frage kommende Dirigent wurde ausführlich von den Musikern diskutiert. Man hat sich nicht von öffentlichen Spekulationen und Schallplatteninteressen beeinflussen lassen, sondern sorgfältig alles Für und Wider abgewogen. Wirkliche Orchesterdemokratie, verdeckte Stimmabgabe, nur drei Kandidatennamen zugelassen, alles unter der strengen Kontrolle eines Notars. Das bedeutet den höchsten musikalischen Rang, »habemus papam«– Jubel.

Ich gratuliere Claudio von ganzem Herzen. Während Wiener Kritiker ihn wie einen zweitklassigen Kapellmeister behandeln, erkennen in Berlin Musiker die wahren Meriten.

Jetzt hat er die Möglichkeit, sich schrittweise von der neuen Direktion der Oper zu lösen. Sein Vertrag ist immer noch nicht unterschrieben.

Es wiederholen sich die alten Rivalitäten Berlin – Wien, wie schon bei Furtwängler, Karajan. Die beiden besten europäischen Orchester stehen in künstlerischer Konkurrenz. Claudio kann sich jetzt aussuchen, was er wann mit welchen Musikern aufnehmen wird. In jedem Fall steht ihm Salzburg offen: Ostern mit den Berlinern, im Sommer mit den Wienern. Er ist der mächtigste Mann der Musikwelt...

1. November 1989 Gastspiel in Japan

Gastspiele europäischer Opernhäuser in Japan sind an der Tagesordnung. Die Mailander Scala und das Royal Opera House Covent Garden, die Bayerische Staatsoper und die Opernhäuser aus Ost- und Westberlin waren mehrfach zu Besuch in Japan, die Wiener Staatsoper unternimmt ihre vierte Gastspielreise und feiert die 50. Aufführung in Japan. Diesmal freilich mit einem besonders aufwendigen und kontrastreichen Programm: Rossinis »Viaggio a Reims« und Alban Bergs »Wozzeck«, Mozarts »Zauberflöte« und zum erstenmal in Japan Richard Wagners »Parsifal«. Können Japaner die Botschaft des »Parsifal« verstehen, können sie über die Späße Papagenos lachen oder Wozzecks Schicksal mitempfinden?

Daß die Japaner diese superteuren Operngastspiele, bei denen Hunderte von Personen wochenlang unterwegs sind, ganze Containerladungen mit Dekorationen und Kostümen verfrachtet werden, bis zum letzten Schilling bezahlen, zeugt davon , wieviel ihnen diese europäische Musikkultur wert ist. Der japanische Schallplattenmarkt ist einer der größten der Welt; der Hunger dieses Landes nach europäischer Musik ist unerschöpflich. Allein in Tokio gibt es elf Symphonie-Orchester, sechs ausgezeichnete Musikhochschulen mit Tausenden von Schülern. 150 Laien-Symphonie-Orchester im ganzen Lande spielen europäische Konzertprogramme, es gehört zur Tradition, daß jedes Jahr mindestens einmal in jedem Ort Beethovens Neunte Symphonie zu hören ist. Man berichtet stolz, daß der Kaiser Mitglied eines Quartetts sei und regelmäßig übe.

Viele japanische Musiker studieren in Europa und haben sich in europäischen Orchestern integriert. An jedem internationalen Gesangswettbewerb nehmen zahlreiche Japaner teil, ihr künstlerisches Niveau wird von Jahr zu Jahr besser. Während das japanische Ballett beträchtliche Fortschritte macht, steckt die japanische Oper erst in den Anfängen. Das geplante Gebäude hat Finanzierungsprobleme, an öffentliche Zuschüsse für den Betrieb ist auf weite Sicht nicht zu denken. Die allgemeine liberale Kulturauffassung macht Oper wie auch religiöse Institutionen zur Privatsache, die die Interessierten selbst zu finanzieren haben.

Das japanische Opernpublikum zählt zum besten der Welt. Man ist genau informiert über die Namen der Mitwirkenden, ihren Rang und ihre Rollen. Man bereitet sich auf einen Opernbesuch gründlich vor, kennt die Handlung der Werke, den geistigen Hintergrund – und verfolgt im übrigen den Text auf Surtitles. Der Applaus hat Wiener Ausmaße, die Zahl der Autogrammjäger ist nicht kleiner. Der Sängerwettstreit und die komödiantischen Späße in »Viaggio« werden genauso bejubelt wie in Wien. Man ist über die Tendenzen des europäischen Musiktheaters bestens informiert und diskutiert über die »Parsifal«-Inszenierung von August Everding, als ob man in Bayreuth sei. Nach dem ersten Akt gibt es keinen Applaus. Dabei besteht doch das Publikum aus Anhängern des Shinto-Kultes und Buddhisten, denen eine Abendmahlsfeier fremd sein müßte. Aber sie haben die Bedeutung der Vorgänge erlernt und respektieren sie. Im übrigen kommt einem zum Bewußtsein, wieviel buddhistische Ideen Wagner in sein Bühnenweihfestspiel hineingenommen hat.

Bei all ihrer Begeisterungsfähigkeit für westliche Musik stellen Japaner ihre eigene Theater- und Musikkultur nicht in Frage. Das Kabuki-Theater mit seiner hohen Kunst der Stilisierung, mit seinen Märchen und Legenden, erfreut sich trotz Film und Musical großer Beliebtheit. Auch die einheimische Musik wird weiterhin gepflegt. Die Japaner leben in einer kulturellen Ambivalenz; niemand weiß, wie es ihnen gelingt, die gegensätzlichen Strömungen auszubalancieren. Bei aller Bemühung wird kaum jemand japanische Wesensart wirklich verstehen. Wir bewundern die ungeheure Disziplin, die technische Perfektion, Zuverlässigkeit und Sauberkeit; wir genießen die großzügige Gastfreundschaft, wir respektieren Fleiß und Rationalität – trotzdem stehen wir vor einer hermetischen Gesellschaft, die unserem Individualismus immer fremd bleiben wird. Das ausgeprägte Musikbedürfnis der Japaner hat sicher nicht nur mit westlichem Zivilisationsprestige zu tun, sondern füllt die seelische Leere aus, die die kollektive Existenzform hinterläßt. In der Rezeption der Musik wird behutsam japanischer Individualismus spürbar. Aber vielleicht ist auch das wieder einer der falschen Schlüssel, mit denen Europäer versuchen, die japanische Seele aufzuschließen...

4. November 1989 Japanische Beobachtungen

Abends um 5 Uhr geht durch ganz Tokio eine Melodie. Jede Firma beendet ihren Dienst mit einem Glockenspiel. Es klingt nach Mozart, aber vielleicht ist es ein japanisches Volkslied... oder es sind nur Töne anstelle der Sirenen...

Der technische Direktor hat in der Schnellbahn seine Aktentasche mit wertvollen Papieren liegengelassen. Der Bahnbeamte sagt ihm, er solle 50 Minuten warten, dann käme der gleiche Zug zurück. Er könne seine Tasche wiederfinden. Die Tasche liegt unberührt an der gleichen Stelle...

Morgens um 6.20 Uhr schiebt sich das Bett hin und her, die Lampe schwankt. Im 25. Stockwerk des Hotels. Eines der fünfzig Erdbeben, die in Tokio jährlich registriert werden. Gott sei Dank nur Stärke 3 bis 4. Durchschnittlich alle siebzig Jahre kommt es zu einer großen Katastrophe. Die letzte war 1923.

Japaner gehen zu ihrem Shinto-Schrein und hängen Holztäfelchen an eine Leine. Andere binden Papierfähnchen an Bäume. Sie haben den Geistern und Dämonen aufgeschrieben, was sie sich wünschen...

Im Hotelgarten vor dem Teich postiert sich wieder eine Hochzeitsgesellschaft zum Gruppenphoto, die Braut im Kimono. Alle Feste werden in den Hotels gefeiert, auch die Flitterwochen dort verlebt. 25 Prozent aller Tokioter leben auf weniger als 10 Quadratmeter Raum.

Auf einer Bahnstation drängen sich die Menschen um einen Stand. Sie degustieren besten französischen Rotwein, Beaune, Gevrey-Chambertin, Chambolle-Musigny... Und kaufen ihn. Viele französische Weingüter sind in japanischer Hand.

Die Kaufhäuser auf der Ginza bieten allen Luxus der Welt an, auch Chagall. Man hat eine Ausstellung mit vielen unbekannten Gemälden aus Rußland zusammengestellt. Die Menschen drängen sich vor den Bildern. Das Kaufhaus hat alles finanziert. Kultur fördert den Konsum...

Der Shinkansen, der Tokio mit Nagasaki verbindet, erreicht eine Spitzengeschwindigkeit von 250 km und verkehrt alle 5 Minuten. Die Wagen halten genau an den markierten Einstiegsstellen, die Türen öffnen sich, eine Stewardeß steigt aus und verbeugt sich tief vor aus- und einsteigenden Fahrgästen...

Bei klarem Wetter wird vom Hotelfenster aus der heilige Berg Japans, der Vulkan Fuji-San, sichtbar. Ein majestätischer weißer Kegel, Ziel von zwei Millionen Wallfahrern im Jahr. Vor zehn Jahren war Tokio noch eine Stadt des Smogs, der Berg kaum je zu sehen. Heute verkehren über 5 Millionen Autos, der Berg ist an etwa 140 Tagen im Jahr sichtbar.

Während die Wiener Staatsoper mit 15 Vorstellungen und mehreren Konzerten präsent ist, findet in einem Sportstadium eine Serie von »Carmen«-Aufführungen mit beachtlicher Besetzung statt. Und Placido Domingo gibt Galakonzerte zu schwindelerregenden Eintrittspreisen. Und Studenten spielen »Die Zauberflöte«, selbstverständlich in »doitsgo«...

Die Gesellschaft erfreut sich an einem »Wiener Opernball«. Die japanischen Honorationen üben sich im Walzer links herum und genießen Wiener Mehlspeisen.

Während dessen gehen die Wiener Intrigen weiter. Wiener bleiben Wiener, auch in Japan, der heimische Klatsch ist wichtiger als alles Neue. Es werden Wetten abgeschlossen, wie lange die neue Direktion zusammenbleibt. Man soll sich bereits gegenseitig anbrüllen. Wer wird wohl neuer Minister? Minister 4?

10. November 1989 Polnische Gäste

Historische Tage. Die Berliner Mauer wird geöffnet. Nach 28 Jahren der Isolation fluten die Berliner in den Westen. Ergreifende Szenen des Wiedersehens, der Freiheit. Das Volk der DDR verdient den Friedens-Nobelpreis. Es hat die politische Klimaveränderung in Moskau genutzt und ist auf die Straße gegangen, diszipliniert, schweigend; oder über Prag und Ungarn in den Westen emigriert. Die Bewegung ist unaufhaltsam, Rücktritte, Ablösungen, Selbstmorde. Es wird bald freie Wahlen geben. Das Volk der DDR muß über seine Zukunft entscheiden. Es gibt Probleme der Verständigung nach so vielen Jahren des Auseinanderlebens. Aber wird diese neue DDR mit ihren wirtschaftlichen Problemen fähig sein zu überleben?

In der Staatsoper gastiert das Teatr Wielki aus Warschau. Gespräche mit den polnischen Künstlern über die neue Situation. Sie erinnern daran, daß die Freiheitsbewegung bei ihnen begonnen hat, vor der Gorbatschow-Ära, in Danzig, mit Streiks und politischem Widerstand, gestützt durch die katholische Kirche. Die Wahl des polnischen Kardinals Karol Wojtyla zum Papst und seine Reisen nach Polen haben das Selbstbewußtsein gestärkt. Durch den Runden Tisch hat die Opposition sich profilieren können. Jetzt gibt es eine frei gewählte Regierung – aber ein wirtschaftliches Chaos. Nur wer Dollars hat, kann kaufen, was er will. Die polnischen Künstler sparen ihre Diäten, um einzukaufen und entbehrte Dinge nach Hause mitnehmen zu können. Sie sehen die Entwicklung in Deutschland mit gemischten Gefühlen. Sie fürchten den Revanchismus der Deutschen und mißtrauen der russischen Schwäche. Wann schlägt das Pendel in die andere Richtung?

Die Polen spielen »Fürst Igor« von Alexander Borodin, ein seit 1960 in Wien nicht mehr neu inszeniertes Werk. Für alle Hauptpartien haben sie russische Sänger eingesetzt, es fehlt dem Ensemble an markanten tiefen Stimmen. Chor und Orchester kommen trotz großer Besetzung nicht auf die Dynamik, die das Werk verlangt. Lediglich die Polowetzer Tänze zünden. Das Ballett ist choreographisch wirkungsvoll geführt und hat gute Solisten. Die Inszenierung von Laco Adamik findet nicht den Stil, der mehr sein könnte als naturalistische Arrangements. Gewiß ein undankbares Unterfangen, diese mittelalterlichen Volksszenen mit Abschiedsschmerz und Wiedersehensfreude zu einer Einheit zusammenzuschmelzen.

Die drei anderen Aufführungen des Gastspiels haben mehr Profil. Vor allem Karol Szymanowskis »König Roger« macht großen Eindruck; ein symbolistisches Werk, von Debussy und Strawinski beeinflußt, das seinen Stoff aus den »Bacchen« von Euripides entlehnt, literarisch in der Nähe von Stefan George oder Axel Munthe. Weißer Marmor vor Böcklingemälden. Rauschgold von Klangteppichen, gemischt mit byzantinischen Chorklängen und orientalischen Vokalisen. Die Hirtenfigur eines neuen Dionysos verunsichert die Normannen: Christengott oder neuheidnische Sinnenlust? Sie ergeben sich dem mystischen Zauber des neuen Propheten, der Gott und Hirt zugleich sein will. Das Werk hat keine heute uns betreffende Botschaft, fasziniert aber durch die Leuchtkraft seiner Partitur. Andrzej Majewski gibt der Oper eine neue symbolistische Optik, indem er sich von den vorgeschriebenen Schauplätzen löst.

Den größten Erfolg hat die Kammeroper »Manekiny« von Zbigniew Rudzinski. Auch hier zeigt sich der Hang zur Mystifikation. Ein Schneider (Kreator) erzeugt Geschöpfe seiner Phantasie; unvollkommen, krüppelhaft, können sie nicht leben. Sie bleiben Traumvorstellungen aus jüdischer Theologie, libidinösen Komplexen und unglücklichem Patriotismus. Die polnische Hütte wird zu einem schmuddeligen Marionettenparadies, ohne jede Realität. Der tragischen Figur des Dichters Bruno Schulz wird hier ein Denkmal gesetzt.

Mit dem »Gespensterschloß« von Stanislaw Moniuszko zeigen die Polen eine ihrer Nationalopern. Musikalisch eine liebenswürdige Spieloper, gewinnt das Werk Bedeutung durch seine Folklore. Die berühmte Mazurka läßt das Publikum jubeln.

Das künstlerische Ergebnis dieses Gesamtgastspiels ist, trotz einzelner Glanzlichter, enttäuschend. Orchester und Chor haben nicht das Volumen und die Attacke, um sich durchzusetzen, unter den Solisten sind nur wenige Stimmen von wirklicher Qualität. Und die Regie versteht es nicht – außer bei der Kammeroper –, die Figuren zu formen. Vieles läßt sich mit der erbärmlichen finanziellen Situation des Theaters erklären. Der wirtschaftliche Notzustand führt zu Zerstreuung und Disziplinlosigkeit, zur Abwanderung der begabten Kräfte. Daß trotz allem die Tradition der Oper in Warschau ambitioniert weitergeführt wird, ist das Verdienst des Direktors und Dirigenten Robert Satanowski, der sich für seinen Betrieb aufopfert.

Die Rückkehr des Ensembles nach Warschau ist ein Trauerspiel. In Bratislawa wartet man vergeblich auf die Chartermaschinen, die alle nach Warschau zurückbringen sollen. Da ihnen das Geld fehlt für Autobusse, wird schließlich ein Sonderzug organisiert, der nach zehnstündigem Warten durch die Nacht nach Warschau bummelt.

15. November 1989 Wendehälse?

Privilegierte DDR-Künstler wie Ruth Berghaus, Theo Adam, Peter Schreier wirken recht kleinlaut. Sie begrüßen zwar die Wende, aber irgendwann kommt die Abrechnung. Man wird ihnen ihre Privilegien vorhalten, ihre Auszeichnungen und Titel. Sie waren Nutznießer eines Systems, das Eigentum und Freiheit nur denen erlaubte, die sich zu den Prinzipien des Staates bekannten. Werden sie »Wendehälse« oder weiter den Sozialismus verteidigen, dem sie soviel verdanken? Wie bekämpft man Ressentiments? Wird die Freiheit in Nostalgie umschlagen?

Der große Ausverkauf steht bevor, die Staatswirtschaft ist bankrott. Die »Wiedervereinigung« wird nicht lange auf sich warten lassen – und niemand ist darauf vorbereitet. Als Feiertagsphrase war das Wort vollmundig zu verwenden, als Realität wird es zur bitteren Pille. Die Österreicher werden bald den dritten deutschen Staat vermissen.

26. November 1989 »Die Blinden«

Nun gibt es doch wieder Studiotheater, trotz aller Spareuphorie. Das Odeon, das Erwin Piplits für sein Serapionstheater in kollektiver Arbeit ausgebaut hat, ist ein idealer Raum. Hier kann die Uraufführung der Oper »Die Blinden« von Beat Furrer im Rahmen von »Wien modern« stattfinden.

Im März kam der Komponist bescheiden vorbei und erzählte von seinem Thema. Das symbolistische Schauspiel »Die Blinden« von Maurice Maeterlinck schien ihm für musikalische Ausdrucksformen geeignet. Blindsein als symbolische Lebensbefindlichkeit: Warten, Tasten, Suchen, Vermuten, Hoffen. Nicht nur weil Blinde ein feineres, möglicherweise verfremdetes Wahrnehmungsvermögen haben, können die Situationen des Stückes musikalisch transparent gemacht werden – es geht Furrer um die an Beckett erinnernde existentielle Substanz des Stoffes. Das Stück suggeriert musikalische Assoziationen: Stille, Atem, Wind, Meer. Aber Furrer war der Text nicht genug; er läßt von einem Chor griechische Sätze von Platon (aus dem Höhlengleichnis) singen; Solisten tragen Texte von Hölderlin und Rimbaud vor. »Rings um die Erde tönts... und was ist es über den Wolken?« Am Schluß zitiert er Rimbaud: »Décidément, nous sommes hors du monde.« Viel Bedeutung wird hier in Klang verwandelt. Schlagwerk mit Tamtam, Xylophon, Bläserstöße, Geigengeraschel und absteigende Cluster-Reihen. Es entsteht eine merkwürdig meditative Stimmung. Man gerät in den Bann dieser raffinierten Instrumentation, die vom Orchester unter der Leitung des Komponisten sensibel umgesetzt wird. Die Regie-Partnerschaft mit Reto Nickler hat sich als fruchtbar erwiesen. Er hat geschickt gruppiert und Psychogramme gezeichnet. Die Lichtkunst von Alfons Schilling gibt dem Stoff eine faszinierende Optik. Die Mitglieder des Opernstudios bewähren sich im Einsatz für Neue Musik. Ein wichtiger Abend, wichtiger als so manches Repertoiregesinge. Der Komponist verdient Beachtung, er hat seine Begabung für das musikalische Theater nachdrücklich unter Beweis gestellt.

9. Dezember 1989 Politische Solidarität

Die Ereignisse in Prag haben alle in Atem gehalten. Studenten haben die Bewegung in Gang gebracht, die Polizei wurde aktiv, es gab Verletzte, vielleicht sogar Tote. Aber damit waren die Demonstrationen nicht zu Ende, im Gegenteil, allgemeine Solidarisierung trat ein. Schauspieler haben die Theater für politische Versammlungen geöffnet. Die Bühne wurde zum politischen Tribunal. Václav Havel, der Bühnenautor, wurde zum Sprecher des Volkes. Auf dem Wenzelsplatz machen sie mit ihren Hausschlüsseln Freiheitsmusik. Alexander Dubček, der Vater des Prager Frühlings, taucht wieder auf. Auch die Arbeiter schließen sich den Protesten an, wortkarg, lustlos, organisiert. Die Partei scheint zunächst immer noch stark zu sein, aber sie setzt nicht das Militär ein.

Nach wenigen Tagen hat sich die sanfte Revolution durchgesetzt. Die ČSSR baut den Eisernen Vorhang ab, jeder Tscheche kann ausreisen – ohne Visum. Doch zunächst bleibt der Ansturm aus. Sie halten die neue Freiheit für eine politische Falle. Aber am nächsten Wochenende ist Wien voll, mit Bussen sind sie gekommen, mit ihren kleinen Skodas, sehr diszipliniert, wie zu einem großen Betriebsausflug. Immer in Gruppen; in dicke einheitliche Steppjacken gehüllt, die Köpfe in heruntergeklappten Pelzkappen versteckt. Aber stolz tragen sie ihr Nationalabzeichen, die tschechischen Farben oder ein Photo von Václav Havel. Begegnungen finden nicht statt, niemand sucht das Gespräch. Die Stadt ist für sie reserviert, weil die Wiener das große Verkehrschaos befürchteten und zu Hause blieben. Alles ist perfekt organisiert, Parkplätze, Merkblätter, warme Getränke. Der erste Besuch im kapitalistischen Wunderland ist frei von Emotionen.

Die Staatsoper öffnet den ČSSR-Bürgern, die kein österreichisches Geld haben, ihre Pforten. Die übriggebliebenen Karten werden kostenlos abgegeben. Die Verwaltung hat Bedenken. Aber sind wir nicht zur Solidarität aufgerufen? Die tschechischen Besucher machen von dem Angebot Gebrauch.

Aber sie werden nicht nur willkommen geheißen. Einige Abonnenten beschweren sich schriftlich über die »Tschuschen«, die nicht operngemäß gekleidet sind. Und dann heißt es: »Sie haben uns 1945 brutal hinausgeworfen aus unserer Heimat, jetzt machen wir sie zu Helden und laden sie ein...« Oder: »Unser Staatsoper ist zu schade für diese Kommunisten, sie sollen zu Hause in die Oper gehen. Man sollte die Karten an mittellose Wiener verschenken...« Ressentiments lauern auf die erstbeste Gelegenheit, sich Luft zu machen. Dabei sind viele Wiener Verwandte der zweiten oder dritten Generation.

15. Dezember 1989 Così fan tutti

Eigentlich müßte das Stück »Così fan tutti« heißen, meint Johannes Schaaf, der Regisseur dieser Neuinszenierung. Auch die Männer sind stets zu Liebeshändeln bereit und ändern ihre Meinung von einem Augenblick auf den andern. Im Zeitalter der Frauenemanzipation kann man die Rokokomoral nicht länger hinnehmen. Das Spiel des Liebestausches ist mehr als ein Flirt; am Ende tragen sie alle – trotz C-Dur-Finale – einen Schock davon, alle sind Verlierer. Nach Freud und Schnitzler, nach Richard Strauss und Gustav Mahler ist das Stück wieder interessant geworden, man hat die moralisierenden Bearbeitungen von der Bühne verbannt, das Original neu entdeckt. »Così fan tutte« hat die gleiche Gattungsbezeichnung wie »Don Giovanni«: Dramma giocoso. Auch »Don Giovanni« ist eine »scuola degli amanti«, wenn auch mit höllischen Strafen. In »Così fan tutte« fängt am Ende der Ernst des Lebens an, und niemand weiß, wer wirklich zu wem gehört...

Jean-Pierre Ponnelle hatte noch seinen Spaß an diesem 18. Jahrhundert; er nahm als Skeptiker quasi die Position des Don Alfonso ein. Er liebte die Übertreibung in Kostüm und Geste, hatte seine Freude an diesen Boudoir-Spielen, an den Verkleidungen der Despina und den albanischen Masken der Liebhaber. Es war wie in einer Komödie von Marivaux mit herrlicher Musik. Als er fünfzehn Jahre später in Zürich das Stück wieder inszenierte, war es nicht mehr das gleiche Stück. Auch er suchte den psychischen Ernst der Figuren und reduzierte den Realismus der Bilder.

Johannes Schaaf mit Hans Schavernoch als Bühnenbildner und Lore Haas als Kostümbildnerin verzichten auf die Illusion Neapels, die ein Mauro Pagano in Salzburg (für die Inszenierung von Michael Hampe) so hübsch zu malen wußte. Ein puritanisches Bild, eine Spielkiste. Sie verändert sich durch Fenster und orientalische Vorhänge, Auftritte erfolgen von unten; der Boden entspricht einer leicht gewellten Landschaft und schiebt sich ins Orchester vor. Die Damen wirken wie Schmetterlinge aus Plissé, Despina wie ein Clown, Don Alfonso, der zynische Philosoph, als Zauberkünstler mit Stock und Zylinder. Er zaubert wirklich, verwandelt den Raum und macht am Ende aus schwärmerischen Idealisten desillusionierte Eheleute. Die Mechanik der Maskerade wird deutlich gezeigt, alle Aufmerksamkeit gilt den psychischen Versuchsobjekten, die ihr Unbewußtes aufdekken und den Schock der Wahrheit erleben müssen.

Eine junge Besetzung voller Lust am Experiment; ideale Stimmen für diesen italienischen Mozart, der Sprache und Gesang verschmilzt. Eva Johannson, eine Fiordiligi, die mit leichtem und höhensicherem Sopran alle Schwierigkeiten der Partie meistert; Delores Ziegler, die realistischere und verführbarere der beiden, ebenso spielbegabt wie musikalisch; Alan Titus und Deon van der Walt als die beiden düpierten Verführer; Julia Hamari, eine Despina aus dem Volke, kein Kammerkätzchen, sondern eine Frau, die weiß, was in der Welt vorgeht; und Rolando Panerai als brillanter Causeur Don Alfonso.

Dies ist die Wiener Nagelprobe für Nikolaus Harnoncourt; wenn das musikalische Ergebnis für ihn unbefriedigend ist, wird er sofort die Konsequenzen ziehen. Aber alles geht gut, das Orchester nimmt seine Ideen und Tempi an. Er beginnt sehr resolut, um dann in den Arien die Seelenstimmungen auszumalen. Kein Ton, der nicht erlebt ist, keine besondere Phrasierung ohne erkennbare Begründung. Nikolaus Harnoncourt hat alle auf seiner Seite. Die Meinungsmacher jedoch haben die Aufführung längst verworfen, sie ist zu lang, zu wenig amüsant, zu wenig optisch verführerisch.

16. Dezember 1989 Berliner Antrittskonzert

Claudio Abbado gibt sein erstes Konzert als Chef der Berliner Philharmoniker. Mit Mahlers Erster Symphonie hat er sich alle Türen geöffnet. Diese Musik ist zu einem Teil seiner Natur geworden. Vor hundert Jahren in Budapest uraufgeführt, hat das Werk jetzt wirkliche Popularität erreicht. Jeder musikalische Gedanke ist identifizierbar: das Erwachen der Natur, die Jahrmarkts- und Ländlerseligkeit, schließlich der Ausbruch des Krieges, Terroristenschüsse, das große dramatische Finale mit seiner illusorischen Verklärung. Aktualität schimmert durch.

Berlin ist keine Insel mehr. Auf der Westseite sind »Mauerspechte« dabei, mit Hammer und Meißel davon so viel abzuschlagen, wie sie vermögen – um die Brocken zu verkaufen. Volkspolizisten beobachten dieses »subversive Verhalten« und lächeln. Der Öffnungsrausch ist schnell verflogen, man hat sich bereits an die Besucherströme gewöhnt und macht kleine Geschäfte. Ein Taxifahrer schimpft: »Wären sie doch wieder drüben ...« Und drüben beginnt der Volkszorn sich gegen die Stasizentralen zu richten ... Sie wollen Kasernen stürmen ... Und was geschieht mit den Spitzeln, den Grenzwächtern, den Bürokraten des Systems? Niemand weiß, wohin das Land rückt ... »aber drückt nicht«, warnt Christa Wolf. Und Heiner Müller lamentiert: »Welches Grab schützt mich vor meiner Jugend?«

18. Dezember 1989 Zuviel Oper

Aussöhnung mit Giuseppe Sinopoli. Er dirigiert statt der abgesagten »Forza del destino« eine Serie von »Aida«-Vorstellungen.

Er hat ein eigenes Wort für die Leute, die immer auf der Seite der Gewinner sein wollen: »Sopravissutore«. Nichts unternehmen, was das Image gefährden könne: des Reinen, des Künstlers, der mit schmutzigen Dingen wie Geld nichts zu tun habe...

Er habe ein TV-Interview gegeben gegen die Repertoireoper. Es wird nach seiner Meinung zuviel Oper gespielt, die Sängerkapazität reiche nicht aus. Auf allen Gebieten trete Nivellierung ein. Man erfüllt gerade noch sein Tagesprogramm, man komme nicht dazu weiterzudenken...

Er will noch zehn Jahre dirigieren, dann aufhören, schreiben, leben. Er sammelt antike Vasen, ist Archäologe aus Passion und Semantiker. Er kennt die alten Symbole, vertraut ihrer Kraft, die verlorenging, als daraus Ornamente wurden. Er kennt den kosmologischen Bezug dieser Zeichen. Er spekuliert auf Alchemie, Gnosis, die tiefenpsychologischen Entsprechungen.

Er verachtet die Nur-Musiker, die nicht wissen, was Noten bedeuten... Er hat den Tod in seiner Nähe erfahren. Der Tod ist das absolute Ziel des Lebens. Er wächst in uns unaufhaltsam. Plötzlich bricht er aus. Man muß sich, wie Mozart schreibt, mit ihm anfreunden, ihn akzeptieren. Nur so wird jeder Tag einmalig...

Das christliche Kreuz ist altes Symbol der Mitte, durch den Kruzifixus ist es aggressiv geworden. Der buddhistische Kreis, in dem alles zur Mitte fließt, bringt Ruhe und Harmonie. Es kommt auf wirkliche Einfachheit an. Beten lernen.

Diese Erkenntnisse stehen in merkwürdigem Widerspruch zu seinen rhetorischen Auslassungen über andere. Sein Witz formuliert zu gerne. Und nimmt dabei wenig Rücksichten...

20. Dezember 1989 Der »Österreicher« Mozart

In Paris große Präsentation des Europäischen Mozartjahres. Minister Lang und seine Sekretäre empfangen im Palais Royal die europäischen Mozartexperten, die sich zusammengeschlossen haben, um unter dem Titel »Mozarts europäische Reise« ihre Programme zu koordinieren. Mozart, »musicien européen«, das ist eine faszinierende Idee, um die kulturelle Einheit des 18. Jahrhunderts zu demonstrieren, eine Einheit, die von der romantischen Nationalbewegung des 19. Jahrhunderts zerstört wurde. Also Mozart als Symbol der Toleranz und Verständigung.

Wien hat diesen Bemühungen eine Absage erteilt. Man geht eigene Wege und hat sich für den Slogan entschieden »Mozart, ein Österreichen für die Welt«. Damit isoliert sich die Stadt Wien, schließt sich aus der Städtegemeinschaft von Salzburg bis Prag, von Paris bis Mailand, von London bis Utrecht, von Mannheim bis München geographisch und ideell aus. Man beharrt engstirnig und eifersüchtig auf eigenen Unternehmungen. Die Staatsoper folgt nicht dem Kurs der Stadt, sondern geht voll auf die europäische Herausforderung ein.

Weshalb dieser peinliche Zank um Mozart? Mozart war von der Geburt her Bürger des Erzbistums Salzburg, das nicht zu den österreichischen Erblanden gehörte. Er fühlte sich als Deutscher, was er gelegentlich betonte, im Sinne des Heiligen Römischen Reiches Deutscher Nation, dessen Kaiser in Wien residierte. Aber er hat mehr Jahre als in Wien auf Reisen in Europa zugebracht, sei es als musizierendes Wunderkind, sei es als Bewerber um irgendeine europäische Hofkapellmeisterstelle. Und sein dramatisches Œuvre komponierte er, bis auf »Zaide«, »Entführung« und »Zauberflöte«, auf italienische Texte. Er sprach fließend Italienisch, Französisch, Englisch und nahm alle geistigen Einflüsse seiner Epoche auf. Ein Weltkind der Aufklärungsepoche. »Von Kindheit an bin ich gewohnt, Leute und Orte zu verlassen...«, sagte er von sich. Und als er Wien als »idealen Ort für meine Pläne« wählte, mußte er schon bald feststellen, daß die Prager ihn besser verstanden. Und fast noch wäre er wie Haydn nach London emigriert. Es besteht wirklich kein Grund, ihn als Österreicher oder Wiener zu reklamieren. Man sollte sich darüber freuen, ihn mit Europa teilen zu können.

Weshalb also dieser Alleingang?

23. Dezember 1989 Weihnachtliche Vorstellungsänderung

Sinopoli ist offensichtlich ein Magnet für Absagen. Früher Jessye Norman, jetzt Gabriela Beňačková-Čáp. In der ganzen Welt wird eine Aida gesucht. 25 Sängerinnen werden ausgeforscht, teils sind sie beschäftigt, teils ebenfalls krank. Endlich gibt es die Hoffnung, daß Aprile Millo von der Met freigegeben wird. Die Agentur sagt zu, dann sagt die Künstlerin ab wegen Gesundheitsproblemen. Sie will in Wien nur in bester Kondition singen ... Die Suche beginnt von vorne, keine allerersten Namen sind verfügbar, nur bewährte Einspringerinnen.

Das macht natürlich Sinopoli nicht mit. »Dann ändert eben die Vorstellung... Ihr habt ja ein großes Repertoire..«, meint er zynisch.

Für die zweite Vorstellung der Serie ist Leona Mitchell verfügbar. Sie kommt aber erst am Vortag abends aus Amerika an und kann nicht probieren.

Sinopoli hat kein Verständnis für die Probleme. Sein Prestige steht höher als seine Solidarität zur Oper. Er würde jetzt wortreich erklären, daß er bei einer schlechten Sängerin physisch leide, daß er einfach nicht improvisieren könne ... Auch mit Leona Mitchell müsse er probieren, und sei es am Weihnachtsabend um Mitternacht.

Die Künstlerin sagt die Probe am späten Weihnachtsabend zu. Doch der Betriebsrat hat kein Verständnis. Er verweigert jedem Mitglied der Oper, an Weihnachten zu probieren. Das sei kein Notfall, es gebe ja auch Sänger, die früher verfügbar seien. Die Ansprüche des Dirigenten gehen ihn nichts an.

Ergebnis: Die erste »Aida«-Vorstellung wird in »Rosenkavalier« abgeändert, die zweite Vorstellung singt Leona Mitchell mit Probe am Weihnachtsabend – gegen den Willen des Betriebsrates. Es gibt ein paar Freiwillige ...

Eine solche Affäre ist ein gefundenes Fressen für die Wiener Presse. »Die Staatsoper schlittert in die Krise, weil Ende Dezember eine Sopranistin krank wurde ...« Ein neutraler Beobachter aber meint: »Hysterischer, kriegslüsterner und bösartiger kann's eigentlich kaum mehr zugehen. Als nächste Steigerungsform müßte die direkte leibliche Attacke folgen ... Wer braucht noch Gelingen oder Mißlingen von Premieren abzuwarten? Mit weit größerer Treffsicherheit als bei der Wettervorhersage ist vorausbestimmbar, wer wen oder was bejubelt oder verdammt ...«

3. Januar 1990 Das Sängergeschäft

Die Saga des Agenten als Vizedirektor scheint noch nicht zu Ende zu sein. »Vom Ludergeruch des Opernfilzes« betitelt Sigrid Löffler, die gefürchtete Kolumnistin des »profil«, ihre neue Sensationsstory. Die Fakten: Der Agent hat seine Agentur – gewiß nicht ohne ministerielle

Protektion – an den österreichischen Gewerkschaftsbund verkauft, für 17 Millionen Schilling in Jahresraten, doch die Agentur läuft zur Zeit weiter unter seinem Namen, der 18jährige Sohn ist eingestellt und arbeitet unter dem Protektorat des Vaters...

Der Agent ist verbandelt mit einem ägyptischen Reisebüroagenten, dessen Opernengagement in Versailles zu einem Finanzdebakel wurde. Prozesse sind anhängig... Sigrid Löffler meint: »Es ist noch nicht zu spät, ihn zu entlassen.« Sie bezeichnet ihn als »wendigen Rumänen mit dem Machtinstinkt für vorteilhafte Tennispartner...«

Eine solch grelle Kampfansage wird ein juristisches Nachspiel haben. Ein erfolgreicher Agent kann sich solche »Geschäftsschädigung« nicht bieten lassen. Aber auch er wird als Staatsangestellter oder »Beamter« mit einer Privatklage kein Glück haben, man wird ihn auf die »Finanzprokuratur« verweisen... Oder gelten für ihn andere Rechtsauslegungen? Der Verkauf der Agentur an die Gewerkschaft ist eine zweischneidige Sache. Entweder hat die Gewerkschaft Profit von der direktorialen Verbindung – das wird die Direktion zu verhindern suchen –, oder sie wird bald in die roten Zahlen geraten und dem Vizedirektor die Ratenzahlung schuldig bleiben. Die Seife Protektionismus taugt nicht zum Händewaschen.

Doch was kann man einem Agenten schon vorwerfen? Er hat seine Sängerkarriere mit dem Sängergeschäft vertauscht und sich dabei international placiert. Natürlich muß er etwas von Stimmen verstehen, muß entscheiden, wen er finanziell profitabel anbieten kann. Und dazu braucht er die richtigen Beziehungen zu den Direktionen und Besetzungsbüros der Opernhäuser. Die Sänger zahlen Provisionen und kaufen dafür ihre Abende auf der Bühne. Wer Erfolg hat, wird wieder eingeladen und zahlt an den Agenten. Und wenn er keinen Erfolg hat, ist meist der Agent schuld; er muß kompensieren und relativieren. Ein undankbares Geschäft in der Grauzone von Talent und Beziehung. Dafür muß man geboren sein, buckeln und treten, schmeicheln und drohen können, je nach Gunst und Gewinn.

Und letztlich unbefriedigend. Natürlich weiß der Agent immer alles besser, die dummen Opernleute hören nicht auf seinen Rat. Wenn er doch endlich selbst einmal tun und lassen könnte, was er für richtig hält. Wer will ihm verübeln, daß er sich seine Eintrittskarte in das Opernspiel besorgt und selber den Croupier spielt; er kennt ja die Spielregeln...

Und nur zu natürlich, daß es im Übergang von außen nach innen gewisse Verwechslungen und Vermischungen geben wird. Er kann doch nicht seine früheren Sängerkunden verleugnen und nur die der Konkurrenz engagieren. Die eigenen Sänger waren ja sicher die besseren. Aber was werden die Agentenkollegen dazu sagen, daß einer der Ihrigen nun das Geschäft bestimmt? Werden sie unter seine Decke kriechen oder Opposition machen? Wird man sich arrangieren im Provisionsgeschäft? Das hat es bisher noch nicht gegeben am Sängermarkt. Aber es wird Schule machen. Agenten werden in die Direktionen einziehen, aus der Beratung wird das Diktat. Ist diese Entwicklung noch zu verhindern? Die Emanzipation der Geschäfte nimmt ihren Lauf.

Die nach Sigrid Löffler »entwaffnend ahnungslose« Ministerin hat sich für zwei Sängerfachleute entschieden. Der eine träumt von der heilen Sängerwelt, der andere weiß, wie man diese Träume heute realisiert und schafft an. Billiger muß besser sein. Am Ende der Auditionen gibt es ein Riesenensemble, alle Fächer mehrfach besetzt. Viele werden herumsitzen, auf ihre Abende vergeblich warten, weil am Ende doch die renommierten Gäste singen. Und der Rechnungshof wird vorrechnen, was die Nichtsänger kosten... Das wird das Ende der »Tiefpreis-Okkasion« sein.

14. Januar 1990 Blasphemische Spiele

Ein Theaterdirektor sollte niemals »niemals« sagen. Die Zeit widerlegt seine Meinungen und macht ihn unglaubwürdig. Ken Russels »Faust«-Deutung hat mir während der Premiere ein Wechselbad von Protest und Peinlichkeit bereitet, das wollte ich mir und dem Publikum »niemals« mehr antun. Doch was gibt der Pragmatiker auf solche vorgefaßten Meinungen...

Wenn man mit Francisco Araiza, Joanna Borowska und Samuel Ramey eine exzellente Besetzung hat und einen französischen Opernzyklus vorbereitet, kann man auf dieses populärste Werk des Théâtre lyrique nicht verzichten. Zu dem süßen Kitsch der Musik von Charles Gounod nun noch der saure Kitsch der Regie von Ken Russel, die einfach geschmacklos und falsch ist. Der englische Filmer hat sich erlaubt, dem Werk ein neues Drehbuch zu unterlegen. Faust wird zu einem Doktor der Anatomie, der ständig neue Leichen für seine absurden medizinischen Übungen, das Leben zu verlängern, braucht. Er verzweifelt und verschreibt sich dem Teufel. Das Abenteuer mit Marguerite vermag das Rätsel der Unsterblichkeit nicht zu lösen. Am Ende sitzt er als alter Mann wieder in seinem Laboratorium und wartet auf eine neue Leiche. Alles war nur ein Traum. Das klingt wie eine Parodie und ist doch die neueste Transskription eines Mythos, die kaum noch etwas mit Goethe, aber auch nur wenig mit den französischen Librettisten des Werkes zu tun hat.

Gounods Musik erträgt auch das. Wen interessiert schon, was da alles gestrichen, gekürzt und umgestellt wurde; Hauptsache sind die berühmten Nummern der drei Protagonisten. Sie begründen den Welterfolg des Werkes. Dieser »Faust«, der wirklich besser »Marguerite« heißen sollte, ist weder ein musikalisches Charakterstück noch ein Werk philosophischer Probleme, sondern ausschließlich ein Sittenbild des bürgerlichen 19. Jahrhunderts und sollte deshalb auch so kostümiert werden. Das haben Regisseure wie Václav Kašlik, Luca Ronconi und Jorge Lavelli in ihren berühmten Inszenierungen mit großem Erfolg demonstriert. Ihnen folgt Ken Russel, wenn er auch immer wieder durch Revueeffekte die Realität in Frage stellt. Warum wird dieses Gretchen als Nonne verkleidet? Ken Russel sucht nach Zündstoff und findet ihn in der religiösen Blasphemie. Die Inkonsequenz dieses Mephistopheles, der vor gekreuzten Degen flieht, aber in der Kathedrale es mit Orgelklang und Liturgie aufnimmt, wird noch krauser, wenn man ihn zum Zauberkünstler degradiert. Samuel Ramey weiß von diesen Gags zu profitieren und macht seine drei Nummern, das »Ronde du veau d'or«, die Serenade »Vous qui faites l'endormie« und das Couplet »Minuit, minuit« zu Höhepunkten dieser Aufführung. Auch Marguerites Lied vom König von Thule und die brillanten Koloraturen ihrer Schmuckarie finden heftigen Applaus; der »Faust« von Francisco Araiza meistert die Höhen der Partie mühelos und fasziniert durch seine Verwandlungskunst. Am Pult steht Serge Baudo, ein Kenner des französischen Melos. Er dirigiert feinsinnig, lyrisch, delikat. Trotz allem Aufwand leider kein volles Haus. Ist das Publikum klüger als der Direktor und meidet eine verfehlte Inszenierung?

16. Januar 1990 Das neue Prag

Kurzbesuch in Prag. Schon am Flughafen Bilder von Havel, dem Dichterpräsidenten. Im Fernsehen wird eine Diskussion übertragen, die Passanten bleiben stehen und hören dem mutigen, klugen und redegewandten Präsidenten zu. An den Taxis, an Hauswänden, im Hotel, im Nationaltheater Bilder von Václav Havel; man ist stolz auf ihn, er wird für den Nobelpreis vorgeschlagen. Die Reaktionen der Welt sind wichtig für die Tschechen, sie hatten nur zwanzig Jahre Erfahrung in Demokratie. Erinnerungen an 1968 werden wach. Am Wenzelsplatz ein großes Rondell aus Kerzenwachs und verwelkten Blumen. Der Student Jan Palach, der sich damals vor russisschen Panzern selbst verbrannt hat, ist zum Märtyrer geworden; die Jugend hat ihn heiliggesprochen.

Im Nationaltheater liegt auf der Brüstung der Loge vor uns ein Blumenbukett mit tschechischer Schleife. Ein rührendes Zeichen der Dankbarkeit für die seit 1962 aufrechterhaltenen Kontakte und Auslandsgastspiele dieses in der Musikgeschichte so berühmten Theaters. Wir nehmen die Blumen und legen sie am Wenzelsplatz zu Ehren der Opfer nieder.

Die neue Direktion besteht aus Senioren: Ivo Zidek, der bekannte Mozart-Tenor, und Dalibor Jedlicka, der Père noble des Ensembles. Sie sind zu diesen Ämtern gekommen, weil sie bei einer Betriebsversammlung gegen die Anordnungen der früheren kommunistischen Direktion protestiert haben. Jetzt stehen sie vor gewaltigen Problemen: Es gibt kein Geld, keine künstlerischen Perspektiven. Das Theater erstickt in Routine, in gefälligem Dahinplätschern. Die Vorstellungen wirken unprobiert, jeder spielt sich selbst. Es fehlt an jungen Regisseuren, neuen Szenographen, an Dirigenten aus dem Ausland. Das tschechische Nationaltheater muß seine Tradition erst wieder selbst entdecken, bevor es im Ausland repräsentieren kann.

Sofort wird über Politik gesprochen. Václav Havel hat die Deutschen um Entschuldigung gebeten für alles Unrecht, was ihnen 1945 widerfahren ist. Das stößt auf Opposition. Die Aussiedlung der Deutschen sei im Potsdamer Abkommen vereinbart worden, sei der Wille der Siegermächte gewesen. Als Entschädigung für mehr als 60 000 Opfer des Naziterrors. Die Deutschen hätten die Methode der Aussiedlung innerhalb von 24 Stunden zuerst angewendet, 1938...

Aussöhnung der Völker ist das Gebot der Stunde, nicht Aufrechnung von Schuld nach fast fünfzig Jahren. Aber es bleiben Mißtrauen und Angst. Die ČSSR ist Nachbar der wirtschaftlich mächtigen Bundesrepublik, von Polen ist keine Hilfe zu erwarten. In dieser Situation wird Österreich zum Vorbild, aber Wien schweigt. Es fehlt die Initiative zu einer Donauföderation, sei es aus historischem

Komplex, sei es aus wirtschaftlicher Orientierung zum Westen. Was würde ein Kreisky aus einer solchen Situation machen?

17. Januar 1990 Idolatrie

600 Menschen stehen stundenlang, um Zählkarten zu erlangen für die Vorstellungen mit Domingo und Carreras. Es kommt zu Raufereien, die Polizei muß gerufen werden. Einige ältere Wartende fallen in Ohnmacht, andere erleiden Quetschungen, Sanitäter leisten erste Hilfe. Noch ist kein anderes System des Kartenverkaufs für diese Vorstellungen gefunden worden. Die Nachfrage nach Karten ist trotz der hohen Preise zehnmal höher als die Zahl der verfügbaren Plätze. Der Schwarzmarkt blüht.

Ist es die Magie der Stimmen? Oder nur die Faszination der Namen, eine Erwartung, die vielleicht gar nichts mit Kunst zu tun hat? Das Phänomen der Idolatrie schillert in vielen Farben.

Da zwei Drittel aller Opernbesucher Frauen sind, haben die männlichen Objekte der Bewunderung die größeren Chancen. Ganz gewiß hat die vokale Identifikation etwas mit Eros zu tun, mit Traumerfüllung, mit Emanzipation des Gefühls, mit Sinnenlust. Kunstgesang als Vollendung animalischer Potenzsignale, als Lockruf und Brunstschrei... Die Oper als Paradiesgarten der Natur; Stimmen, die so verführerisch sind wie der Federschmuck des Pfaus, die Farbenpracht der Orchidee, die bunte Zeichnung tropischer Fische. Der Mensch hat seine Vokalität kulturell veredelt, doch die hormonale Versuchung bleibt.

Wer regelt das Kräftespiel der kulturellen Erwartungen und Moden? Daß Tenöre zum Inbild vokaler Begehrlichkeit geworden sind, ist kaum älter als 150 Jahre; das 19. Jahrhundert hat eher der Primadonna den Vorzug gegeben. Und in den beiden ersten Jahrhunderten der Opernkunst bot der Kastrat höchstes sinnliches Vergnügen. Welchen Stimmtypus wird das 21. Jahrhundert erfinden? Maria Callas und auf andere Art auch Birgit Nilsson waren die letzten Primadonnen, die sich als Kassenmagneten auszeichneten. Wo sind die Tenöre, die die Tradition von Caruso, Gigli, Tauber, Kiepura fortsetzen, wenn einmal die großen Drei abtreten? Regelt die Nachfrage auch in der Oper das Angebot? Oder sind Indikatoren zu berücksichtigen, die wir nicht kennen? Werden wir unser Repertoire ändern müssen oder unsere Ansprüche? Oder gar die großen Partien transponieren müssen, weil die Orchester ihre Stimmung immer höher hinauftreiben?

Opernkunst hat etwas Chamäleonhaftes, sie paßt sich sowohl den natürlichen Gegebenheiten, den Erwartungen an – aber sie weiß auch durch kreative Impulse die Bedürfnisse der Öffentlichkeit zu verändern. Gesangskunst wird variieren, mutieren, temperieren, ihre Technik und ihre Ästhetik werden immer neue Ausdrucksformen finden – die Vox humana ist Gattungsmerkmal des Homo sapiens. Wenn die Menschheit aufhört zu singen, gibt sie sich auf.

19. Januar 1990 Mit technischer Hilfe

Placido Domingo singt gerne den »Lohengrin«, die italienischste Partie Wagners, aber er kann den Text nicht lernen. Besonders wenn »Lohengrin«-Vorstellungen mitten in seinem italienischen Repertoire liegen, wird ihm die deutsche Sprache zum Problem. Souffleure allein, so gut sie sein mögen – und die Wiener Staatsoper verfügt über hervorragende, polyglotte und musikalische Maestri suggeritori – können ihm nicht helfen, er braucht eine sichtbare Textstütze. Dafür weiß die moderne Technik Rat. Was dem amerikanischen Präsidenten bei seinen Reden, jedem Nachrichtensprecher des Fernsehens recht ist, sollte dem König der Tenöre billig sein. Und so wird – wohl zum erstenmal in der Operngeschichte – ein Teleprompter ausprobiert. Parallel zur Rampe läuft auf beiden Seiten des Souffleurkastens in leuchtender Farbe ein Sprachband ab, das Richard Wagners Text dem spanischen Sänger des Lohengrin suggeriert. Das Problem ist nur, daß er meist nicht allein auf der Bühne steht und seine Kollegen unfreiwillig seinen Text mitlesen und dadurch natürlich erheblich in ihrer Konzentration gestört werden. Der Aufstand ist vorhersehbar, sie stürmen die Direktion. Aber wer wollte dem Charme von Placido Domingo widerstehen? Das Publikum merkt von der Apparatur fast nichts; die Presse hat ein neues Reizwort, aber auch sie übt bei einem Domingo schnell Pardon.

23. Januar 1990 Der deutsche Traum

Warum dieser »Lohengrin« eigentlich Wagners Wiener Stück ist, wird bei dem Premierenerfolg deutlich. In Wien hat er seinen »Lohengrin« 1861 erstmals hören können – und die Wiener wollten ihm in überschäumender Begeisterung huldigen. Wagner hat sich diesen Ovationen entzogen, sich hinter dem »zarten Schleier, der es (das Werk) dem eigenen Bewußtsein verhüllt«, verborgen. Solche Mystifikation konnte in Wien den Enthusiasmus nur steigern. Oper in Wien ist Traum, Wunder. Und »Lohengrin« hat scheinbar alles, was das Publikum die Augen schließen läßt.

»Lohengrin«, dieser deutsche Traum vom Ritter, Helden, Kavalier aus fernem Lande, dem schönen, unnahbaren Manne, darf geträumt werden mit Geigennebeln und Fanfarenpathos. Geheimniskrämerei verbindet sich mit teutschem Pomp, Hochzeitszeremoniell und Schwertergeklirr. Die erhabene Keuschheit des Schwanenritters mit seiner edlen Vaterbindung, seinem Treueideal und seinem Engelshabitus, ist für das Publikum tabu. Deshalb konnte man auch einen Hitler als »Lohengrin«-Ritter und Retter deutscher Ehre malen, um ihm ein mystische Identifikation zu verleihen.

Dieses altdeutsche Fresko mit Gottesgericht, Münstergang und Gralserzählung wäre unerträglich, wenn es diese wunderbare Frauengestalt Elsa nicht gäbe. Mit ihr steht und fällt jede Inszenierung. Nur aus der Analyse ihrer Psyche kann die Handlung heute verstanden werden. Unter der Anklage des Brudermordes vergegenwärtigt sie ihren Animus und objektiviert eine Erlösergestalt, ein Wesen, das alle Eigenschaften ihrer Jungmädchenphantasie vorweist, sich jedoch als Phantom auflöst in dem Augenblick, in dem sie es identifizieren will. Lohengrin »vergralt«. Sie steht diesen seelischen Exzeß nicht durch. Ihr anderer Teil, der »Bruder« Gottfried, tritt an ihre Stelle. Die ursprüngliche platonische Geschlechtereinheit ist der Ausgangspunkt der Fabel. Mit dieser Elsa wird die Frauenseele des 19. Jahrhunderts durchleuchtet. Verdrängung und Projektion nehmen Gestalt an. »Lohengrin« heißt das romantische Ideal, das man nicht nach seinem Namen befragen darf. Elsa tut es und geht am Versuch der Selbstverwirklichung zugrunde.

Richard Wagner hat an seinem »Lohengrin« gelitten, hat darin sich selbst mystifiziert, zum »absoluten Künstler« hochstilisiert und später das Werk als sein »allertraurigstes« beklagt. Hinter der weißschimmernden Märchenfassade verbirgt sich die Tragödie einer außerordentlichen Frau, die dazu verdammt ist, an Ideale zu glauben, die vor der Wahrheit nicht bestehen. Das ist nicht Wagners Weib der Zukunft, sondern das Opfer männlicher Überheblichkeit, dem der Weg zu sich selbst verwehrt wird. Nicht Elsa – Lohengrin steht auf der Anklagebank.

Von all dem wird in der Wiener Inszenierung, die aus finanziellen Gründen ein früheres Bild verwenden muß, nichts erkennbar sein. Man begnügt sich mit dem Märchen, benutzt die Abstraktionen Wieland Wagnerscher Provenienz und präsentiert Placido Domingo. Das ist der Ungeist des Wiener Operntheaters, wie er krasser nicht in Erscheinung treten kann. Ich bezichtige mich hiermit der Inkonsequenz. Die Verhältnisse, sie machen schuldig...

Claudio Abbado hat seinen Triumph, auch wenn die Wiener den kompakten, pompösen Wagnerklang bevorzugen. Und Sänger sind zu bewundern, vor allem die Elsa der Cheryl Studer. Bedenklich, daß die Wiener Presse das Rezept: aus alt mach neu, akzeptiert.

3. Februar 1990 Rumänischer Abend

Die Supergala des Jahres, vielleicht des Jahrzents. Hilfe und Ermutigung für Rumänien ist der Anlaß. Seit sie ihren Diktator Ceauçescu nicht mehr haben ausreden lassen, ihn schließlich an seiner Flucht gehindert und im Schnellverfahren hingerichtet haben, genießen jetzt auch die Rumänen die Bewunderung der Weltöffentlichkeit.

Von überall her reisen rumänische Sänger an, sie wollen dabei sein, es geht um nationales Prestige. In der Tat hat Rumänien ein großes internationales Sängerreservoir: Cotrubas, Nicolesco, Cortez, Agache, Murgu... um nur einige Namen zu nennen. Hinzu kommen die Stars, die gerade in Wien sind...Carreras und Domingo zieren sich, wollen dann doch mit dabei sein... Die Show wird live vom Fernsehen übertragen und auch in Rumänien ausgestrahlt. Placido überredet Abbado, als Zugabe das Trinklied aus »Traviata« zu dirigieren. Er und Carreras singen die Strophen um die Wette, vier Violettas singen den Chor. Endloser Jubel. Dazu ein wirklich interessantes Programm mit rumänischer Zigeunermusik, mit Volksliedern, mit einem Bläserquintett von Ligeti (nach rumänischen Liedern) und schließlich Gheorghe Zamphir auf seinen Panflöten.

Es dauert nur wenige Stunden, dann hagelt es Proteste: eine Schande, dieses Zigeunerensemble auf der Bühne der Staatsoper. Das sind keine Rumänen, das sind schändliche Parasiten, die betteln und stehlen, nicht arbeiten wollen... Aber es sind doch Musiker von großer Virtuosität. Und ihre Musik hat die westliche Kunstmusik sehr beeinflußt. Warum sollen wir uns dieser Quelle rhythmischer Inspiration schämen?

Das Problem aller nationalen Freiheitsbewegungen sind die Minderheiten. Rumänien ist ein Beispiel für die ethnische Vielfältigkeit. Solange die Ungarn, Deutschen, Ukrainer, Zigeuner nur Bürger zweiter Klasse sind, wird es keinen wirklichen Frieden geben. Hat Rumänien wirklich Hoffnung?

6. Februar 1990 Begegnung mit Canetti

In einer Zürcher Buchhandlung steht plötzlich Elias Canetti neben mir. Er ist sehr gealtert, sein Gesicht ist eingefallen, sein Bart wuchert. Es ist, als ob er eine Strindberg-Maske trüge. Sofort kommen wir auf Wien zu sprechen. Ich lade ihn ein. Er winkt ab. Nein, nach Wien zieht ihn nichts. Und dann wörtlich: »Die Wiener sind potentielle Mörder... Sie bringen jeden um... es ist nur eine Frage der Zeit.« Auch für die Vorstellungen des Zürcher »Rings« kann ich ihn nicht interessieren. Er lehnt Richard Wagner ab. »Über ›Tristan‹ habe ich einmal lange mit Alban Berg diskutiert. Er hat sehr viel von der ›Tristan‹-Harmonik gehalten. Ich bin allergisch gegen Wagner, ich kann die Folgen nicht ignorieren.« Ich versuche die Bedeutung des »Rings« in seiner Vielschichtigkeit zu verteidigen. »Gewiß, Wagners ›Ring‹ ist ein Schlüsselwerk des 19. Jahrhunderts, aber ein negatives.«

Ich erzähle ihm von Prag und Budapest. Heute ist ein wichtiger Tag für den ganzen Osten: Die kommunistische Partei der UdSSR gibt die politische Vormacht auf. Daß es kommen mußte, hat Canetti vorausgesagt, aber er hat nicht geglaubt, daß er es erleben würde. »In ›Masse und Macht‹ habe ich darüber Entscheidendes gesagt. Jetzt muß ich den politischen Kommentar nachtragen«, meint er, wendet sich ab, als ob er gleich am Schreibtisch damit beginnen müßte.

10. Februar 1990 Hermeneutik

Der 90. Geburtstag von Hans-Georg Gadamer erinnert nicht nur an Heidelberger Tage, an die Einladung in sein Haus und literarische Diskusionen – er erinnert ebenso daran, daß Gadamer die Methodologie zu verdanken ist, mit der auch das moderne Theater operiert. Gadamer hat den Begriff der Hermeneutik erweitert. Nicht nur Bibelauslegungen werden als Hermeneutik verstanden, auch literarische Texte, kunsthistorische Denkmäler bedürfen der Auslegung. Es geht nicht um Erklären, sondern um Verstehen. Werke, die durch die Distanz der Überlieferung gefährdet sind, neu zum Sprechen zu bringen. Hermeneutische Einsichten liegen auch heutigen Inszenierungen zu Grunde. Das Werk muß durch die Brille des Interpreten neu gelesen werden. Wenn der Interpret sich allerdings vom Werk entfernt und nur seine eigenen Neurosen ausstellt, handelt es sich nicht mehr um Hermeneutik. Die Grenzen sind schwer zu bestimmen.

Theater ist die Kunst hermeneutischer Anverwandlung an die jeweilige Epoche. Hermes-Jünger waren ursprünglich die Dichter, heute sind es die Regisseure. Die Auslegung hat kein Ende, ist unerschöpflich, solange die Fähigkeit, zuzuhören, nicht endet. Verstehen ist immer Unterwegs-Sein zu einer neuen Gestalt des gleichen Werkes. Deshalb kann »Werktreue« nur als dynamisches Vermitteln verstanden werden, nicht als historisierende Kopie.

16. Februar 1990 Getanzte Tiefenpsychologie

Das Ballett »La Sylphide« von Auguste Bournonville hat überraschende tiefenpsychologische Perspektiven. Der Zustand einer Bewußtseinsspaltung wird demonstriert. Der junge James transzendiert seine Braut im Traum und verliert damit den Boden unter den Füßen. Die Sylphide ist seine Anima, die wie ein Luftgeist in Visionen und Tagträumen die Herrschaft über den medial veranlagten Jungen gewinnt. Wo eine ätherische Irritation eintritt, kann magische Verstrickung nicht ausbleiben. Die Hexe (oder Wahrsagerin) vertritt zerstörerische Magie. Zwischen beiden verliert James die Balance. Indem er Sylphide mit dem Schal fangen will, erliegt er dem Banne der Hexe.

Die Romantik war auf der Suche nach den Nachtseiten der menschlichen Seele. Im Norden, im Lande Scotts, des imaginären Ossian, gedeiht dieser Seelenspuk. Zwischen Volkstanz und den Naturerscheinungen des Waldes, der synonym ist für das Labyrinth der Seele, ist dieses Märchen angesiedelt, erstaunlich einfach und unsentimental erzählt. Das tragische Ende der Selbstzerstörung zeigt choreographischen Mut. Bournonville war ein guter Dramaturg, deshalb sind seine Ballette heute noch zugänglich. Peter Schaufuss weiß den James zu differenzieren und verständlich zu machen; seine Tanztechnik hat schöne Haltungen und viel Flair.

21. Februar 1990 Rezepte gegen die Intrige

Die Intrige ist das Lebenselexier des Wieners. Sie ist sein höchster Genuß, in witziger oder bösartiger Form über andere Schlimmes zu verbreiten, zum eigenen Vorteil – oder nur aus Eitelkeit. Was ist dagegen zu tun?

Rezept Nr. 1: Man stelle den Intriganten öffentlich zur Rede. Das, was er an Negativem über andere verbreitet, soll er dem Opfer ins Gesicht sagen. Er wird stottern, sich schämen und davonschleichen. Und bei nächster Gelegenheit rückfällig werden.

Rezept Nr. 2: Man nehme seine giftigen Ausscheidungen nur als Verbalien, als Denkspiele zur Unterhaltung. Alles ist nur hypothetisch gemeint. Also übe man sich darin, sich das Gegenteil der negativen Behauptungen vorzustellen. Man wird auf die Dauer dem Intriganten dankbar sein, daß er soviel Schönes evoziert.

Die Vermischung der beiden Rezepte ist unzuträglich. Man muß sich entscheiden. Und prüfen, ob man nicht bereits von der Wiener Krankheit infiziert ist. Wenn demnächst über einen Konkurrenten Böses verbreitet wird, darf man sich nicht freuen, sondern muß Mitleid haben mit dem Armen – Amen!

26. Februar 1990 Wiener Aphorismen

In Wien gehen die Uhren anders. Entweder man träumt von der guten, alten Zeit oder spekuliert auf die Zukunft. Dazwischen gibt es nur Mißverständnisse und verpaßte Gelegenheiten.

Dafür, daß keine Neuerungen einreißen, sorgen in Wien die Gewerkschaften. Wer arbeiten will, beschwert sich bei der Gewerkschaft. Wer nicht arbeiten will, beschwert sich auch bei der Gewerkschaft. Sie ist dafür zuständig, daß nichts passiert.

Die Mehrzahl der Wiener trägt fremde Namen. Deshalb das Mißtrauen und der Haß gegenüber Fremden.

Die Kunst, in Wien am Leben zu bleiben, besteht darin, ständig über andere Schlechtes zu verbreiten. Nur so kann man vor sich selbst bestehen.

Wer in Wien nicht in der Lage ist zu reden, ohne zu denken, hat keine Chance in der öffentlichen Meinung.

Keine Begabung wird in Wien höher geschätzt, als immer auf der rechten Seite zu stehen, auch wenn man ein Linker ist.

Die Zeitungen sind in Wien dazu da, die Kriminalität bekanntzumachen. Man delektiert sich an den täglichen Lustmorden und Raubüberfällen. Ohne Kriminalität wäre es um die Höhe der Auflage schlecht bestellt. Je höher der Gewinn, desto größer das moralische Defizit der Presse.

1. März 1990 Das sinkende Schiff

Zum Frühstück bringt der Briefträger einen Eilbrief von Nikolaus Harnoncourt. Die Absage des Mozart-Zyklus. Er steigt aus. »Mein Gefühl und mein Körper machen nicht mit.« Es folgt eine psychosomatische Selbstdarstellung. Er fürchtet eine Nervenkrise, kann nicht mehr schlafen. Sein Feindbild ist die Wiener Oper. Er flieht, ohne ersichtlichen Grund; verläßt das sinkende Schiff... Ohne ihn hat der Mozart-Zyklus kein Profil.

Eine bittere Erfahrung, der Kopf steckt in einer Glocke, mir ist übel... Jetzt alles hinschmeißen? Wozu dieses letzte Wiener Jahr? Um Löcher zu stopfen? Verlegenheiten zu kaschieren?

10 Uhr 30: Pressekonferenz zur letzten Wiener Spielzeit. Das Jahr der Summe, der dramaturgischen Zyklen. Im Garten des Repertoires Blumen pflücken, auch wenn sie nicht taufrisch sind. Die Gelegenheit lockt. Welches Opernhaus der Welt kann 13 verschiedene Verdi-Opern in drei Monaten präsentieren und einen Zyklus französischer Opern anbieten mit 7 Meisterwerken. Und – bis auf den »Ring« – alle Wagner-Opern spielen. Und einen Mozart-Zyklus mit 8 Neuinszenierungen vorstellen?

Wird das in Wien respektiert? Die Presse scheint kein großes Interesse zu haben. Rückzugsgeplänkel, sie ist schon auf die »Opernreform« eingestellt. Die alte Direktion ist abgeschrieben. Weder der Generalsekretär noch ein Vertreter des Ministeriums lassen sich blicken...

9. März 1990 Die unerträgliche Polarisierung

Die Gründe für seinen Rückzug von der Staatsoper hat Nikolaus Harnoncourt für die Presse formuliert:

»Ich will nur so Musik machen, wie ich es für richtig halte, und nur dort, wo man das auch haben will.

Die Polarisierung, die meine Art, Mozart zu musizieren, in Wien hervorruft, ist mir unbegreiflich und unerträglich. Ich kann und will vorgefaßte Erwartungen, die hier mehr als anderswo herrschen, nicht erfüllen; wo man nicht neugierig ist, habe ich nichts zu bieten.«

Diese Erklärung habe ich bei der Pressekonferenz nicht verlesen, weil ich sie nicht für das letzte Wort unserer Zusammenarbeit halte. Ich habe versucht, ihn davon zu überzeugen, daß seine Resignation unsolidarisch und letztlich kontraproduktiv ist. Es gibt einen Unterschied zwischen subjektiver Argumentation, die sich auf Gesundheit und musikalische Überzeugung beruft, und objektiver Argumentation, die Erklärungen für Zusammenhänge sucht und die Wirkung des Verhaltens beachtet.

Natürlich kann ich die Wiener Mentalität nicht in Schutz nehmen. Sie war und ist schlimm genug. Aber Nikolaus Harnoncourt hat seit vielen Jahren in Wien zahlreiche Freunde, die es nicht verdienen, im Stich gelassen zu werden. Man kann nicht aufgeben, weil ein paar Kritiker unverbesserlich sind, weil es gewisse Cliquen gibt, die versuchen, das Klima zu vergiften, weil auch im Orchester ein paar Leute Karl Böhm nachtrauern. Das Publikum ist sowohl musikalisch wie szenisch in einem Meinungswandel begriffen. Wenn es demnächst nicht wieder für dumm erklärt würde, könnte man in ein paar Jahren von einem neugierigen und toleranten Publikum sprechen. Die Erfahrungen von »Wien modern« berechtigen zu den schönsten Hoffnungen. Wenn man jetzt aufgibt, läßt man nicht nur seine Freunde im Stich, sondern gibt auch seine eigene Arbeit preis.

Diese Argumentation war nicht vergebens. Nikolaus Harnoncourt versucht ein positiveres Klima in sich aufzubauen und verschiebt seine letzte Entscheidung bis zum Jahresende. Die Planungen werden nicht revidiert.

11. März 1990 Die Erhaltung des Modells

Die Hiobsbotschaften reißen nicht ab. Der neue Festspieldirektor aus Salzburg teilt mit, daß die Herrmanns krank und lustlos seien. Sie wollen ihre »Entführung« nicht mehr in Wien zeigen. Statt dessen soll die Salzburger »Entführung« nach Wien übertragen werden. Viel honigsüße Komplimente.

Vergessen die Herren, daß es sich um eine gemeinsame Produktion mit den Wiener Festwochen handelt, die Wien zum größten Teil bezahlt hat, daß die Wunschbesetzung Herrmanns bereits engagiert ist und daß in Wien ein großer Mozart-Zyklus angekündigt ist mit dieser Inszenierung?

Der eigentliche Grund dieses Vorschlags: Man fürchtet um die Zukunft dieser sehr speziellen Inszenierung im Repertoiresystem der Nachfolger. Und dies mit gutem Grund. Wie soll diese exemplarische Aufführung mit wechselnder Besetzung ohne ausreichende Proben gespielt werden? Sie geht aus den Fugen, verliert alle Präzision und den Charakter der Besetzung. Sie ist ein Modell, das besonders gepflegt werden muß. Gerade das soll jetzt vorexerziert werden.

Die designierte Direktion in ihrer manischen Sucht nach »Praktikabilität« wird kürzen, ändern, umbesetzen, ohne jede Rücksicht auf den Rechtsanspruch des Regisseurs. Und wenn es zu einem juristischen Einspruch kommen sollte, wird man einfach den Namen des Regisseurs und Bühnenbildners weglassen. So einfach ist das in Wien. Und da die Presse in solchen Dingen wegsieht oder vorher geimpft wird, gibt es nicht einmal einen Skandal. Diese Laxheit in Fragen des geistigen Eigentums ist Wiener Tradition.

18. März 1990 Deutsche Wahlfeier

Der Tag der ersten freien und demokratischen Wahlen in der DDR. Die »Allianz für Deutschland« hat großen Erfolg. Die finanziellen Versprechungen aus dem Westen wirken, der sozialistische deutsche Staat wird sich bald auflösen, es gibt die »deutsche Wiedervereinigung«, die so oft zitiert wurde. Alles geht atemberaubend schnell, viel zu schnell. Wie werden die Menschen diese fundamentale Veränderung ihrer Lebensverhältnisse verkraften? Und wie soll die deutsche Einheit bezahlt werden?

An diesem historischen und patriotischen Tag spielt die Staatsoper – seit zwei Jahren wie von höherer Hand gelenkt – Richard Wagners »Meistersinger von Nürnberg«. Horst Stein, der DDR-Flüchtling, dirigiert, Theo Adam, der Nationalpreisträger der DDR, singt den Sachs. Vom ersten Takt an herrscht Hochstimmung. Nationale Gefühle geben der Musik Auftrieb. Eine Aufführung mit doppeltem Boden. Der Wahnmonolog hat höchste Aktualität. »Wohin ich forschend blick, in Stadt- und Weltchronik, den Grund mir aufzufinden, warum gar bis aufs Blut die Leut sich quälen und schinden in unnütz toller Wut! Hat keiner Lohn noch Dank davon...« Ein Abgesang auf die DDR oder die Warnung vor neuem nationalem Wahn?

Und gar der nationale Schluß: »Was deutsch und echt, wüßt keiner mehr, lebts nicht in deutscher Meister Ehr.« Die Festwiese wird zur deutschen Wahlfeier. Großer Jubel.

So ähnlich muß es wohl auch 1938 gewesen sein – nur die Uniformen fehlen. Richard Wagner hat sich als nationaler Herold verstanden, auch wenn er mit Bismarck nicht einig war. Sein Bayreuth im Herzen Deutschlands sollte der Wallfahrtsort aller Nationalgesinnten sein. Sein Musikpathos verschafft nationales Selbstgefühl... auch in Wien nach 45 Jahren kleinstaatlicher Neutralität. In die Erinnerung kommt ein Wort Friedrich Hebbels: »Die lieben Österreicher sinnen jetzt darüber nach, wie sie sich mit Deutschland vereinigen können, ohne sich mit Deutschland zu vereinigen. Es wird schwer auszuführen sein, ebenso schwer, als wenn zwei, die sich küssen sollten, sich hierbei den Rücken zuzukehren wünschten.« Zum Glück kann man die nationalen Gefühle heute europäisch übertönen...

20. März 1990 Das Versprechen

Die Produktion der Oper »Die Soldaten« von Bernd Alois Zimmermann geht in die zweite Probenphase. Riesige Aufbauten werden auf der Probebühne errichtet, um die Bühne von täglichen Umbauten zu entlasten. Achtzehn externe Sänger ersparen dem Chor die Lernarbeit. Drei Solisten haben bereits ihre Rollen zurückgegeben, diese Musik schade ihrer Stimme. Das Orchester stöhnt unter der extrem schwierigen Notation. Die Bläser reichen Petitionen ein; sie seien mit dem Spielplan derart überfordert, daß die Proben zu den »Soldaten« ihre Gesundheit ruiniere. Die ursprünglich vorgesehenen Dirigenten haben sich dispensieren lassen, weil sie ihr gutes Verhältnis zum

Orchester nicht aufs Spiel setzen wollen und weil es ihnen an Zeit fehlt, diese Partitur zu studieren. 20 Orchesterproben sind das mindeste, meint Bernhard Kontarsky, der das Werk schon mehrfach einstudiert hat, aber Proben in drei Arbeitsphasen, damit die Nerven der Musiker geschont werden...

Die Wiener Staatsoper ist nun die dreizehnte Bühne, die sich an Zimmermanns »Soldaten« versucht – seit der grandiosen Uraufführung am 15. Februar 1965 an der Kölner Oper, dem vielleicht wichtigsten Datum der Operngeschichte der Nachkriegszeit. Die Wiener Schwierigkeiten sind geradezu Bagatellen im Vergleich mit dem, was dieser Aufführung vorausging. Michael Gielen und Hans Neugebauer haben sich damals durch die Proteste und Verweigerungen des Orchesters und der Sänger nicht entmutigen lassen und ein Beispiel gegeben für alle Nachfolgenden. Der Entschluß, dieses Werk jetzt auch in Wien zu spielen, beruht auf einem Versprechen, das ich dem schwerkranken Komponisten wenige Monate vor seinem Tode in Köln gegeben habe: sein Werk an jedem Theater aufzuführen, das unter meiner Direktion steht. Das Werk überschreitet die Grenzen des normalen Hörens, Singens und Darstellens; das wollte Bernd Alois Zimmermann.

Es ging ihm darum, mit allen musikalischen Mitteln dem Theater eine neue Dimension der Zeit zu erschließen, mit aller Verbissenheit und Akribie hat er an dieser Umsetzung Einsteinscher Formeln gearbeitet und sein Leben darüber erschöpft.

28. März 1990 Universale Kunst

Der Grund, warum Opernkunst sich in den letzten Jahrhunderten so entfalten konnte, liegt in ihrer Universalität. Orpheus singt und bewegt durch seine Stimme die Herzen der Götter. Dichter legen ihm dazu magische und poetische Worte in den Mund. Maler erfinden seine Bilder und Zeichen und stellen ihn in eine Welt, die das Universum im Kleinen nachbildet. Er lernt sich zu bewegen, seinen Händen Ausdruck zu verleihen, Kreise zu ziehen, Sprünge zu machen, kurz: seinen Atem im Raum zu verströmen. Der Klangraum ist geschaffen, er hat nicht nur die dritte Dimension der Tiefe, sondern auch die vierte der Zeit. Aus diesen Ursprüngen ist die sinnliche, akustische, optische, körperliche, geistige Sphäre der reichsten Kunst entstanden, die wir haben: der Opernkunst. Diese Ursprünge sind durch Traditionen, Regeln, Rezepte entweiht, verdeckt und mißbraucht worden. Wir müssen wieder den Zugang zu den Quellen suchen; man kann das durch mystisch-meditative Übungen, man kann es auch durch spielerisch-kreative Experimente erreichen. Wie auch immer, die Kunst muß offen sein für das Uralt-Neue. Das Schlimmste ist, wenn sie sich verschließt und nur noch Gebrauchsrezepte zuläßt. Opernkunst soll wie jede Kunst Abenteuer, Risiko, Suche sein und immer danach trachten, Neuland zu betreten, Stoffe zu formen und diese Erfahrungen festzuhalten. Diese Ergebnisse müssen geschützt werden vor den Zugriffen des Banalen.

Warum die Opernkunst überlebensfähig ist? Sie baut auf primitiven gesellschaftlichen Gewohnheiten der Unterhaltung auf. Man geht aus, will gesehen werden, nimmt teil an Konventionen. Aber dann ereignet sich etwas: Der Puls schlägt schneller, die Augen fließen über, Klänge durchströmen mich, Spannung entsteht, Schönes wie Gräßliches wird Ereignis, die Emotionen schäumen über, ich bin mit dem Herzen dabei. Aber was wäre das, wenn nicht ein Drittes hinzukäme: der Kopf, der verstehen will, was ihn bewegt, der die Ereignisse ordnen, durchleuchten, hinterfragen will. Der für das Ganze dieser Aufführung einen Sinn sucht. Und die Form erkennt.

Diese drei Stufen des Erlebens bietet die Opernkunst. Aus der Gewohnheit wird Gefühl, aus dem Gefühl wird Erkenntnis. Dieser Prozeß darf nicht verkürzt, eingeschränkt oder umgewertet werden. Indem man sich zum Beispiel nur mit der Oberfläche begnügt, den Hintergrund für unwichtig erklärt. Oder nur die Ohren als Wahrnehmungsorgan dieser Bühnenkunst gelten läßt. Wenn man behauptet, Oper bestehe aus Sängern oder nur aus Stimmen. Das ist eine unzulässige Verdummung. Oder eine Verschwendung dieses kostbaren Apparates, der so viel mehr kann. Genau so falsch wäre es selbstverständlich, nur auf das Kleid oder die Bewegung oder die Machart der Dekoration zu achten. Warum freuen wir uns nicht am Ganzen? Und öffnen unsere Sinne für alle diese Wunder, die Kunst erzeugt. Wie viele Kleingläubige, Kurzatmige und Engstirnige laufen in unseren Theatern herum und wissen, wie alles sein muß, bevor sich der Vorhang öffnet.

Ich fürchte, für diese Sorte schnellfertiger Gewohnheitsesser werden die Gerichte zubereitet. Für die Konfektionäre und geistigen Uniformträger muß das Ergebnis akzeptabel, für die Hersteller das Produkt praktikabel und billig sein. Das hat mit der geheimnisvollen und universalen Opernkunst nichts mehr zu tun. Mögen dabei vereinzelte Blumen blühen, der Garten wird zurechtgestutzt und ausgejätet. Die Freiheit wird zur Norm mißbraucht. Kunst aber ist das Anomale.

Operndirektoren sollten hin und wieder durch das Fernrohr in das Universum der Kunst schauen und nicht nur durch das Guckloch des Vorhangs, ob alle Plätze besetzt sind.

7. April 1990 Die Schmetterlingslust

Luc Bondy arbeitet als Regisseur mit der Wünschelrute. Er tastet sich an die Szene heran, läßt sich vorspielen, gibt suggestive Ratschläge und macht am Ende das genaue Gegenteil. Seine Bewegungssprache sucht irrationale Hintergründe, Zufälligkeiten, Belangloses, um damit dem Leben näherzukommen. Die Dekoration wird kinetisch einbezogen, Lichtwirkungen werden eingeplant. In einem Vertrauensklima von großer Sensibilität suchen alle miteinander, manchmal entsteht dichte Atmosphäre. Jeder Darsteller vergißt, was er in anderen Aufführungen gemacht hat, und fängt als Analphabet von vorne an, lernt buchstabieren. Das braucht viel Zeit, führt aber zu außerordentlichen Ergebnissen... Dieser »Don Giovanni« ist eine Herausforderung aller theatralischen Nerven.

Luc Bondy tummelt sich im Heu. Zerlina, das Bauernmädchen, wird von Giovanni beinahe vergewaltigt – in Anwesenheit von Masetto, der sich im Heu vergraben hat. Man macht sich seine Späße und experimentiert munter drauf los. Man arbeitet nur, wenn man Lust hat, dann aber zeitlich unbegrenzt, oft bis tief in die Nacht hinein. Die Gewerkschaft ist ausgeschaltet, im Theater an der Wien hat sie nichts zu sagen. Alle Mitarbeiter sind für dieses Regie-Laboratorium freigekauft. Es herrschen paradiesische Ausnahmebedingungen. Nur um einen Regisseur wie Luc Bondy zu ermöglichen. Die Wiener Staatsoper wird für einige Wochen zur Berliner Schaubühne, dem exklusivsten Schauspieltheater. Und alle Stars spielen willig mit. Der Dirigent ist fast auf jeder Probe , macht alle Späße mit...

Luc Bondy als Regisseur ist ein Beispiel dafür, daß nicht Kraftakte des Willens, große Entwürfe der planenden Phantasie die Qualität der Szene bestimmen, sondern die bunte Schmetterlingslust des Augenblicks. Wir ignorieren die Zukunft und verlieben uns in kleinste Details, Nuancen und Arabesken. Das Leben wird intensiver, je mehr wir den Kunstverstand vergessen. Eine Schule der Kreativität, die freilich nur an Feiertagen geöffnet ist.

12. April 1990 Der aktuelle »Fidelio«

Die politischen Ereignisse der letzten Monate scheinen »Fidelio« wirklich zum deutschen Stück gemacht zu haben. Alle Skrupel, das Werk zu aktualisieren, werden vergessen; der Gefängnishof, das ist die DDR, am Ende fällt die Berliner Mauer, es herrscht »namenlose Freude« der deutschen Wiedervereinigung. Wie könnte es anders sein, wenn Kurt Masur, der mutige Gewandhauskapellmeister aus Leipzig, dirigiert. Die Inszenierung der Salzburger Osterfestspiele ist an ihn adressiert.

»Fidelio« verführt zum unmittelbaren Zeitbezug, aber man muß sich eingestehen, daß jede aktuelle Konkretisierung eine Verkürzung der historischen Dimension des Werkes darstellt. Am Anfang stand eine Episode aus der Französischen Revolution, die J. N. Bouilly dramatisiert hat. Florestan war wohl ein Anhänger der Revolution, von Royalisten gefangengehalten. Die Transposition nach Sevilla – aus Zensurgründen – macht aus ihm einen Königstreuen, der von seinem Rivalen Pizarro willkürlich eingekerkert worden ist, der Gouverneur kommt rechtzeitig und bringt die Botschaft der Fraternité. Hat Beethoven, als das Werk 1804 uraufgeführt wurde, Napoleon als Gouverneur, der die Freiheit bringt, gemeint, oder wollte er ein politisches Widerstandsstück schreiben, das die Willkür der Usurpatoren anprangert? Die französischen Offiziere, die an der unglücklichen Aufführung im Theater an der Wien teilnahmen, haben jedenfalls nicht zum Erfolg beigetragen. So bleibt die Identifikation der politischen Parteien offen – und gerade das verstärkt die humane Botschaft des Stückes. Die Nazis haben »Fidelio« mißbraucht, um die Freiheit des deutschen Volkes von Fremdbestimmung zu feiern; nach dem Kriege war es üblich, das Gefängnis als Konzentrationslager und Pizarro als SS-Kommandanten zu zeigen; die Befreier waren die Alliierten. Yuri Ljubimow läßt 1985 nur Florestan frei, die übrigen Gefangenen schmachten weiter in ihrem Gulag-Gefängnis. Die Frauen stellen Kerzen an die Rampe, ein höchst eindrucksvolles Symbol, die Unterdrückung der Andersdenkenden wird nie zu Ende sein. Jetzt also die DDR-Variante. Was wird uns die Geschichte noch an Beispielen liefern?

Moderne Regisseure haben immer wieder Anstoß genommen an

den altertümlichen und harmlosen Dialogen und sich statt dessen neue Texte schreiben lassen, die die Situation literarisch überhöhen. Der Versuch hat nie befriedigt. Man sollte – so glaube ich aus der Erfahrung mehrerer »Fidelio«-Inszenierungen – an den alten Texten festhalten und sie so intensiv wie möglich schauspielerisch erarbeiten. Gerade der Singspielcharakter des ersten Aktes ermöglicht es, aus vergleichsweise harmlosen und privaten Anfängen eine Lawine ins Rollen zu bringen, die schließlich die ganze Menschheit erreicht. Das Werk ist ein grandioses Crescendo, sowohl in der Handlung wie in der Musik. Und es zeigt eine faszinierende Einheit von Raum und Zeit, von außen und innen, von oben und unten. Diese Einheit darf im Ablauf nicht gestört werden durch die symphonische Einlage der Dritten Leonoren-Ouvertüre nach dem Kerkerbild. Diese Wiener Unsitte stammt von Otto Nicolai und wurde von Gustav Mahler in seiner berühmten »Fidelio«-Inszenierung von 1904 wiederaufgenommen, und zwar nicht aus Umbaugründen, wie immer wieder behauptet wird, sondern ausschließlich, um die musikalische Substanz zu vergrößern und die Ereignisse musikdidaktisch zu wiederholen, eine Todsünde wider den Geist des Musikdramas. Die »namenlose Freude« des Paares Leonore-Florestan muß unmittelbar übergehen in den allgemeinen Jubel. Aber niemand wagt in Wien, an diese falsche Tradition zu rühren.

Die interessanteste Figur des »Fidelio« ist Rocco, der Kerkermeister. Seine kleinbürgerliche Bonhomie steht im Kontrast zu seinem Beruf als Gefängnisaufseher. Als solcher ist er Mitwisser und Komplice, mehr oder weniger freiwillig. Er liebt das »Gold «, das er in seiner Arie als den Nervus rerum besingt; und er nimmt, auch gegen seinen Willen, »Gold«, um gemeinsam mit Pizarro zu »morden«. Er befindet sich in akutem Gewissensnotstand. Es liegt am Darsteller, ob er den gutmütigen Vater Rocco oder den hartgesottenen Strafvollzieher spielen will. Sein Jonglieren zwischen abgebrühter Professionalität und Mitleidsanwandlungen, zwischen Gold und Gewissen eröffnet viele Möglichkeiten. Gerade der kleinbürgerliche Moralkonflikt macht diese Figur heute so nachvollziehbar. Begriffe wie Mitläufer und Wendehals drängen sich auf. Als das Ministersignal ertönt, wirft er, bevor er ans Tageslicht zurückkehrt, schnell sein Mordhonorar weg, damit ihm keinerlei Komplicenschaft nachgewiesen werden kann. Was würde er tun, wenn der Deus ex machina nicht erschiene; würde er zu Leonore halten oder seinen Vorgesetzten Pizarro verteidigen? Allzuviel Zivilcourage ist ihm nicht zuzutrauen.

Auch die anderen Figuren des »Fidelio« wie Marzelline und Jaquino haben eine beträchtliche Bandbreite der darstellerischen Freiheit. Ist diese Marzelline wirklich eine so naive Soubrette, oder hat sie ihre eigenen Pläne? Und dieser Schließer Jaquino? Ist er nicht viel mehr als der Buffo des Singspiels, ein erpresserischer, rüder Karrierist, der die Liebe nur vortäuscht, um Zutritt zu den Geschäften des Meisters zu erhalten? Mit guten Schauspielern kann man aus diesem Libretto faszinierendes Theater machen.

»Fidelio« ist das politische Stück der Operntradition, es hat unmittelbar mit *liberté, egalité, fraternité* zu tun – ab es ist auch ein Stück mit theologischen Aspekten. Die Gestalt des Florestan trägt Christuszüge. Wer denkt nicht bei seinem Verzweiflungsausbruch an »Mein Gott, warum hast du mich verlassen«? Und Florestan nimmt die Prüfungen auf sich: »Doch gerecht ist Gottes Wille! Ich murre nicht, das Maß der Leiden steht bei dir«. Es geht nicht nur um Freiheit, sondern auch um Erlösung im metaphysischen Sinne. Der rettende Engel steigt zu ihm nieder und bringt Brot und Wein. Das Trompetensignal kündigt auch das Jüngste Gericht an. Die Passion wandelt sich in »himmlisches Entzücken«. »Gerecht, o Gott, ist dein Gericht...«, jubelt der Chor. Beethoven, der kurz vor »Fidelio« das Oratorium »Christus am Ölberg« komponiert hat, transzendiert die politische Handlung. Aber das ist wohl heute nicht aktuell?

25. April 1990 Der Aggressionstrieb

Bewundernswert, wie Harry Kupfer die Schlußproben zu den »Soldaten« mit höchster Sachlichkeit und Ruhe leitet. Das genaue Gegenteil des Nervenkünstlers Bondy. Freilich kommt ihm zugute, daß er die Produktion zum zweitenmal macht. Er kennt genau alle Probleme und weiß sofort Lösungen.

Das Werk hat nach 25 Jahren nichts von seiner Härte und Dynamik verloren. Vieles ist spielbarer geworden, aber für ungeübte Ohren bleibt es ein Schock.

Harry Kupfer ist ein perfekter Organisator von szenischen Abläufen in Simultaneität auf verschiedenen Ebenen – mit Chor, Ballett, Komparserie im Zusammenspiel mit Licht und Klang. Nie gibt es Leerlauf, keinen Stillstand der Aktion. Er ist durch die Schule des Felsenstein-Realismus gegangen, aber er sucht mehr als Milieu und Logik. Er sucht die Symbole, in denen sich die Vorgänge verdichten.

Die alte Mutter Weseners fährt mit einem Fahrstuhl von oben herein, die Soldaten reißen Marie mit sich nach unten. Vorher freilich wird sie in einem Glaskasten ausgestellt und alle drücken ihre Nasen an die Scheiben. Marie nimmt ihr Double auf den Schoß, wie eine Mater dolorosa. Der Raum ist immer voll von Menschen. Soldaten agieren im Plural, und alles Schreckliche multipliziert sich.

Die »Kugelgestalt der Zeit«, um die es Zimmermann geht, wird durch Projektionen verdeutlicht. Gestern der Brief des Desportes, von dem alles Unheil ausgeht, morgen die Zerstörung von Guernica, Stalingrad, Dresden. Leichen, Schädelberge, Gefangene, die Zerstörung der Umwelt, dazu der Marschtritt der Kolonnen. Es ist die Nazizeit gemeint, der Zweite Weltkrieg. Aber der Panzer am Schluß ist auch Symbol für China, Litauen, Irak. Vergewaltigung geschieht allen. Unsere Zeit ist nicht befriedet. Das Denken hat nicht die Kontrolle über Instinkte und Emotionen, immer wieder brechen die alten Triebe aus den älteren Schichten unseres Hirns hervor. Die Kriminalität steigt, das Fernsehen lebt von Kriminalität und macht das Grauen zur Unterhaltung. Die Grenzen zwischen Schein und Wirklichkeit verwischen sich. Am Ende wird aus Langeweile Verbrechen.

Zimmermanns Idee der »pluralistischen Komposition« ist verwandt mit James Joyces »Ulysses«, mit Ezra Pound: »Alle Zeitalter sind gegenwärtig.« Aber Zimmermanns Pluralität kennt keine Beliebigkeit, sondern ist zu verstehen wie Jean Gebsers Integrationsbegriff in »Ursprung und Gegenwart«. Das aperspektivische Zeitalter integriert alles Gewordene. Verantwortung entsteht nur aus der Zukunft: Zimmermanns »Soldaten« sind das musiktheatralische Hauptwerk der Nachkriegszeit.

B. A. Zimmermann hatte den letzten Krieg in seiner totalen Sinnlosigkeit mitgemacht und war gezeichnet von seinem Grauen. Als in den fünfziger Jahren die Wiederbewaffnung der Bundesrepublik begann und sich der »Kalte Krieg« zuspitzte, das atomare Aufrüsten der Supermächte die Welt in Atem hielt, drängte es B. A. Zimmermann zu seinem musikalischen Credo. Soldaten sind seitdem weltweit nicht aus der Übung gekommen. Das Jahr 1989 hat für viele Länder Entspannung und Freiheit gebracht. Aber ist damit der menschliche Aggressionstrieb endgültig domestiziert? Brechen nicht vielmehr nach dem Scheitern der sozialistischen Utopie alte Aggressionen neu aus? Sigmund Freud hat in Wien den »Aggressionstrieb« entdeckt und beschrieben, Konrad Lorenz, Margarete und Alexander

Mitscherlich u. a. haben das Problem weiter durchdacht. Freud hält es für eine Illusion, daß »eine Gemeinschaft von Menschen... ihr Triebleben einer Diktatur der Vernunft« unterwerfen könne. Aber es war noch 1932 seine Hoffnung, daß der erotische Trieb den Aggressionstrieb »legieren und modifizieren« könne. Seine Hoffnungen wurden durch die politischen Entwicklungen bitter enttäuscht. Um so mehr gilt es heute, seine Gedanken ernst zu nehmen: »Die Schicksalsfrage der Menschenart scheint mir zu sein, ob und in welchem Maße es ihrer Kulturentwicklung gelingen wird, der Störung des Zusammenlebens durch den menschlichen Aggressions- und Selbstvernichtungstrieb Herr zu werden.«

30. April 1990 Die letzte Bitte

Die Aufführung der »Soldaten« ist so überwältigend, daß kaum jemand opponieren oder sich wehren kann. Lang anhaltender Applaus, vor allem für Bernhard Kontarsky und Harry Kupfer. Je öfter man das Werk hört, desto mehr erschließen sich die kryptischen Unter- und Hintergründe. So haben z.B. Anfang und Ende des Stolzius die gleiche Faktur. Ähnliches gilt für Wesener. Andere Worte werden der gleichen Melodiereihe unterlegt. Der Kreis schließt sich. Im Anfang ist das Ende enthalten. Bernd Alois Zimmermann war trotz seines Kirchenkritizismus – oder vielleicht gerade deshalb – ein frommer Mann mit eschatologischem Bewußtsein. So ist es zu erklären, daß am Ende, von Pfarrer Eisenhardt monoton gesungen, das lateinische Paternoster steht. Und während Marie mit »O Gott« zu Boden sinkt, der geschäftstüchtige Wesener vor sich hinlamentiert »Wer weiß, wo meine Tochter itzt Almosen heischt«, singt der Pfarrer: »et ne nos inducas in temptationem, sed libera nos a malo«. Diese letzte Bitte gibt den Sinn des Werkes.

Marie, die zur Soldatenhure gewordene Bürgerstochter, in ihrem Ideal die Projektion der unbefleckten Maria, in ihrem Triebleben der sexuellen Lust verfallen, wird von Kupfer am Ende in der Spaltung der Rolle eindrucksvoll gedeutet. Klagende und Beklagte in einem.

Die Schlacht ist geschlagen. Höhepunkt meiner Direktionszeit.

2. Mai 1990 Der verdrängte moralische Imperativ

Der moralische Imperativ der »Soldaten« wird in Wien relativiert. Es scheint fast so, als ob Kant das österreichische Denken nie erreicht habe. Der preußisch-österreichische Krieg hat offensichtlich nicht nur auf dem Schlachtfeld stattgefunden; österreichische Wesensart drückt sich mehr in heuristischem »Vielleicht« als in moralischem »Du sollst« aus. Man nimmt es in Wien eben nicht so genau mit der Vergangenheit. So werden die Aufführungen der »Soldaten« als literarisch-musikalische Pflichtübungen verstanden, ohne ästhetischen Gewinn und ohne politische Gewissenserforschung.

Man rechnet sogar auf, was man mit den Aufwendungen alles für das heilige Repertoire hätte tun können. Die Inszenierung wird von den Wiener Geschmäcklern als Überzeichnung empfunden, sie stört die hedonistische Theaterbalance, tiefere Dimensionen werden kaum wahrgenommen.

Auf Bernd Alois Zimmermann trifft ganz besonders zu, was Adorno über die Musik von Schönberg gesagt hat: »Alle Dunkelheit und Schuld der Welt hat sie auf sich genommen. All ihr Glück hat sie davon, das Unglück zu erkennen, all ihre Schönheit, dem Schein des Schönen sich zu versagen.«

10. Mai 1990 »Don Giovanni« – ein Krimi

Die Orchesterhauptprobe »Don Giovanni« mit vielen Pannen, viel Geschrei. Beleidigende Ausbrüche gegen das technische Personal, das seit zehn Tagen 16 Stunden täglich gearbeitet hat.

Trotz allem kommt die Intention dieser Inszenierung immer klarer heraus. Da Pontes Text wird ernst genommen, es ist, als ob man »Don Giovanni« noch nie gesehen habe. Ein Film, eine Show? Man sollte sich darauf einlassen, den neuen Einfällen und Bildern zu folgen.

Da wird der erfolglose, scheiternde Don Giovanni gezeigt, ein Endspiel. Don Giovanni, der skrupellose Vergewaltiger und Totschläger, der Lügner und Zyniker; sein Lachen stellt diese Welt bloß, aber es vergeht ihm. Um diesen kriminellen, pathologischen Sexprotz ist es nicht schade. Luc Bondy erzählt eine Story von heute, obwohl sie alt ist.

Da steht Leporello Schmiere, im Regen, an eine Hauswand gelehnt;

so könnte ein englischer Krimi anfangen. Eine Wandklappe fällt herunter, Donna Anna will fliehen, ringt mit einem Einbrecher, schreit um Hilfe. Ihr glatzköpfiger Vater eilt im Nachthemd herbei, bedroht den Einbrecher mit dem Degen. Mit einem Trick wird er entwaffnet, dann kaltblütig erstochen. Der Mörder und sein Komplice können fliehen. Bald darauf naht das zweite Opfer. Als Don Giovanni seine verlassene Frau erkennt, die ihm überall hin folgt, überläßt er sie seinem Komplicen. Später wird dieser sie wirklich erobern. Und schließlich ist sie nur noch den Knochen eines Fasans wert, den Giovanni ihr, wie einem Hunde, zuwirft. Tiefer kann eine liebende Frau nicht gedemütigt werden. Giovanni will keine Liebe, nicht Frauen, die ihm nachlaufen, er braucht Widerstand, um seine sinnliche Erregung zu spüren. Ein Triebtäter. Mit List und Hinterlist stellt er seine Fallen. Bei einer Bauernhochzeit findet er sein drittes Opfer: Zerlina, die Braut. Man tummelt sich im Heu, bis plötzlich Donna Elvira auftaucht. Ein Strohballen fällt um, sie steht da. Er lädt die Bauerngesellschaft zu sich ein. Sein Schloß ist eine Lustbox, die sich öffnen und schließen läßt nach Belieben. Er ködert die Bauern mit Schokolade und Musik und sucht sich sein Opfer. Als plötzlich drei Masken auftauchen, die ihn als Mörder entlarven könnten, schließt er die Lustbox und macht sich aus dem Staube.

Der zweite Akte beginnt mit einer Verkleidungsshow; als Diener hat man größere Chancen bei den Kammerzofen. Aber zuerst muß Donna Elvira getäuscht werden, deshalb Rollentausch mit dem Komplicen; und wieder fährt eine Box vor, in der sich nach und nach alle Beteiligten einfinden.

Giovanni triumphiert auf dem Dache mit infernalischem Lachen. Elvira, das Opfer dieses Kleidertausches, wird ausgestellt in ihrer Erniedrigung: »Mi tradì quell' alma ingrata...« Giovanni kugelt übermütig einen Hügel herunter, der Schatten des Grabmahls seines Opfers fällt auf ihn. Er lädt das Phantom zum Nachtmahl ein. Der Boden hebt sich, die Mumie seines Opfers beginnt sich zu bewegen, kommt auf ihn zu, wirft den Stuhl um, den er anbietet, und zieht ihn an der Hand ins Grab. Der Spuk ist vorüber. Donna Anna wird vielleicht noch ein Jahr warten, bis sie ihren Bräutigam heiratet, Donna Elvira wird ins Kloster gehen, die Bauersleute eilen ins Gasthaus zur nächsten Gesellschaft. »Questo è il fin di chi fa mal! E de' perfidi la morte alla vita è sempre ugual!« Das alte Lied hat sich bewahrheitet, die Moral ist wiederhergestellt. Aber das Spiel hat Spaß gemacht: ein Dramma giocoso. Morgen geht's wieder los...

Dazu hat Erich Wonder die szenische Apparatur entworfen. Wände drehen sich, Wagen fahren vor und zurück, der Boden hebt und senkt sich. Das sollte alles ganz leicht und einfach sein; in der Arbeit hat es sich zu einem technischen Monster entwickelt, für den Repertoirebetrieb ganz und gar nicht geeignet, man muß in der Oper den Spielplan darauf einstellen oder die Produktion im Theater an der Wien belassen. Eine böse Überraschung, alles viel zu spät, um Wesentliches ändern zu können. Sowohl Regisseur wie Bühnenbildner wollen nicht mit dieser Inszenierung umziehen, aber die Übernahme ist längst geplant. Abbado weigert sich, nach dieser Arbeit die alte Zeffirelli-Inszenierung zu dirigieren mit ihrer gefälligen Optik. Er vertritt die Inszenierung, an der er mitgearbeitet hat: Bondy und nur Bondy.

13. Mai 1990 Starker Mann gesucht

Auch nach der Generalprobe wird »Don Giovanni« nicht fertig, immer neue Beleuchtungsproben ... und immer wieder Pannen. In dieser Situation gibt es für ein Team nur zwei Möglichkeiten: sich mit dem Personal zu solidarisieren, um mit gutem Willen zusätzliche Arbeitszeit zu finden – oder nach dem Verantwortlichen zu rufen, der »eingreifen und rausschmeißen« soll, zu drohen, die Presse zu informieren und sich öffentlich zu distanzieren. Also Kollegialität oder Autorität?

Offensichtlich neigen Wiener dazu, immer wieder nach dem starken Mann zu rufen, der den »Augiasstall« ausmisten, für Ordnung und Disziplin sorgen soll. Als ob eine Bühnenbelegschaft eine Kompanie Soldaten sei, die man nur hart anpacken und auf dem Kasernenhof schleifen müsse, um sie zur Leistung zu treiben. Als ob die Sänger verwöhnte Kinder seien, die man strenger erziehen müsse. Als ob im Betrieb nur lauter Nichtskönner und Faulpelze seien, die man hinausschmeißen müsse. Selbstverständlich müssen Mißstände bekämpft, ungeeignete Leute gekündigt werden ... Aber nicht mit der Faust und mit großem Geschrei, sondern mit zweckdienlichen Maßnahmen, mit psychologischer Einfühlung und mit Menschenkenntnis. Kein Schlendrian, aber bitte auch keine Feldwebelmanieren. Das Miteinander will gelernt sein.

14. Mai 1990 Das neue Mozart-Ensemble

Alles dreht sich um die »Don Giovanni«-Szene, dabei sollte nicht vergessen werden, das Loblied der Sänger zu singen, die diese strapazierende Probenarbeit bis zum Schluß geduldig und fasziniert mitgemacht haben. Keine Anfänger oder brave Ensemblesänger, die ein dickes Fell bekommen haben, sondern allererste Weltstimmen, die sich zu einem hochkarätigen Mozart-Ensemble vereinen. Ruggero Raimondi springt über seinen Schatten, er verleugnet alle Kavaliersbravour und zeigt einen rüden, gefährlichen Macho, der über Leichen geht und mit überwältigender Aktionsfähigkeit die Bühne beherrscht. Alle seine Gesangsnummern, so populär sie sind, haben eine Funktion: »Là ci darem la mano« ist ein zuckersüß-verlogenes Eheversprechen; die sogenannte Champagnerarie ist reine Animation zu sexueller Promiskuität; er nimmt jede Schürze und läßt darüber Buch führen. Und schließlich die Canzonetta, gitarren-schwirrende, sinneverwirrende Melodie, zur Verführung eiskalt serviert.

Sein Leporello, Lucio Gallo, ist von der gleichen Sorte. Er schimpft auf seinen Herrn und möchte sein wie er.

Die drei weiblichen Opfer könnten nicht besser charakterisiert sein. Cheryl Studer als Donna Anna singt ihre Arien mit bewundernswerter Perfektion und hält dabei die Frage in der Schwebe, wie weit die Rache aus heimlicher Liebe resultiert. Karita Mattila als Donna Elvira singt souverän und hat den Mut, ihre extreme Seelenverfassung wirklich auszustellen. Marie McLaughlin sprüht vor Temperament und Sinnlichkeit. Bleibt noch der musikalisch souveräne Don Ottavio von Hans Peter Blochwitz, der versucht, zu Don Giovanni ein echter Widerpart zu sein. Carlos Chausson als Masetto kämpft um seine Liebe und wird darüber fast zum Revolutionär.

Daß Claudio Abbado nach besten Kräften bemüht war, die Dramatik der Oper herauszuarbeiten, war klar; trotzdem fehlt der Interpretation die Konsequenz der Inszenierung. Liegt es am Klang des Orchesters?

31. Mai 1990 Wer ist schuld?

Statt den neuen »Don Giovanni« in seiner Ästhetik zu diskutieren, statt Luc Bondy oder Erich Wonder zu befragen oder mit Claudio Abbado über seine Abneigung gegen andere »Don Giovanni«-Inszenierungen zu sprechen, gibt es nur ein Thema: Warum kann diese Inszenierung nicht in die Staatsoper übernommen werden? Wer ist schuld? Wie hoch sind mögliche Verluste? Das ist das Wiener Opernspiel wie gehabt. Nur nicht sich auf künstlerische Themen einlassen, immer nur vorgefaßte Meinungen wiederholen und die Politiker aufhetzen, die schöne alte Ordnung wiederherzustellen.

Man lernt es: Es ist grundsätzlich falsch, darauf einzugehen. Es würde nur die gewünschte öffentliche Kontroverse entstehen, und diese gerät bald außer Kontrolle.

Es muß dabei bleiben, »Don Giovanni« weiter im Theater an der Wien zu spielen. Dazu bedarf es der Zustimmung der Philharmoniker, mehr Aufführungen außer Haus zu spielen als im Kollektivvertrag vorgesehen – gegen Bezahlung natürlich; es handelt sich ja um städtische Festwochen.

Die designierte Direktion will sich an dem Dilemma profilieren und über die nächste Mozart-Inszenierung mitreden. Ein Tauziehen um künstlerische Rechte und technische Repertoirebedingungen beginnt.

3. Juni 1990 Venezianische Audition

Auf dem Weg zum Teatro la Fenice in Venedig entdecke ich an einer Hauswand diese Tafel: »La città di Vivaldi e di Goldoni vuole qui ricordato il fanciullo salisburghese nel quale la grazia del genio musicale e il garbo settecentesco si fusero in una purissima poesia«.* Dieses also war das Haus, in dem Mozart in der Zeit vom 11. Februar bis 12. März 1771 gewohnt hat. Es war die Zeit der Vorbereitung seiner Azione sacra »La Betulia liberata« und der Serenata teatrale »Ascanio in Alba«. Er hat im Theater eine Akademie gegeben und wurde sehr gefeiert.

Am gleichen Ort findet nun die erste Auswahl der Sänger statt, die sich zum »Europäischen Mozart-Gesangswettbewerb« gemeldet haben. Nach verschiedenen Vorauswahlprozeduren sind immer noch 120 junge Sänger aus mehr als 30 Nationen übriggeblieben. Aus diesem Angebot müssen etwa 40 Sänger herausgefiltert werden, die sich im Semifinale in München und Prag zur letzten Auswahl präsen-

* »Die Stadt von Vivaldi und Goldoni zur Erinnerung an den Salzburger Knaben, in welchem sich die Anmut des musikalischen Genies und der Geist des 18. Jahrhunderts verschmelzen in reinster Poesie«.

tieren. Das Abschlußkonzert mit der Nominierung der Preisträger findet am 23. Juni in der Wiener Staatsoper statt. In Paris werden die Preisträger ein Konzert geben, in Rom wird die Schlußfeier stattfinden. Also eine echte europäische Manifestation im Geiste Mozarts. Die Initiative ging aus vom italienischen Musikrat (CIDIM) in Verbindung mit dem Ministero del Turismo e dello Spettacolo in Rom. Noch immer lebt in Italien das Bewußtsein, daß Italien zur europäischen Kulturentwicklung in der Musik, Malerei, bildenden Kunst, Architektur und Literatur die entscheidenden Impulse gegeben hat. Wir sollten unseren romanischen Kulturursprung nicht ignorieren. In diesem Sinne war Mozart ein Erbe italienischer Musikkultur, der bei Padre Martini in Bologna den Kontrapunkt gelernt und für den Mailänder Hof drei große Opern geschrieben hat. Mozarts Lehr- und Wanderjahre in Italien dauerten zweieinhalb Jahre.

Die Beurteilung junger Sänger in Mozart-Arien darf nicht von bestimmten stilistischen Vorbildern ausgehen. Man muß konkrete Kategorien der Beurteilung zugrunde legen, z. B. die Bewertung des vokalen Materials, den Stand der Ausbildung, die sprachliche Sicherheit, die Musikalität, das Ausdrucksvermögen und in allem die Persönlichkeit. Bei wiederholtem Hören in verschiedenen Opernpartien, Liedern und Oratorien ergibt sich ein Bild der Begabung. Erstaunlich dabei, daß erfahrene Sänger sehr verschieden bewerten. Jeder hört andere Fehler und beurteilt die Lernfähigkeit unterschiedlich. Es kommt deshalb auf eine homogene Jury an, die sich auf gemeinsame Normen einläßt. Bei aller Bemühung um diese Einheit bleiben doch immer wieder krasse Gegensätze, die die Subjektivität aller künstlerischen Beurteilung verdeutlichen.

Venedig hat seinen unvergleichlichen Charme. Man braucht nur vom Weg abzuweichen und entdeckt die Idylle aus Verfall und Winkelglück. In der Sonne räkeln sich die Katzen, die Gondolieri streiten sich lauthals um nicht vorhandene Kunden. Aus der Pasticceria duftet es nach Mandelgebäck. Jeder Schornstein, jeder Torbogen fasziniert durch sein Maß. Das Auge ist geblendet durch das Spiel der Lichter auf dem Wasser. Die Phantasie erfindet sich Geschichten, hätte man doch Zeit, sie aufzuschreiben...

13. Juni 1990 Die Schubert-Oper im Repertoire

Franz Schuberts heroisch-romantische Oper »Fierrabras« wird aus dem Theater an der Wien in die Staatsoper geholt und kommt damit nach 165 Jahren in das Haus, für das sie komponiert wurde, es hieß damals »Kärntnertortheater«. Eine glanzvolle Rehabilitation des bis heute verkannten Werkes. Die Inszenierung von Ruth Berghaus paßt viel besser in den größeren Rahmen. Der Arnold-Schönberg-Chor brilliert mit vokalem und szenischem Einsatz. Die Jugend Schuberts träumt ihre Nazarenerträume, gleichsam Indianerspiele aus dem Biedermeier. Die friedliche deutsche Revolution von 1989 spiegelt sich in den Symbolismen von 1823. Der Bibelglaube wirkt synonym für ideologische Indoktrination und Kreuzzugsgeist. Ruth Berghaus hat hierfür einprägsame Bewegungschiffren gefunden.

Eine wirkliche Opernpolitik zeichnet sich dadurch aus, daß sie systematisch das Repertoire erweitert und das Publikum an neue Werke gewöhnt. Am Ende wird ein Haus gerühmt für sein reichhaltiges und spezielles Angebot. Die Wiener Staatsoper ist auf diesem Wege... aber bald werden wieder die Eintopfgerichte dominieren...

20. Juni 1990 Die Wiener Dämonen

Die Zeitbombe ist explodiert. Nikolaus Harnoncourt schreibt:

»... habe nun fast täglich gekämpft, diskutiert, versucht, mich zu überwinden... es geht nicht mehr. Die Gründe sind alle schon gesagt, wenn das überhaupt möglich ist. Bitte versteh mich oder wenigstens verzeih mir...« Der Wiener Mozart-Zyklus, in dem er fünf Werke dirigieren sollte, wird sinnlos. Das ist schlimmer als alle Wiener Intriganz, als alle diese Sottisen in den Gazetten. Mit Nikolaus Harnoncourt und für ihn habe ich es gewagt, die Wiener Mozartgewohnheiten in Frage zu stellen. Jetzt steigt er aus, wirklich in letzter Minute.

Es ist müßig, über Hintergründe zu rätseln, psychologische Erklärungen zu finden: Die Wiener Dämonen, die ihn plagen, sind nicht rationalisierbar. Aber ich gebe nicht auf. Wir werden uns im Sommer treffen, miteinander wandern. Vielleicht finden wir dabei zueinander...

27. Juni 1990 Jonathan Miller

Jonathan Miller ist der Regisseur von »Le nozze di Figaro« im Theater an der Wien. Auf der Pressekonferenz sorgt die Bekanntgabe des Namens für eine echte Sensation. Jonathan Miller, Psychiater, Kunstgeschichtler, Filmemacher, Schauspieler und Regisseur, ist ein Mann von profunder und lebendiger Bildung, der anschaulich seine Ideen zu präsentieren weiß. An allen großen Opernhäusern ist er zu Gast. Einige seiner Produktionen haben internationales Aufsehen erregt, seine »Tosca«, die er in den italienischen Faschismus der dreißiger Jahre verpflanzt hat, oder sein »Rigoletto«, der in der Mafia von Chikago spielt. »Falstaff«, das sind Verdis Altersjahre irgendwo in der Umgebung von Busseto. Mit Mozart kennt er sich besonders gut aus. Seine »Zauberflöte« spielt in einer Bibliothek, das Programm der Menschwerdung im Sinne der Freimaurer. Sein »Don Giovanni« ist wie ein Alptraum; das Gespenst des Marquis de Sade wird am Ende von seinen Opfern eingeholt. Miller beruft sich immer wieder darauf, daß das Theater bis zur Französischen Revolution nur Antike und Mythologie oder unmittelbare Gegenwart gekannt habe. Davon geht er aus.

Für »Le nozze di Figaro« hat er sofort eine Idee, diesmal keine Zeitverschiebung, sondern im Gegenteil eine soziologische Analyse des Verhaltens der Menschen im ausgehenden 18. Jahrhundert mit Hilfe der Genremalerei, der *petits maîtres*. Die Lebensverhältnisse auf einem kleinen französischen Schloß mit allen realistischen Details erklären die erotischen Verstrickungen der vier Generationen, die Beaumarchais psychologisch genau charakterisiert hat. Also keinerlei Opernpomp, sondern das einfache, kleine Alltagsleben historisch imitiert. Kein bewußter Vorschein der Französischen Revolution, sondern die stillen Veränderungen im Umgang der Menschen miteinander, die den gesellschaftlichen Umsturz ankündigen.

Jonathan Miller weiß sich darzustellen, eloquent und witzig. Ein amüsanter Tausendsassa mit brillanter Suada, dazu ein Wissenschaftler mit dem Sinn für öffentliche Wirkung. Man kann ihm stundenlang zuhören.

3. Juli 1990 Der neue Beethoven

Nikolaus Harnoncourt präsentiert zum erstenmal geschlossen »seinen« Beethoven. Bei der »Styriarte« in Graz; sein Orchester ist das European Chamber Orchestra, ein Elite-Ensemble junger europäischer Musiker, die für eine oder zwei Konzertperioden im Jahr zusammenkommen. In fünf Tagen also das ganz symphonische Werk Ludwig van Beethovens.

Das ist eine Schule des neuen Hörens und Erkennens. Lange im voraus hat Harnoncourt alle verfügbaren Autographen studiert, die Korrekturen und Phrasierungen aus den Partituren entfernt. Die Zeit hat sich die Musik Beethovens mundgerecht gemacht, hat geglättet und vereinfacht. Aber Beethoven hat nicht die einfache Schreibweise gesucht, er hat immer dem Sperrigen und Abrupten, den elementaren Wirkungen den Vorzug gegeben. Das ist neu zu hören. Herrliche Steigerungen, wirkliche Pianissimi. Die Interpretation ist genau durchdacht und wirkt doch wie frei und spontan.

Nikolaus Harnoncourt interpretiert in der Ersten Symphonie das Prometheische, glimmendes und zündendes Feuer. Das ist bereits die neue Klangsprache, wenn auch noch verdeckt von der Harmonik des späten Haydn. Dann die Dritte Symphonie, basierend auf einem Kapitel der Ilias. Harnoncourt folgt den Entdeckungen Arnold Scherings, der die Sätze des Werkes literarisch fundiert. Der erste Satz ist der Kampf der Helden Hektor-Patroklus. Der Trauermarsch ist die Grabmusik, der dritte Satz schließt sich unmittelbar an und beschreibt Reiterspiele zu Ehren des Toten. Am Schluß wieder Prometheus-Musik. Ein Drama spielt sich im Orchester ab, ohne theatralisches Beiwerk. Nikolaus Harnoncourt dirigiert diese homerische Vision, durch seine Phantasie wird die Musik plastisch. Das sind nicht vorgetragene, ausmusizierte Notenwerte, sondern Ereignisse, Bilder, redende Klänge. Eine neue Unmittelbarkeit entsteht, die frei ist von jedem modischen Anderswollen. Die Emotionen sind begründet und kontrolliert. Dieser Beethoven wird unser Hören verändern.

8. Juli 1990 Gesangspreise

Drei Königinnen der Nacht, zwei Paminen, eine Vitellia, eine Fiordiligi, eine Zerlina, eine Susanna … aber nur ein Don Ottavio und ein

Countertenor: Das ist das Ergebnis des Europäischen Mozart-Gesangswettbewerbes, das den kritischen Hörern in Wien, Paris und Rom präsentiert wird. Also kein Mozart-Ensemble, aus dem heraus man ein Werk wie »Le nozze di Figaro« oder »Don Giovanni« besetzen könnte. Die Damen haben das Regiment übernommen; der Sängerinnennachwuchs zeigt ein viel höheres künstlerisches Niveau als der der Herren. Oder hat die Jury zu strenge Maßstäbe angelegt? Man hat nicht die Stimmfächer, sondern ausschließlich die Qualität der Stimmen bewertet. Die Bravour der Koloratursängerinnen war bestechend. Sie werden alle Karriere machen.

Gesangswettbewerbe schießen wie die Pilze aus dem Boden. Junge Sänger brauchen Prämien und Urkunden, das Publikum will die Geburt künftiger Stars nicht versäumen, und schließlich sind auch die berühmten Experten dankbar, in einer Jury geehrt zu werden. Die Unternehmung ist sicher sinnvoll, wenn auch der Aufwand oft im umgekehrten Verhältnis zum Erfolg steht. Im Falle des Mozart-Gesangswettbewerbes spielt die Repräsentation eine große Rolle. In Italien und Frankreich werden kulturelle Aktivitäten zentralistisch gelenkt; die ministeriale Bürokratie stellt ihre Initiative und ihre Verdienste zur Schau. In der Jeunesse dorée feiert man sich selbst. Das Buffet im Théâtre des Champs Elysées ist Koloraturen des Lobes wert.

Das Concerto-Premiazione im Teatro Valle, ausgerichtet von der Römischen Oper, zeichnet sich durch klare dramaturgische Linien aus: Mozart-Metastasio, Mozart-Da Ponte, Mozart-Wiener Singspiel. Auf der Bühne die Imitation des Teatro Olimpico, die Sänger erscheinen in neu konzipierten Barockkostümen, das Konzert wird zur Rappresentazione. Viel Lob, viel Dank.

Die Erinnerung geht zurück: In diesem historischen Teatro Valle wurde 1966 unsere Wiesbadener Produktion von »Marat-Sade« von Peter Weiss zum Ereignis. Ein Stück, das damals die revolutionären Gefühle der Jugend spiegelte, den Aufbruch gegen die etablierte Gesellschaft. Die tumultuarischen Vorgänge in dem Irrenhaus des Marquis de Sade kontrastieren merkwürdig zu der barocken Galavorstellung junger Sänger. »Form ist alles...«

24. Juli 1990 Protest gegen Miller

Baron Waechter verfolgt mich in die Ferien mit einem eingeschriebenen Brief, in dem er gegen den Regisseur Jonathan Miller protestiert. Dieser habe bei ihm zur gleichen Zeit »Falstaff« inszenieren sollen, jedoch vor längerer Zeit aus privaten Gründen abgesagt. Er könne es nicht dulden, daß derselbe Regisseur jetzt an der Staatsoper tätig werde.

Eine Nachfrage ergibt, daß Miller niemals ernsthaft vorgehabt hat, an der Volksoper »Falstaff« in deutsch zu inszenieren. Die Anfrage liegt mehr als ein Jahr zurück.

Die Einmischung von Baron Waechter wird postwendend zurückgewiesen. Der Vertrag mit Jonathan Miller ist perfekt.

Die designierte Direktion scheint sich mit Regisseuren profilieren zu wollen. Peter Zadek soll »Il Trovatore« inszenieren mit Luciano Pavarotti als Manrico. Claudio Abbado soll dirigieren. Ein Treppenwitz. Ich schließe jede Wette ab, daß diese Mesalliance nicht zustande kommt.

27. Juli 1990 Angst vor der Vergangenheit

In Salzburg aus Anlaß der Eröffnung der Festspiele findet der »Nicht-Staatsbesuch« Václav Havels statt. In Gegenwart des deutschen und österreichischen Bundespräsidenten sagt er wichtige Sätze, auch an die Adresse Österreichs.

Angst vor der Zukunft und Angst vor der Vergangenheit seien die bestimmenden Motive der Gegenwart in Mitteleuropa. Angst als Folge der Freiheit, mit der man nichts anzufangen wisse. Die Annahme, »straflos durch die Geschichte zu lavieren und die eigene Biographie umschreiben zu können,... gehöre zu den traditionellen mitteleuropäischen Wahnideen«... Und er fügt hinzu: »Es gibt keine volle Freiheit dort, wo nicht der vollen Wahrheit freie Bahn gegeben wird.« Nur das Eingeständnis der Schuld befreie den Menschen von der Angst.

Die Havel-Rede ist ein wichtiges Zeitdokument. Er hat Waldheim bei seiner Rede ins Auge geschaut und ihm ins Gewissen geredet. Das wird an Waldheim abgleiten; er wird sagen, das betreffe ihn nicht. Aber auch andere sind in Österreich gemeint, der Bundeskanzler zum Beispiel. Er hat das »Bedenkjahr« 1988 überstanden, ohne ein einziges Mal von einer »österreichischen Schuld« zu sprechen. Nur einzelne hätten sich verfehlt und dafür gebüßt... Solange dieser Staat nicht die Wahrheit der Lüge vorzieht, wird es um seine Identität schlecht bestellt sein.

Fünfter Akt · Der Abgang

»In Wien passieren die Dinge nur, damit man ihnen nachweinen kann.«

Georg Kreisler

»Mir war eine Hoffnung geblieben. Daß es mir durch die Herausgabe eines neuen Buches gelingen werde, mich den Wienern in Vergessenheit zu bringen.«

Karl Kraus

2. August 1990 Wiener Aphorismen

Die brütende Sommerhitze und die überflüssigen Telephonate mit Wien führen zu Aggressionen, die sich in Aphorismen niederschlagen:

Die Wiener haben die größte Gelenkigkeit in der Verdrehung von Tatsachen.

Wie Schnecken kleben die Wiener auf ihren Kriechspuren. Jeder Versuch, sie anzutreiben, führt zu sofortigem Stillstand.

Die Wiener sind in politischen Skandalen routiniert. Sie pflegen im richtigen Moment zu erröten. Ebenso rasch wird ihnen auch schwarz vor den Augen. Sie achten dabei auf den Proporz.

In Wien ist nichts der Konversation so abträglich wie eine echte Information.

Die Wiener zahlen ständig Konventionalstrafen für verpaßte Gelegenheiten.

Nichts schadet in Wien einer Information so wie die ausdrückliche Bitte um Vertraulichkeit.

Wer in Wien Kultur kritisiert, meint manchmal nichts als das Fehlen von Tenören.

In Wien haben die Lügen lange Beine. Wer die längsten hat, kann Präsident werden.

Man kann in Wien die Minister noch so oft wechseln, die schmutzige Wäsche bleibt immer die gleiche.

Die Wiener wollen immer nur das Allerbeste. Man sollte sich mit dem Guten begnügen.

Wenn einem in Wien nichts mehr einfällt, kann man immer noch auf die Oper schimpfen.

Die Zeit ist den Wienern gefällig. Wer heute jemanden abschießt, erhält morgen dafür einen Orden.

Daß Wien anders sein soll, ist eine höfliche Umschreibung dafür, daß sich hinter angenehmer Lebensart die boshaftesten Instinkte verbergen. Wien ist so anders, wie die Donau eben nicht schön und blau ist.

20. August 1990 Paßwanderung

Der Julier ist die Wasserscheide zwischen Nordsee und Schwarzem Meer, der Paß, der das Hinterrheintal mit dem Engadin, dem Quellgebiet des Inns, verbindet. Eine heroische Landschaft. Richard Wagner hat sich hier die Götterlandschaft des »Rheingold« vorgestellt. Wotan träumt in dieser »freien Gegend auf Bergeshöhen« von »Mannes Ehre, ewiger Macht, endlosem Ruhm...«. Die Zahl berühmter Wanderer in diesem himmelnahen Gelände ist endlos, von Friedrich Nietzsche bis Conrad Ferdinand Meyer, von Hermann Hesse bis Gottfried Benn, von Thomas Mann bis Bruno Walter...

Wandern auf dem Julierpaß soll die endgültige Entscheidung bringen, ob Nikolaus Harnoncourt an der Staatsoper Mozart weiter dirigiert. Dreimal hat er die Fortsetzung des Mozart-Zyklus abgesagt, und immer wieder ist es mir gelungen, ihn zu überzeugen, die begonnene Arbeit fortzusetzen. Diesmal jedoch steht mehr auf dem Spiel. Ohne Harnoncourt werde ich auf den Mozart-Zyklus verzichten und die Wiener Arbeit vorzeitig abbrechen.

Auf die Minute genau taucht sein weißer Wagen vom Engadin her auf, Alice und Nikolaus Harnoncourt entsteigen in zünftiger Wandertracht. Euphorische Umarmung. Zuerst wollen wir uns ein wenig stärken. Nikolaus wirkt sehr gelöst, beginnt sofort zu plaudern über Salzburg, die neuen Begegnungen und Pläne. Er war bei einer Gesellschaft zusammen mit Georg Solti, Riccardo Muti und Seiji Ozawa. Solti hat entdeckt, daß er bei seinen Beethoven-Dirigaten vorher die Autographen studieren sollte, und ist von seinen neuen Erkenntnissen durchdrungen; Ozawa dirigiert »Idomeneo« und hört zum erstenmal von der Münchener Vorgeschichte einzelner Arien und der Originalbesetzung des ehemals Mannheimer Orchesters. Riccardo Muti schweigt, er sonnt sich in seinem Ruhm, ein besserer Mozartdirigent als sein Rivale Abbado zu sein... Und Waechter, der ihn für Repertoirevorstellungen an der Staatsoper gewinnen wollte, habe sich einen Korb geholt; genauso wie Mortier, der ihn wieder mit Karl-Ernst Herrmann habe zusammenspannen wollen...

Dann schnürt man die Stiefel und beginnt zu wandern; den steilen Hang zum Septimerpaß hinan, zu einem kleinen Bergsee. Es wird kühl, die grüngrauen Steinmassen verlieren im fahlen Licht ihre Konturen. Auf einer Anhöhe machen wir Halt. Es muß gesprochen werden. Wir setzen uns und lassen Gruppen von Bergsteigern vorbei.

Nach längerer verlegener Pause meint endlich Nikolaus Harnoncourt: »Also, ich habe es mir nochmals gründlich überlegt. Ich bin zu einem Kompromiß bereit und dirigiere ›Idomeneo‹ und ›Così fan tutte‹...« Umarmung, Tränen in den Augen. Tiefes Ausatmen. »Ich habe das Ganze auch von deiner Seite sehen gelernt. Ich kann dich in Wien nicht im Stich lassen...« Ich versuche, in ihn zu dringen und seine Wien-Aversion zu analysieren, um vielleicht einiges ändern zu können. Aber es sind keine konkreten Probleme, die ihn beschäftigen, es ist ein richtiger Wien-Komplex.

»Wenn ich an Wien denke«, meint er, »kann ich nicht einschlafen. Und wenn ich in Wien bin, schlafe ich überhaupt nicht. Die Atmosphäre ist vergiftet. Sie wollen immer nur zerstören, verdächtigen, schlecht machen. Wien ist ein Sumpf. Aber merkwürdig, Mozart, Schubert und Brahms haben in diesem Sumpf gelebt und komponiert. Man sieht alles klarer in Wien, das Böse, Intrigante, aber auch die wehmütige Schönheit des Lebens. Die Stadt erweckt und bringt einen um...«

Nikolaus Harnoncourt erinnert an die Anfänge des Wien-Abenteuers. »Du hast gesagt: Du willst noch einmal einen Rolls-Royce fahren, die Perfektion der Oper genießen. Und das ist deine Enttäuschung: Du sitzt in einem Rolls-Royce, aber du fährst gegen Mauern, drehst dich auf der Stelle. Die Perfektion kommt nicht zustande. Sie könnten in Wien besser sein als alle anderen; aber sie bleiben weit hinter dem eigenen Maß zurück. Es ist das Repertoiresystem, das die Leute korrumpiert: Jeden Abend ein anderes Stück in anderer Besetzung, das ist Improvisation, aber wer hat dafür die Nerven? Und wer gibt sich mit den guten oder schlechten Zufällen zufrieden? Wir wollen die Form und den besonderen Ausdruck des Werkes, der Szene, des Augenblicks, wie wir es wissen und hören, nicht irgendwelche Surrogate...«

Man könnte stundenlang reden, wie die Wiener Oper sein müßte, es hilft nichts, sie wird so sein, wie sie immer war. Das ist die Erfahrung des Wiener Opernspiels: hoher Einsatz, großer innerer

Verlust. Aber wie sagt Wotan lachend: »Wandel und Wechsel liebt, wer lebt. Das Spiel drum kann ich nicht sparen.«

Wir beginnen mit dem Abstieg. Die Sonne ist wieder durchgebrochen durch die Wolken, sofort gewinnt die Landschaft wieder ihre heroische Gestalt. Horden von Bergwanderern ziehen vorbei... »Grüezi, bonjour..« Der Schall von Kindergeschrei dringt von weither. Wir haben wieder Augen für die Maserung und Faltung des Gesteins, für Bergblumen und Schmetterlinge. Das ist ja alles viel wesentlicher als unser kleines Operngeschäft...

Zum Abschluß noch eine große Portion Eis, es versüßt den Abschied. Das Vertrauen ist wiederhergestellt. Die klare Bergluft hat die Probleme geklärt. Wir wissen, woran wir sind. Und sind uns einig, was Wien betrifft... Wir steigen in unsere Autos und fahren in verschiedene Richtungen, zum Rhein und zur Donau.

28. August 1990 Konzert in Salzburg

Der erste Offizielle, der mir nach den Ferien in Salzburg begegnet, ist Kurt Waldheim. Er ist gestern von seiner peinlichen Irakreise zurückgekehrt und hat sich als Held feiern lassen. In einem Alleingang hat er – ungeachtet des weltweiten Boykotts – seinen früheren »Bekannten« Saddam Hussein besucht und von ihm neunzig österreichische Geiseln freigebettelt. Die Amerikaner und Engländer müssen mitansehen, wie der irakische Diktator ihr Landsleute mißhandelt – und Österreich bringt seine Schäfchen ins Trockene. Die Weltpresse tobt: »Wien hat gezeigt, daß es in dieser Weltkrise nur an sich denkt...« »Den Amerikanern hat Waldheim staatsmännisch lächelnd die Zunge herausgestreckt...« »Wien ist offenbar von allen guten Geistern verlassen...«

Nun sitzt er neben mir und genießt das Konzert der Berliner Philharmoniker unter Abbado. Das Festspielpublikum ist zu international, um Waldheim Begeisterung entgegenzubringen. Im Gegenteil, man spürt eine gewisse Reserviertheit bei seinem Auftritt. Nur ja nicht mit ihm über seine Reise reden. Über das Konzertprogramm mit den »Sechs Orchesterstücken« von Anton Webern und den »Drei Orchesterstücken« von Alban Berg läßt sich unverbindlich parlieren. Er hält diese Anfangswerke des Programms für eine Pflichtübung des Orchesters; er weiß nicht, wie sehr Claudio Abbado für eine Einbürgerung der Wiener Schule kämpft. Obwohl die Werke 1910 bzw.

1914 entstanden sind, wirken sie auf das Festspielpublikum wie »moderne Musik«. Bei der nachfolgenden Mahler-Symphonie bemüht man sich, den Klang der Berliner und der Wiener Philharmoniker zu vergleichen. Was natürlich zugunsten der Wiener ausfällt. Ob Abbado Wien untreu werde, fragt Waldheim besorgt; ob man auch alles tue, ihn zu halten? Der Bundespräsident mißtraut der Kulturpolitik seines Landes...

1. September 1990 Von der Wertbeständigkeit der Oper

Auf mehr als 50 000 wird die Zahl der Opern geschätzt. Etwa die Hälfte davon ist in Bibliotheken und Archiven vergraben, teilweise wissenschaftlich erfaßt, teilweise auf den Tag der Auferstehung wartend. Darunter sicher auch die »Arianna« des Claudio Monteverdi. Vieles ist unwiederbringlich verloren. Pipers »Enzyklopädie des Musiktheaters« beschreibt –wenn man Ballett und Musical außer acht läßt – ausführlich etwa 2500 Operntitel; Kobbés »Complete Opera Book« ca. 320 Werke, die im internationalen Repertoire der Opern zu finden sind. Man könnte leicht auf 500 Titel ergänzen.

Der Tod der Oper geht um. Die Wertbeständigkeitsquote liegt bei 1 Prozent, wobei die Entstehungszeit der Werke von etwa 1770 bis 1930 deutlich begünstigt ist. Der Baum der Oper entstand aus dem geistigen Samen der späten Renaissance, knospte und blühte im Aufklärungszeitalter, trug seine Früchte im bürgerlichen 19. Jahrhundert und beginnt im 20. Jahrhundert seine Blätter zu verlieren, Blätter in den schönsten Herbstfarben. Der Baum Oper scheint in den letzten dreißig Jahren zu kranken, vielleicht fehlt ihm die richtige Nahrung, vielleicht neigt sich seine Vitalität dem Ende zu. Müssen wir uns ernsthaft Sorgen machen?

Gründe für die beginnende Senilität der Oper gäbe es genug. Ist die alte Werkformel nach vierhundert Jahren erschöpft? Wird man der konventionellen Handlung mit Exposition, Intrige und Finale überdrüssig? Hat sich die »Literatur-Oper« erschöpft? Verlieren wir unter dem Eindruck von Soziologie und Psychologie das Sensorium für individuelle Leidenschaften, die dem musikalischen »Helden« entsprechen? Sind die Schatten der Meisterwerke, die das Repertoire beherrschen, zu lang geworden? Welcher Komponist wird sich heute als »Epigone« verdächtigen lassen? Die Musikverantwortlichen drängen zu neuen Formen, neuen Techniken, neuen Klängen. »Abstrakte

Oper Nr. 1« war ein Ansatz, die »Minimal Music« verschaffte sich Gehör, es gibt die aktuelle Oper, die »Weltraum-Oper«, die Multimedia-Oper, die elektronischen Schöpfungstage von Karlheinz Stockhausen, die Collage-Spiele von Mauricio Kagel... An Experimenten für neue Formen des Musiktheaters fehlt es nicht. Sind das »Endspiele« oder Signale der neuen Freiheit, die auf den Brettern der alten Oper das 21. Jahrhundert einläuten?

Wenn die Formel der Wertbeständigkeit von 1 Prozent stimmt, müßte jedes verantwortungsbewußte Opernhaus jede Spielzeit ein neues Werk kreieren oder eines der letzten Generation nachspielen, um dem ständigen Verlust entgegenzuwirken. Die Spielpläne sind traditionslastig, die Kasse drängt zu den Evergreens, die Altgier dominiert. Also gegen den Strom schwimmen, solange die Finanzkraft es noch zuläßt. Nicht Wunschkonzerte sind angesagt, sondern Rationierung der »Meisterwerke«, um sie vor Abnutzung zu bewahren und die Ohren zu schulen in Akzeptanz zeitgenössischer Musik. In der bildenden Kunst gewinnen die Produkte heutiger Künstler einen hohen Spekulations- und Marktwert. Warum kann nicht auch der akustische Neuwert zu angemessenen Preisen angeboten werden? »Wien modern« geht diesen Weg – mit Erfolg. Die Opernhäuser sollten sich ein Beispiel nehmen. Sie tun zu wenig gegen die Sklerose der Opernkunst.

5. September 1990 Vokales Gala-Menu

Mirella Freni und Luciano Pavarotti geben zusammen ein Konzert mit Verdi-Arien und Duetten zur Eröffnung des Verdi-Zyklus. Seiltänzer muß man sein, um ein solches Konzert zustande zu bringen. Zuerst sollte es eine »Aida«-Aufführung mit den beiden Stars sein; das war Luciano zu beschwerlich, er wollte die Partie jetzt nicht mehr singen. Lieber ein Verdi-Konzert. Aber Mirella sträubte sich gegen die Konzertidee, und wenn schon Konzert, dann bevorzugte sie Puccini und Tschaikowski. Aber nur, wenn Claudio Abbado dirigiert. Da aber Claudio solche Konzerte nicht liebt und auch Terminprobleme sein Dirigat verhinderten, machte ich andere Dirigentenvorschläge. Wen Luciano akzeptierte, lehnte Mirella ab, als wollte sie das Konzert am Dirigenten scheitern lassen. Schließlich fand sich doch ein Abbado, der beiden genehm war: Roberto Abbado. Aber der war für die Orchesterproben nicht frei. Mit Kniefällen und Einladungen gelang es in allerletzter Minute, ihn freizubekommen. Jetzt ging es um das Programm. Wie gerne hätte man Arien und Duette gehört, die beide in Wien noch nicht gesungen haben, zum Beispiel Arien aus »Ernani« oder »Vespri siciliani« oder »Forza del destino«... Es blieb beim Erprobten. Trotz allem war die Synthese dieser beiden Stimmen ein musikalisches Ereignis.

Mirella Freni in brillanter Gesangstechnik mit dem bei ihr so bewunderten Legato und der reinen Kantilene in den hohen Lagen. Luciano Pavarotti in bester Verfassung, mit ausgeglichenem Register und runden Modelltönen in der Höhe. Eine Mixtur aus »La Traviata«, »Luisa Miller«, »Don Carlo« und »Aida«, ganz nach dem Geschmack des Publikums. Auf die Szene können die Wiener verzichten, sie lenkt nur ab von den vokalen Delikatessen, die dieses Galamenü bietet. Die Gourmets jauchzten vor Entzücken. »Bis... bis...«

7. September 1990 Chorlektion

Der Opernchor braucht dringend eine Animation. Man leidet unter Nachwuchsproblemen und möchte sich gerne stärker öffentlich profilieren. Wer will heute schon Chorsänger in der Oper werden? Seine Individualität zurückstellen, sich einordnen in ein Kollektiv, das Privatleben nach dem Spielplan richten? Ohne große Aufstiegschancen und finanzielle Befriedigung, ohne einen adäquaten Sozialstatus und ohne gesellschaftliches Prestige? Es muß etwas geschehen, um die Motivation dieses Berufes zu stärken: die Freude am Singen, die Freude am Spiel, die Befriedigung, in der Oper immer mit dabei zu sein.

Aber braucht es nicht auch eine Reform im Umgang miteinander? Ist der Kollektivgeist nicht zu Routine und leerer Betriebsamkeit verkommen und hat vielfach den künstlerischen Sinn verloren? Was ist dagegen zu tun? Sicherlich kommt es sehr auf den Chordirektor, auf seine pädagogischen Qualitäten an. Er muß nicht nur Musiker sein, sondern einen persönlichen Elan mitbringen, diese Gemeinschaft zu inspirieren. Er sollte etwas von Psychologie, aber auch von meditativen Verhaltensübungen verstehen.

Jede Chorlektion müßte die vier Stufen gemeinsamer Übung bedenken: Schweigen-Üben, Atmen-Lernen, Klang-Bilden, Sinn-Finden. An der Schwelle zum Chorsaal sollte die private Existenz aufhören, die künstlerische Verwandlung beginnen. Die Bühne ist nicht nur der Ort, wo man seine Arbeit ableistet, sein Geld verdient – die Bühne ist der Raum, in dem jeder ein anderes Selbst annimmt, durch seine Stimme und sein Spiel eine Aufführung gestaltet, also künstlerisch verantwortlich ist.

Wer einmal erlebt hat, wie ein Schauspieler in Bali sich auf eine Aufführung des Wajang Kulit vorbereitet, weiß, wieviel an Ritual, Dämonie, Religiosität unsere Theaterverrichtungen verloren haben. Etwas davon könnte der Opern-Professionalität guttun. Auch im Chor.

9. September 1990 Das Verwelken der Camélia

»Croce e delizia« ist das Thema des Stückes. »Croce«, das meint das Opfer bürgerlicher Verlogenheit; »delizia«, das ist das sinnliche Glück einer vom Wege Abgekommenen, einer Kokotte, die ihr Liebesgewerbe aufgibt und sich in einer bürgerlichen Idylle vergißt, bis die Wirklichkeit sie einholt. Man kann dieses musikalische Seelengemälde Verdis dialektisch begreifen, vom ersten Ton der geteilten Violinen des Vorspiels bis zur Todesszene der Violetta, in die unvermittelt der Straßenkarneval hineintönt: »croce e delizia«, Opfertod und Sinnenlust.

Man kann sich auch in einer Aufführung verführen lassen von einem Naturschauspiel, vom Aufblühen und Verwelken der Camélia, nach dem Alexandre Dumas seinen Roman benannt hat. Verdi hat diesen Übermut der Natur, der die Schmetterlinge im Winde taumeln läßt, in Musik umgesetzt. Er hat eine Menschengestalt erfunden, deren verspielte und morbide Sinnlichkeit sich in allen Tonfarben verströmt, jubilierend und klagend, übermütig und einsam. Das ist keine Kurtisane oder Maitresse, sondern ein Mädchen vom Lande, das sich im Milieu der Pariser Halbwelt verloren und wiedergefunden hat. Diese Mademoiselle Valéry gibt ihre Gefühle preis, den fiebrig gleißenden Überschwang ihrer Liebesfeste wie die Abgründe des Selbstzweifels, das ländliche Glück ihrer Hoffnung und das gesellschaftliche Verachtet- und Verworfensein. Das Wissen um ihre Schwindsucht, die kurze Lebensfrist, macht jeden Augenblick kostbar. Der Tod ist immer präsent. Und wenn dann die verwelkte Blume zu Boden fällt, erstirbt die Musik in Trauer.

Dieses einzige realistische Stück Verdis, das in seiner Gegenwart angesiedelt ist, reizt jede große Sängerin, jeden Tenor und Bariton – aber es ist auch ein wirkliches Regiestück. Es geht dabei nicht um große Konzeptionen, sondern um atmosphärische Dichte und glaubwürdiges Leben. Nach Maria Callas, Renata Scotto, Anna Moffo, Mirella Freni, Ileana Cotrubas, Jeanette Pilou ist jetzt Edita Gruberova Inbegriff dieser Camélia Violetta. Wie sie ihre Stimme färbt, wie sie im Singen zu charakterisieren weiß, vom Girren und Jubeln bis zum Schluchzen und Flüstern, das zeigt nicht nur hohe Musikalität, sondern wirkliches Verstehen menschlicher Lebenssituationen. Alfredo Kraus ist ihr Partner. Niemand denkt an seine Jahre, er ist der Grandseigneur der Bühne, der mit seiner schlank und elegant geführten Stimme verführt. Und Giorgio Zancanaro versteht es, die verlogene Sentimentalität dieses Père Germont wirkungsvoll denunzieren.

Jean-Pierre Ponnelle hat in seiner Inszenierung der »Traviata« die Ouvertüre als Rahmen benutzt, genau der Musik folgend, und Details des Romans von Dumas einbezogen. Maurice Béjart hat die Casinoszene zum Zentrum seiner Inszenierung gemacht und ein Glücksspiel um Liebe und Geld choreographiert. Für Karl-Ernst Herrmann war »Traviata« eine genaue Studie französischer Ästhetik des 19. Jahrhunderts. Von all dem ist die Repertoireaufführung einer Otto-Schenk-Inszenierung aus dem Jahre 1971, die sicher einmal Qualitäten hatte, weit entfernt. Wir müssen uns mit der musikalischen und szenischen Präsenz der Sänger begnügen und damit trösten, daß es in Italien kaum je anders ist. Aber sollen wir deshalb verdrängen, wie diese Aufführung sein könnte?

10. September 1990 »Attila«

Da macht man nun einen Verdi-Zyklus mit den besten Besetzungen – und kurzfristig sagt ein Star nach dem anderen wegen plötzlicher Krankheit ab. Wenn man dann Werke wie »Attila« oder »Luisa Miller« spielt, die nicht im internationalen Repertoire sind, beginnen die Kompromisse. Trotzdem kommt die Aufführung »Attila« glücklich über die Runden. Nicolai Ghiuselev und Giorgio Zancanaro sind die Retter. Vladimir Ghiaurov dirigiert.

Was hält doch dieser frühe Verdi für Überraschungen bereit! »Attila«, der Stadt Venedig gewidmet, vom Risorgimento aktualisiert, ist ein feuriges, spannendes Werk, eine Fundgrube für viele musikalische Edel- und Halbedelsteine. Man muß sich damit abfinden, daß das Orchester beinahe den Charakter einer »Banda« hat, also nur wenig den Standard der Zeit überragt. Attila hat die Statur eines König Philipp, und der Papst Leone ist im Keime ein Großinquisitor. Ezios Baritonpathos reicht bis zu »Vespri siciliani« und »Ballo in maschera«. Die große Liebesszene Odabella-Foresto könnte auch in »Trovatore« erklingen. Die Naivität Verdis ist entwaffnend; da ist ein Sonnenaufgang über der Lagune zu entdecken; ein Gewitter kündigt – wie in »Rigoletto« – die Katastrophe an. Viel Inspiration und Kraft – natürlich auch, besonders im zweiten Akt, manche Trivialitäten.

Die Inszenierung von Giulio Chazalettes hatte einmal eine Konzeption, sie ist den Improvisationen und Vereinfachungen des Repertoirebetriebes teilweise zum Opfer gefallen.

12. September 1990 Der kalte Friede

In Moskau endet heute die Nachkriegszeit. Die deutsche Frage ist vertraglich gelöst. Die Siegermächte treten ab und übertragen den Deutschen, ihr Schicksal selbst zu gestalten. Dafür müssen sie zahlen. Die neue deutsch-russische Freundschaft wird noch viel Geld kosten. Rußland ist ein Faß ohne Boden. Der kalte Krieg in Europa ist zu Ende, es beginnt der kalte Friede. Die Menschen im Osten hungern und frieren. Die marxistisch-leninistische Staatsideologie hat den Vielvölkerstaat zusammengehalten; wird es jetzt zur Auflösung des letzten Kolonialreiches kommen? Was wird in den Köpfen vorgehen, wenn sich herausstellt, daß das Denken seit mehr als siebzig Jahren falsch war? Viele werden sich verhärten und der Vergangenheit nachtrauern, andere werden sich neue Götter suchen, und seien es die ältesten Götzen der Geschichte. Und werden sich neue künstliche Träume erzeugen, einer davon ist sicher der Alptraum einer ungebremsten, wild wuchernden Warengesellschaft. Der Wert der Freiheit wird nur denen zugute kommen, die in der Lage sind, sich eine neue Ordnung zu schaffen. Aber es fehlt an demokratischer Erfahrung, an soziologischen und ökonomischen Voraussetzungen. Das geistige Vakuum birgt größte Gefahren.

Das Ende der »Deutschen Demokratischen Republik«, das so schnell, viel zu schnell vonstatten ging, wird schmerzliche Folgen haben. Vierzig Jahre real existierender Sozialstaat mit Bevormundung und kleinbürgerlichem Mittelmaß können nicht mit einer neuen

Verfassung ausgelöscht werden. Sie bleiben noch lange in den Köpfen, werden bald rehabilitiert werden. Man verinnerlicht die DDR zu einer Saga vom »Arbeiter- und Bauernparadies«; man schiebt die Fehler auf den Stalinismus, um weiter an die sozialistische Idee glauben zu können. Und verdrängt die ökonomischen und ökologischen Realitäten. Die ehemalige DDR wird bald ein Notstandsgebiet werden – auch intellektuell. Die deutsche Zweiheit besteht noch lange. Trotz aller Investitionen, trotz der neuen Freiheit. Aber es hat keinen Sinn zu lamentieren. Geschichtliche Entwicklungen kennen keine psychologischen Rücksichten, das Recht des wirtschaftlich Stärkeren setzt sich durch. Die bankrotte DDR wurde aufgekauft und fusioniert, Vernunftlösungen sind müßige Spekulation. Nach dem Rausch der Katzenjammer.

15. September 1990 Welt-Ensemble

Früher waren an der Wiener Staatsoper 70 - 80 Sänger ganzjährig engagiert und standen für das gesamte Repertoire zur Verfügung, sowohl für die deutschen wie für die italienischen, die französischen wie die russischen Opern, die alle in deutscher Sprache gesungen wurden. Mit dem Singen in der Originalsprache begann die Spezialisierung, die es wünschenwert erscheinen ließ, Spitzensänger aus dem jeweiligen Ursprungsland gastieren zu lassen. Das Repertoire wurde immer internationaler, immer mehr Sänger begaben sich auf die Reise; die Verkehrsverhältnisse ermöglichen es, daß die Besten überall auf der Welt ihre Spezialpartien singen. Die Schallplattenindustrie popularisiert ihre Namen, das Publikum will sie hören und bezahlt dafür hohe Preise. Um seinen Rang als eines der führenden Opernhäuser der Welt zu behaupten, partizipiert die Staatsoper am Weltensemble der besten und bekanntesten Sänger.

Seit Herbert von Karajan werden die Besetzungen nach der Verfügbarkeit der künstlerisch optimalen Kräfte unserer Zeit zusammengestellt. Das sind etwa 150 internationale Spitzensänger, die sich nicht lokal binden und ihre Zeit je nach Angebot und Präferenz auf die künstlerisch renommiertesten Opernhäuser der Welt aufteilen. Viele suchen die Herausforderung einer neuen Produktion und integrieren sich in den Probenprozeß, andere ziehen die Chancen des freien Gastierens vor. International stehen etwa 50 Theater ständig in Konkurrenz miteinander. Agenturen verhandeln über Termine und Gagen.

Die Welt ist kleiner geworden. In der Oper kennt jeder jeden. Die gleichen Sänger, Dirigenten, Regisseure arbeiten in Chicago, Florenz, Brüssel und Wien. Und alle sind ins gleiche Netz der Informationen verstrickt. Daß dies nicht zu künstlerischer Austauschbarkeit führen muß, zeigen die vielfach akzentuierten Spielpläne der einzelnen Häuser. So wie die Vorteile des freien Marktes heute in Europa erkannt werden, so ist auch in der europäischen Oper Qualität nur durch die Konkurrenz der besten Kräfte zu erreichen. Isolierung bedeutet Provinzialisierung.

18. September 1990 Neue Ideen: Fehlanzeige

Die österreichische Politik ist von allen guten Donaugeistern verlassen. Man führt den Visumzwang gegen Polen ein, protestiert gegen tschechische Atomkraftwerke, prozessiert gegen Ungarn wegen Zahlungen an österreichische Firmen, die Aufträge für das Kraftwerk Nagymoros hatten, man ignoriert die jugoslawischen Nationalitäten, man kündigt den Transitvertrag mit Italien und schimpft über die Großmäuligkeit der Deutschen nach der Wiedervereinigung. Man schickt Truppen an die Grenzen, um Flüchtlinge aus dem Osten aufzugreifen, und beteuert gleichzeitig, soziale Hilfe zu leisten.

Das alles, weil jegliche Gesamtkonzeption fehlt und weil man sich im Wahlkampf profilieren will: »Mit aufrechtem Gang in die EG«. Der Opportunismus blüht.

Im Fernsehen streiten die Wahlkontrahenten. Der Bundeskanzler kneift die Augen zusammen, als schlösse er sein Visier – um besser gewappnet zu sein. Man merkt, daß ihm die Show zuwider ist. Seine Ausfälle wirken unwillig und unpräzise. Er hat dieses uneffiziente Geschwätz eigentlich nicht nötig und packt als erster seine Akten zusammen. Anders der schwarze Koalitionspartner. Er hat seine Lektion gelernt und möchte sie loswerden, Punkt für Punkt. Ein Oberlehrer, der alle mit seinem Zeigefinger bedroht. Dagegen die Angreifer rechts und links. Der blonde Bilderbuchkandidat der Freiheitlichen übt sich lächelnd in sportiven Attacken. Er kennt die schwachen Stellen und schießt sich ein auf Skandale, Verfilzung, Proporz. Auf der linken Seite der verbissene Grüne, der alles beweisen kann und am längsten redet, mit dem Brustton der Überzeugung.

Sie alle führen die Scheingefechte, die sie im politischen Geschäft gelernt haben. Politisches Schlagobers, leider versalzen. Nach amerikanischer Manier punktet das Fernsehen. Rhetorik und Charme bestimmen den Sieger. Neue Ideen: Fehlanzeige.

26. September 1990 Selbstvertrauen des Balletts

John Neumeier hat das Problem des Wiener Balletts genau erkannt. Wenn ein potenter Choreograph die Leitung der Kompanie übernehmen soll, muß er das Recht haben, tiefgreifende Personalveränderungen vorzunehmen. Handelt es sich nur um einen Wechsel der Ballettmeisterin, sollte die personelle Aufbauarbeit mit behutsamen Reformen fortgesetzt werden. Doch welche Ballettmeisterin hält sich nicht auch für eine verkannte Choreographin und nimmt damit das Recht für sich in Anspruch, alles umzukrempeln und einem großen Teil der Kompanie zu kündigen?

Das Wiener Ballett zeigt mit »Letzte Lieder« (van Dantzig) und »Josephs Legende« (Neumeier) eine erstaunliche Vitalität. Man will sich gegen die Einschätzung der neuen Direktion behaupten. Die »Letzten Lieder« von Richard Strauss nach Gedichten von Hermann Hesse und J. v. Eichendorff, mit ihren schwebenden Klängen, lassen sich nur schwer »vertanzen«, es kommt auf Persönlichkeiten an, die sich sehnen und träumen können. Das setzt souveräne Körpersensibilität voraus. Der Tod ist der ständige Begleiter dieser vier Paare, die das Spiel der Jahreszeiten in ihren Bewegungen reflektieren. Man darf die Texte nicht zu wörtlich nehmen, die Körpersprache abstrahiert.

Bei der »Josephs Legende«, einem Auftragswerk von Richard Strauss für die »Ballets Russes« von Diaghilew, 1914 von Michael Fokine choreographiert, geht es psychologisch eindeutiger zu. Dieses Ballett zählt zu den Standardwerken des Wiener Ballettrepertoires seit den zwanziger Jahren. Zuletzt hat John Neumeier 1977 das Werk für Wien neu choreographiert und seiner Arbeit einen minutiös ablesbaren Text unterlegt. Drei Tänzer der Wiener Kompanie sind seitdem in den Hauptrollen nachgewachsen: Als Engel tritt Christian Musil in die Fußstapfen seines Vaters, Harald Uwe Kern tanzt den Joseph mit blühend jugendlicher Unbefangenheit, und Potiphars Frau wird bei Marialuise Jaska eine vielfach gebrochene Charaktergestalt. So uninspiriert die Musik von Richard Strauss sein mag, allein der orchestrale Abglanz von »Salome« und »Elektra« genügt, um dieses Werk als Klangzauber für das Orchester zu prädestinieren. Der Erfolg gibt der eingeschüchterten Wiener Ballettkompanie Selbstvertrauen.

9. Oktober 1990 Hildegard Behrens

Hildegard Behrens singt – an Stelle der für sie vorgesehenen Isolde – die Elektra, auch wenn der Regisseur seinen Namen zurückzieht. Zwischen ihr und Harry Kupfer gibt es künstlerische Divergenzen. Sie will mitdenken und nicht nur Werkzeug der Regie sein. Solche Vorbehalte wertet Kupfer als Mißtrauen gegen seine Arbeit. Ganz oder gar nicht; es darf keine Halbheiten geben, meint er, und hat mit diesem totalen Regietheater großen Erfolg. Intellektuelle Persönlichkeiten wie Hildegard Behrens suchen sich Partner, die auf sie eingehen.

Ihre Elektra folgt fast genau den choreographischen Anleitungen, aber sie ist keine Kopie der elementaren Eva Marton, sondern eine Prinzessin, die geistig opponiert und ihr Selbst behaupten will gegen die alles beherrschende Mutter. Also kein Triebwesen, Opfer eines Vaterkomplexes, sondern zynische, menschenverachtende Planerin der Rache. Eine Elektra, die neben sich steht, sehr genau ihren Text artikuliert, die lyrischen Bögen singt und ihre Ekstatik für den Schluß aufspart. Marjana Lipovšek als Klytämnestra hat nicht die Morbidezza dieser Figur, aber eine starke unberechenbare Vitalität; ihre Stimme dominiert.

Hildegard Behrens wiederzusehen heißt zugleich, zurückdenken an erstmals gemeinsam erarbeitete Partien: die Leonore im »Fidelio«, die mit dem jugendlichen Feuer ihrer Erscheinung und der Klarheit ihrer Stimme alle Vergleiche über den Haufen warf; die Senta im »Fliegenden Holländer«, die im übergroßen Vatersessel ihre Ballade sang und zur Erlösung der Holländerseele prädestiniert schien; die Isolde, die, vom Liebestrank verwandelt, Tristan verfallen war und sich, ihm folgend, in nichts auflöste. Alles Gestalten, die sie auch stimmlich problemlos meisterte. Sie tauchte auf wie ein Komet am Opernhimmel. Drei Jahre nach ihrem Debut war sie bereits Karajans Salome. Auf die Sieglinde folgte bald die Brünnhilde in Bayreuth und so manch andere Partie, in der sie sich suchte...

15. Oktober 1990 Leonard Bernstein ist tot

Die Todesnachricht von Leonard Bernstein. Man wußte von seiner Krankheit, von körperlicher Schwäche, von reduziertem Programm. Plötzlich steht er nach dem Essen auf, fällt um, der Finger des Todes hat ihn berührt.

Ein Jahr ist es her, daß er zum letztenmal in der Staatsoper war. Er schickte einen großen Blumenstrauß und bedankte sich in einem seiner herzlichen Briefe für die Aufführung von »Chowanschtschina«. Sie hatte ihn sehr berührt. Er kam gerade aus Polen und Rußland und hatte die geistige Unruhe dieser Länder persönlich miterlebt. Er stürmte nach der Aufführung auf die Bühne, um Claudio Abbado, sein »Baby«, wie er ihn nannte, zu umarmen.

Nun sind die Pläne zunichte gemacht; es wird keine »Salome« unter Leonard Bernstein geben; seine »Holocaust-Oper« bleibt ungeschrieben, sie sollte sein Testament werden, die große Abrechnung mit der Geschichte und ein Appell zu Brüderlichkeit und Versöhnung. Er suchte nach einem Dichter von Rang, einem neuen Wystan Hugh Auden oder Thornton Wilder. Die literarische Verantwortung für einen solchen Stoff zehrte an seinen Nerven. Er war bereit, anzufangen.

Man kann das Phänomen Bernstein nicht aufspalten in: Lennie, der Komponist, Lennie, der Dirigent, Lennie, der Pädagoge, Lennie, der Kulturpolitiker – er war alles in einem, er war Musiker. Mit allem Enthusiasmus, der ihm eigen war, lebte er für eine Sache: the joy of music. In einer Rede hat er es einmal formuliert: »Musik – pure ästhetische Verzückung, diese geheimnisvollste und beseligendste Kunstform«. Sie inspirierte ihn, gab ihm Energie, machte ihn zum Botschafter der Kunst in allen Ländern der Erde. Er war immer da, wenn es galt, geschichtliche Momente durch Musik in das Bewußtsein einzuprägen, beim Fall der Berliner Mauer, bei der Erinnerung an den Kriegsausbruch vor fünfzig Jahren, an die Atombombe von Hiroshima, an die Gründung des Staates Israel... Aus dem Geiste der Musik war er Weltbürger, Pazifist, Philanthrop. Denn Musik war für ihn Inbegriff der Humanität.

Dabei gab es für ihn keine Unterscheidung in U- und E-Musik; als Amerikaner nahm er sich die Freiheit, Musik des 20. Jahrhunderts zu schreiben, mit allem Wissen um harmonische Traditionen und Regeln – aber zugleich mit dem Sinn für unmittelbare Wirkung. Für ihn gab es nur gute und schlechte Musik, sei es in der Symphonie und Oper oder im Jazz, Schlager und Musical. Und er formulierte überzeugend die Gründe, einfach, verständlich für junge Leute oder Kritiker.

Schlechte Musik hieß für ihn Kapitulation vor dem Geschäft, Verzicht auf geistigen Anspruch, mangelnder Respekt vor den großen Vorbildern.

Ihn auf die Melodie festzulegen ist viel zu eng. Seine Kompositionen sind erfüllt von Rhythmus, von tänzerischen Impulsen – und von Sprache. Der literarische Grund ist immer dominant, Bernstein will die Aussage. Auch in den Symphonien verwendet er gesprochene, gesungene oder chorisch gestaltete Texte, poetische wie religiöse. Und er sucht damit die übergreifende geistige Einheit.

Lennie und Wien, ein langes Kapitel musikalischer Ereignisse. Die Wiener haben ihn seit seiner ersten Aufführung spontan angenommen; das Einvernehmen wurde immer herzlicher, auf beiden Seiten. »Falstaff«, »Rosenkavalier« und »Fidelio« hat er hier dirigiert, Aufführungen, die in die Geschichte eingegangen sind. Aber auch seine eigenen Werke hat er in Wien aufgeführt: »Mass« und »A Quiet Place«, der Jubel hielt sich in Grenzen. Seine Musicals sind alle in Wien produziert worden, vor allem »West Side Story« und »Candide« hatten lange Aufführungsserien.

Die Konzerte mit den Wiener Philharmonikern sind Legion. Man hält sich in Wien freundlich an die Legende, Bernstein habe Gustav Mahler für Wien erst entdeckt, was natürlich nicht stimmt. Auch vor ihm gab es jedes Jahr in den Konzertsälen Mahler-Symphonien – aber Bernstein hat Mahler populär gemacht, durch sein elementares Dirigieren und seine persönliche Identifikation. Er fühlte sich für Mahler in Wien verantwortlich. Die Zeit war reif für Gustav Mahler. Aber er hat auch Mozart, Beethoven und Brahms neu hören gelehrt mit seinem Mut zu freieren Tempi und zu größerer Dynamik. Er hat dirigiert, als hörte er die Musik zum erstenmal, und hat dieses Erlebnis dem abgebrühten Publikum vermittelt. Kopfschüttelnd freundete man sich an; Lennie hatte Narrenfreiheit.

Lennie war kein Traditionsmusiker, sondern der Außenseiter, der alle umarmte, die Musiker abküßte, der sprang und tanzte auf dem Pult, mit beschwörenden Gesten dirigierte oder gar das Orchester allein spielen ließ. Das war keine Show, sondern sein Ausdruck des Lebens. Und wie er sich öffentlich gab, so war er auch privat: immer spontan und intensiv in seinen Reaktionen und Meinungen. Wenn er zur Türe hereinkam, strömte ihm Sympathie entgegen, er wußte Menschen für sich einzunehmen, sie zu fordern und zu animieren. Alles was er tat, geschah aus innerem Engagement, sei es die Empfehlung eines Sängers oder Pianisten, sei es sein eigener Einsatz für junge Orchester oder neue Partner. Welchem Musiker in dieser Welt kann man so viel Herzlichkeit und Uneigennützigkeit nachsagen wie Leonard Bernstein.

Sein berühmtestes Lied hat die deutschen Worte:

»Einmal werden wir lernen zu leben.
Mensch wird dem Menschen vergeben.«

Er lebte voller Hoffnung. Wir durften uns von seiner Musik und seinen Überzeugungen anstecken lassen.

20. Oktober 1990 Wiener Masken

Die Wiener sind »Bassenatratschn«, »Drahdiwaberl«, »Haberer«, »Itipfelreiter«, »Nudldrucker«, »Obezahrer«, »Strawanzer«, »Wappler« etc. So sieht sie jedenfalls Manfred Deix, der Karikaturist mit dem bösen Blick. Er ist genau der richtige, um dem »Kehraus um St. Stephan« von Ernst Krenek den kritischen Biß zu verleihen. Im Umkreis von »Letzte Tage der Menschheit« von Karl Kraus und »Geschichten aus dem Wienerwald« von Ödön von Horvath ist diese Satire mit Musik 1930 entstanden; kein Stück für ein großes Opernhaus, sondern musikalisches Kabarett. Es gelingt, die Wiener Festwochen, die Vereinigten Bühnen Wien mit der Staatsoper zusammenzuspannen, um die Uraufführung nach sechzig Jahren im Ronacher zu organisieren. Niemand glaubt so recht an das von der Zeit verdrängte, vom Autor zeitweilig gesperrte Stück. Aber je mehr man sich mit Text und Musik beschäftigt, wird dieser »Kehraus« zu einem äußerst charakteristischen Zeitbild der deutsch-österreichischen Republik nach dem Ersten Weltkrieg. Ein Werk der politischen, der künstlerisch-musikalischen Krise, das viele Züge der Aktualität zeigt, wenn man an heutige Verhältnisse in Ungarn oder Polen dankt. Es kommt darauf an, das historische Zeitbild so zu pfeffern, daß es auch heute Appetit macht.

Aus Menschen müssen Typen werden: die ehemaligen Offiziere der k. und k. Armee, die Kriegsgewinnler und Spekulanten, der deutsche Industrielle, die leichtlebigen Damen, die »Pülcher, Arbeiter, Kolporteure und Missen«, wie es im Textbuch heißt. Man braucht nur die Bilderbücher von Manfred Deix aufzuschlagen und findet sogleich die richtigen Assoziationen. Man muß diese Verzerrungen der Physiognomie den Sängern plausibel machen und vor allem Ernst Krenek davon überzeugen, daß ein sentimental-historisierender Stil dem Stück heute nur schaden kann. Nach zahlreichen Absagen findet sich endlich das Regieteam, das sich dieses Panoptikums annimmt. Ernst Krenek mit seinen neunzig Jahren wird aus Kalifornien anreisen, um diese seine vielleicht letzte Uraufführung zu erleben.

27. Oktober 1990 Die »Herrmannschlacht«

Es tobt die »Herrmannschlacht«, der Kampf von Ursel und Karl-Ernst Herrmann um breite, erfüllte Dialoge, um harte, erlebte Situationen: um Schauspieltheater mit Sängern, um ihre »Entführung aus dem Serail«. Und vor allem gegen die Pause nach dem zweiten Akt. Aus künstlerischen Gründen soll die Spannung nicht unterbrochen werden, weil der dritte Akt schwächer ist. Die Musiker berufen sich auf das Finale, das einen deutlichen Aktschluß markiert, und auf ihr Gewohnheitsrecht, das eine kurze Pause nach mehr als 1 3/4 Stunden verlangt. Selbst Abbado bei »Chowanschtschina« war gegen diese Orchesterforderungen machtlos. Begründung: Ein Durchspielen von mehr als zwei Stunden beeinträchtige die Konzentration. Die Herrmanns haben sich ein Feindbild konstruiert: »das beste Orchester der Welt«, das ihre Arbeit sabotiert. Hinter der Orchesterargumentation stehen natürlich Aufführungen, die weniger als drei Stunden gedauert haben, Inszenierungen von Schuh, Gielen, Strehler, Düggelin, Dorn... Warum muß es jetzt anders sein? Realistisches Schauspieltheater stößt bei den Orchestermusikern, die während der Dialoge untätig zuhören müssen, auf Unverständnis. Das trifft den Theaternerv der Herrmanns. Hinter den Kulissen entwickelt sich ein Prestigekampf – wer setzt sich durch?

Der salomonische Kompromiß: eine Zigarettenpause für das Orchester, das Publikum soll das Programmheft lesen. Die Herrmanns fühlen sich unterlegen und schimpfen auf die Direktion; das Orchester beginnt aus einer Zigarette zwei zu machen... Am Ende dauert die Aufführung fast dreidreiviertel Stunden. Was die Presse entsprechend kommentieren wird.

28. Oktober 1990 »Rigoletto« – schärfer belichtet

Was dem buckligen Hofnarr »Rigoletto« am Hofe des Herzogs von Mantua widerfährt, hat er sich eigentlich selbst zuzuschreiben. Er treibt als »Kabarettist«, Entertainer und Opportunist seinen Spott auf Kosten anderer, verhöhnt den Protest eines Vaters, dessen Tochter von seinem Dienstherrn entführt und vergewaltigt worden ist. Die »maledizione« geschieht ihm recht. Ein Lehrbeispiel für einen Humor, der mit der Schadenfreude operiert und sich anbiedert, nur um die Lacher auf seiner Seite zu haben. So etwas kann zu allen Zeiten, in jedem Regime, auch heute vorkommen. »Rigoletto« ist eigentlich ein aktuelles Lehrstück.

Und auch die Art, wie sich die Rache dann abspielt, ist nicht an das malerische Mantua der Gonzaga gebunden. Wer sein schönes Töchterlein in einem »goldenen Käfig« vor der Welt verbirgt, muß damit rechnen, daß dieses Mädchen gerade deshalb in falsche Hände gerät. Woher sollte sie auch die guten von den schlechten Liebhabern unterscheiden können.

Und Rigoletto begeht einen weiteren Fehler, indem er für seine Rache einen »Bravo«, d.h. einen gewissenlosen Mörder dingt. In Mafiakreisen soll es auch heute Killerprofis wie diesen Sparafucile zur Genüge geben. Daß auf diese Leute wenig Verlaß ist, besonders, wenn das Mordopfer ein Herzog sein soll, müßte er einkalkulieren. Aber Rigoletto handelt als gekränkter Vater blind und als »Künstler« leichtfertig. Seine Rache ist ein schlechter Theatercoup. Er hat das Nachsehen, seine eigene Tochter wird das Opfer seiner Rache. Also wiederum ein Lehrstück von einem »Künstler«, der alles falsch macht. Auch der Schaden kann ihn nicht mehr klug machen.

Im Grunde also das Charakterdrama eines Außenseiters der Gesellschaft, der sich infolge seiner Anbiederung an die herrschende Klasse und ihre Moral selber richtet. Victor Hugo in seinem Bühnenstück »Le roi s'amuse« und Francesco Maria Piave, der Librettist Verdis, haben diese Story in eine historische Schauerballade verkleidet und mit viel folkloristischen Zutaten gewürzt. Das läßt sich heute kein Filmregisseur entgehen; auch nicht Jean-Pierre Ponnelle.

Und doch wäre es einmal reizvoll, dieses Lehrstück gleichsam im Skelett zu erleben, vielleicht sogar in heutiger Umwelt, irgendwo in Amerika oder auch in Süditalien. An reichen und perversen Machos dürfte auch heute in gewissen Kreisen kein Mangel sein. Und der Rigoletto muß nicht unbedingt eine Art »Glöckner von Notre Dame« sein, vielleicht hat er auch nur eine andere Hautfarbe und eine besonders spitze Zunge (oder Feder).

Auf solch verwegene Gedanken kommt, wer die traditionelle und einfältige Inszenierung der Staatsoper von Sandro Sequi sieht. Aber dann würden sicher manche italienischen Sänger nicht mitmachen; und ganz gewiß würde Riccardo Muti eine solche Aufführung nicht dirigieren. Aber das tut er ja auch jetzt nicht in Wien, da er grundsätzlich keine Repertoirevorstellung dirigiert, schon gar nicht in Wien und erst recht nicht diesen »Rigoletto«, den ihm die Wiener wegen seines Hangs zu den originalen Noten verübelten.

Also müssen wir auf einen schärfer durchleuchteten »Rigoletto« vorläufig noch warten. Und halten uns inzwischen an Verdis Musik, die szenisch so prägnant ist und die Spannung ständig höher treibt; wenn da nicht die lästigen und langen Umbaupausen wären. Und bewundern den Buffone Leo Nucci, ganz nach alter Art, die Gilda der Barbara Hendricks und den verführerischen Tenor Francisco Araizas.

30. Oktober 1990 Es raunt aus dem Walde

Große Premiere im Etablissement Ronacher. Der Alte aus dem Waldviertel hat gerufen, die Vereinigten Musicalbühnen richten an, die Wiener Schickeria nebst politischer Prominenz gibt sich ein Stelldichein – ein schwarzes.

Gottfried von Einem spielt Prospero – es raunt aus dem Walde, und seine versponnene Märchenfrau philosophastert Weltgeschichte zusammen: aus der grünen Wurzelsuppe, in der richtigen astrologischen Konstellation gekocht, wird ein Absud von Welträtseln. Also ein ökosoziales Philosophical wird uns geboten, für alte und junge Kinder verharmlost und verkitscht. Und die Musik hat Herr von Einem mit multipler Geschicklichkeit zusammengemixt, déjà écoutée, man rätselt, von wem ... Altmeister Schneider-Siemssen greift in die »Ring«-Schublade und macht die Bühne kosmisch – mit Projektionen und viel Fabelgetier.

Die Fabel versteckt sich hinter allegorischen Figuren. Da ist Tulifant – niemand wird es erraten –, eine Reinkarnation von Giordano Bruno; sein Einhorn ist das dritte Auge des wahren Erkennens. Zu ihm auf dem Weg ist Fridolin, von seiner zerrütteten Mutter Smaragda mit drei Wünschen ausgestattet. Der Drache Muff-Muff, ein verschnupfter Dinosaurier, und das Zukunftswesen »Pelzchen« lehren ihn, die Zeit zu überwinden. Bei den Unterirdischen begegnet er Tulifant, der vom Scheiterhaufen herunterspringt, weil er seit jeher auf Fridolin gewartet hat. Schließlich erfährt Fridolin von ihm über die »Unsterblichkeit der Welten«, die »Seelen der Sterne« und daß die Natur Gott in den Dingen bedeutet. Und Tulifant predigt: »Lieber sterben als töten«. Mit diesem Wissen kann man Wüsterich vergessen, Smaragda erlösen. So einfach ist das alles bei Lotte Ingrisch.

Doch um sich von Wüsterich zu befreien, braucht es andere Kräfte, andere theatralische Mittel. Man entwickelt Antikörper gegen soviel

Gesundbeterei. Die Wiener Schickeria liegt jetzt denen zu Füßen, die seinerzeit »Jesu Hochzeit« verkündigt hatten und deswegen gesteinigt worden waren. Musical verdummt. Weltverbesserung im U-Theater, das sind Glitzerkerzen am Weihnachtsbaum der Erkenntnis. Die Wiener glauben, »Faust« III. Teil erlebt zu haben.

Ein Lob den Dramaturgen der Staatsoper, die dieses Opus seit Jahren als Uraufführung zu verhindern wußten.

3. November 1990 Regie als Quantité négligeable

Die Entführung der »Entführung« aus dem Theater an der Wien in die Staatsoper ist geglückt, im Grunde paßt das Bühnenbild viel besser auf die breitere Bühne. Und die beiden Debutanten, Eva Mei als Konstanze und Ferdinand Seiler als Pedrillo, haben der Besetzung gut getan. Lothar Zagrosek hat es schwer, sich gegen Nikolaus Harnoncourt zu behaupten; jetzt vermißt man die dramatische Hand, über die bei der Premiere gelästert wurde...

»Im Gesamteindruck des Abends überwiegt der Vorzug einer ungewöhnlichen, fesselnden und durchaus plausiblen Mozartdeutung«, schreibt die »Süddeutsche Zeitung«. Die Wiener Gazetten sehen das anders: »Der Staatsoperndirektion ist es gelungen... Sie hat aus einer ›Entführung‹ eine ›Götterdämmerung‹ gemacht... Die nächste Direktion wird wohl zwischen Mozart und dem Ehepaar Herrmann entscheiden müssen«. (F. E.) »Mozarts ›Entführung aus dem Serail‹ findet jedenfalls nicht statt. So viel steht fest. Statt dessen tut man im Haus am Ring einen Schritt weiter in Richtung Tod der Oper. Es ist kein Selbstmord...« (W. S.)

Und was diese Kritiker insinuieren, wird in Wien wirklich stattfinden. Man wird die Texte zusammenstreichen, ohne die Verantwortlichen zu fragen, man wird umbesetzen, ohne die Besonderheiten der Inszenierung zu berücksichtigen, von Aufführung zu Aufführung werden andere Sänger eingesetzt werden, mit unzureichenden Proben. Die Herrmanns werden sich distanzieren, ihren Namen zurückziehen... und kein Protest wird sich in Wien gegen diesen künstlerischen Kannibalismus regen. Der Vorhang wird sich vor einem anonymen Bühnenbild öffnen und schließen; und das, was sich in diesem Bild ereignet, hat nichts mehr mit dem Geist des Urhebers zu tun. Regie ist wirklich eine Quantité négligeable geworden.

Man sollte laut und vernehmlich jeden Regisseur und Bühnenbildner von Rang warnen, in der Wiener Staatsoper zu inszenieren. Es sei denn, er macht einen Vertrag, der ausdrücklich jeden Mißbrauch seiner Inszenierung ausschließt. Ich habe Zweifel, daß eine solche Klausel wirklich hilft...

4. November 1990 »Aida« dechiffrieren

Kunstwerke verstehen heißt auch, sie zu dechiffrieren, ihre Geheimnisse aufzuklären und die verschiedenen Schichten zu durchleuchten. Verdis »Aida« ist ein Musterbeispiel für die Vielfarbigkeit, Vielschichtigkeit und Vieldeutigkeit eines Opernkunstwerks. Vom äußerlichen Anlaß, der Eröffnung des Suezkanals, bis zum Stil der Grand Opéra im Sinne von Halévy und Meyerbeer ist »Aida« gekennzeichnet durch exotische Harmonik und exotischen Pomp. Wie ein neuer Napoleon hat Verdi die Ägyptologie usurpiert, um sich seine Zeit vom Halse zu schaffen. Und doch ist dieses äußerlich so distanzierte Werk erfüllt von Verdis ureigenster Thematik.

Da ist im innersten Motivkreis aus der Privatsphäre die Spannung abzulesen im Dreiecksverhältnis zwischen Verdi, Teresa Stolz, der ersten Aida, und Giuseppina Strepponi, seiner Frau – eine Spannung, die zu Mißtrauen, Eifersüchteleien und viel privatem Ärger geführt hat. Man meint, sie aus den Amneris-Texten herauszuhören.

Im politischen Umfeld Verdis – das Werk entstand 1870 – war es nicht nur der deutsch-französische Krieg, der auch in Italien für Zündstoff sorgte; die französischen Truppen zogen sich aus Rom zurück, Italien gewann seine Hauptstadt. Verdis Antiklerikalismus, seine vehemente Kritik an dem reaktionären Papst Pius IX. – man erkennt ihn in der Gestalt des Ramphis und seiner Priesterkaste.

Und schließlich die Kriegsatmosphäre. Ein Spionagefall wie der des Radames lag in der Phantasie der Zeit. Etwa so: Der deutsche Feldherr R., der eine Französin liebt, verrät achtlos militärische Geheimnisse, ein durchaus vorstellbares Szenario.

Dazu noch der Siegespomp der Preußen nach der Eroberung von Paris, nach der Reichsgründung. Ein Triumphakt mit allem Chauvinismus und Revanchismus einer Siegesparade – das kommt einem in den Sinn, wenn man dieses neue »Autodafé« Verdis ohne Flammen inszenieren soll. Aber auch hier werden geistig die Flammen zerstörter Städte sichtbar, werden die Gefangenen, Flüchtlinge und Invaliden auf der Szene erscheinen müssen, wie Verdi es komponiert hat.

Verdi hat klar Stellung bezogen: »Das Unglück von Frankreich erfüllt mein Herz mit Verzweiflung. Mögen unsere Literaten und Politiker... die Kunst dieses Sieges preisen, aber wenn sie auch nur ein bißchen unter die Oberfläche schauen würden, würden sie sehen, daß das alte Blut der Goten noch immer in ihren Adern fließt, daß sie ungeheuer stolz, hart, intolerant, maßlos habgierig und verächtlich gegenüber allem sind, was nicht deutsch ist. Ein Volk des Intellekts ohne Herz, ein starkes Volk, aber sie haben keine Anmut...« (Brief an Clarina Maffei)

Verdi hat weitere europäische Kriege vorausgesehen. Und »Aida« hat wohl auch dazu beigetragen, daß Äthiopien ein Ziel italienischer Politik wurde. Der Triumphakt trägt deutlich faschistische Züge. Das alles merkt man nicht, wenn wir dem Aufmarsch der Statisten mit ihren Siegesenblemen, den ägyptologischen Gesten des Balletts zuschauen, in Verona oder in der Wiener Staatsoper.

»Aida« ist zugleich ein hochpolitisches Stück und ein psychologisches Kammerspiel um den Mann zwischen zwei Frauen. Welcher Regisseur ist in der Lage, diese Synthese glaubwürdig zu vollziehen, ohne der ägyptologischen Fassade zu verfallen und ohne die historischen Assoziationen zum Plakat zu machen?

In Wien dominiert der schöne Schein. Man erfreut sich an den Stimmen von Leona Mitchell, Ludmila Schemtschuk, Nicola Martinucci, Piero Cappuccilli. Verdis Oper »Aida« behält ihr Geheimnis.

8. November 1990 Meinung macht erfinderisch

Ein Rezensent der »Presse« besucht ein Philharmonisches Konzert unter Claudio Abbado. Er beurteilt es sehr gut. Sein Feuilleton-Redakteur bearbeitet sein Manuskript, streicht alle positiven Adjektive und ersetzt sie durch negative. Um den Dirigenten vollends abzuqualifizieren, versieht er den Artikel mit der Überschrift »Solisten dirigieren«. Die »Rezension« erscheint unter einem fremden Namen. Es kann nicht sein, was nicht sein darf. Die Linie der Redaktion muß durchgehalten werden. Man scheut nicht vor Manipulation und Mißachtung der Meinung anderer zurück. Der Manipulierte wird sich nicht wehren, sonst verliert er seinen Job. Das nächste Mal schreibt er im Sinne der Redaktion...

»Kürzungen sind sicher«, heißt es im »Kurier«. »Ursel und K. E. Herrmann sind zwar blaß geworden, der designierten Direktion aber können sie einen Entschluß nicht ausreden: Die ›Entführung‹ wird ab 1991/92 in ihren Bühnenbildern, aber in einer wieder auf das gewohnte Maß verknappten Form im Repertoire bleiben. Nikolaus Harnoncourt, der bereits jetzt ablehnt, die Aufführung zu dirigieren, wird nicht wiederkommen...«

Niemand von der designierten Direktion hat mit den Herrmanns gesprochen, sie konnten also auch nicht blaß werden. Aber sie werden Rechtsmittel einlegen. Sie werden das »gewohnte Maß« nicht hinnehmen.

Das nennt Wiener Journalismus Umgang mit der Wahrheit. Die subjektive Meinung des Redakteurs macht erfinderisch, wenn es um Pointen geht...

17. November 1990 Prager Panorama

Wieder in Prag. Das Festival »Mozart – Prag – Europa« wird vorbereitet. Die Tschechen sind ökonomisch in einer kritischen Lage. Bald soll die tschechische Krone konvertibel werden, alles verteuert sich um das Dreifache, nur die Gehälter und Löhne bleiben auf gleichem Niveau. Viele werden ihre Arbeit verlieren. Die Leute verstehen die Zusammenhänge nicht. Freiheit ja – aber um welchen Preis? Die Unzufriedenen gehen auf die Straße. Die neuen Gesetze dauern viel zu lange. Und die Bürokratie ist die alte, sie bremst und verdirbt die Atmosphäre im Lande. Hinter den Kulissen toben die Interessenkonflikte um die künftige Wirtschaftsstruktur. Ausländische Investoren wollen die rentable Industrie aufkaufen, nationale Interessen stehen dagegen.

Im Nationaltheater wird »Die Teufelswand« von Smetana gegeben. Ivo Zidek, der Direktor, kommt zu mir in die Loge. »Kennen Sie das Werk?«

»Ja, mit diesem Werk hat das Nationaltheater 1963 bei den Maifestspielen in Wiesbaden gastiert.«

»Ja, und ich habe die Tenorpartie gesungen. Vielleicht war ich besser als der heutige Kollege?«

»Die ganze Aufführung war besser.«

»Soll ich Ihnen etwas Schönes zeigen?«

Im engen Aufzug fahren wir hoch zur obersten Galerie. Wer hinunter auf die Bühne blicken will, muß schwindelfrei sein. Bis unters Dach, steil ansteigend, sind die Plätze genutzt. Die Perspektive auf die Bühne ist fast senkrecht, die Figuren wirken wie Punkte. Vom Bühnenbild ist nichts zu erkennen. Aber die Akustik soll sehr gut sein...

Ich folge Ivo Zidek auf die Dachterrasse. Ein überwältigendes Bild. Gegenüber der Hradschin mit dem Veitsdom und dem Schwarzenberg-Palais, dahinter die romanische St. Georgs-Basilika, weiter unten die barocke Nikolauskirche, in der Tiefe das Band der Moldau mit den vielen Brücken. Alle Baudenkmäler sind plastisch ausgeleuchtet, sie schweben in der Nacht.

»Dort unten ist die Nationalstraße. Ein Jahr ist es her, seit die Demonstrationen angefangen haben. Die Schauspieler und Sänger kamen in Kostümen auf die Straße. Ich war dabei, und ich bin stolz darauf...«, meint Ivo Zidek.

Auf dem Wenzelsplatz ist eine Tribüne aufgebaut mit einer Kabine aus schußsicherem Glas. Der amerikanische Präsident Bush wird erwartet. Vor ihm waren hier Mitterrand, Thatcher, der Dalai Lama und der Papst. Präsident Havel findet viel Good will dank seiner moralischen Autorität und seiner Offenheit. Ein Intellektueller, der sich innerlich gegen die Amtsanpassung wehrt, lieber den Clown spielt als den Demagogen. Sein Welttheater funktioniert, er wartet auf die Folgen. »Die Macht den Machtlosen«, hieß früher die Parole, jetzt agitiert die Opposition gegen die »Ohnmacht der Macht«. Auf dem Hradschin marschieren Paradesoldaten auf in neuen blau-roten Theateruniformen. Statt der Nationalhymne spielt man die »Sinfonietta« von Janáček. Man versucht, die nationalen Emotionen der Vergangenheit herunterzuspielen...

Prag ist eine ideale europäische Kultur-Hauptstadt, sehr geeignet als Sitz internationaler Institutionen. Die Stadt feiert sich ständig als Festival. Und ausländische Besucher strömen in Massen, Italiener, Franzosen, Deutsche. Prag kann Wien den Rang ablaufen.

25. November 1990 »Figaro« im Modell

Jonathan Miller und sein Team präsentieren »Le nozze di Figaro«: ein perfektes Modell, Figurinen mit Stoffmustern und genauer Beschreibung, dazu das Beleuchtungskonzept. Ein Tag auf einem französischen Landsitz im 18. Jahrhundert, das echte Leben mit allen Details, Atmosphäre des Alltäglichen, historische Möbel, echte Requisiten der Zeit. Genaueste Beachtung des sozialen Lebens, die Diener tragen die abgelegte, vereinfachte Kleidung ihrer Herren, keine gesellschaftliche Distanz zwischen Gräfin und Susanna, Graf und Figaro, man lebt familiär. Erstes Bild in der Perückenkammer, wo Figaro zwischen den Utensilien seines Berufes haust; zweites Bild im Schlafzimmer der Gräfin, drittes Bild im Jagdsalon des Grafen, viertes Bild auf der Terrasse vor dem Schloß. Das Schloß wird nicht nur in den Spielräumen, sondern auch in den Gängen, Nebenräumen, Veranden gezeigt, wo das Hausgesinde an der Arbeit ist. Dafür ist eine Drehbühne mit zwei verschiedenen Aufbauten notwendig, die Umbaupause wird lange dauern. Das komplette Baumaterial braucht zwanzig Fuhren für die Transporte: kein Stück fürs Repertoire. Man muß das Werk in Serien spielen. Trotzdem sind Vereinfachungen unabdingbar. Die Techniker sollen sich das Modell zurechtstutzen. Der Entwurf muß durchgesetzt werden.

28. November 1990 Rückkehr von Georges Prêtre

Georges Prêtre hat sich bereit erklärt, »Samson et Dalila« einzustudieren. Nach mehr als fünfundzwanzig Jahren betritt er wieder den Orchesterraum, arbeitet wieder mit den »Philharmonikern«. Er ist ein höflicher Mann, der mit Komplimenten umzugehen versteht. Vor dem ganzen Orchester wendet er sich an mich und erklärt: »Samson in Wien mache ich nur für Sie...« Negativ heißt das, daß er der Szene und den Sängern gegenüber mißtrauisch ist, auch wenn sie Baltsa und Domingo heißen. Es geht ihm in der Arbeit ausschließlich um den Orchesterklang, er probiert kleinste instrumentale Details bis an die Grenze der Zumutbarkeit. Seine körperliche Dynamik ignoriert klare Zeichengebung, er läßt das Orchester nicht sich selbst formulieren, sondern spielt den musikalischen Herrn. Man muß ihn mögen und sich unterwerfen...

Georges Prêtre ist der unbestrittene Chef der Wiener Symphoniker, seine Beethoven-, Brahms-, Berlioz-Programme stehen hoch im Kurs. Zwischen den beiden Orchestern liegt ein Graben, die »Philharmoniker« sind die Aristokraten, die »Symphoniker« die aufstrebenden Bürger. Jedes Orchester hat seine eigenen Gewohnheiten, seine eigenen Vorlieben und seinen eigenen Ton. Man weiß voneinander, aber man spricht nicht miteinander. Zwei Welten. Jetzt wird der Chef der einen Welt zum Grenzgänger, jedes Wort ist gefährlich.

6. Dezember 1990 »Kehraus um St. Stephan«

Das Etablissement Ronacher ist zum Heurigenlokal geworden, von der Bühne dreht sich eine Spirale in den Zuschauerraum, das Orchester ist seitlich auf der Bühne postiert, der Orchesterraum dieses Theaters war für Kreneks Besetzung zu klein. Auf diese Weise entsteht hautnaher Kontakt zu den Darstellern. Die Rangbrüstung ist als Panorama Wiens bebildert. Ein Spaziergänger erzählt die Spielanweisungen und Schauplätze, episches Theater.

Eine Maskerade des Wiener Wesens rollt ab mit Opportunisten, Spekulanten, ehemaligen Offizieren, Polizisten und Weinbauern. Von der Kärntnerstraße bis zum Prater, vom Heurigen bis zum Modesalon zitiert Krenek Wiener Zeitgeschichte zwischen 1918 und 1928. Wenn die Darsteller am Ende die Masken abnehmen, wenn der Stephansdom brennt, weiß man, was gemeint ist. Die Tragödie Österreichs war nicht aufzuhalten, erst recht nicht durch den gläubigen Rückzug in die heile Welt des privaten kleinen Glücks, den Ernst Krenek 1930 anpries. Der »letzte Wiener Tanz, daß die Luft wieder rein wird«, wurde der Totentanz Österreichs.

Wien wirkt wie ein zerbrochener Spiegel, aber jede Scherbe zeigt immer noch den Abglanz von allen Farben. »Und das jefällt mir so jut an eurem schönen Wien, daß man sich alles, alles richten kann«, meint der Berliner Kriegsgewinnler Kabulke, und alle applaudieren ihm. Es geht um fortschreitende »Geistesträgheit«, um die »Zeit der Verlogenheit«, um Entfremdung und vertane Selbstbestimmung. Also unter veränderter Oberfläche auch heute zentrale Themen.

1930 reimte Karl Kraus:

In diesem Land triffst du in leere Luft
willst treffen du die ausgefeimte Bande
und es begrinst gemütlich jeder Schuft
als Landsmann dich in diesem Lande.

Und Helmut Qualtinger meinte dreißig Jahre später:

»Manchmal weiß ich nicht, ob ich ein Wiener oder ein Mensch bin.«

Ernst Krenek hat dieses Panoptikum Wiens original erfunden mit einer Sprachkraft und Charakterisierungskunst, die hinter Karl Kraus und Ödön von Horvath nicht zurückstehen. Und er hat dazu eine effektvolle und zugleich raffiniert verfremdende Musik komponiert; ein Stück mit Witz, Bosheit und moralischer Kraft.

Ein Stück, das damals von jedermann abgelehnt wurde, denn Krenek war ein Einzelgänger, auch stilistisch. Er wollte seinen Erfolg mit »Johnny spielt auf« wiederholen, gewissermaßen ins Lokale gewendet, ein sozialkritisches Zeitbild schreiben mit nachschubertscher Musik, aber die Zeit forderte eine neue Sprache. Die Krise dauerte bis 1934, bis zu »Karl V.«, und bedeutete politisch die Emigration.

Ernst Krenek hat die Reise von Kalifornien nicht gescheut, um dieser Uraufführung nach sechzig Jahren beizuwohnen. In seinen Armsessel eingesunken, aufmerksam lauschend, sucht er die Gestalten, Worte und Lieder seiner Wiener Vergangenheit wiederzufinden. Erinnerung und Gegenwart werden eins. Seine Augen leuchten wie die eines Dreißigjähren, triumphieren über die Hinfälligkeit des Körpers. Der Kehraus wird zur Einkehr, vielleicht zu später Heimkehr.

Im Kreise des jungen Teams Peter Keuschnig, Markus Weber, Herbert Kapplmüller, Manfred Deix und der Darsteller des Ensembles der Wiener Staatsoper und des Opernstudios läßt er sich feiern. Wir haben ihm das schönste Geburtstagsgeschenk gemacht, das man in seinem umfangreichen Œuvre finden konnte.

7. Dezember 1990 Inaugurazione

Bei der Inaugurazione der Mailänder Scala trifft man sich. Beim Portier der Scala kommt der Wiener Kritiker E. auf mich zu: »Warum sind Sie nicht in Wien bei der Diskussion Ihres ›Figaro‹?«

»Ich brauche keine Aufpasser.«

Er weiß alles, wird über jedes Detail von der designierten Direktion unterrichtet und bedient seine Giftküche.

Im Taxi sitzt plötzlich der Wiener Kritiker S. neben mir und biedert sich an. Auf einmal findet er die Wiener »Idomeneo«-Aufführung recht gut. Er will unbedingt ein Interview, um dann seinen Kommentar dazuzugeben und wieder über Abbado herzufallen. An allem sei im Grund ja nur Abbado schuld...

Die Mailänder »Idomeneo«-Aufführung demonstriert wieder einmal den Unterschied zwischen cis- und transalpinem Operntheater. Die Italiener lieben Design, Bilder, Effekte, Mauro Carosi heißt der Illuminateur dieses Spektakels. Er hat Kreta künstlerisch neu erfunden, Meer, Sturm, Wolken auf Rollprospekte gemalt wie weiland Ul de Rico beim Zürcher »Ring«; Styroporfelsen rollen auf blauspiegelndem Grund. Die Kostüme von Odette Nicoletti sind Haute Couture, Kreationen im Schrägschnitt mit Rüschen und Falten, Tellern und Reifen. Gewaltige Hüte dominieren. Man erkennt keine Gesichter. Eine Vision moderner, manieristischer Ausstellungstechnik, alles vom Teuersten. Die szenischen Vorgänge werden durch die Ausstattung verdrängt.

Riccardo Muti profiliert sich mit rasanten Tempi, er treibt das Orchester in feurige Emotionen. Die Chöre, brav an der Rampe postiert, klingen wuchtig wie früher Verdi. Die Sänger versuchen sich vergebens von der straffen Leine des Maestro zu lösen; sie singen Mozart, wie man ihn zwischen London und New York zu singen pflegt. Ein »Idomeneo« wie aufgeblasener Schaum, nicht einmal Spumante.

12. Dezember 1990 Wie ein Besuch von einem andern Stern

Ernst Krenek rüstet zum Abschied von Wien. Ganz unsentimental dankt er für den »Kehraus«, für den Erfolg, den er nicht erwartet hatte. Er wird diese Stadt, mit der er sich ein Leben lang im Kampf um seine Selbständigkeit und um Menschenwürde auseinandergesetzt hat, nicht mehr wiedersehen, er weiß es. Alles wird sachlich in diesem Alter. Der Tod liegt innerlich schon hinter ihm. Jede Stunde Leben ist eine unverhoffte Zugabe, die der Körper mit Mühsal, der Geist mit Klarheit registriert.

Ganz langsam und wohlformuliert – Wort für Wort – erzählt er von seinem Aufenthalt in der Schweiz, seinem Förderer Oskar Reinhart aus Winterthur, der ihm nach seiner zweiten Symphonie ein Stipendium verschafft hatte, damit er in den schwierigen Jahren 1923 – 1924 in Ruhe weiterarbeiten konnte. Die Schweiz habe ihm nach dem Berliner Aufruhr wieder zu Gleichgewicht und Form verholfen, er habe seine Heimat neu entdecken können. Sehr schlecht sei es ihm eigentlich nie gegangen – außer während seiner ersten Jahre im amerikanischen Exil, wo er sich als Musiklehrer habe durchschlagen müssen. In Wien habe er nie Geld gehabt, aber auch keine Not empfunden. Es gab immer Freunde, die ihn einluden, in die Kaffeehäuser und zum Heurigen; das Leben in Wien sei eigentlich sorglos und heiter gewesen, trotz der wirtschaftlich schlechten Zeiten, man habe viel geschimpft und viel getrunken. Wien habe etwas Vernebelndes und Verweichlichendes. Vor Genuß habe man die Gefährlichkeit der Lage verdrängt, bis es zu spät gewesen sei. In Wien mache man sich immer Illusionen...

Und dann sagt er ganz klar, daß er eigentlich mit der »Kehraus«-Aufführung in vielem nicht zufrieden gewesen sei, man habe seine Botschaft nicht verstanden, die Schlußszene ins Gegenteil verkehrt. Das, was er gesehen habe, sei nicht sein Leben 1930 gewesen...

Nach einer Pause der Betroffenheit fährt er fort: »Aber ich muß Verständnis haben für die Lehre der Nachgeborenen. Eine Idylle am Schluß ist heute nicht zu verantworten. Sie war ja auch damals falsch. Die folgenden Jahre haben uns belehrt. Das war auch der Grund, warum ich den ›Kehraus‹ bis vor kurzem nicht freigegeben hatte. Es ist gut so, daß sie mich verfälscht haben...«

Der kleine, in sich zusammengesunkene Mann mit den skelettartigen Händen, den vielen Pigmentflecken im Gesicht, aber mit den ungeheuer klaren Augen, die durch die Menschen und Dinge hindurchsehen, kehrt in seine kalifornische Wüste zurück. Zu seinen Büchern und Manuskripten. Dort hat er sich in ein Glashaus der Gedanken zurückgezogen und unabhängig vom Weltbetrieb sein Gesetz der Zeit erkannt. In seinem Gedicht »Sestina« heißt es:

»Vergangen Klang und Klage, sanfter Strom.
Die Schwingung der Sekunde wird zum Maß.
Was in Gedichten lebt, wars nur ein Zufall?
Verfall, Verhall, zerronnene Gestalt?
Die Stunde zeitigt Wandel, wendet Zeit.
Das Vorgeschrittne ordnet sich der Zahl.«

Wir nehmen Abschied. Es war wie ein Besuch von einem andern Stern.

13. Dezember 1990 Minister 4

In einem Berliner Hotel ein Anruf aus Wien. Es meldet sich der Junge Generalsekretär Rudolf Scholten: »Bevor Sie es aus der Presse erfahren, möchte ich Ihnen mitteilen, daß ich Unterrichtsminister werde. Am Minoritenplatz werden wir uns wiedersehen.« Also sind die Gerüchte doch wahr, daß die Ministerin nicht ins neue Kabinett aufgenommen werden soll. Nummer 3 geht, Nummer 4 kommt. Es gibt in Österreich viel Bedarf an Ministern. Hat man eingesehen, daß die »Opernreform« falsch, daß die »Ablöse« ein peinliches Spektakel war?

Der Junge Generalsekretär macht eine steile Karriere. Die Bundestheater waren sein Gesellenstück. Seine Sparübungen haben Anerkennung gefunden. Auch sein erfinderischer Pragmatismus. Seit er das Generalsekretariat übernommen hat, konnten die Finanzprobleme der Staatsoper auf vernünftige Weise gelöst werden. Der Terror um die roten Zahlen hat bereits 1988 aufgehört. In den Beziehungen herrscht Fairplay. Ob die gemeinsame Direktion der beiden Opernhäuser und die »Reform« seine Idee war, bleibt umstritten. Im Zweifelsfall trug Minister 3 die Verantwortung und muß deshalb gehen. Deshalb? Über die Gründe schweigt man sich natürlich aus.

16. Dezember 1990 Londoner Kompromiß

Im Wintergarten des Londoner Waldorff-Astoria-Hotels ist wieder Five o'clock tea mit Tanz, vorweihnachtlich; großes Gedränge junger Bankangestellter, offensichtlich eine der üblichen Christmas-Partys. Alle Pubs und Inns sind schon seit dem frühen Nachmittag überfüllt. Es regiert der Alkohol. In vielen Hauseingängen bereiten sich die Obdachlosen ihr Nachtlager, trotz der grimmigen Kälte. Vor St. Martin's-in-the-Fields singt ein Chor von uniformierten Schulmädchen; man sammelt Geld für einen karitativen Zweck. Ein Schwarzer spielt auf einer Stealtrommel »Stille Nacht«. Auf dem Weihnachtsmarkt von Covent Garden überbieten sich die Ausrufer mit Sonderangeboten. Das Karussell mit den Holz-Lippizanern dreht sich leer. Die Musicaltheater geben verbilligte Karten aus, Theater-Baisse. England wird ärmer. Aber verliert nicht seinen Humor...

In einem Konferenzzimmer des Hotels sitzen sechs erwachsene Menschen und feilschen schon seit Stunden über die Kubatur des Materials der Dekoration zu »Le nozze di Figaro«. Die Nachfolger bestehen auf »Praktikabilität«, diesem Prinzip hat sich die Kunst unterzuordnen. Erlaubt ist, was die Technik nicht stört. Jeden Abend wird ein anderes Stück gespielt. Keine Serien. Jonathan Miller macht den Vorschlag, für die spätere Übernahme ins Repertoire die Inszenierung auf eine kleine Fassung zu reduzieren, aber er besteht für die Festwochen im Theater an der Wien auf seinem Originalkonzept. Das Gespräch dreht sich im Kreise. Es geht nur noch um Rechthaberei und Prestige: jetzt bei der alten Direktion die reiche Inszenierung, später dann bei den Neuen der armselige Verschnitt. Das englische Team spürt die Wiener Wadlbeißerei und verliert den Humor. Plötzlich ist von ›blackmailing‹ und ›political reminiscences‹ die Rede. Kein Wort weiter. Die Probleme müssen in Wien gelöst werden, auf höchster Ebene. Entweder – Oder.

18. Dezember 1990 »Samson et Dalila«

Die Oper »Samson et Dalila« hält sich im Spielplan der Opernhäuser aus drei Gründen: 1. Weil das Werk einige berühmte Arien für Mezzosopran (»Mon cœur s'ouvre à ta voix«) und Tenor (»Israël, romps ta chaîne«) enthält, die bei entsprechender Besetzung Erfolg garantieren; 2. weil das Bacchanale dem Ballett die Chance erotischer Enthüllungen bietet, und 3. weil der Bühnenbildner glaubhaft den Zusammenbruch eines Tempels darstellen kann. Das ist nicht wenig an Opernzauber, und doch zu wenig, wie das Naserümpfen vieler Theaterleute zeigt. Gewiß, »Samson et Dalila« ist ein merkwürdiger Zwitter zwischen Oratorium und Grand Opéra. Das Oratorium ist durch den biblischen Stoff des 16. Kapitels aus dem Buch der Richter bestimmt – bei Händel noch durfte man die Vorgänge nur rein musikalisch wahrnehmen –, die Grand Opéra hält Einzug mit der Femme fatale, mit Sinnenkitzel, Prunk und Tanz. Das Oratorium lebt in seinen großen Chören und erinnert an die deutschen Vorbilder, die Camille Saint-Saëns nur zu gut gekannt hat. Und damit hat das Werk auch einen ernsten und glaubhaften Beginn: die Leiden des Volkes Israel, das große Gebet um Erhörung durch Jahve. Samson ist der Gottesheld, der Israel von der Unterdrückung durch die Philister befreien soll. So überzeugend die israelischen Szenen gelungen sind, so wenig fasziniert der Dagonkult der Philister. Ein unverbindlicher Exotismus in der Musik soll das politische Ränkespiel des Oberpriesters garnieren. Aber dann entschädigt die erotische Verführungskunst der Dalila mit ihrem musikalischen Parfum. Dabei kommt die wichtigste Szene des biblischen Themas, die Beschneidung von Samsons Haupthaar in der Liebesnacht, die von vielen großen Malern dargestellt worden ist, in der Oper nicht vor. Es bleibt noch genug an Sadismus: Der geblendete Samson muß wie ein Ochse das Mühlrad drehen und rächt sich für diese Schmach, indem er den Tempel zum Einsturz bringt, unter dem seine Peiniger lebendig begraben werden.

Eigentlich spielt das Stück im heutigen Gazastreifen, die verfolgten

Hebräer sind die Palästinenser, und Samson wäre ihr irakischer Heros, der die Mutter der Schlachten verkündigt. Aber die biblisch-geschichtliche Tradition will es anders. Götz Friedrich läßt sich auf einen architektonischen Konstruktivismus ein, der nur den Sinn hat, ein Oben und Unten zu zeigen; die Synagoge, die Liebesklause der Dalila und das Gefängnis unten – oben die Philister mit ihrem Dagonkult, ein lasziv-sadistisches Herrenvolk am Abgrund, die Atombombe tickt bereits im Haus. Das ist eine direkte, sinnfällige Ästhetik, wenig sophisticated, wenig dramaturgische Dialektik. Ein italienischer Architekt (Gianni Quaranta) besorgt die Monumentalität der Grand Opéra und organisiert den Zusammensturz der Säulen. Götz Friedrich macht Startheater mit psychologischen Begründungen und deutschem Gewissen. Ein fetter Köder für die Wiener Operngourmets, wären da nicht die Begründungskomplexe des Balletts. Jürg Burth, der Choreograph, hat Angst vor den Effekten eines Casino de Paris und sucht abstrakte Perversität darzustellen, was nichts mit der Musik zu tun hat. Aber auch die Schlacht um das kalte Buffet, die in der bemerkenswerten Bregenzer Inszenierung von Steven Pimlott (Choreographie Aletta Collins) das Bacchanale ersetzt, verdrängt den sinnlichen Flair der Musik.

Die Besetzung hält das, was sich das Publikum von »Samson et Dalila« verspricht. Agnes Baltsa beginnt als schüchternes Mädchen, macht die politische Sache zu ihrer eigenen und lernt dabei, ihren Sex einzusetzen. Den Orgelton, den ihre Stimme nicht hergibt, ersetzt sie durch den raffinierten Einsatz ihrer Register. Für Placido Domingo bietet die etwas einfältige Partie des Samson wenig Gestaltungsmöglichkeit, er weiß stimmlich zu dominieren. Georges Prêtre ist es gelungen, dem Orchester in Dynamik und französischem Timbre ein Äußerstes an Wirkung abzuverlangen. Die anfänglichen Ressentiments haben sich in der Arbeit verflüchtigt.

28. Dezember 1990 Gegen die Sympathie

Kaum jemand, der nicht diese Sprüche im Munde führt: »Wie schade, daß Sie Wien verlassen. Wir werden Sie sehr vermissen... Es ist ein großes Unrecht, das man ihnen angetan hat...« Oder: »Sie haben besonders sorgfältig und gewissenhaft, mit Geschick und Feingefühl die Staatsoper geleitet... Mit dieser Meinung sind wir nicht allein...« Das ist die Wiener Freundlichkeit, gepaart mit Sentimentalität; man hat für jeden ein Kompliment, mindestens ein Zuckerl parat. Und die lieben Wiener glauben auch daran, zumindest für den Augenblick. Meinungsumschwünge müssen einkalkuliert werden.

Man darf sich nicht wundern, wenn die Skribenten einer solchen Sympathiewelle entgegensteuern. Mit infamen Behauptungen, Umkehrungen der Tatsachen und Verallgemeinerungen. Das wird dann summiert zu Sätzen wie: »Augenauswischerei war und ist... seine Spezialität...« – nur weil in einer Bilanz der Sänger ein paar Namen aufgeführt sind, die nur Einzelabende bestritten haben... Oder: »Dirigenten und Regisseure, die angekündigt wurden und nicht kamen, sind an den Fingern zweier Hände gar nicht abzuzählen...« Wahr ist jedoch das Gegenteil: Die Ankündigungen wurden eingehalten – bis auf die Absagen von Barenboim, Chéreau und Strehler, die genau begründet sind und unvorhersehbar waren. Daß der »Ring« nicht zustande kam, steht auf einem anderen Blatt. Es hat bisher keine Wiener Operndirektion gegeben, die so zuverlässig nach einem präzisen Fünfjahresplan gearbeitet hat. Von 35 angekündigten Opernprojekten wurden nur 6 nicht realisiert, also eine Verwirklichungsquote von 83 %. Aber Fakten haben diese Spezies der Wiener Journaille noch nie beim Schreiben gestört.

31. Dezember 1990 Slivovitz und Champagner

Das Geniale der »Fledermaus« ist die in Musik umgesetzte Aufhebung einer vernünftig erklärbaren Realität. Vor dem Bilde des Kaisers Franz Joseph zerfällt die Welt in Slivovitz und Champagner. Nichts wird ernstgenommen, weder das Gefängnis noch der beabsichtigte Ehebruch: Eisenstein, der betrogene Betrüger, Rosalinde, die falsche ungarische Gräfin, Adele, das theaternärrische Stubenmädchen mit der angeblich kranken Tante, Alfred, der Gesangslehrer, der als falscher Ehemann im Gefängnis »brummt«, der Gefängnisdirektor, der sich als »Monsieur Chagrin« auf den Ball begibt und den zu Verhaftenden als »Monsieur Renard« mit Konversation traktiert. Und das alles bei dem fragwürdigen russischen Prinzen Orlowsky, der in Wirklichkeit eine Dame ist (zumindest eine »Hosenrolle«). Es regiert der Unsinn, also eine echte »weanerische Maskerad«. Beim »Dui-du« vergißt die Gesellschaft den großen Börsenkrach, der Wien 1873 erschütterte... alle fühlen sich als »Brüderlein und Schwesterlein« und sind selig im Vergessen. Der Walzertakt macht schwindlig;

bei schwindender Autorität schwindelt man sich durch. Die Welt als fideles Gefängnis. Ein Stück Wiener Lebenskunst. Scharlatanerie, Verlogenheit und Selbstironie. Wenn man dieses Nachtgeflügel ernst nehmen müßte, wären es die Traumgespenster eines Alfred Kubin, die das grausame Ende Kakaniens vorwegnehmen.

Wenn eine Aufführung der »Fledermaus« gut ist, bleibt nicht einmal ein ästhetischer Kater zurück. Die Silvester-»Fledermaus« war diesmal wirklich gekonnt; Spezialisten des Wiener Schmähs wie Walter Berry, Heinz Holecek, Heinz Zednik füttern ihre Äffchen, Barbara Daniels, Brigitte Fassbaender und Eva Lind stehen ihnen an guter Laune nicht nach. Am Pult zeigt Placido Domingo, daß er sich auch in der leichten Muse auskennt und auch als Dirigent Charisma hat. Der Überraschungsgast war kein Geringerer als José Carreras. Die Kalauer schäumten über wie Champagner – vom »Anstaltswaechter«, der auf sich warten läßt, bis zum alten Gefängnisdirektor, der immer noch »undresiert« sei...

17. Januar 1991 Krieg

Krieg am Golf. Amerikanische Bomben auf Irak. Große Anfangserfolge. Enorme technische Präzision. Geringe Verluste bei den UN-Alliierten, viele zivile Opfer im Irak. Der Diktator sitzt tief unter der Erde in seinem atomsicheren Bunker, den ihm westliche Spezialisten gebaut haben, und schickt seine Unheilsmission in die Welt. Er bedroht Israel. Es wird Demonstrationen geben wie 1968 beim amerikanischen Vietnamkrieg. »Kein Blut für Öl«.

Der Opernball wird abgesagt. Statt dessen eine Rote-Kreuz-Gala oder »Fidelio«? Oder bewußt Alltägliches?

19. Januar 1991 Bei Ernst Fuchs

Besuch bei dem Maler Ernst Fuchs in der Otto-Wagner-Villa in Hütteldorf. Oft bin ich vorbeigefahren an dem geheimnisvoll im Wald versteckten weißen Zauberschloß – jetzt öffnet es sich meinen neugierigen Augen.

Ernst Fuchs mit seiner markanten Nase, seinem gepflegten Bart, seiner verspielten Kopfbedeckung, stellt sich wie ein Darsteller seiner selbst aus und befleißigt sich einer dialektbetonten Wiener Konversation. Gern berichtet er aus seinem Leben. Sein Vater mußte 1939 nach Shanghai emigrieren, kam 1948 zurück. Sein Mutter, nichtjüdisch, sorgte für eine streng katholische Erziehung. Die theologische Doppelwurzel prägt seine Maltechnik. Er malt den hl. Virgil, Schutzpatron von Salzburg, über der Stadt in üppigstem Heiligenornat in einer Mandorla mit mystischen Symbolen. Und ebenso bekennt er sich zur judaischen Wurzel. Seine Malerei reflektiert schillernd-manieristisch-barock-phantastisch theologische Substrate. Der fein ausgearbeitete Zeichenstil seiner Anfänge ist plakativen Farborgien gewichen. Seine geistige Existenz fühlt sich geführt und bestätigt durch spirituelle Zeichen. Er findet die fehlende abgeschlagene Hand einer Herme, er entdeckt in seinem Garten einen verschütteten Brunnen. Er glaubt an magische Einwirkung auf sein Tun. So hat er vor Jahren in San Francisco eine Mozartvision gehabt: einen bleichen, langnasigen Pan, wie eine Puppe hüpfend und singend. Er nennt sie seinen Mozart. Ein sich ständig wandelndes Phänomen, ein Rokokogeist, der darauf wartet, von innen und außen mit Eigenem ausgefüllt zu werden. Der andere Pol seiner Existenz ist für Ernst Fuchs Richard Wagner; vor allem die Figuren Tannhäuser, Tristan, Parsifal. Das perfekt Subjektive, Anlaß für mythologische Verkleidungen und Stilisierungen. Fuchs sucht das Arcanum und freut sich dabei am Geldverdienen. Die Otto-Wagner-Villa hat er völlig verfremdet mit Ernst Fuchs. Alles ist von ihm neu ausgemalt, Möbel, Leuchter sind von ihm erfunden. Wie sollte eine so barocke Persönlichkeit wie Ernst Fuchs sonst in dieser Jugendstilvilla leben und arbeiten können?

22. Januar 1991 »Lucio Silla«

Vor fast genau zehn Jahren fand am Opernhaus Zürich eine Aufführung statt, die in der Geschichte der Rezeption der Werke Mozarts große Bedeutung hat. Dem Team Nikolaus Harnoncourt / Jean-Pierre Ponnelle war es gelungen, »Lucio Silla«, die dritte der Mailänder Opern Mozarts, szenisch zu rehabilitieren. Die Opera seria, deren geistiger Vater der Wiener Hofpoet Pietro Metastasio war, galt als unspielbar; ihre Ästhetik war an die Stimmen der Kastraten gebunden, das Schema der Abfolge von Rezitativ und Arie stand einer psychologisch-realistischen Interpretation im Wege. Nikolaus Harnoncourt hatte es verstanden, in der Musik des sechzehnjährigen Mozart nicht nur die Affekte zu dramatisieren, er machte hörbar, wie sehr diese Komposition bereits spätere Opern Mozarts vorwegnimmt. Jean-Pierre Ponnelle, mit dem Stil der französischen Tragédie Racines vertraut, suchte die menschlichen Leidenschaften unter barocken Reifröcken und römischen Harnischen und benutzte die Bilder von Piranesi, um sie mit heutigem Erleben zu kontrastieren. Mit Sängern wie Eric Tappy, Edita Gruberova, Ann Murray, Jill Gomez und Rachel Yakar gelang exzeptionelles musikalisches Theater, das in 15 ausverkauften Vorstellungen das Publikum faszinierte. Freilich hatte Zürich in Folge der bekannten Monteverdi-Aufführungen den Sinn für Barocktheater entdeckt.

Es lag nahe, aus Anlaß des Mozartjahres, die Aufführung auch in der Wiener Staatsoper zu zeigen; nicht zuletzt, um Jean-Pierre Ponnelle zu ehren. Das nach Wien transportierte Juwel wirkte auf der großen Bühne wie eine Miniatur, wie eine Bildfolge in einem Passepartout. Da Nikolaus Harnoncourt nicht zur Verfügung stand, wurde ein anderer Fachmann für Barockmusik, der schwedische Dirigent Arnold Østman, eingeladen; sein Wirken in Drottningholm hatte ihn bestens empfohlen. Er suchte sich gegen den großen Vorgänger zu profilieren. Auch in Wien setzten die Sänger die Musik des frühen Mozart durch, allen voran, wie in Zürich, Edita Gruberova und Ann Murray, aber auch Thomas Moser und Yvonne Kenny.

Die Aufführung wirkt, nach zehn Jahren, sehr artifiziell und historisierend. Neue Formen der szenischen Interpretation sind möglich geworden.

25. Januar 1991 Die Kraft der Utopie

Mozarts künstlerisches Testament sind die beiden letzten Opernwerke, die er in den fünf Monaten vor seinem Tode geschrieben hat: »La clemenza di Tito« und »Die Zauberflöte«. Diese These wird für die »Zauberflöte« allgemein anerkannt, die Prager »Krönungsoper« dagegen wird von manchen Musikologen und Kritikern immer noch als ein in 18 Tagen verfaßtes Gelegenheitswerk aufgefaßt, bei dem sich Mozart vergeblich bemüht habe, die überlebte Kunstform der »Opera seria« wiederzubeleben. Nichts falscher als das. »La clemenza di Tito« ist ein Juwel ganz eigener Art. Was Mozart mit Hilfe des neuen Wiener Hofdichters Caterino Mazzolà gelungen ist, bedeutet die Metamorphose der alten Vorlage des Metastasio zu einer wahren Oper. Der Text von 1734 wurde auf zwei Akte konzentriert, die

Abfolge der Arien wurde ersetzt durch je drei Duette und Terzette und kleine Liedformen, die dramatische Handlung wurde in neu geformte Accompagnati verlagert, der Chor wurde szenisch aufgewertet, und schließlich schuf Mozart das große Finale des ersten Aktes, das in seiner Art einmalig ist. Das Ergebnis ist etwas völlig Neues, nicht zu vergleichen weder mit der Opera seria »Idomeneo« noch mit einem »dramma giocoso« wie »Don Giovanni«. Es ist ein musikalisches Seelendrama, eingebettet in eine politische Parabel. Die Konfiguration des Metastasio wird verinnerlicht; hinter den alten Sprachformeln wird die Sensibilität romantischer Gefühlskonflikte spürbar. Das Zögern, Zweifeln, Verheimlichen, aber auch Verlorenheit und Melancholie bestimmen den Ausdruck des Sesto, und wir ahnen, daß wir uns in der Werther-Zeit befinden.

Die politische Botschaft von »La clemenza di Tito« hat sich durch die Ereignisse der Französischen Revolution grundsätzlich geändert. Es geht nicht mehr um eine akademische Sentenz aus den römischen Kaiserviten des Sueton, sondern um die Utopie der *clemenza* in der Ausübung politischer Macht, wenn nebenan Revolution herrscht. Man kann die Kaiserin sehr wohl verstehen, wenn sie das Werk Mozarts als »porcheria tedesca« verurteilt hat. Es war eben keine traditionelle Opera seria mehr – und enthielt zudem als Pausenschluß den realen, wenn auch musikalisch wie ein Requiem ausmusizierten Brand des Kapitols. Also eine Art Volksaufstand im Sinne des Sturms auf die Bastille. Natürlich haben die Aufrührer keine Parolen, aber sie führen nichts weniger im Schilde als die Ermordung eines Monarchen. Und dieser, durch Zufall gerettete Monarch soll seine Attentäter begnadigen, statt sie in der Arena den wilden Tieren zu opfern, und soll auch weiterhin Milde statt Vergeltung üben? Mag sein, daß nicht alle Krönungsgäste den Sinn der Oper verstanden haben – Mozart jedenfalls hat sich als engagierter Freimaurer sehr wohl etwas gedacht: Er führt die Herrschaftsform der absolutistischen Monarchie durch die Ideen von Gleichheit und Brüderlichkeit ad absurdum. Der humane Wert steht höher als der Adel der Geburt. Kaiser Tito sehnt sich nach dem einfachen, naturverbundenen Leben eines Bauern, er verschenkt seine Güter an die Opfer einer Naturkatastrophe, und wenn er schon herrschen muß, so gelten nur die Gesetze der Nächstenliebe. Das ist Aufklärung im konsequenten Sinne. Der gleiche humanistische Geist wie in der »Zauberflöte«.

Und gerade dieses Testament Mozarts ist es, das heute an »La clemenza di Tito« interessiert. Die Kraft der Utopie von 1791 fasziniert gerade in der heutigen Situation. Aber wir dürfen nicht übersehen, daß am Ende, außer dem Liebespaar Annio-Servilia, alle Verlierer sind. Vitellia, die ehrgeizige Thronprätendentin, hat alle Chancen verspielt; Sesto, Attentäter wider Willen, kann sich nur in die freiwillige Emigration begeben – und der Kaiser selbst ist einsamer als je zuvor. Sein moralischer Anspruch hat einen Zug von Orthodoxie.

1. Februar bis 10. März 1991 Proben-Notate zu »La clemenza di Tito«

Die Inszenierung »La clemenza di Tito« kann nicht konsequent genug sein. Keine Rücksichtnahme auf lokalen Geschmack. Man muß das Konzept verstehen. Mit heutigen Worten: Perestroika di Tito. Kann Herrschaft ohne Gewalt auskommen? Die Menschennatur ist so schlecht wie eh und je. Friedrich Dürrenmatt sagte einmal: »Die Liebe ist ein Wunder, das immer möglich, das Böse eine Tatsache, die immer vorhanden ist.« Das Raubtierhirn arbeitet weiter an seinem Egoismus: mehr Macht, mehr Besitz, mehr Ruhm. Es kommt darauf an, einen Tito zu haben, der Optimismus vermittelt, dem man eigene Gedanken zutraut. Nicht nur einen Sänger.

5. Februar

Der schöne Traum vom gemeinsamen europäischen Haus weicht einem grausamen Erwachen. Weil in Rußland keine Voraussetzungen für Demokratie, Marktwirtschaft und persönliche Initiative bestehen. Statt Freiheit Anarchie und Kriminalität. Alles schreit nach dem starken Mann. Doch dieser verweigert sich der Macht.

Diese Erfahrungen spiegeln sich in der »Tito«-Konzeption. Die Oper wurde geschrieben für die Krönung des Kaisers Leopold II. zum böhmischen König. Es ging um die Huldigung der Stände, die ein politisches Ereignis von großer Bedeutung war. Der Kaiser oben auf dem Thron, unten das arme, entrechtete und von Katastrophen geplagte Volk: die Treppe der Macht – *via regalis*. Ein szenisches Symbol für oben und unten, den Machtkampf politischer Intrigen und die Revolution (*tumulto*). Der Sturm auf das Kapitol (Bastille) verändert alles. Kann es auf den Trümmern der alten Herrschaft ein System des Verzeihens und Vertrauens geben? Ohne Urteile, ohne Strafe? Diese »Clemenza di Tito« ist ein aufregend aktuelles Stück.

8. Februar

Das politische Konzept der Inszenierung ist sehr klar, zu klar? Jedenfalls setzt es sich gegen die Brüsseler Inszenierung von Karl-Ernst Herrmann ebenso ab wie gegen die Frankfurter von Cesare Lievi oder die Zürcher von John Dew. Kein Kammerspiel der psychologischen Verflechtung dreier Personen, des weichen, vielleicht bisexuellen Sesto zwischen dem Freund und der Geliebten, die ihn für ihre politischen Pläne mißbraucht. Ein Spannungsfeld der politischen Ideen und Kräfte. Die *felicità* der Servilia, des heiteren und ehrlichen Mädchens, kontrastiert zur Proskriptionsliste des Publio, der die Staatsraison vertritt. Der menschensüchtige Kaiser will alle freilassen, die sich aus politischen oder privaten Gründen gegen ihn verschworen haben. Rousseausches Vertrauen auf das Gute im Menschen.

12. Februar

Die Proben zeigen die theatralische Raffinesse und rhetorische Qualität des Librettos nach Metastasio. Man muß diese Rezitative spannen, aufhalten, mit Ausdruck füllen. Da man in Wien für Analphabeten des Italienischen spielt, ist der Ausdruck alles. Man muß am Gesicht, an der Gestik ablesen können, was in den Figuren vorgeht.

Roberta Alexander und Ann Murray haben ihre Partien in vielen Inszenierungen gespielt, wissen gleich die Lösungen. Für den Regisseur, der immer alles neu erfinden muß, ist das Freude und Qual zugleich. Der Sieg besteht aus vielen kleinen Niederlagen. Der Dirigent Sylvain Cambreling hat viel Theatererfahrung, führt die Rezitative am Cembalo. Er geht voll auf die Dramatik des ersten Finales ein und demonstriert ein Diminuendo, bis zur letzten Träne des Requiems auf einen guten Menschen.

21. Februar

Beleuchtungsprobe »Tito«. Drei Minuten vor 13 Uhr bricht der technische Direktor die Probe ab. Mitten in der Erprobung des Kapitolbrandes. Zehn Minuten länger, alles wäre zu Ende geleuchtet gewesen. Gewerkschaftlicher Schematismus an Stelle von künstlerischer Flexibilität.

Die Proben auf der Treppe der Probenbühne sind zu Ende. Jetzt muß sich zeigen, ob das Modell mit der Wirklichkeit übereinstimmt. Die Treppenkonstruktion von Hans Schavernoch ist aus gestanztem Metall; das Sitzen, Liegen, Kriechen auf der Treppe wird gefährlich. Wann ist die Geduld der Sänger erschöpft? Wie wird der Chor die steile Treppe akzeptieren?

Die Zeit für die Klavierhauptprobe reicht nicht aus. Das Bühnenbild ist zu spät aufgebaut worden, es passieren Beleuchtungspannen, Szenen müssen wiederholt werden. Die Probe sollte um eine halbe Stunde verlängert werden. Dazu braucht es gewerkschaftliche Genehmigung und Extrahonorar. Der Chor stimmt ab und verweigert die Verlängerung. Man geht auf die Minute. Die Nebengeschäfte auf dem Friedhof haben Vorrang. Es entsteht Hetze, Nervenkrise, Schreierei.

Die Herstellung eines einfachen Lichtblitzes überfordert die Technik. Entweder elektrische Blitze, die nachglühen, oder pyrotechnische Experimente. Diese sind nur mit zugelassenen Pyrotechnikern im Rahmen der Kategorie A des betreffenden Gesetzes möglich oder durch Lykopodium mit großer Stichflamme. Ergebnis: Das auslösende Gerät fängt Feuer; dreimal muß die Feuerwehr einen Brand löschen. Nichts funktioniert, die Technik ist mit einem einfachen Effekt überfordert.

6. März

Die »Behörde« kommt, um die Vorstellung »abzunehmen«. Jede Aufführung muß im Hinblick auf die Beachtung der Unfallverhütungs- und Sicherheitsvorschriften und der Versammlungsordnung überprüft werden. Fünf Beamte beginnen mit der Prüfung und verfassen am Ende ein Genehmigungsprotokoll: Der »Brand von Rom« entspricht nicht den Vorschriften. In geschlossenen Räumen darf nur 1 g Feuerpulver verwendet werden; 5 g sind erforderlich, um die gewünschte Wirkung zu erzielen. Ich habe die »Behörde« gebührlich begrüßt, mehrmals »Herr Ingenieur« und »Herr Hofrat« gesagt. Auf den Hinweis, daß niemand Hofrat sei, kann man nur der Hoffnung Ausdruck geben, daß dieser Titel sicher bald verliehen werde... Man klammert sich trotzdem an die Gesetze. Nach fünfstündiger Beratung wird eine österreichische Lösung gefunden: Es wird ein Pyrotechniker engagiert. Dieser versichert in einem Gutachten die Gefahrlosigkeit des Effektes. Er muß natürlich von Vorstellung zu Vorstellung anwesend sein und Sicherheitsvorkehrungen garantieren.

10. März

Premiere »La clemenza di Tito«. Eine musikalisch spannende, technisch reibungslose Vorstellung. Ann Murray erzwingt sich zweimal nach ihren Arien einen »showstop«. Sie spielt den Sesto mit aller Glaubwürdigkeit eines labilen Charakters, unterwürfig gegenüber der machtbewußten Domina und anhänglich an den kaiserlichen Freund. Roberta Alexander spielt die Grande Dame und verspielt ihre politische Chance, meistert die mörderische Partie mit Bravour. Der Tito von Denes Gulyas hat mehr Gutmütigkeit als Güte, stimmlich gibt er sein Bestes. Wo ist der Tenor, der die geistige Fracht der Partie zum Ausdruck bringen kann? Das Publikum scheint der Regiekonzeption geneigt zu sein. Allgemeine Hochstimmung.

Die Kritiker bemühen sich um Pointen wie »ein Treppenwitz der römischen Geschichte«... oder »Pflichtübung und weiter nichts«... Das Stück wurde nicht verstanden.

15. März 1991 Einladung nach Athen

Man reist nach Athen in die Ferien oder um archäologische Studien zu betreiben. Vielleicht auch, um beim »Athens Festival« zu gastieren, im herrlichen Herodes Atticus Theater unter der Akropolis. Die Zürcher Oper hatte dort sensationellen Erfolg mit »Carmen« in der Inszenierung von Jean-Pierre Ponnelle mit Agnes Baltsa und José Carreras, dirigiert von Ralf Weikert, und mit »Idomeneo«, dirigiert von Nikolaus Harnoncourt. Unvergeßliche Nächte der Beleuchtung, wenn sich die Dunstglocke über der Stadt lichtet, ein sanfter Meerwind für Kühle sorgt und die Pinien duften; im Mondschein zeichnen sich die Konturen des Parthenon-Tempels ab.

Diesmal eine Einladung, das neue Musikzentrum »Megaro Musikis« zu besichtigen. Seit mehr als zwanzig Jahren wird an dem großen Gebäudekomplex in weißem Marmor gearbeitet, mehrfach ging das Geld aus. Jetzt haben die »Freunde der Musik« in Athen es endlich geschafft, die Eröffnung steht unmittelbar bevor.

Durch noble Foyers mit verschiedenfarbigem Marmor, mit modernen Lichtsäulen aus Kristall und vielen raffinierten kleinen Dekorationselementen kommt man in den sorgfältig nach außen isolierten Konzertsaal mit 2000 Plätzen. Ein mit hellen mobilen Holzelementen verschalter Raum mit ansteigendem Parkett und einem die Seiten und die Mitte überdeckenden, gegliederten Rang. Die Bühne ist als tiefes Konzertpodium mit Chor- und Orgelempore ausgebildet. Eine solide, in Kulturbauten dieser Art vertraute Architektur. Das Besondere ist die Akustik und die Bühnentechnik, die dieses Haus in wenigen Stunden in eine Oper zu verwandeln vermag.

Am Anfang war die Akustik. In den sechziger Jahren besuchten kunstsinnige Griechen in Salzburg Herbert von Karajan und luden ihn ein, mit den Berliner Philharmonikern in Athen zu gastieren. Er meinte sehr ultimativ: »Dann müssen sie erst einen Konzertsaal bauen. Und hier ist der Akustiker: Friedrich Keilholz.« So begann der Bau des »Megaro Musikis«.

Man entwickelte ein ideales akustisches Modell, bestimmte die Form und das Material, und griechische Architekten schufen die äußere Schale. Das Konzept stimmt, die Akustik ist ausgeglichen auf allen Plätzen, hat den richtigen Nachhallwert und wirkt rund und homogen. Ein verblüffend gelungenes Experiment.

»Und was würden Sie in diesem Saale spielen?« werde ich gefragt. »Griechische Mythologie – europäische Musik«, ist meine Antwort. »Ein zentrales, unerschöpfliches Thema unserer Kultur. Die antike griechische Literatur, Philosophie und Kunst, das ist der bis heute in uns pulsierende Strom geistigen Lebens. Das sind die großen Urbilder alles Menschlichen, aus denen, vor allem seit der Renaissance, das geistige Europa entstanden ist. Diese künstlerische Antwort nach Griechenland zurückbringen, das scheint mir der Sinn dieses Hauses zu sein.«

»Würden Sie für uns ein mehrjähriges Programm entwerfen?« fragt der Präsident Christos D. Lambrakis.

»Mit großer Freude«, ist meine Antwort. »Es ist eine Herausforderung, die europäische Kulturgeschichte neu zu erarbeiten und daraus pädagogische Ideen zu entwickeln. Das hat Sinn und Dimension.«

Ich fühle mich als Philhellene in einer langen Kette von Vorfahren. Aus griechischem Geist ist die Oper entstanden. Ich denke an Monteverdi, Cavalli, Rameau, Händel, Gluck, Berlioz bis zu R. Strauss, Strawinski, Orff, Rihm...

22. März 1991 Ehrenmitglieder

Ehrenmitglieder der Wiener Staatsoper haben den Anspruch, im Todesfall im Foyer aufgebahrt und nach würdevoller Trauerfeier auf dem Zentralfriedhof in einem Ehrengrab beigesetzt zu werden. Das Stiegenhaus mit den Vignetten der beiden unglücklichen Architekten, die die Eröffnung des Hauses aus Gram über die bösen Zungen der Wiener nicht erlebten, gibt den dekorativen Rahmen ab für diesen Pompe funèbre. Das Zeremoniell ist seit Jahrzehnten das gleiche: Trauermusik, dem Repertoire des jeweiligen Sängers angepaßt, Gedenkreden der Offiziellen, vor allem des Direktors. Das Publikum nimmt Abschied von seinen ehemaligen Lieblingen.

Frau Kammersängerin Maria Reining, im Alter von 88 Jahren in einem Altersheim verstorben, hat Wert gelegt auf diesen feierlichen Abschied von der Theaterwelt. Sie war eine der bedeutenden Wiener Sängerinnen in den vierziger und fünfziger Jahren. Mit der Direktion Karajan war das Ende ihrer Karriere gekommen. Herbert von Karajan war der Meinung, man habe sich künstlerisch nichts zu sagen. Beleidigt trat sie ab. Eine große, blonde Frau mit einer typischen Richard-Strauss-Stimme. Aber sie war immer ein wenig die Zweite, hinter Lotte Lehmann und Viorica Ursuleac. Auch im Leben. Ihr steinreicher Mann war legal doppelt verheiratet; das blieb Jahre hindurch ein Geheimnis. Durch Zufall trafen sich einmal die beiden Frauen. Sie ließ sich scheiden und erhielt viel Geld. Obschon die Reining schon seit mehr als dreißig Jahren nicht mehr auf der Bühne gestanden hat, kommen einige hundert Personen. Eine »schöne Leich« lassen sich die Wiener nicht entgehen. Die Pompfuneberer sorgen für einen gemessenen Abgang.

Unter den Trauergästen auch Frau Kammersängerin Hilde Zadek. Eine selbstbewußte Dame, noch sehr aktiv und reiselustig. Ihre makellose hochdeutsche Diktion paßt nicht in das Bild einer Wiener Kammersängerin. Sie lebt zeitweise in Tel Aviv. 1934 mußte sie ihre Heimatstadt verlassen, weil sie einer Mitschülerin wegen antisemitischer Äußerungen die Zähne eingeschlagen hatte. In Tel Aviv mußte sie als Krankenschwester anfangen, nebenher hat sie Gesangsunterricht genommen. Als sie 1947 in Wien vorsang, wurde sie sofort engagiert. Sie sang das gleiche Fach wie Maria Reining, die beiden Frauen blieben Rivalinnen. Geistig zwei verschiedene Welten. Und beide mußten emigrieren. Maria Reining, weil sie abfällige Bemerkungen über Hitler gemacht hatte; sie ging nach Zürich, wo umittelbar nach dem Krieg Hilde Zadek studierte. Beide kehrten sie nach Wien zurück – und mieden einander.

1. April 1991 Der neue Star

Bei der Pressekonferenz der neuen Direktion wurde sie hofiert als Paradepferd der Ensemblepolitik: Cheryl Studer, die Allroundsängerin mit dem großen Repertoire, der neue Star, der in Wien zu Hause sein will. Jetzt löst sie ihren Vertrag mit der neuen Direktion. Sie will nur noch Premieren singen, und wenn es um eine für sie neue Partie geht, braucht sie ausreichend Proben mit einem guten Regisseur. Sie kann und will nicht kurzfristig einsteigen und improvisieren.

Sie macht in wenigen Jahren eine unwahrscheinliche Karriere. In Wien war sie Chrysothemis, Elsa, Donna Anna in den letzten Premieren und hatte Sensationserfolge. Cheryl Studer ist ein Stimmphänomen, das sich die Schallplattenindustrie nicht entgehen läßt. Sie nimmt in einem Jahr auf: Königin der Nacht, Senta, Elsa, Lucia, Traviata, Gräfin, Donna Anna, Konstanze und die Helena aus »Vespri siciliani«. Sie hat eine große Stimme in allen Lagen; bald muß sie sich entscheiden zwischen der Entwicklung der Mittellage oder der Pflege der hohen Koloraturen. Sie weiß nicht, wohin der Weg führt; aber sie weiß, was sie wert ist, und fordert entsprechend. Viel amerikanischer Sinn für Business, aber auch für künstlerische Verantwortung. Wien ist nur ein Baustein in ihrer Karriere so wie die Scala, die Met, Covent Garden. Es kommt auf die Partie an, den Dirigenten, den Regisseur. Wenn die Konditionen stimmen, sagt sie zu, als Karrengaul fürs Repertoire ist sie sich zu schade. Man muß diese Entscheidung respektieren. Die meisten der kommenden Stars denken wie sie. Und bleiben in Wien so lange, wie es ihrer Karriere nutzt.

2. April 1991 Die abgesagte Koproduktion

Die Opéra Bastille hat mit der Wiener Staatsoper einen Vertrag über eine Koproduktion bei der Inszenierung »Samson et Dalila« abgeschlossen. Eine beispielgebende Zusammenarbeit war vereinbart worden mit der Technik, den Assistenten, der Kostümabteilung. Am 1. April soll die gesamte Dekoration mit allen Kostümen verladen werden; die Assistenten beginnen in Paris mit den Proben, der Regisseur kommt später...

Am Vortag der Transporte sagt der Directeur général der Opéra Bastille die vertraglich vereinbarte Zusammenarbeit ab... wegen technischer Schwierigkeiten... weil der Regisseur zu selten in Paris sei... (was man genau gewußt hat). Man habe sich für eine eigene Produktion des Werkes entschlossen... In der Zeitung ist zu lesen, daß Pier Luigi Pizzi die Dekorationen entwirft und selbst inszeniert. Die Premiere wird zum vorgesehenen Zeitpunkt stattfinden. Natürlich will die Opéra Bastille ihre finanziellen Verpflichtungen der Wiener Staatsoper gegenüber erfüllen. Geld scheint in Paris keine Rolle zu spielen. Um Geld zu sparen, war die Koproduktion vereinbart worden, jetzt zahlt man doppelt. Die Erfahrungen mit der Opéra Bastille werfen ein Schlaglicht auf die kulturelle Instabilität der dortigen Verhältnisse.

14. April 1991 Wiedergutmachung an Franz Schreker

Werke von Franz Schreker spielen heißt, Unrecht wiedergutmachen und den kulturhistorischen Bruch in unserem Jahrhundert überbrükken. Wie ist es zu verstehen, daß Franz Schreker von 1912 bis 1933 einer der meistgespielten Opernkomponisten war und dann fast fünfzig Jahre völlig übersehen wurde? Bis zum vorsichtigen Beginn einer Schreker-Renaissance in den achtziger Jahren. Schreker wurde von den Nazis verboten und ging an dieser Ächtung ein Jahr später psychisch und physisch zugrunde. Es gab genügend Kronzeugen, die eine Wiederaufführung seiner Werke bereits in den fünfziger Jahren motiviert hätten. Alban Berg hat den Klavierauszug zum »Fernen Klang« hergestellt, Schönberg und Zemlinsky galten als seine Freunde, und Theodor W. Adorno hatte ausdrücklich festgestellt: »Über den ›Fernen Klang‹ ist das letzte Wort so wenig gesprochen wie über seinen Autor...« Und trotz dieser geistigen Protektion blieb es still um Franz Schrekers Werk. 1964 sah ich in Kassel die erste Wiederaufführung des »Fernen Klangs«; es war eine mutige Tat, aber sowohl das Publikum wie die Presse waren irritiert: So rauschhaft und überinstrumentiert konnte doch kein von Schönberg und Adorno hochbewertetes Werk klingen. Der Inhalt schien zu trivial für diese Musik. Erst als Michael Gielen und Hans Neuenfels Schrekers Oper »Die Gezeichneten« neu interpretierten und politische Hintergründe aufdeckten, begann man sich wieder ernsthaft für Schreker zu interessieren. Die Einflüsse der Zwölftontechnik auf die moderne Musik mußten abklingen, um Franz Schrekers Klangsinnlichkeit wieder interessant zu machen.

Und Wien? Das Verhältnis der Staatsoper zu Franz Schreker ist ein trauriges, ja peinliches Kapitel. Felix von Weingartner nahm 1910 den »Fernen Klang« auf Empfehlung von Bruno Walter zur Uraufführung an. Doch kaum war das geschehen, demissionierte Weingartner. Sein Nachfolger Hans Gregor hatte nichts Eiligeres zu tun, als die Spuren Weingartners zu verwischen und die Uraufführung rückgängig zu machen. So geschieht es in Wien bis auf den heutigen Tag. Warum nur? Eitelkeit, Besserwisserei, Dogmatismus? Und so wird es wahrscheinlich auch dieser Aufführung ergehen. Man wird sie aus dem Bewußtsein eliminieren, weil nur das Bestand haben darf, was man sich selbst ausgedacht hat. Und die Zeit der Direktionen in Wien ist kurz bemessen, man muß sich beeilen...

Jetzt gilt es also, die Uraufführung nach achzig Jahren nachzuholen, weil die Oper ein Schlüsselwerk des in Wien so hochgeschätzten »Jugendstils« darstellt – jedenfalls hat es Theodor W. Adorno so gesehen. Und weil sie hier von dem Orchester gespielt wird, für das sie komponiert ist. Die raffinierten Klangmischungen und Brechungen der Kompositionstechnik Schrekers können nur von Wiener Musikern gezaubert werden, so sehr sich andere Orchester darum bemühen mögen.

17. April 1991 Der dritte Generalsekretär

Die Freunderlwirtschaft ist perfekt. Der Minister macht seinen Partner Georg Springer zum Generalsekretär. »Vom Stehplatz in die Chefloge«, heißt es im »profil«. Alle haben ihr Ziel erreicht: Der Minister macht Karriere, sein Vize wird Chef der Bundestheater, der neue Operndirektor hat sich seinen Traum erfüllt, der Agent, der schon immer drinnen sein wollte, ist Vizedirektor. Ein perfektes Spiel der Interessen. Alle miteinander seit Jahren befreundet; man hat sich gegenseitig die Steigbügel gehalten und die Probleme arrangiert... Wie sagte doch einmal Arnold Schönberg: »Einer hat es tun müssen, keiner hat es tun wollen, also hab ich mich dazu hergegeben.«

»Traumdeutung« ist der eigentliche Sinn der Musik und der Texte Franz Schrekers. Sigmund Freuds fundamentale Entdeckung, symbolisch in das Jahr 1900 datiert, hat der Kunst eine neue Dimension erschlossen. Franz Schrekers »Der ferne Klang« wirkt wie eine erste Nutzanwendung der Freudschen Studien. Wer das Werk als Realitätsschilderung hört und liest, wird vielleicht die Achseln zucken über soviel Kolportage und Trivialität; wer wie bei »Pelléas et Mélisande« Mythos und Legende sucht, wird allenfalls in der Nachtromantik des Seebildes auf ein Märchenmotiv aus zweiter Hand stoßen, das bürgerlichem Kitsch sehr verwandt scheint. »Der ferne Klang« ist nicht mit herkömmlichen Kriterien zu bewerten. Das Sowohl-Als-auch von Wirklichkeit und Phantastik gibt dem Werk etwas Schillerndes und Doppelbödiges. Schon die Eingangszene in einer ärmlichen Wiener Vorstadtwohnung, die die Herkunft der Grete und ihr soziales Umfeld verdeutlicht, trägt auch grotesk-visionäre Züge: Eine arme Seele wird von besoffenen Kegelbrüdern verschachert, der seltsame Künstler Fritz verläßt, wie ein später Nachfahr des Heinrich Faust, sein »Gretchen«, er ist auf der Suche nach dem »fernen Klang«, dem Ideal der Liebe, der reinen Kunst. Der zweite Akt in Venedig zeigt ein Paradies der Lüste, wie es sich ein Kleinbürger vorstellt: das große Bordell, genannt »casa delle maschere«. Aber es ist kein »Venusberg«, sondern eine Show der Neurosen und Halluzinationen, fast wie in einem Film von Fellini. Der dritte Akt in einem Vorgarten vor einem Theater, in dem eine Oper aufgeführt und ausgepfiffen wird, vermischt ebenfalls Realität und Alptraum. Das endliche Wiedersehen von Fritz und Grete kann nur mit dem Tode des Künstlers enden. Das Werk bleibt unvollendet, weil es einen falschen Schluß hatte, das Leben verlöscht. Die Sehnsucht nach dem »fernen Klang« demaskiert sich als leerer Wahn; Grete freilich wird weitervegetieren...

Franz Schreker betreibt Traumdeutung, indem er die Grenzen von Bewußt und Unbewußt verwischt. Man kann diese Oper aus der Sicht des Künstlers Fritz verstehen, dem Schreker gewiß viele autobiographische Züge verleiht, man kann auch Grete zur Schlüsselfigur machen: das Schicksal eines Kleinbürgermädchens, das sich in die große Welt träumt, um am Ende zu erwachen und desillusioniert auf der Straße zu landen. Beide Handlungsstränge kreuzen sich im seelischen Niemandsland. Kein großes Liebesepos, sondern allzu Alltägliches, das transparent wird als Traummaterial eines Sigmund

Freud. Und nicht nur die Berggasse, wo Freud seine Ordination hatte, ist ein geistiger Ort dieser Oper – auch die Schwarzspanierstraße, wo Otto Weininger, der Autor von »Geschlecht und Charakter« sich 1903 das Leben genommen hat, ist präsent. Denn die sich emanzipierende Grete und der introvertierte Fritz leben in einer abnormen erotischen Spannung. Sie folgen ihrem Triebleben, das sie zu- und auseinandertreibt; sie sind sexuell falsch gemischt: Der feminin-passive Mann und das maskulin-aktive Weib zerstören sich, statt sich harmonisch zu ergänzen. Sie erwarten ihre Bestimmung im Ideal-Phantastischen statt in der Wirklichkeit. Und gerade diese Wiener Wirklichkeit 1900 - 1910 ist es, der sie nicht gewachsen sind. Das Bürgertum der Gründerjahre gibt ihnen keine soziale Ordnung mehr, man träumt vom Unerreichbaren, vom »fernen Klang«.

Der geistige Standort dieser Zeit ist in der Oper Schrekers genau beschrieben, darin liegt ihr Wert. Man muß sich den Schlüssel zu den rauschhaft-wuchernden Klängen suchen, dann beginnt das Befremdliche, scheinbar Vordergründige zu faszinieren. Schreker hat eine ganz eigene oszillierende Harmonik; er bläst schlagerhafte Melodien auf zu symphonischem Rausch, verwendet die Farbmischungen des Impressionismus, vor allem aber verwischt diese Musik die Gesetze der Form. Das macht sie so schwer spielbar und entzieht sie jeder Einordnung. Die Vorurteile liegen auf der Hand, die Bewertung erfordert genaue Analyse.

Es gelingt Jürgen Flimm, den Realismus des Werkes zu stilisieren, ständig die Grenzen von Traum und Wirklichkeit zu verwischen. Er findet für die Figuren eine Symbolsprache, die an die Bewegungen der Grete Wiesenthal erinnert. Es bleiben in Erinnerung schwebende Hände, Körperdrehungen und große Bögen in Gängen und Gesten. Die Kreisbewegung ist die archetypische Form des Nicht-voneinander-Loskommens. Ein effektvoller Kunstgriff ist es, den zweiten Akt, der zehn Jahre später spielt, in die zwanziger Jahre, in den Stil des Art Deco zu verlegen. Grete wird dadurch zu Greta Garbo. Das Bühnenbild von Rolf Glittenberg und die Kostüme von Marianne Glittenberg geben gerade dem Venedig-Akt eine plakative Wirkung. Das letzte Bild ist wie später Ibsen: ein übergroßer Raum, halb Natur, halb Klinikum; durch die zentrale Türe im Hintergrund wird das Schicksal eingefiltert.

Ein traumhaft-phantastischer Theaterabend, vor allem dank seiner Besetzung, die schauspielhaft exakt jede Gefühlsregung dieser Analysefälle nachzeichnet. Catherine Malfitano verkörpert das armselige

Vorstadtmädchen ebenso wie den Vamp Greta Garbo in der venezianischen Projektion. Und Thomas Moser könnte in Haltung und Phantasie Schreker selber sein. Beide veranschaulichen die moralische Quintessenz: Wer sich nicht auf die Wirklichkeit einläßt, bezahlt mit seinem Leben. Gerd Albrecht, der Schreker-Spezialist, ordnet die Klangfluten und gibt der Musik szenische Prägnanz.

Das Publikum hat die Botschaft verstanden. Der Applaus versucht das Wiener Unrecht an Franz Schreker wiedergutzumachen. Der überglückliche Regisseur verursacht wahre Vorhangtänze und gibt nicht auf, bis nicht auch der Verursacher dieser Wiederentdeckung seine Bravos erhält. Die Inszenierung beweist, daß dieses Team für einen neuen Wiener »Ring« das richtige gewesen wäre.

21. April 1991 Die Glaubwürdigkeit der Salome

Eva Marton singt die »Salome«. Wie in einem Film ziehen an meinem inneren Auge die Bilder der Salome-Darstellerinnnen der letzten Jahrzehnte vorüber. Salome, das heißt heute nicht nur Stimme, sondern auch Gestalt und Gestaltung. Die Maßstäbe der szenischen Glaubwürdigkeit haben sich von Jahr zu Jahr verfeinert. Anja Silja eröffnete den Reigen der animalisch-raffinierten Darstellerinnen, die die perverse Triebnatur dieses Kindweibes verkörperten. In Wien in der jetzt noch präsentierten Inszenierung von Boleslav Barlog mit ihrem Jugendstildekor war es Leonie Rysanek, die, wie eine Gestalt von Beardsley, Laszivität verströmte. Die große Sensation in Salzburg unter Herbert von Karajan war Hildegard Behrens, die sich vom Meister trennte, weil es ihr nicht vergönnt war, den Tanz der Schleier selbst zu tanzen (sie mußt sich von einer Tänzerin doublen lassen). In der »Salome«-Inszenierung von Jean-Pierre Ponnelle in Köln war es Gwyneth Jones, die sich an Jochanaan für verweigerte Sinnlichkeit rächte. In Genf wurde – in der Inszenierung von Maurice Béjart – der Schleiertanz der Julia Migenes das Ereignis. Daß man »Salome« auch aktualisieren kann, zeigte in Zürich Jorge Lavelli: Salome als makabres Todesritual einer Soldatendirne. Und schließlich in Berlin unter der musikalischen Leitung von Giuseppe Sinopoli Catherine Malfitano; auch sie wußte die schreckliche Naivität dieser Salome darzustellen.

Früher war es selbstverständlich, daß alle sinnlichen Strauss-Stimmen Salome singen durften, von Ljuba Welitsch, Maria Jeritza, Christel Goltz bis Birgit Nilsson und Montserrat Caballé.

Eva Marton, eine besessen-expressive Elektra, hat die Salome ihrer Natur abgetrotzt. Eine beachtliche Verwandlungskunst. Das Orchester unter Marek Janowski war auf Hochglanz poliert.

28. April 1991 Die Überraschung

Fast alle Operndirektoren der Welt sind zu ihrer Jahrestagung nach Wien gekommen: die Mitglieder der »Association Internationale des Directeurs d' Opéra« (AIDO), die Abgesandten von »Opera America« und die Mitglieder der Opernkonferenz der deutschsprachigen Opernhäuser. Die Beratungen finden im Schwind-Foyer und im alten Teesalon statt. Die Staatsoper zeigt ihre besten Produktionen: »Chowanschtschina« und »Der ferne Klang«. Bei solchen Zusammenkünften vergibt AIDO die »Fidelio-Medal« an Sänger, die ihrem Haus über Jahrzehnte die Treue gehalten haben und zur Weltelite zählen. In Wien wird die Medaille an Christa Ludwig verliehen, die hier seit mehr als dreißig Jahren über vierzig Partien ihres Repertoires gesungen hat, vom Octavian und Cherubino über Eboli und Carmen bis zu Ortrud, Klytämnestra und Quickly. Auf sie eine Laudatio zu halten fällt wirklich nicht schwer; sie ist nicht nur eine souveräne Rollengestalterin und Musikerin – sie ist wohl die erste in der Kunst des Liedgesanges. Sie hat sich allen Wiener Querelen entzogen, indem sie nach Paris zog und sich rufen ließ, wenn man sie benötigte. Und keine Direktion wollte sie missen.

Beim anschließenden Festessen zieht Minister 4 die lang geplante Überraschung aus der Tasche – die Ernennungsurkunde zum »Ehrenmitglied der Wiener Staatsoper«. Jetzt steht also auch mir die »schöne Leich« und das Wiener Ehrengrab zu. »Wir haben uns zusammengerauft«, meint der Minister euphemistisch. Die Gratulationsrede von August Everding spart nicht mit Seitenhieben und Zwischentönen.

Ich komme nicht um Dank und Bekenntnis herum: Motto »Ende gut – alles gut«.

»Theater ist flüchtige Kunst; Kunst in der Dimension der Zeit. Eine Premiere kann ein erfüllter Augenblick sein – und sofort beginnen wir von neuem. Theaterleute sind immer unterwegs. Suchen ist wichtiger als Finden. Fragen wichtiger als die Antwort. Die Präzision des ehrlichen Suchens und engagierten Fragens bedeutet mehr als ein Resultat, das sich vielleicht schon morgen als Zwischenlösung erweist. Jede Zeit ist anders; jeder Ort des Theaters ist anders. Es gibt deshalb kein allgemeines Richtig oder Falsch, Gut oder Schlecht – sondern nur Annäherung. Ein Erfolg von heute kann schon morgen ein Mißerfolg sein und umgekehrt.

Es ist nicht genug, Theater als einen Job wie andere professionell zu erfüllen. Sinnvolles und glaubwürdiges Theater braucht: eine Mission, eine Vision, eine Hoffnung. Wir dürfen den Glauben an die Kreativität des Menschen in der Kunst nicht verlieren, denn die Kunst gibt unserem Leben Wert. Wir dürfen die Hoffnung, daß die Welt vor dem selbstverschuldeten Untergang zu retten ist, niemals aufgeben. Und unsere Arbeit auf dem Theater soll eine rettende sein. In diesem Sinne haben wir eine moralische und politische Weltverantwortung. Wenn unsere Arbeit keinen Sinn und keine humane Perspektive hat, sind wir nichts als eitle Alleinunterhalter – und damit überflüssig.

Möge die Oper immer mehr sein als Melomanie.«

4. Mai 1991 »Bedenk-Oper«

A: Unglaublich. Haben Sie gelesen, wie der Kritiker einer angeblich renommierten Wiener Tageszeitung über die Schreker-Aufführung »Der ferne Klang« herzieht? »Bedenk-Oper« nennt er die Vorstellung.

B: Er will sich halt profilieren. Alle anderen Kritiker haben die Aufführung gelobt. Wer verreißt, wird mehr beachtet.

A: Aber darf er sich dabei der Sprache und Ideologie der Nazizeit bedienen? Zum Beispiel: »An das natürliche Urteilsvermögen« appellieren, jedes »Bedenken« als faule Sache erklären, »Wiedergutmachung« in Frage stellen.

B: Das ist in Wien so, das müssen sie nicht so ernst nehmen.

A: Im Gegenteil, das kann man nicht ernst genug nehmen. Es sind die gleichen Töne, mit denen man Gustav Mahler, Arnold Schönberg und eben auch Franz Schreker seinerzeit denunziert und vertrieben hat. Die gleiche Geistfeindlichkeit hat den Tod von Hunderttausenden Intellektuellen verschuldet. Man darf nach Auschwitz – wo auch immer – das »Bedenken« nicht disqualifizieren. Auch nicht in der Oper.

B: Es ist eben das Recht der Kritik, dagegen zu sein, gleichgültig, ob es sich um jüdische oder nichtjüdische Komponisten handelt.

A: Es ist nicht das Recht der Kritik, das Unrecht der Nazis zu wiederholen. Man darf es nicht zulassen, daß die gleichen Argumente, die damals so viel Unrecht angerichtet haben, heute wiederverwendet werden. Die Erfahrungen der Geschichte sollten unser Denken und Handeln bestimmen.

B: Vielleicht denken wir in Österreich darüber manchmal etwas anders. Muß man sich ständig seine Schuld vorhalten lassen? »Glücklich ist, wer vergißt«. Zum Beispiel in der Oper. Die Oper ist dann eine Erfüllung, wenn »endlich wieder einmal keiner mehr über irgend etwas nachdenken« muß, wenn man »überwältigt wird von der Sprache der Emotionen«, wie unser Kritiker schreibt.

A: Also Oper als Schule der Gedankenlosigkeit oder Palast der Gefühle? Ich glaube, ihr kultiviert damit eure Verdrängungen und Vorurteile. Gebt euch dem »gesunden Volksempfinden« hin. Man lasse sich »schlicht und einfach überwältigen«, wie auf dem Heldenplatz 1938. Wir haben die »Sprache der Emotionen« nur zu gut vernommen. Jeder, der darüber nachdenkt, ist im Wege, muß abgeschafft werden. Die ganze Direktionsära: »Beinahe alles war faul« – weil zuviel nachgedacht wurde. Und so etwas muß man heute in einer angesehenen Zeitung – der »Presse« – lesen? Und niemand beschwert sich darüber...

B: Heiter sei die Kunst.

A: Ja, »Kraft durch Freude«. Schlicht und einfach. Emotionen sind wieder gefragt. Das Denken ist aus der Mode gekommen. Wehe dem, der aus der Reihe tanzt, geistige Ansprüche stellt. Er stört offensichtlich die »Wiener Identität« der Oper.

B: Sie wissen, die Wiener waren schon immer sehr konservativ. Sie hängen halt an Erinnerungen...

A: Sie setzen immer wieder auf die falsche Seite. Statt Neugierde, Auseinandersetzung zu fordern, wärmen sie sich in ihrem Gefühlsdunst.

B: Die Opposition gegen die Intellektuellen ist ein altes Spiel. Sie werden sehen, die Lust an diesem Spiel vergeht ihnen, wenn es nichts mehr zu »bedenken« gibt. Dann wird die Kritik eh fad...

A: Vielleicht schreibt dann die »Presse« gegenteilige Kritiken?

B: Was und wie man in der Oper spielt, ist eben immer falsch. Ich gebe ihnen den guten Rat: nicht einmal ignorieren.

A: Das kann ich nicht, wenn einer die Aufführung des jüdischen Komponisten Schreker zum Anlaß nimmt, um zu erklären, die ganze Richtung passe ihm nicht. Man muß ihn zur Rede stellen, auffordern, die Konsequenzen zu ziehen. Die Sache ist nicht zu relativieren. »Der Schoß ist fruchtbar noch, aus dem das kroch«, sagte Bert Brecht.

B: Na, hören's...

10. Mai 1991 Mozart-Zyklen

Mozarts Lebensfrist betrug 35 Jahre – die Hälfte dessen, was man heute die mittlere Lebenserwartung nennt. Die geistige Strahlung seines Genies ist so stark, daß man 200 Jahre später die Zeit nach ihm benennt: Mozart-Jahre. Die Zeit zwischen diesen Eckdaten, 1791 und 1991, wird zur Epoche der Mozart-Rezeption. Und gerade die Zeit zwischen 1956, dem 200. Geburtstag, und 1991, dem 200. Todestag, hat entscheidend zur Veränderung unseres Mozart-Bildes und zur weltweiten Renaissance seines Werkes beigetragen.

Nach anregenden Jahren in Mannheim habe ich drei Mozart-Zyklen mitgestaltet. In den Jahren 1969 bis 1975 hat Jean-Pierre Ponnelle in Köln seinen ersten Mozart-Zyklus inszeniert und ausgestattet, Istvan Kertesz war sein musikalischer Partner. Nach dessen frühem Tod hat vornehmlich John Pritchard die Aufführungen betreut. Ein Mozart-Zyklus, der die Reihe der fünf Mozart-Opern höchst erfolgreich um »La clemenza die Tito und »Idomeneo« erweiterte. Ponnelles Musikalität und sein barocker Formsinn gaben diesen Aufführungen das Gepräge. Begabte junge Sängerinnen wie Margaret Price, Julia Varady, Lucia Popp, Yvonne Minton und Sänger wie Eric Tappy, Claudio Nicolai, Carlos Feller bildeten ein ebenso spielbegabtes wie stimmlich außerordentliches Mozart-Ensemble.

Der zweite Mozart-Zyklus begann in Zürich 1980 und wurde 1989 abgeschlossen. Und wieder war Jean-Pierre Ponnelle der szenische Inspirator, ein gewandelter Ponnelle, der sich bemühte, aus seinem barocken Bilderbuch auszusteigen und neue, einfachere Formen der Abstraktion zu finden. Nikolaus Harnoncourt war sein Partner. Man hörte Mozart neu, elementarer, aber zugleich aus der Musiksprache des 18. Jahrhunderts verstanden. Zu den sieben Opern Mozarts kamen »Lucio Silla« und »Mitridate« hinzu.

Zu meinem Wiener Programm gehörte der dritte Mozart-Zyklus, rechtzeitig auf das Mozart-Jahr hin angelegt. Diesmal aus Prinzip mit verschiedenen Regisseuren und Dirigenten. Die Staatsoper kann und will kein geschlossenes Mozartbild präsentieren. Vielmehr ergibt der

Pluralismus verschiedener Interpretationen ein an Kontrasten und Akzenten reiches Klangbild. Als Höhepunkt der Wiener Mozart-Rezeption galt der »Wiener Mozartstil« der Jahre 1942 bis 1962 im Theater an der Wien und im Redoutensaal. Jeder Sänger in Wien wird an den Sängerpersönlichkeiten dieser Jahre gemessen: Hilde Güden, Sena Jurinac, Wilma Lipp, Elisabeth Schwarzkopf, Irmgard Seefried – Anton Dermota, Erich Kunz, Paul Schöffler, um die bekanntesten zu nennen. Eine Glanzzeit der Wiener Oper unter den Dirigenten Josef Krips und Karl Böhm mit dem Regisseur Oscar Fritz Schuh. Doch jede Zeit sucht ihr eigenes Mozartbild. Wir müssen mit den besten Dirigenten, Regisseuren und Sängern in neuen Inszenierungen die heutige szenische Form erarbeiten.

Nach einem Wort von Hugo von Hofmannsthal ist es ein Wesensmerkmal großer Kunst, vielfach ausdeutbar zu sein. Mozart wird immer ein Wunder bleiben. Wir können uns noch so sehr bemühen, ihn zu erfassen; wir werden nie eine endgültige Wahrheit finden. Alle Aufführungen sind nur Annäherungen an Mozarts Geist.

12. Mai 1991 Die »Figaro«-Premiere

Jonathan Miller hat Glück mit Wien. Seine Konzeption von »Le nozze di Figaro« erfüllt genau die Erwartungen des Wiener Publikums. Alles in dieser Inszenierung ist schön, echt, leicht, elegant, verspielt – keine störenden Modernismen, keine revolutionären Akzente; die von ihm zitierte Historie fällt zusammen mit Wiener Lebensgefühl. Doch letztlich ist das ein Mißverständnis.

Mit geradezu wissenschaftlicher Akribie versucht Miller eine Geschichte zu rekonstruieren, die damals ganz alltäglich war, die Geschichte der verschiedenen Amouren in einem ländlichen, verschuldeten Adelshaus des späten 18. Jahrhunderts. Der Graf stellt der Kammerzofe seiner Frau nach und setzt dadurch die Abwehrmechanismen der Intrige in Gang; das Haus spaltet sich in Sympathisanten des Grafen und in Schutzgeister der Zofe. In die Mißverständnisse und Fallen gerät ein pubertärer Schwärmer namens Cherubino, der gleich drei Frauen mit seinen Liebeserklärungen verfolgt. Die sozialen Schichten durchmischen sich; man lebt seit geraumer Zeit im gleichen Haus miteinander und teilt Freud und Leid.

Also geht es darum, das normale Leben kulturgeschichtlich zu rekonstruieren. Mit seinen Kostümen, Verrichtungen und Gerätschaften, seinen Domestiken, den putzenden, kochenden und servierenden Frauen, den Ankleidern, Türschließern, Jägern und Gärtnern, vor allem den Mägden und Knechten bei der Feldarbeit. Irgend etwas muß ja der Chor, der im richtigen Moment zum Singen und Tanzen aufgeboten wird, auch sonst noch tun. Das soll alles die Oper unterspielen, die Gesangsgesten verdrängen, damit »natürliche« Menschen auf der Bühne miteinander umgehen, bei ihren Arbeiten wohl auch Arien oder Ensembles singen, als sei das ihre »natürlichste« Art der Verständigung im historischen Ambiente.

Das hat alles seine soziologische Ordnung, seine formale Raffinesse. Die vier Menschenalter begegnen einander: der Frühling des Lebens, das sind der närrische Bub Cherubino und die kleine Barbarina. Im Sommer, in der Heiratszeit befinden sich Figaro und Susanna. Bereits in den Herbst treten ein: der Graf und die ehemals bürgerliche Gräfin. Und schließlich der Winter, die Generation der Alten, das sind Bartolo und Marcellina, die in Figaro ihren unehelichen Sohn wiedererkennt. Das, was wie eine Paraphrase auf »Was ihr wollt« beginnt, endet in einem »Sommernachtstraum«.

Im vierten Akte freilich enthält uns Miller »i pini del boschetto« vor und damit den Spaß des Verbergens und Belauschens im gräflichen Park. Er hat sich an seine Drehscheibenarchitektur des Schlosses gebunden, die so leicht die Verwandlungen zwischen den Akten zustande bringt und technisch so aufwendig ist. Am Schluß also die Gartenfront des Salons mit großen Fenstern und Türen, in denen sich das Feuerwerk spiegelt.

Claudio Abbados »Figaro« hat den rechten Parlandostil. Er genießt die plötzlich wechselnden Tempi, versteht es, die Handlung zu treiben und Kantilenen zu dehnen. Die ganze *italianità* dieser Mozart-Komödie kommt leicht und doch pointiert zur Wirkung. Bei einer Besetzung mit Ruggero Raimondi (Graf), Cheryl Studer (Gräfin), Marie McLaughlin (Susanna), Lucio Gallo (Figaro), Gabriele Sima (Cherubino), Margarita Lilowa (Marcellina), Rudolf Mazzola (Bartolo), Heinz Zednik (Basilio) bleiben musikalisch und darstellerisch keine Wünsche offen.

Kein Wunder, daß des Publikums Jubel keine Grenzen kennt. Die letzte Mozart-Premiere in diesem Zyklus entschädigt für manche Halbheit. Nicht auszudenken, wenn Miller an Stelle des »Figaro« etwa »Tosca« inszeniert hätte...

1. Juni 1991 Das veränderte Publikum

Die Wiederaufnahme von »Don Giovanni« hat keine Premierenspannung. Luc Bondy ist für diese Art von Proben nicht kompetent. Er ist ein Sucher, ein Veränderer, aber kein Restaurator. Immerhin stand er drei Wochen für die Umbesetzung von Donna Anna (Eva Johansson) und Donna Elvira (Tina Kiberg) zur Verfügung und hatte Möglichkeit, einige Änderungen durchzuführen. Er bekennt sich nach wie vor zu seiner Produktion und hätte auch für eine mögliche Übernahme ins Repertoire gekämpft, trotz aller technischen Probleme. »Don Giovanni« ist für ihn ein Werk, mit dem man nie fertig wird. Es gibt immer nur Anläufe und Versuche, mit mehr oder weniger Glück.

Die Inszenierung, die vor einem Jahr für soviel Aufsehen sorgte und beim Publikum umstritten war, gilt nach einem Jahr bereits als »klassisch«, keinerlei Buh, einhellige Zustimmung. Das Publikum wandelt sich viel schneller als die Interpreten. Die Schreibereien der Presse sind vergessen, man erinnert sich nur an eine »interessante« Aufführung, die man gesehen haben muß. Und das ist dieser »Don Giovanni« gewiß.

2. Juni 1991 Harnoncourts Abschied

»Così fan tutte« unter Nikolaus Harnoncourt ist eine von musikalischer und szenischer Spannung erfüllte Aufführung. Harnoncourt legt die Seelenzustände frei, alle langsamen Sätze werden noch langsamer, es entstehen transparente Schwebeklänge. Vor allem die Arien von Fiordiligi und Dorabella bleiben wie musikalische Psychogramme in jedem Augenblick durchhörbar. Die Peinlichkeit dieser Wette schlägt auf die zurück, die zu sicher waren. Eine neue junge Besetzung der Hauptpartien: Gösta Winbergh (Ferrando), Hakan Hagegaard (Guglielmo), Charlotte Margiono (Fiordiligi), Susanne Mentzer (Dorabella). Für Wien neue Namen; sie werden spontan akzeptiert. Das Publikum hat sich bei den Sängern auf den Reiz des Neuen eingestellt. Und Nikolaus Harnoncourt wird umjubelt, als ob es nie Probleme gegeben habe. Immer das gleiche Phänomen: In dem Moment, wo sich ein Künstler verabschiedet, gilt er als unersetzbar.

3. Juni 1991 Vier Minister rechtfertigen sich

Die Zeitschrift »Die Bühne« würdigt meine Direktionszeit in Wien. Viele Komplimente. Sie hat recherchiert, was heute wohl die vier Minister über mich denken.

Minister 1: »Es ist Drese gelungen, der Staatsoper internationale Anerkennung zu verschaffen. Die Jahre unter Drese waren künstlerisch überaus wertvoll ...«

Minister 2: »Allein die Bestellung Claudio Abbados zum Musikdirektor darf als großes Verdienst Dreses angesehen werden. Gewiß hatte Drese darunter zu leiden, daß sein Vertrag nicht verlängert wurde: Kaum hatte seine Ära begonnen, war sie auch schon vorbei.«

Minister 3: »Die künstlerische Qualität der Staatsoper unter Claus Helmut Drese war international anerkannt, vor allem seine fruchtbare Zusammenarbeit mit Claudio Abbado. Doch war die finanzielle Seite eine Schwachstelle seiner Direktion. Deshalb habe ich gemeinsam mit dem damaligen Sekretär des Bundestheaterverbandes ... und seinem damaligen Stellvertreter ... die Entscheidung getroffen, Dreses Vertrag nicht mehr zu verlängern ...«

Minister 4: »... Daß er sich für die Moderne so eingesetzt hat, oft mit einem Glühen in den Augen für seine Ideen gekämpft hat, das habe ich sehr an ihm geschätzt. Die Ministerin ... wollte aber Dreses System – höhere Ausgaben mit höheren Einnahmen abfangen – nicht fortsetzen und suchte Sparmaßnahmen einzuleiten. Daher hat sie die von ihr zu verantwortende Entscheidung gefällt, Dreses Vertrag nicht zu verlängern.«

Das Bild ist klar: Minister 2 weiß nichts mehr von seinen plötzlichen Sparmaßnahmen. Minister 3 schiebt die Nichtverlängerung auf einen gemeinsamen Entschluß. Minister 4 will davon nichts wissen und schiebt die Alleinverantwortung auf Minister 3 zurück. Allen ist bei der Sache nicht wohl. Aber man kann sie leider nicht ungeschehen machen.

Der jetzige Generalsekretär und Ministerberater, enger Freund der designierten Direktion, verweigert die Aussage.

5. Juni 1991 »Samson et Dalila« in Paris

Besuch in der Opéra Bastille in Paris. Gespräch mit Jean-François Hirsch, Administrateur Général. Ich frage ihn nach den Gründen für die Absage der Koproduktion von »Samson et Dalila«.

Monsieur Hirsch lehnt sich in seinen neuen schwarzen Ledersessel zurück und steckt sich eine Havanna an.

»Wissen sie, manchmal muß man sparen und sucht die Möglichkeiten der Koproduktion, doch dann gibt es Gründe, darauf zu verzichten.« Nach längerer Pause meint er, den Rauchringen seiner Zigarre genußvoll nachschauend... »Wissen Sie: Götz Friedrichs Inszenierung war zu deutsch... es fehlte an Effekt, an Show... wir Franzosen sehen das Werk eben etwas anders...«

»Dann geht es nicht um technische Gründe oder darum, daß der Regisseur nicht genügend verfügbar war?«

»Natürlich hat das auch mitgespielt; aber wissen Sie, Monsieur Drese, ganz unter uns, wir kennen uns schon lange ... Die Pariser Oper hat eben auch ihren Stolz, es geht auch ein wenig um nationales Prestige. ›Samson et Dalila‹ ist nun einmal ein Prunkstück unseres Repertoires...«

»Dann wollte wohl Monsieur Bergé keine Koproduktion mit Wien...?«

»Wir wollen den Fall nicht weiter analysieren, lassen Sie uns lieber davon sprechen, was aus unserem Vertrag wird.«

»Sie müssen zahlen, wie vorgesehen...«

»Ja, ja, natürlich... aber gibt es nicht vielleicht eine andere Aufführung, die uns die Wiener Staatsoper zur Verfügung stellen kann?«

»Sie kennen unser Repertoire... Vielleicht ›Pelléas et Mélisande‹ oder ›Don Giovanni‹, Inszenierung Luc Bondy, oder ›Eugen Onegin‹...«

»Gute Ideen, wir werden sie prüfen... Jetzt müssen Sie zur Bastille fahren... hier sind die Karten... mein Wagen steht Ihnen zur Verfügung...«

Freundlicher Abschied, man wird zahlen und im Gespräch bleiben...

Die Aufführung bedient sich all der Effekte, auf die Götz Friedrich bewußt verzichtet hat. Gleich zu Anfang werden nackte Männer von SS-Schergen hinter Stacheldraht in den Tod geschickt. Scheinwerfer kreisen in der Luft, dann rote Wolken, die zerstörtes Land symbolisieren. Wir sind in der Wüste; arabische Reiter fordern Juden zur Unterwerfung auf. Filmische Wüstenszenen, dann eine Oase mit blühendem Kirschbaum. Mädchen tanzen einen Frühlingsreigen. Im zweiten Akt färbt sich der Baum rot. Eine arabische Siedlung mit Dächern, kleinen Fenstern, Treppen. Der dritte Akt zeigt wieder SS-

Folter, Samson wird auf einem Tisch hereingerollt zum medizinischen Experiment. Das Schlußbild spielt im Palais Garnier mit seinen hohen korinthischen Säulen. Es findet ein Galadiner mit Modenschau auf dem Laufsteg statt. Plötzlich zieht der katholische Klerus ein in vollem Ornat. Buhgeheul des Publikums, die Vorstellung muß unterbrochen werden. Das Publikum beruhigt sich nur langsam. Das »Bacchanal« geht weiter. Ein Rubensbild wird versteigert. Große Revue der Kostüme, Tanzpaare der heutigen Society füllen die Bühne. Plötzlich kommt ein Knabe und führt Samson zu den Säulen. Nun müßte das Palais Garnier einstürzen... Einige Bühnenzüge heben sich, darunter kaum erkennbare Wirkung. Offensichtlich hat man es vorgezogen, das Blutbad zu vermeiden und das Palais unter Denkmalschutz zu stellen... Vorhang.

Pier Luigi Pizzi, der Ausstatter und Regisseur will vieles, äußerliche Bilder ohne innere Konsequenz. Eklektisch nutzt er Assoziationen. Wer sind die Philister: die Nazis oder die heutige Überflußgesellschaft? Wer ist Dagon: das goldene Kalb oder das römische Christentum? Es fehlt jede Psychologie der Figuren. Hohles Ausstattungstheater, das sich modern gibt – ohne erkennbare Dramaturgie. Das ist also die Show, die die Direktion der Opéra Bastille der Wiener »deutschen« Konzeption vorgezogen hat. Nachträglich wird die Wiener Aufführung rehabilitiert.

Die Besetzung bleibt hinter Wiener Ansprüchen zurück. Nur Chor und Orchester haben Durchschlagskraft und Klang. Myung-Whun Chung hat offensichtlich gute Aufbauarbeit geleistet.

Im übrigen ist die Opéra Bastille bald am Ende. Wie man hört, funktioniert die mit so viel Vorschußlorbeeren angepriesene, sensationelle Bühnentechnik nicht und ist irreparabel wegen Konstruktionsfehlern. Die hydraulischen Bühnenwagen verlieren bei Belastung ihr gleichmäßiges Niveau und lassen sich deshalb nicht von einer Seitenbühne zur anderen verschieben. Man muß beim Bühnenbetrieb ganz auf sie verzichten. Jetzt rächt es sich, daß man internationale Erfahrung ignoriert hat. Es bleibt am Ende nichts übrig, als die Opéra Bastille für ein bis zwei Jahre zu schließen und eine neue Bühnentechnik einzubauen. Welche Blamage für das mit soviel *gloire* eröffnete Repräsentationsbauwerk des Präsidenten Mitterrand. Also zurück in die alte Oper mit all ihren historischen Unvollkommenheiten. Das Pariser Opernsystem wird noch etliche Direktoren verschleißen; es fehlt an Professionalität.

Doch damit zugleich steht die zentralistische französische Kulturpolitik zur Diskussion. »Ministère de la Culture, de la Communication, des Grands Travaux et du Bicentenaire de la Révolution« ist der wohlklingende Titel der Institution, die in Frankreich Kultur nicht nur verwaltet, sondern mit kultureller Animation und »création« identisch sein will. Von Malraux bis Lang hat sich der Herrschaftsanspruch dieses Ministeriums immer mehr ausgeweitet, doch die Resultate sind umgekehrt proportional zu den aufgewendeten Mitteln. Repräsentation und Prestige scheinen wichtiger als wirkliche Effizienz. Cliquen und Claquen, gesellschaftliche Snobs und politische Sympathisanten bestimmen den Kurs. Wem die ministerielle »culture« zugute kommen soll, bleibt uninteressant, Hauptsache, die Nachwelt kann die Monumente des Präsidenten der Republik bewundern. Auch wenn nur wenig funktioniert.

Beim nächsten Regierungswechsel erfolgt die Abrechnung. Die horrende Mißwirtschaft in der Opéra Bastille wird ein Nachspiel haben.

9. Juni 1991 »La finta giardiniera«

Erinnerung an einen kleinen Erlenwald, irgendwo in der Poebene; die Menschen fliehen vor der Sommerhitze in den Schatten der Bäume ... Sieben Personen suchen ihre Identität. Die Rede ist von »La finta giardiniera«, Mozarts Münchener Vorspiel zu »Le nozze di Figaro«.

Die Regie von Ursel und Karl-Ernst Herrmann dichtet zu diesem »Sommernachtstraum« der einsamen, verirrten Seelen einen Puck-Amor-Papageno hinzu, eine schalkhafte Figur, die sich ständig verwandelt. Liebe ist eine schwere Arbeit des Herzens, über allem liegt Melancholie.

Jetzt hat Nikolaus Harnoncourt das Stück entdeckt und enthüllt die musikalischen Charaktere der Figuren. Was schwätzen diese Mozartforscher von der Peinlichkeit und Banalität des Librettos? Dieser Giuseppe Petrosellini muß Shakespeare gekannt haben; er spielt mit Grenzsituationen wie Geistesverwirrung, Ohnmacht, Traum, Vision ... zusammen mit Mozarts Musik entstehen neue seelische Erfahrungen. Mozart experimentiert mutig und frei, spielt mit Dur-Moll-Akkorden, erfindet instrumentale Effekte, rhythmische Freiheiten, verzaubert und verwirrt. Und jede Figur hat ihre Psychologie. Die interessanteste Gestalt ist natürlich die Sandrina, die verkleidete, flüchtige Geliebte des Belfiore, der sie in einer Anwandlung von Eifersucht beinahe umgebracht hätte und als Mörder polizeilich gesucht wird. Sandrina erwacht aus Schwermut und Leid zu neuem Leben – nicht ohne vorher alle Phasen von Schmerz, Eifersucht, Haß durchlebt zu haben. Ihre Traumvisionen bringen die Natur zum Weinen, die Sterne zum Wanken. Hätte Mozart diese harmonischen Versuchungen weitergeführt, er wäre bei Lucia oder Isolde angekommen.

Natürlich ist dieses Stück zwischen Kriminalstory, Hochzeitsfest, Liebestragödie und Verkleidungsspiel schwer zu inszenieren. Es braucht nicht die poetische Seeleninsel von Ursel und Karl-Ernst Herrmann zu sein; es gibt handgreiflichere und doch hintergründige Spielmöglichkeiten wie die Kölner Inszenierung von Willy Decker, die diese Verwirrung der Gefühle ins Groteske transponiert und in einem nächtlichen Gartenspuk endet. Das heutige Musiktheater findet viele Wege, den disparaten Realismus des Librettos zu überspielen oder zu stilisieren. »La finta giardiniera« ist mit guten Sängern für das Mozart-Repertoire zu entdecken. Nikolaus Harnoncourt zeigt uns, welche musikalischen Schätze hier verborgen sind.

10. Juni 1991 Abschied von Claudio

Claudios letzte Vorstellung: »Wozzeck«, sein Stück, nach fast vier Jahren in der Premierenbesetzung; das Orchester spielt »Wozzeck« so perfekt und selbstverständlich wie die »Zauberflöte« und gibt dabei dem Werk seinen weichen Wiener Klang, der abrundet und versöhnt. Claudio beherrscht »Wozzeck« wie kaum ein anderer; er lebt mit der Bühne.

Nachher viele Umarmungen und Dank für fünf gemeinsame Jahre, die an Energie und Innovation nicht leicht zu überbieten sind. Claudio dankt auch für seine Schallplattenproduktionen und die mehr als zehn Fernsehübertragungen. Nie zuvor hatte die Staatsoper soviel internationale Medienwirkung, dank enger Zusammenarbeit mit dem ORF. Zuletzt wurden die Aufführungen auch vom japanischen Fernsehen in dem neuen System »High definition« aufgezeichnet, Investitionen für die Zukunft.

Claudio Abbado hat in diesen Jahren mehr als 150 Vorstellungen dirigiert, fünfzehn verschiedene Werke. Dreimal Verdi, dreimal Rossini, zweimal Mozart, einmal Wagner, zwei französische, eine russische Oper, drei Werke aus dem 20. Jahrhundert. Dieses Repertoire ist charakteristisch für einen Musiker, der bewußt Europäer sein will, der souverän über den nationalen Traditionen steht. Gerade diese Universalität haben ihm einige Wiener Kritiker übelgenommen; für sie gelten in Wien nur drei Götter: Mozart, Wagner und Richard Strauss. Dabei favorisiert das Publikum eindeutig das italienische Repertoire.

Claudio ist nicht immer leicht zu verstehen. Bei aller persönlichen Zuwendung gibt es Situationen, in denen niemand in ihn dringt. Er bleibt oft unverbindlich, wo man es nicht erwartet, und unnachgiebig, wo ein guter Kompromiß möglich wäre. Er ist intellektuell an Literatur und Philosophie interessiert, braucht diese Anregungen – und kann sich doch nicht immer verständlich machen. Seiner Natur nach eigentlich ein apollinischer Musiker, mit sehr viel Sinn für Form und Harmonie – sucht er die Problematik, die Tiefendimension. Er bleibt letztlich ein Idealist in seinen ästhetischen und politischen Gedanken. Ein kluges, progressives Programm ist ihm immer wichtiger als billiger Erfolg mit dem Allzubekannten.

Trotz allem Idealismus lebt auch er in einer materiellen Welt und kennt seinen Wert. Und er braucht den Erfolg, den Applaus; das macht ihn kindlich-liebenswert, wenn er die Vorhänge zählt und bis zum letzten genießt. Auch sein Künstlertum lebt von Bewunderung. Er braucht uneigennützige Helfer, die ihm die Schwierigkeiten aus dem Weg räumen, eine selbstverständliche Loyalität.

Wir trennen uns als gute Partner und Freunde, ein wenig Wehmut ist dabei ... das also war Wien! »Ich bleibe nicht mehr lange, nur noch ›Boris‹ muß ich machen. Berlin ist jetzt wichtiger«, meint er zum Abschied.

16. Juni 1991 Berliner Interesse

Berlin meldet sich. Es gibt viel Unruhe und Unsicherheit um die Zukunft der drei Opernhäuser. Hat Berlin Bedarf für die Staatsoper unter den Linden, die Deutsche Oper und die Komische Oper? Wie soll man die drei Häuser mit ihrem gewaltigen Finanzierungsbedarf in den nächsten Jahren über Wasser halten? Und wie grenzen sie sich gegeneinander ab?

Ein Sprecher der Programmkommission des Senats meldet sich und versucht, mich für Berlin zu stimulieren. Man hat die Befürchtung, daß an allen Häusern die gleichen Leute inszenieren ... Harry Kupfer an Lindenoper und Komischer Oper, Götz Friedrich in Ost- und Westberlin... eine Felsenstein-Inflation mache sich breit. Man sucht nach Alternativen. Am liebsten würde man das Team Drese-Abbado gleich nach Berlin übernehmen und an einem der Häuser installieren; dann möglichst ohne die Berliner Regisseure. Man brauche neue Gesichter, beteuert der Senatssprecher.

Ich muß Illusionen zerstreuen. Abbado wird ganz sicher nicht die Berliner Philharmoniker und gleichzeitig die Staatskapelle dirigieren... Und dann stehe in Zukunft sein Sinn nicht so sehr nach Oper. Wenn er Oper dirigieren wolle, habe er ja die Möglichkeiten der Salzburger Festspiele, sei es mit den Berliner, sei es mit den Wiener Philharmonikern...

Aber Abbado habe mich doch dringlich für Berlin empfohlen... Ich verspreche nachzudenken.

Daniel Barenboim ist in Wien und möchte mich dringend sprechen. Ein herzliches Wiedersehen nach drei Jahren. Ich erinnere ihn an die Situation in Bayreuth... Vergangene Zeiten... über die Opéra Bastille weiß ich inzwischen mehr als er. Man hat eine falsche Entscheidung getroffen und sieht es nicht ein. Jetzt muß man von Jahr zu Jahr die Verantwortlichen auswechseln.

Daniel Barenboim fragt, ob ich nicht Lust habe, zu ihm an die Lindenoper zu kommen, im gleichen Arbeitsverhältnis wie mit Abbado in Wien? Es gebe unendlich viel zu tun, das Personal müsse verkleinert und erneuert werden; man müsse ein richtiges Verhältnis zwischen Repertoire- und Seriensystem finden, so ähnlich wie in Wien. Genau das war es, was ich ihm im Namen von Minister Lang für Paris vorschlagen sollte. Also etwa vier bis fünf Premieren mit langen Aufführungsserien, dazwischen ein reduziertes Repertoire. Da er nur vier Monate anwesend sei, müsse ein erfahrener Theatermann das Haus leiten. Claudio Abbado, Pierre Boulez, Zubin Mehta sollen am Haus dirigieren, erste Regisseure wie Harry Kupfer, Jonathan Miller, Luc Bondy, Patrice Chéreau sollen inszenieren... Große Pläne, das kostet viel Geld. Der Senat habe eine Subvention von ca. 80 Millionen DM zugesagt.

Kein Zweifel, eine schöne neue Aufgabe – ab sofort. Dann muß man ja auf alle sonstigen Pläne verzichten?

Nach reiflicher Überlegung habe ich Daniel Barenboim abgesagt. Eine solche Aufgabe sollen jetzt Jüngere übernehmen.

20. Juni 1991 Ein unveröffentlichtes Interview

Frage: Denken Sie an Wien zurück im Zorn?

Antwort: Nein, gewiß nicht; nur bin ich recht traurig, daß die Zeit nicht ausgereicht hat, das angekündigte Programm ganz zu realisieren. Und daß die Nachfolger alles tun werden, um meine Spuren auszulöschen. Die meisten Produktionen werden verschwinden, nur wenige bleiben im Spielplan, aber verstümmelt. Nicht einmal die Neuinszenierungen der letzten Spielzeit werden weitergespielt, bis auf eine Ausnahme... Das hat es in Wien bei einem Direktionswechsel noch nicht gegeben.

Frage: Welche Werke würden Sie in den nächsten zwei Jahren noch neu herausbringen?

Antwort: Natürlich den geplanten »Ring« sowie »Die Frau ohne Schatten«, ein Werk von Rossini, aus Anlaß seines 200. Geburtstages, vielleicht »Semiramide« oder »Moisé«, Verdis »Nabucco« oder »Vespri siciliani« und die bei Wolfgang Rihm in Auftrag gegebene neue Oper. Vielleicht auch »Le Grand Macabre« von Ligeti. Ich würde natürlich auch die Studioarbeit fortsetzen.

Frage: Sie haben zum Teil in Wien schlechte Erfahrungen gemacht. Welche Empfehlungen können Sie geben, um die Opernverhältnisse zu verbessern?

Antwort: Ich habe 1986 dem Bundeskanzler einiges über die notwendigen Strukturveränderungen gesagt. Ich möchte zusammenfassend folgende Anregungen geben:

1. Man solle den Bundestheaterverband auflösen und die einzelnen Funktionen jeder Bühne direkt zuordnen. Der Operndirektor hätte demnach bei allem, was sein Haus betrifft, Verfügungsgewalt über die Finanzabteilung, Buchhaltung, Kasse, Werbung etc. Die anderen Häuser in gleicher Weise. Die Werkstätten sollte man zu einer selbständigen Firma machen, die anteilig für die verschiedenen Theater zu arbeiten hätte.

Eine solche Lösung würde endlich den Dualismus zwischen Direktion und Bundestheaterverband aufheben. Das Verhältnis zwischen Direktor und Generalsekretär war in der Vergangenheit ständig ein Anlaß zu Auseinandersetzungen. Der Generalsekretär war eine Art Gegendirektion und konnte durch seine Kompetenzen die künstlerische und finanzielle Freiheit des Direktors erheblich einschränken. Er entwickelte eine Eigendynamik, die ihn als eine Art Generalintendant erscheinen ließ. Bei ihm liefen alle Fäden der Macht zusammen. Er konnte intern die Mittel zwischen den einzelnen Häusern verschieben; er war die entscheidende Instanz als Partner der Ministerien. Die Aufgabenverteilung, die einmal im Grundsatz festgelegt worden war, funktionierte nur zum Teil. Der Generalsekretär konnte einen mißliebigen Direktor in Mißkredit bringen und dazu beitragen, daß der bald abgelöst werden würde. Ich will nicht sagen, daß dies immer so war; aber die Gefahr einer einseitigen Beeinflussung war von der Struktur und Kompetenz her gegeben.

2. Staatstheater haben abgewirtschaftet. Sie sind nicht mehr zeitgemäß. Ich glaube, daß es gut wäre, die direkte kameralistische Abhängigkeit der Bundestheater von den Bundesbehörden aufzulösen und die einzelnen Theater, insbesondere die Staatsoper, in eine unabhängige Rechtskörperschaft wie Aktiengesellschaft oder GmbH zu verwandeln. Dies ist zum Beispiel in Hamburg oder Zürich der Fall und hat sich sehr bewährt. Bei der Aktiengesellschaft wäre der Direktor der Vorstand, der Minister oder eine von ihm beauftragte Persönlichkeit Präsident des Aufsichtsrates bzw. Verwaltungsrates. Bei einer GmbH gelten die entsprechenden Kontrollorgane. Der österreichische Staat wäre Hauptaktionär, aber es würden auch an Privatpersonen oder andere Institutionen Aktien ausgegeben. Es kann in Österreich nicht schwer fallen, für die Staatsoper einige tausend Aktionäre zu finden. Aus der Betriebsrechnung müßten von vornherein die Pensionslasten ausgegliedert und einer eigenen Versicherungsanstalt zugewiesen werden. Der Staat müßte eine mittelfristige Finanzierung beschließen, die nur durch Teuerungsanteile der finanziellen Entwicklung angepaßt wäre. Der Direktor als Vorstand einer solchen Gesellschaft wäre gezwungen, die Budgets einzuhalten oder bei Mehrausgaben eine entsprechende Finanzierung zu garantieren, sei es durch Sponsorship, Fördervereine oder Mehreinnahmen.

Dieses System sichert hohe Wirtschaftlichkeit und Flexibilität aller Konten des Budgets. Die Bilanz gibt den Nachweis über Erfolg oder Mißerfolg. Trotzdem hat die Kunst immer das letzte Wort.

3. Die bisherige Praxis, daß allein der Minister nach Anhörung seiner engsten Mitarbeiter die Direktoren ernennt oder ihre Verträge auflöst, ist höchst undemokratisch und wenig fachgerecht und sollte geändert werden. Bei einer Verwandlung der Staatsoper in eine Aktiengesellschaft entscheidet der Aufsichtsrat oder Verwaltungsrat über den Abschluß von Verträgen. Dem Aufsichtsrat sollten – neben den Delegierten der Parlamente – auch Verteter der Aktionäre, der Stadt Wien, der nahestehenden Institutionen wie Musikverein,

Hochschule für Musik und darstellende Kunst, Universität (Theaterwissenschaft) sowie Publikums- und Fördervereine angehören. Ein Gremium, das nicht mehr als etwa fünfzehn Personen umfassen sollte, in dem der Unterrichtsminister Präsident ist und selbstverständlich das Finanzministerium den Vizepräsidenten stellt. In anderen Städten nennt man so etwas Kultur- oder Theaterausschuß – also ein demokratisches Gremium, vor dem der Direktor Rechenschaft abzulegen hat und das auch als Beschwerdeinstanz dient. Natürlich haben solche Gremien ihre Vor- und Nachteile; es kommt ganz darauf an, wie sie zusammengesetzt sind. Die Willkür eines einsamen Willensentscheides jedoch wäre ausgeschaltet.

4. Selbstverständlich sind bei einer Strukturveränderung der Bundestheater alle Einzel- und Kollektivverträge aufzuheben und gegebenenfalls neu abzuschließen. Eine einmalige Gelegenheit, die sogenannten Gewohnheitsrechte abzuschaffen und die Mitspracherechte der Gewerkschaft neu zu formulieren.

5. Man müßte dafür sorgen, daß das Theater an der Wien der Staatsoper für etwa 100 bis 120 Vorstellungen im Jahr zur Verfügung steht – als Mozart-Theater und als Theater für Ballettaufführungen. Das Haus könnte sonst für Eigenproduktionen der Festwochen oder Gastspiele genutzt werden.

Ich weiß, daß eine solche Umorganisation vorerst utopisch ist. Bei anderen großen Häusern sind solche Systeme seit Jahren Praxis. Sie haben mich nach meinen Anregungen gefragt. Voilà, hier sind sie...

Frage: Sie haben 1984 Claudio Abbado als Musikdirektor engagiert. Würden Sie das nach Ihren Erfahrungen heute nochmals tun?

Antwort: Ja. Die positive Bilanz unserer Zusammenarbeit überwiegt bei weitem die Differenzen.

Frage: Aber er hat sich doch 1988 wenig solidarisch verhalten?

Antwort: Es gab Mißverständnisse. Selbst wenn er sich nach außen deutlich zu mir bekannt hätte – gegen die Ignoranz der Ministerin wäre er machtlos gewesen. Die Intrige war bereits in vollem Gange. Man hätte auch auf ihn verzichtet. Die Presse hatte bereits alles getan, um auch ihn abzuwerten. Wenn er Wien demnächst verläßt, wird man ihm keine Träne nachweinen.

Frage: Glauben Sie, daß Wien als europäische Kulturmetropole noch eine Zukunft hat?

Antwort: Im Augenblick ist Wien dabei, Provinz zu werden. Viele finden dies sogar gut. Natürlich hat Wien das kulturelle Potential zu Außerordentlichem. Man müßte mehr Mut zu neuen Ideen haben und die Persönlichkeiten von Format finden, die die Kraft haben, diese Ideen durchzusetzen. Daran fehlt es. Das Mittelmaß regiert. Andere Städte werden Wien den Rang ablaufen...

Wir danken Ihnen für dieses Gespräch.

25. Juni 1991 Selbstgespräch

Ich bin Wien-müde. Ich kann die Stadt nicht mehr ertragen. Ich werde allergisch, wenn ich weanerisch höre. Koffer packen, abreisen, so schnell als möglich.

Du kennst Wien noch gar nicht richtig. Du machst immer nur den gleichen Weg, triffst immer nur die gleichen Leute. Wien ist mehr. Jedes Haus hat seine Geschichte. Wien ist die schönste Stadt der Welt.

Wien verdirbt den Charakter. Diese faden Komplimente, diese bösen Pointen. Jeder hat sein Vergnügen dabei, dem andern in die Wadeln zu beißen.

Du bist undankbar. Die Wiener lieben dich. Sie haben dich bemitleidet, als man dich hinterrücks abschoß. Jetzt tragen sie dich auf Händen.

Lies die Zeitungen. Sie sind ekelerregend, Meinungsmache, Hetze, wohin du schaust.

Aber Wien hält sich auch den Spiegel vor, verspottet sich, kritisiert sich ständig in der Literatur, im Kabarett, in der Kunst. Wien setzt sich mit sich auseinander. Andere Städte schlafen vor sich hin.

Wien ist provinziell, seit es die Juden vertrieben hat. Und Wien treibt wieder nach rechts. Aus allen Ritzen geifern die Nazis.

Du malst schwarz. Wo lebt man angenehmer als in Wien? Die Wiener haben die Lebenskunst erfunden. Davon können die Preußen noch viel lernen.

Schluß mit dem kulinarischen Selbstmord. Endlich mal wieder einfaches Essen; nichts Geknödeltes, Geselchtes und Gesottenes mehr. Schluß mit den Mehlspeisen...

Du wirst dich bald nach Wien zurücksehnen. Es waren fünf herrliche Jahre mit großen Kunsterlebnissen. Du kannst Musik nicht mehr ertragen, wenn sie nicht von den Wiener Philharmonikern gespielt wird.

Die Oper ist mir gründlich verleidet. Dieser Palast der Gefühle mit seinen Intrigen, Affären, Allüren. Der falsche Honig dieser Kunstbeamten, das Pharisäertum der Gewerkschaften, die Soziales verkünden und Bakschisch meinen. Der ganze Kunstanspruch, der in Traditionen erstickt ist. Ab und zu ein Wetterleuchten, bevor alles versinkt.

Und doch ist sie immer noch die beste Oper weit und breit. Du bist den Sirenentönen der Primadonnen und dem Balzen der Tenöre genau so verfallen wie alle anderen auch. Man sollte den Ast nicht absägen, auf dem man sitzt.

Die Wiener Oper braucht mich nicht mehr. Sie findet jetzt wieder ihre »Identität«. Ich lese den »Nachsommer« von Adalbert Stifter.

Und doch wird sie dir fehlen. Du wirst ein Buch darüber schreiben, du selbstvergessenes »Ehrenmitglied«.

30. Juni 1991 Les adieux

Die letzten Tage in Wien. Jeder will adieu sagen. Die Festwochen laden ein zum Heurigen. Angenehme Worte der Kulturstadträtin Ursula Pasterk. Dank für gute Zusammenarbeit...

Freunde laden ein. Wir dürfen uns nicht aus den Augen verlieren... Man wird Sie noch vermissen... Einige warten schon gespannt auf die nächste Saison... Alles wird weitergehen. Das Haus ist ein Moloch, der schon bald wieder nach seinem nächsten Opfer schreit...

Zum letzten Mal »Bletschen« (Orden) verteilen, Kammersänger küren. Alles hat seine Ordnung: Die Titel und Orden werden vom Betriebsrat vorgeschlagen, vom Direktor ins Ministerium eingereicht. Dort gibt es eine eigene Abteilung, die nichts tut als Anträge zu prüfen und Urkunden auszustellen. Die Verleihung im Teesalon ist ein Familienfest, man fühlt sich geschmeichelt, hält launige Reden. Oder ist beleidigt, weil man wieder nicht dabei ist...

Die letzte Radiosendung mit Kommentar zu den mitgeschnittenen Vorstellungen. Die vielen Sendungen in fünf Jahren Revue passieren lassen. Die Hälfte der gesendeten Premieren verdient Auszeichnung. Viel Schmäh und Schmonzes...

Das letzte Seminar im Theaterwissenschaftlichen Institut der Universität. Die Vorlesungsreihe findet künftig nicht mehr statt. Mehr als 300 angehende Theaterwissenschaftler haben Referate gehalten oder ihre Kommilitonen kritisiert. Der Spielplan der Oper wurde hinterfragt. Hohe Schule für künftige Assistenten, Dramaturgen, Kritiker...

Abschiedsfest der »Opernfreunde«, überraschend phantasievoll und herzlich. Der Direktor darf seinen Logenstuhl, auf dem er so oft gesessen hat, mitnehmen als Souvenir. Die Vorstandsmitglieder heben ihn in den »Olymp«. Marcel Prawy dankt für »Denkanstöße«.

Das Direktionszimmer wird ausgeräumt. Die ausgeliehenen Bilder von Gustav Mahler, Alfred Roller, von Gluck, Mozart und Schubert kehren ins Theatermuseium zurück. Der Nachfolger soll sich ein Portrait von Kaiser Franz Joseph als Blickfang ausgesucht haben...

Letzte Vorstellung der Spielzeit: »Otello« mit Placido Domingo, Katia Ricciarelli und Sherrill Milnes. Beim Betreten der Loge großer Applaus des Publikums. Die Vorstellung steigert sich zu höchstem Niveau.

In der Pause Überreichung des Berichts über fünf Opernjahre. Einige maliziöse Dankesworte meinerseits an Minister 1, der mich überredet hat, nach Wien zu kommen – an Minister 2, der mich mit seinen Sparübungen veranlaßt hat, in Wien Sponsorship einzuführen, – an Ministerin 3 für die Freiheit, die sie mir gegeben – an Minister 4 für Fairplay.

Dank an die Mitarbeiter, die Betriebsräte, das gesamte Personal, das Publikum, den Verband, die Förderer und nicht zuletzt an die Presse – die immer wieder dafür gesorgt hat, daß mein Adrenalinspiegel hoch geblieben ist.

Als 30. Direktor des Hauses gebe ich die Schlüsselgewalt offiziell zurück und wünsche den Nachfolgern Fortune.

Nach der Vorstellung bricht der Jubel aus, für Placido Domingo und die Besetzung dieses »Otello« – und auch für den scheidenden Direktor. Eine Demonstration des Publikums. Nach 1 Stunde 20

Minuten geben wir auf. Ein Wiener Applausrekord. Dann Autogramme, Händeschütteln.

Auf der Terrasse findet das Abschiedsfest statt. Eine milde Sommernacht. Die geflügelten Musenrösser, die die Terrasse dekorieren, glänzen im Mondlicht. Man kann nicht nach Hause gehen. Viele Theaterbekannte verabschieden sich drei-, viermal. Die Wiener Opernfans sind emotional hochexplosiv und gleichzeitig sentimental. Sie wissen, daß das Buhen im Laufe der letzten Jahre fast aus der Mode gekommen ist. Man verklärt das Gewesene und sieht dem Kommenden mit gemischten Gefühlen entgegen. Das Karussell wird sich weiterdrehen, Direktoren kommen, werden abgeschossen, bedauert, gefeiert – der Nächste bitte ... der Wiener Opernreigen.

In den frühen Morgenstunden kehren wir zurück in das Noch-Zuhause.

1. Juli 1991 Vorbei

Schon bald stehen die Spediteure und Packer vor der Tür. Sie brauchen bis zum Abend, um alles Hab und Gut zu verstauen. Zurück in den Westen.

Abends noch einmal hinauf zum Kobenzl. Blick über die Lichter der Stadt. Dort hinten irgendwo im Dunkeln liegt die uralte Schildkröte Staatsoper und ruht sich aus.

Fünf Jahre sind vorüber. Abfahren wie gekommen? Nein, es war mehr, Höhepunkt, Lebensfest ...

Es ist ein Abschied von mir selbst. Vorbei das Spiel der Phantasie, das Engagieren und Disponieren, das Repräsentieren und Redenhalten, das Leben in der Öffentlichkeit, das Gescholten- und Gefeiertwerden. Adieu, wichtige Person. Zurücktreten in die Norm des Alltäglichen. Die Feste sind vorüber ... Fin de partie.

Epilog

Im März 1992 ist Direktor Eberhard Waechter bei einem seiner Waldgänge von einem Herzschlag ereilt worden. Sein Tod offenbart Tragik. Seit vielen Jahren hatte er sich auf die Direktion der Wiener Staatsoper vorbereitet; nur sieben Monate war es ihm vergönnt, sein Amt auszuüben. Seine Vision der Wiener Staatsoper war die einer erfolgreichen Sängerpersönlichkeit, eines Mannes, der seit seiner Jugend dieser Oper verbunden war und das Wiener Publikum genau kannte. Er suchte die Werte der Tradition und glaubte an eine Wiedergeburt des Sängertheaters.

Ich mache keinen Hehl daraus, daß ich eine andere Ästhetik des Musiktheaters vertrete und in diesem Buch Zeugnis von meinen Anschauungen ablege. Meine Opposition richtet sich nicht gegen die Person von Eberhard Waechter, sondern gegen einseitige nostalgische Wertungen, die dem künstlerischen Bewußtsein unserer Zeit widersprechen. Die Zukunft der Wiener Staatsoper ist nach dem Tode von Direktor Eberhard Waechter in neuem Lichte zu sehen.

Meinen Mitarbeitern in der Wiener Staatsoper, insbesondere meinem Vertreter Hans Dieter Roser, fühle ich mich dankbar verbunden. Ich werde ihnen nie vergessen, daß sie in kritischen Zeiten mit Sympathie und Beistand an meiner Seite waren.

Danken möchte ich auch meiner Wiener Dramaturgin, Dr. Pia Janke, für gute Ratschläge und Korrekturen zu diesem Buch. Sie hat auch die Register zusammengestellt.

Namenregister *

* Kursive Seitenzahlen verweisen auf Abbildungslegenden.

*Register der Bühnenwerke**

* Kursive Seitenzahlen verweisen auf Abbildungslegenden.

Ausführliches Inhaltsverzeichnis

ERSTER AKT Der Auftritt 75